本书得到教育部人文社会科学研究基金项目“基于互惠理论的制造企业合作数字绿色创新过程及其动态机制研究”（21YJCZH203）资助

基于互惠理论的制造企业合作数字绿色创新过程及其动态机制研究

尹 士 马立军 张 楠 郭凤玉 著

中国财经出版传媒集团
中国财政经济出版社
北 京

图书在版编目（CIP）数据

基于互惠理论的制造企业合作数字绿色创新过程及其动态机制研究／尹士等著．—北京：中国财政经济出版社，2024.1

ISBN 978-7-5223-2697-9

Ⅰ.①基… Ⅱ.①尹… Ⅲ.①数字技术－应用－制造工业－企业创新－研究－中国 Ⅳ.①F426.4-39

中国国家版本馆 CIP 数据核字（2024）第 033893 号

责任编辑：彭　波　　　　责任印制：史大鹏
责任校对：张　凡　　　　封面设计：卜建辰

基于互惠理论的制造企业合作数字绿色创新过程
及其动态机制研究
JIYU HUHUI LILUN DE ZHIZAO QIYE HEZUO SHUZI LÜSE
CHUANGXIN GUOCHENG JIQI DONGTAI JIZHI YANJIU

中国财政经济出版社 出版

URL：http：//www.cfeph.cn
E-mail：cfeph@cfeph.cn

社址：北京市海淀区阜成路甲 28 号　邮政编码：100142
营销中心电话：010-88191522
天猫网店：中国财政经济出版社旗舰店
网址：https：//zgczjjcbs.tmall.com
中煤（北京）印务有限公司印刷　各地新华书店经销
成品尺寸：170mm×240mm　16 开　25.5 印张　359 000 字
2024 年 1 月第 1 版　2024 年 1 月北京第 1 次印刷
定价：98.00 元
ISBN 978-7-5223-2697-9
（图书出现印装问题，本社负责调换，电话：010-88190548）
本社图书质量投诉电话：010-88190744
打击盗版举报热线：010-88191661　QQ：2242791300

前　　言

大数据、云计算、人工智能等数字技术逐步改变工业经济的根本，数字经济已成为拉动我国经济发展的“新引擎”，在我国经济发展进程中占据着重要位置。产业数字化是实现数字经济发展的根基和动力源泉，而制造业是产业数字化的主战场。数字绿色制造将传统制造融入了数字、绿色概念，在数字绿色产品的研发、生产、销售等环节中起着重要作用。为促进制造企业有效开展数字绿色创新活动，推动制造业高质量发展，需要将政府部门、制造企业、高等院校、科研院所、供应链、消费者等主体密切结合、分工协作、合作协调，合理配置知识、技术、资金等各种资源，形成各个主体间优势互补的互惠共同体，构建制造企业与多主体互惠合作机制，使制造企业提高数字绿色制造效果，充分发挥数字技术对制造企业绿色发展的促进作用。依据上述分析，本书从制造企业主导与需求引导出发，以互惠理论新视角，整合数字创新理论、创新价值链理论、系统论等相关理论，应用混合研究设计与多种研究方法，旨在通过系统而深入研究，厘清数字技术嵌入制造企业合作绿色创新活动中的复杂机理，探究制造企业合作数字绿色创新的启动阶段、开发阶段、应用阶段、评价阶段的过程机理，揭示制造企业合作数字绿色创新过程的动态机制，以期为我国制造企业合作数字绿色创新活动提供理论支持和实践指导。

第一，通过对国内外研究成果的梳理、归纳，界定了制造企业合作数字绿色创新过程及演化的内涵，构建了基于两论融合的数字绿色创新过程及演化的理论模型。从过程及演化角度，提出了包括制造企业数字绿色创新发展启动阶段、开发阶段、应用阶段、绩效评价、系统动态演化的制造企业合作数字绿色创新过程及演化的理论模型。

第二，本书研究了制造企业合作数字绿色创新中数字绿色创新氛围的形成、学研合作伙伴选择和产学研合作下合作模式选择及数字绿色知识创造问题。在制造企业有效地进行数字绿色创新投资项目选择的方法和指标体系问题上，采用科学方法进行研究，结合相关理论与目标项目特征构建了指标体系，正确选择数字绿色创新投资项目，推动多主体合作与融合，促进制造企业数字绿色创新发展。通过对数字绿色创新学研伙伴选择理论分析，构建了基于生态位理论的合作数字绿色创新伙伴选择评价指标体系和基于场理论的合作数字绿色创新伙伴选择的生态位场模型。回顾了产学研合作下数字绿色知识创造相关文献，分析了产学研合作模式选择及数字绿色知识创造机制。

第三，本书研究了基于互惠理论下的制造企业合作数字绿色创新发展的启动阶段问题。理论分析数字绿色知识搜寻三个维度的内涵，引入经典的探索/利用双元分析框架，分析数字绿色知识搜寻对数字绿色知识创造的影响机制。本书提出研究假设和构建理论模型，变量测量与数据收集，运用层次回归方法和Fsqca分析法分析数字绿色知识搜寻、数字绿色知识创造与数字绿色创新绩效间复杂的过程机理。

第四，本书研究了基于数字绿色商业模式创新视角数字绿色战略导向对数字绿色创新绩效的作用机制和数字绿色价值共创行为、数字绿色网络嵌入与数字绿色创新绩效的作用机制两方面内容。深入剖析数字绿色战略导向和数字绿色商业模式创新对制造企业数字绿色创新绩效的影响机制。本书提出研究假设和构建理论模型，变量测量与数据收集，运用层次回归方法和结构方程模型分析数字绿色网络嵌入、数字绿色价值共创与数字绿色创新绩效间复杂的过程机理。

第五，本书研究了制造企业合作数字绿色创新绩效的评价问题。总结了制造企业数字绿色创新绩效评价指标体系，基于区域资源禀赋，运用模糊层次分析法和熵权模型分别对不同地区设立组合权重进行评价，运用改进模糊综合分析法综合评价制造业数字绿色创新发展效果。通过回顾现有评价方法，构建了基于一致性的组合评价模型，为验证提出的评价指标体系和评价方法的科学性和有效性，进行了应用研究。

第六，本书研究了制造企业合作数字绿色创新系统的动态协同演化问题。分析了系统结构及演化路径，引入复杂系统理论中 B－Z 三维分析模型，构建了数字绿色知识协同、制造企业集成供应链数字化集成度、数字绿色创新绩效为变量的三维 Logistic 动态分析模型，运用 Matlab 软件仿真研究了制造业集成供应链企业间数字绿色创新动态演进机制。

第七，提出了促进制造企业合作数字绿色创新发展的对策与建议。根据本书的研究结果，从数字绿色创新选择及氛围、数字绿色知识创造能力、数字绿色创新绩效形成机制、数字绿色动态能力、数字绿色创新绩效评价机制五个方面提出了具体的对策与建议。

作者

2023 年 6 月

目　录

第 1 章　绪论 ………………………………………………………… 1
1.1　研究背景、目的及意义 ………………………………………… 1
1.2　国内外研究现状分析 …………………………………………… 6
1.3　研究思路、主要内容和研究方法 ……………………………… 30
1.4　创新之处 ………………………………………………………… 36
第 2 章　基于互惠理论的制造企业合作数字绿色创新过程及其动态机制的理论框架 ………………………………………………… 39
2.1　制造企业合作数字绿色创新的相关内涵分析 ………………… 39
2.2　互惠理论、系统论及数字创新价值链理论的相关概述 …… 41
2.3　基于两论融合的制造企业合作数字绿色创新过程及演化模型构建 ………………………………………………………… 46
2.4　本章小结 ………………………………………………………… 52
第 3 章　基于互惠理论的制造企业合作数字绿色创新的启动阶段分析 ………………………………………………………………… 53
3.1　制造企业合作数字绿色创新项目选择 ………………………… 54

3.2 实证算例分析 …… 72
3.3 基于互惠理论的制造企业合作数字绿色创新的启动阶段研究 …… 80
3.4 合作数字绿色技术创新学研伙伴选择的算例分析 …… 100
3.5 基于互惠理论的制造企业合作数字绿色创新氛围形成研究 …… 111
3.6 本章小结 …… 127
第4章 基于互惠理论的制造企业合作数字绿色创新的开发阶段分析 …… 128
4.1 制造企业合作数字绿色创新开发阶段相关概述 …… 128
4.2 理论基础 …… 133
4.3 研究假设 …… 141
4.4 研究设计 …… 149
4.5 实证检验与结果分析 …… 156
4.6 模糊集定性比较分析 …… 169
4.7 结论与启示 …… 175
4.8 本章小结 …… 179
第5章 基于互惠理论的制造企业合作数字绿色创新的应用阶段分析 …… 180
5.1 制造企业合作数字绿色商业模式创新相关概述 …… 181
5.2 研究设计与结果 …… 197
5.3 结论与启示 …… 205
5.4 数字绿色价值共创行为、数字绿色网络嵌入与数字绿色创新绩效 …… 211
5.5 实证研究与讨论 …… 223
5.6 本章小结 …… 229

第6章　基于互惠理论的制造企业合作数字绿色创新的绩效评价及分析 ······ 231

6.1　基于互惠理论的制造企业合作数字绿色创新发展相关概述 ······ 232

6.2　制造企业数字绿色创新发展评价体系 ······ 234

6.3　研究方法 ······ 240

6.4　实证研究 ······ 243

6.5　结果与讨论 ······ 248

6.6　结论及建议 ······ 255

6.7　本章小结 ······ 258

第7章　基于互惠理论的制造企业合作数字绿色创新过程的动态机制研究 ······ 259

7.1　基于互惠理论的制造企业合作数字绿色创新过程相关概述 ······ 260

7.2　基于互惠理论的制造企业合作数字绿色创新过程机制分析 ······ 262

7.3　研究假设 ······ 265

7.4　研究设计 ······ 270

7.5　数字绿色创新静态机制分析 ······ 272

7.6　数字绿色创新动态机制分析 ······ 278

7.7　结论与启示 ······ 287

7.8　本章小结 ······ 289

第8章　基于互惠理论的制造企业合作数字绿色创新发展的对策与建议 ······ 291

8.1　强化制造企业合作数字绿色创新选择及氛围 ······ 291

8.2　提高制造企业合作数字绿色知识创造能力 ······ 296

8.3 完善制造企业合作数字绿色创新绩效形成机制 …………… 300
8.4 增强制造企业合作数字绿色动态能力 …………………… 303
8.5 改进制造企业合作数字绿色创新绩效评价机制 …………… 305
8.6 本章小结 ………………………………………………… 307

结 论 ……………………………………………………… 309
参考文献 …………………………………………………… 313

| 第 1 章 |

绪 论

1.1 研究背景、目的及意义

1.1.1 研究背景

数字技术和生态环境因素作为现代数字绿色经济体系的重要组成部分，是我国经济高质量发展的重要组成部分。制造业是经济高质量发展的关键主体，然而传统制造业不仅浪费了大量资源，造成了环境污染，而且自身绿色能力亟待提升[1]。作为新一轮科技革命的重要载体和生产要素，数字化不断为产业发展带来新契机，为缩小地区发展差异带来新机遇。大数据、云计算、人工智能等数字技术逐步改变工业经济的根本，数字经济已成为拉动我国经济发展的“新引擎”，在我国经济发展进程中占据着重要位置。产业数字化是实现数字经济发展的根基和动力源泉，而制造业是产业数字化的主战场。《中国制造 2025》指出以智能制造为主攻方向，绿色制造为侧翼。推动制造业智能化和绿色化发展成为推动数字经济与绿色经济发展的主攻方向和关键突破口。《中华人民共和国国民经济和社会发展第十四个五年规划和 2035 年远景目标纲要》对加快绿色化和数字化发展作出战略部署。数字化以人工智能、大数据为基础，逐渐融入创新、协调、绿色、开放、共享五大新发展理念，助力制造业数字转型和绿色升级，实现制造业高质量发展[2]。

从实际制造企业绿色创新看，第一，过度依赖政府扶持，绿色创新市场导向不足，绿色价值创造水平低。制造企业绿色创新对地方政府扶持的依赖性强，绿色科技成果转化率不足20%，与发达国家60%～70%相比差距较大，导致制造企业绿色价值创造水平低，依赖政府扶持维持企业生存。第二，仅关注数字技术应用价值，忽视数字技术嵌入制造企业绿色创新的必要性和过程。当前，合作绿色创新的主体种类愈加繁多，关系愈加多样，产品、流程愈加复杂，制造企业难以通过有效协调多主体提供以需求为导向的绿色产品或服务，忽视了数字技术嵌入绿色创新的必要性。即使对数字技术有所关注，也是重点关注大数据相关资源的使用来提高自身利润，忽视了数字技术嵌入过程的重要性。第三，以自身利益为重，缺乏以互信互惠思想为依托开展数字绿色创新活动。数字绿色创新是通过信息、计算、沟通和连接技术的组合对数字资源进行重组，将数字技术嵌入绿色创新中，带来新的产品、生产过程改进、组织模式变革以及商业模式的创建和改变等，并显著改善环境的过程。在这个过程中，制造企业与多主体之间的合作可能会受机会主义行为的影响，进而增加合作数字绿色创新的风险。互惠理论是行为经济学的理论基础，是实现物质激励刺激、最优契约设定以及合作行为治理的重要理论。因此，制造企业把数字技术嵌入绿色创新中，依托互惠理论思想开展合作数字绿色创新活动，提升绿色价值创造效果，对于制造业应对绿色升级和数字转型的双重挑战起着至关重要的作用。

然而，现有研究多集中于绿色创新、数字转型、数字创新的单一方面研究，鲜有研究探讨数字技术嵌入制造企业主导下多主体合作绿色创新活动的实现机制，以互惠理论为视角的研究更加少有。从现有研究来看，一方面，关于绿色创新的研究对象多侧重于产学研主体，研究内容主要集中在绿色创新的模式、机制、效率等方面。这类研究一般是侧重分析外部资源管理、内部资源管理及内外部资源交互因素对制造企业绿色创新的影响。其研究思路是政府主体的不同政策、供应链主体通过计量或网络模型等方法分析对制造企业绿色创新的影响，或者是内外部知识管理、人力资源管理等通过问卷调查、回归分析等方法分析对绿色创新的影响。总的来说，当前研究缺乏制造企业主导下多主体合作绿色创新实现的研究，难以全面揭示制造企业主导合作绿色创新的实现机制。另一方面，关于数字转型、数字创新的研究对象多侧重于企业内部数字管理、数字转型生态伙伴选择等。其研究内容主要集中在数字转型的趋势与机理、数字创新理论研究等方面。其研究思路主要是运用理论推理、案例研究、计量模型等方法研究如何实现数字转型或数字创新。然而，却很少有学者关注数字转型或数字创新如何与企业原有创新进行融合，数字技术嵌入制造企业绿色创新过程中的制造企业合作数字绿色创新过程的动态机制更少有涉及。需要强调的是，现有关于互惠理论的研究多以个体和团队为研究对象，且多数集中在企业内部，少有企业层面不同主体间合作过程的互惠研究。制造企业主导不同主体参与的合作数字绿色创新是未来绿色创新活动的发展趋势，而互惠理论是阐释合作行为动因的内在机理，需要进一步丰富该领域的研究。总的来说，通过文献梳理可以发现：第一，多数文献主要关注如何提升制造企业绿色创新效果，却较少考虑数字技术嵌入对制造企业主导下多主体合作绿色创新的影响，尤其是制造企业合作数字绿色创新过程的动态机制没有被很好地揭示；第二，多数学者侧重分析合作主体理性的决策过程，而忽视了制造企业与合作主体的偏好会随着环境和时间的变化而改变的问题，尤其是随着数字技术对绿色创新的影响愈加深入，缺少以互惠理论为视角刻画制造企业合作数字绿色创新过程的动态机制等方面的研究。

我国正处于以制造大国向制造强国转变为目标、绿色经济与数字经济协同发展的重要时期，当前依据互惠理论研究制造企业主导数字绿色创新的实现机制及其对组织绩效的影响显得尤为重要。2020 年以来，我国多次就减排减碳提出目标任务，作为我国支柱产业和碳排放大户的制造业，其能否率先碳达峰和碳中和是实现“双碳”目标的关键。长期以来，我国制造企业面临的一个重大挑战是如何改善环境效益的同时创造新的经济增长点，且其高污染、高消耗的规模扩张型道路已经难以为继，必须依靠绿色创新实现转型升级。然而，现有研究很少考虑制造企业如何与多主体互信互惠地开展绿色创新活动，以及如何改善环境效益的同时提升自身竞争力。由于数字技术正向企业管理的各个领域全面推进与渗透，将数字技术嵌入绿色创新的过程会影响制造企业数字绿色创新的效果，从而影响国家新的经济增长点的创造和制造强国目标的达成。厘清互惠理论视角下企业合作数字绿色创新过程的动态机制的影响，有利于构建制造企业与多主体互惠合作机制，使制造企业提高数字绿色制造效果，充分发挥数字技术对制造企业绿色发展的促进作用。因此，本书将探讨制造企业主导下多主体合作互惠、数字技术嵌入绿色创新的过程及其动态机制等问题，这对数字经济背景下我国推进制造企业依托数字技术开展数字绿色创新活动，成为一个现代化、资源高效和有竞争力的经济体具有很强的现实意义。

为此本书提出以下科学问题：数字技术如何嵌入制造企业主导合作绿色创新活动中？基于互惠理论新视角，制造企业主导下多主体合作数字绿色创新如何实现？即，如何通过识别数字技术嵌入绿色创新的机会，并为数字绿色创新做好准备？如何将产生的绿色创新想法发展成为可以应用的数字绿色创新？如何通过系列复杂的组织变革将开发出的数字绿色创新进行应用？如何有效调节制造企业主导下多主体合作数字绿色创新活动？高外部性的数字绿色创新的动态机制是什么呢？这些都是本书亟待回答的问题。

1.1.2 研究目的及意义

1.1.2.1 研究目的

本书的研究属于应用基础研究。从个人目标来说，本书的研究目标是如何使数字技术嵌入制造企业合作绿色创新活动中？实现持续、动态的数字绿色创新的关键路径又是什么？从社会目标或学术目标来看，本书的研究目标主要集中在以下两个层面。

首先是理论目标。本书依托数字创新价值链理论厘清数字技术嵌入制造企业合作绿色创新活动中的复杂机理，依托互惠理论探究制造企业合作数字绿色创新的启动阶段、开发阶段、应用阶段和评价阶段的过程机理，揭示其动态机制，为开展制造企业合作数字绿色创新活动提供坚实的理论支持。

其次是应用目标。鉴于大数据、云计算、人工智能等数字技术是制造企业绿色创新发展的主攻方向和关键突破口，希望能将本书的研究成果应用于数字技术嵌入制造企业合作绿色创新活动中，实现持续、动态的数字绿色创新，并为我国制造企业合作数字绿色创新活动的开展和国家绿色升级和数字转型相关政策的制定提供重要的决策依据。

1.1.2.2　研究意义

近年来，数字技术对制造企业创新发展的影响得到广泛关注。但是，现有研究更多关注数字技术在智能制造领域的应用及数字创新的理论探讨，而很少有研究探讨与揭示数字技术嵌入制造企业合作绿色创新过程及其动态机制。本书面向国家重大需求，针对制造企业如何应用数字技术开展合作绿色创新活动的重大问题及其理论研究严重不足，从企业主导与需求引导出发，以互惠理论新视角，整合数字创新理论、创新价值链理论、系统论等相关理论，应用混合研究设计与多种研究方法，旨在通过系统而深入研究，厘清数字技术嵌入制造企业合作绿色创新活动中的复杂机理，探究制造企业合作数字绿色创新的启动阶段、开发阶段、应用阶段、评价阶段的过程机理，揭示制造企业合作数字绿色创新过程的动态机制，探求促进制造企业合作数字绿色创新发展的对策建议。

从理论意义上看，本书通过对制造企业合作数字绿色创新过程及其动态机制的内涵和特征进行界定和分析，有助于从过程角度对合作数字绿色创新开展研究，拓展了数字创新管理、绿色创新管理的理论内涵；通过深入剖析基于互惠理论的制造企业合作数字绿色创新的启动阶段、开发阶段、应用阶段、评价阶段的过程机理，丰富了现阶段绿色创新过程研究的理论体系；通过揭示基于互惠理论的制造企业合作数字绿色创新过程的动态机制，延伸了复杂系统动态演进研究的理论体系。

从现实意义上看，本书满足国家战略需求，直击制造业当前“痛点”，聚焦数字绿色创新关键主体，扎根中国独特情景，系统而深入地研究我国制造企业合作数字绿色创新的启动阶段、开发阶段、应用阶段、评价阶段的如何实现，揭示数字绿色创新实现的持续性机制，为我国制造企业使用数字技术优化合作绿色创新过程提供坚实有力的实践支撑，为制造企业应对绿色升级和数字转型双重挑战和国家制定相关政策提供合理的建议，表现出鲜明的需求导向、问题导向与目标导向，具有重要的战略价值。

1.2 国内外研究现状分析

1.2.1 国外研究现状

1.2.1.1 数字创新和绿色创新相关研究

在数字创新的内涵方面。学者们主要从过程和结果两个角度对其内涵进行了阐述，两者的主要观点分别是使用数字化资源改善企业创新的过程绩效[9,3,4]和通过数字化资源为现有的非数字产品和服务添加新属性[8,5]。随着这两个观点的融合，数字创新的内涵应突破过程和结果视角的束缚，需要从理论视角较为全面地讨论数字创新如何实现[6]。数字绿色创新是通过信息、计算、沟通和连接技术的组合对数字资源进行重组，将数字技术嵌入绿色创新中，带来新的产品、生产过程改进、组织模式变革及商业模式的创建和改变等，并显著改善环境的过程[7,8,9]。

在数字创新的外延方面，通过梳理现有文献，数字创新特性主要包括收敛性（边界模糊且重要性降低）[9]和自生长性（持续地不断改进、变化）[10]。根据数字创新的实现方式，其可分为数字产品创新、数字过程创新、数字组织创新和数字商业模式创新。数字产品创新指新的产品或服务是包含数字技术或者被数字技术所支持[11]；数字过程创新指数字技术的应用改善甚至重构了原有创新的流程框架[12]；数字组织创新指数字技术改变了组织的形式或者治理结构；数字商业模式创新指数字技术的嵌入改变了原有商业模式[7,10]。数字基础设施是数字创新实现的基础支撑[13]，是支持企业运行的数字技术与组织结构及相关的服务和设施，从形式上是指共享的、无界的、异质的、开放的系统。在数字基础设施之上催生的多主体合作数字平台因其灵活性、开放性、可供性已逐渐成为许多企业创新活动的中心[14]。现有多主体合作数字平台相关的研究主要涵盖技术管理视角、产业组织视角、战略管理视角等[15,16]，总体上仍然与数字基础设施的研究类似，包含多主体合作数字平台的构建与演化及治理这两大类研究。

数字创新是如何实现的？具有代表性的是 Desouza 等（2009）[17]及 Kohli 和 Melville（2019）[18]的实现框架，认为实现数字创新需要经过数字创新启动、数字创新开发、数字创新应用 3 个阶段。数字创新启动过程是企业通过识别数字创新机会并为数字创新做准备的过程[19]。制定数字战略、架构数字资源、提升数字创新能力及构建数字创新导向的文化是组织启动数字创新的重要环节[18]。数字创新开发是企业将启动阶段产生的创新想法发展成为一个可以应用的数字创新的过程[18]。数字创新开发过程是一个强调设计逻辑、开放式创新、情境交融和持续迭代的动态交互过程[9,10]。数字创新应用是开发出数字创新的应用过程，涉及系列复杂的组织变革[18]。数字创新应用过程要求组织持续变革价值创造、重新定义价值网络及变革组织架构[20]。此外，学者们认为数字创新实现结果主要表现在运营效率与组织绩效方面。一方面，数字技术本身的优势使产品、过程、组织和商业模式均可大幅提升运营效率[21]；另一方面，数字产品创新为客户创造新的价值、提升企业的动态能力、改变企业原有价值获取及价值创造的方式，进而帮助企业提升组织绩效[7,22]。

需要指出的是，尽管一些研究对于数字创新的内涵、外延和实现框架进行了探讨，但已有研究仍有三个方面的不足可以完善：第一，忽略了数字技术的破坏属性对企业原有创新的影响。数字技术可以从根本上改变消费者的行为和预期、颠覆在位者的竞争格局，表明数字技术具有破坏性属性。这些观点也为我们理解数字技术的破坏属性对企业原有创新的影响提供了一些思路。第二，缺少揭示企业合作数字创新实现机制的实证研究。数字技术的嵌入不仅使合作创新主体间的竞合关系发生改变[23]，而且创新管理的过程更加强调合作主体之间动态交互过程，创新结果的边界更加不甚清晰[24]。然而针对如此复杂的数字创新活动，现有文献很少关注企业合作数字创新如何实现，少有运用理论推导或案例方法开展研究，实证研究的文献非常少见。第三，很少通过实证研究方法直接检验数字创新对企业组织绩效的影响。虽然现有文献认为数字创新是企业在数字经济时代构建持续竞争力的关键所在[25,26]，但是数字技术的高外部性使数字创新影响组织绩效的机制会更加复杂[27]，目前少有文献通过实证研究方法直接检验数字创新的实现机制如何影响组织绩效的提升[18]。

目前，国外主要围绕绿色技术创新相关领域展开的研究主要集中在创新内涵、创新因素、创新评价、创新扩散等相关方面。

（1）绿色技术创新的内涵。基于环境经济学理论，James（1997）的研究既考虑了服务价值又考虑了环境价值[28]。Pedro 等（2004）指出绿色创新是在传统创新基础上，增加环境因素[29]。Werf 等（2008）研究认为生态效率是环境创新的重要组成部分[30]。Hellstm（2007）指出可持续创新是满足消费者的产品创新，同时强调了降低环境影响的重要性[31]。基于战略管理理论或产业组织理论，Spiers 和 Maguire（2008）指出降低环境风险是生态创新的关键因素之一[32]。OECD（2010）认为生态创新分为技术性创新（产品、工艺）和非技术创新（组织、制度）。Karakaya 等（2014）指出绿色技术创新是技术创新与生态环境的融合[33]。Zarębska 和 Michalska（2016）研究认为生态创新是企业发展的必备条件，同时对环境保护具有重要作用[34]。基于创新经济学理论，Oltra 和 Saint（2009）指出工艺或产品的可持续性改进是环境创新关注的要点之一[35]。Lin 和 Tseng（2012）从产品、工艺、技术等方面分析了绿色创新等内涵[36]。Aguilera - Caracuel 和 Ortiz - de - Mandojana（2013）研究认为产品设计和绿色包装是绿色技术创新的重要组成部分[37]。Weber 等（2014）指出环境效益是绿色创新的目标，产品创新为环境效益服务[38]。

（2）绿色技术创新相关因素。这些因素包括政府规制、市场及技术的共同作用。Horbach（2012）认为技术、市场、规制等因素是驱动绿色创新的主要因素[39]。例如，Cleff 和 Rennings（1999）研究指出企业规模、发展战略对绿色产品创新有积极的影响[40]。Brunnermeier 和 Cohen（2003）研究认为政府规制对绿色产出水平提高的作用并不显著，污染防治费用作用显著[41]。Ziegler 和 Rennings（2004）以德国制造业为样本，研究认为研发活动、产品回收等因素有助于绿色产品创新[42]。De Vries 和 Withagen（2005）以欧洲环境专利作为绿色创新产出指标，研究认为政府政策有助于提高绿色创新产出水平[43]。Hamamoto（2006）以污染治理成本和 R&D 支出分别表征环境规制强度和技术创新，基于美日制造业数据，研究指出，环境规制与企业绿色创新产出呈正相关关系[44]。Rehfeld 等（2007）研究认为与技术推动相比，市场拉动对绿色产品创新的作用更加显著[45]。Wagner（2008）以欧洲企业为样本，运用问卷调查数据探究了环境标识对产品创新的影响[46]。Demirel 和 Kesidou（2011）以英国环境规制为例，研究指出政府规制和企业动机对不同的绿色产品创新有异质性影响[47]。Ustaoğlu 和 Yıldız（2012）研究了电动汽车产业的绿色技术创新，并进一步分析了电动机汽车产业的营销创新[48]。Eaton（2013）研究认为环境政策在技术绿色变革中具有重要的推动作用，有助于促进绿色经济发展[49]。Meltzer 和 Joshua（2014）研究指出绿色研发补助、税收减免、金融支持对绿色技术创新发挥着重要的作用[50]。Saunila 等（2018）认为绿色创新是由经济和制度压力驱动的，这种创新可以创造社会可持续性的价值。El－Kassar 和 Singh（2018）开发并测试了一个整体模型，该模型描述并检验了绿色创新及其驱动因素之间的关系，以及有助于克服技术挑战、影响企业绩效和竞争优势的因素[51]。Fernando 等（2019）通过研究一个原始的概念框架扩展了绿色商业的概念，该框架提出了服务创新能力对可持续组织绩效与环境创新之间的关系具有中介作用[52]。Xie 等（2019）研究认为绿色过程创新与企业财务绩效呈正相关关系，同时对产品创新有显著的正向影响[53]。Fujii 和 Managi（2019）考察了中国可持续绿色技术发明的决定因素，重点研究了每五年计划期间绿色技术发展优先顺序的差异，发现可持续的绿色专利出版物由于研发支出份额的增加和经济增长而增加[54]。

（3）绿色技术创新相关评价。有关绿色创新的效率评价：Lanoie 等（2011）研究认为政府环境政策对环境效率有积极的影响，不同政策强度具有异质性影响[55]；Wong 等（2012）研究指出绿色过程创新对绿色创新效率和绿色创新收益具有显著的正向影响，绿色产品创新的作用为负向影响[56]；Wong（2013）认为绿色创新包括产品创新和过程创新两种[57]；Ghisetti 和 Rennings（2014）基于能源消耗和环境污染对绿色创新效率进行了评价[58]；Ren 和 Wang（2016）运用投入产出方法评价了工业企业的绿色创新效率，并进行了对比研究[59]；Guo 和 Yang（2016）评价了各个地区的绿色创新效率[60]；Liu 等（2016）研究了煤炭行业的可持续性评价，综合考虑了环境因素、生产因素等多方面因素[61]；Wang 等（2017）基于测度的制造业绿色创新效率，研究指出环境效率滞后对绿色创新效率（环境效率和创新效率）具有阻碍作用[62]；Rumanti 等（2017）运用案例研究方法，探索性设计了绿色创新新模式[63]。

有关绿色创新相关其他评价：Govindan 等（2015）分析了绿色供应商评价与选择的多准则决策方法的综述[64]；Sun 等（2017）采用熵权加权 TOPSIS 方法建立了评价模型，评价了绿色技术创新对战略性新兴产业生态经济效益的影响[65]；Guo 等（2018）基于绿色发展视角评价了绿色技术创新水平，探究了政府环境规制的作用[66]；Lin 等（2018）采用 DEA 方法对 2006~2014 年中国 28 个制造业的绿色技术创新效率进行了评价，认为制造业绿色技术创新的整体效率较低，呈波浪形曲线，先下降后上升再下降，产业间差异较大[67]；Lee 和 Choi（2019）研究认为创新效应引领了韩国制造业的环境生产力，不仅每个部门都应该努力提高绩效，而且政府还需要专门制定措施来提高整体竞争力[68]。

（4）绿色技术创新扩散。Koebel 等（2015）分析了美国大陆的一个大数据集，应用最小绝对收缩与选择算子模型验证了气候和能源成本在节能住房决策中的重要性，对公共政策和激励措施的影响很重要，但影响较小，提高建筑总成本的税收和保险政策会对节能产品的扩散产生负面影响[69]。Seyfang 和 Longhurst（2016）测试了创新扩散的共同进化生态位理论（战略生态位管理，SNM）对基层创新的适用性，结果表明，小生境水平的活动与扩散成功相关，强调了额外的或混淆的因素，以及小生境理论如何能够更好地适应民间社会的创新[70]。Halila 等（2017）对中国绿色建筑技术扩散和采用的障碍进行了界定和描述，认为两大障碍群——建筑开发商/管理者的有限理性和绿色创新的高交易成本——是中国被动住房概念缓慢传播和采用的最主要原因[71]。为促进绿色技术的广泛和快速传播，D'Orazio 和 Valente（2018）采用基于代理的计算模型，研究了一家传统商业银行和一家明确支持绿色投资的国有投资银行在宏观和微观经济中的作用，结果表明，当公共投资银行的存在与消费者对环境质量的强烈偏好相结合时，绿色金融问题和环境创新的市场扩散更加明显[72]。Huang 等（2018）通过对中国台湾电动摩托车的案例研究，建立了地方政府电动汽车补贴政策的动态调整机制，有效地分配地方政府有限的预算，结果表明，新兴能源技术通过地方政府补贴达到规模经济的市场竞争条件，补贴政策应逐步淘汰市场，将有限预算转移到其他需要突破规模经济的新兴能源技术上[73]。Saunila 等（2018）研究了可持续性不同维度的公司估值及其与绿色创新的关系，认为公司越重视经济、制度和社会可持续性，就越有可能投资于绿色创新[74]。Clausen 和 Fichter（2019）为了解阻碍环境创新扩散的关键因素，基于 130 个扩散案例样本，确定了三种因素：市场推动、有利的成本效益比和对创新的高兼容性和信心，形成了更高层次的聚集结构[75]。

1.2.1.2 多主体合作创新相关研究

国外多主体合作创新相关研究主要集中在多主体的作用职能、协同的形成、作用路径与驱动优势相关研究等方面。

在多主体的作用职能相关研究方面。Carayannis 等（2000）研究认为知识主体具有共享性与协调性等特征，其协同行为能够促进主体间通力合作，实现创新能力的提升[76]。基于战略政策制定，Oughton 等（2002）研究指出政府政策是通过创新供给匹配来实现主体间协同，进而激励创新有效实施[77]。Bekkers 和 Freitas（2008）研究认为高效合理的资本配置有助于实现组织间资源共享，产生互信互惠的协作行为，有助于合作联盟的形成[78]。Seo 和 Hwang（2012）研究指出创新组织间知识共享、技术合作对产业深度协同发展具有重要影响[79]。Hewitt – Dundas（2013）研究指出技术产业化对组织间知识转移具有重要促进作用，有利于优化知识资源配置，促进产业协同发展[80]。Ruan 等（2014）研究指出政府政策对促进产业集群具有重要影响，能够深化主体间优势互补的程度[81]。Bellucci 和 Pennacchio（2015）指出知识共享有助于增加校企间联系协作，增强对市场的反应程度，进而实现主体间共生共存[82]。Jones 和 Zubielqui（2017）研究指出多主体合作能够发挥知识协同作用，实现知识共享、知识整合，进而促进产学研深度融合[83]。Li 等（2018）收集了评价大学、研究机构和工业创新的指标，研究了创新子系统之间的关系，认为 R&D 投入产出指标对区域创新水平具有重要意义，对提高三个创新子系统之间的耦合协调程度具有重要意义[84]。Xu（2018）从知识管理研究的角度，阐述了基于知识链的大学产业研究（U – I – R）协同创新过程中的核心知识活动和关键环节，并提出了 U – I – R 协同创新的对策[85]。Tang 等（2019）研究了大学邻近度与企业产品创新绩效的关系，认为区域内大学互动与渐进式产品创新的关联性更强，而跨区域大学互动与激进式产品创新的关联性更强；平均质量的大学联系与渐进式产品创新的关联性更强[86]。

在多主体协同的形成等相关研究方面。Salavisa 等（2002）认为多主体的协同属性包括主体职能差异、资源种类分布、资源配置方式和主体相互作用等[87]。Christian 和 Østergaard（2009）指出多主体协同创新过程的溢出效应具有明显的协同特征[88]。Lewrick（2011）研究认为与市场竞争相比，消费者与企业创新关联性较强，有利于实现企业突破性创新[89]。Brettel 等（2012）研究认为市场需求有助于提高企业绩效，对实现需求与企业生产协同具有先导作用[90]。Bao 等（2012）研究发现知识管理在市场需求和企业创新中起着关键作用，是实现技术效率提高的重要方式[91]。Vick 等（2015）研究认为创新主体间协同发展对创新网络和创新成果产出具有显著的正向作用[92]。Luo 等（2015）认为资源共享与整合对多主体合作创新效率具有显著的导向作用[93]。Kang 等（2015）研究认为主体间协作深化是通过主体间协作网络实现的，有助于提升合作收益[94]。Wu 等（2017）以 238 个工程为例认为，特定投资通过关系信任间接作用于合作创新绩效[95]。Wang 等（2018）研究认为创新企业财务控制对合作创新更为有效，战略控制和财务控制的结合使用对合作创新具有负面影响[96]。Wei 和 Chan（2019）研究认为军民协同创新的合作稳定性与合作收入、违约金、政府激励等因素正相关，与基础收入、研发成本、信息通信成本、技术二次转化成本、风险等因素负相关[97]。

1.2.1.3　创新价值链相关研究

（1）在创新链相关研究方面。Marshall（1992）研究认为创新链是一种存在于创新活动中链条形式，与上游企业、核心企业、下游企业紧密相连，贯穿于整个创新过程[98]。Cloutier 和 Boehlje（2000）研究指出技术创新链间协同有助于增强企业创新能力，市场环境起到了正向调节作用[99]。Timmers（2002）研究指出研究开发、技术转化、营销创新是创新链的重要组成部分，它们之间相互融合[100]。Sen（2003）认为创新链包括创意产生、产品生产、产品营销等过程，并将各个过程连接成一个链条[101]。Barnfield（2004）研究指出创新链各个环节协同合作、紧密相连对创新产出具有重要影响，环节间的互动频率正向调节创新产出水平[102]。Omta 等（2005）研究指出技术创新链能够反馈消费者需求信息，减少企业技术创新的不确定性，使企业与技术创新链紧密结合，实现技术创新活动[103]。Malerba（2007）研究认为开放的创新链有助于促进创新资源共享，形成新的创新链模式，增强创新链间的互动效应，实现创新链增值[104]。

（2）在价值链相关研究方面。Porter（1985）以企业为视角首次提出了价值链，认为其贯穿于产品从无到有再到最后的消费环节的过程，是企业创新发展的关注点[105]。Gereffi（1999）在 Porter 和 Kogut 的价值链概念基础之上，设计了基于产品生命周期的价值链概念框架，认为价值链围绕产品生产、销售等各个环节，体现了价值链间的关系[106]。Humphrey 和 Schmitz（2000）研究指出价值链升级是企业发展的核心方式，这种方式包括质量升级和链条升级等重要方式[107]。KaPlinsky 和 Morris（2001）研究认为战略导向对价值链升级具有重要影响，是实现价值链攀升的重要途径[108]。Andrea（2008）研究了全球价值链与技术能之间的关系[109]。

（3）在创新价值链相关研究方面。Hansen 和 Birkinshaw（2007）通过研究系统性地提出了创新价值链概念，包括创意产生、创意转化、创意扩散 3 个方面[110]。Love 等（2006）研究指出创新价值链贯穿于知识创造到技术转化以及产品营销过程，其目的在于实现价值增值和可持续收益[111]。Muñoz 和 Parrilli（2009）研究认为寻找、实验、应用在创新价值链中起到了关键作用，这些过程紧密相连、协同合作，在价值增值中具有重要的指导作用[112]。Porter 和 Kramer（2011）以资源共享为基础，通过分析世界创新发展和价值增值的趋势，构建了新的创新价值链模式，为价值增值提供新的研究方向[113]。Salimi 和 Lehner（2012）研究指出创新价值链是一个多样性的链式过程，集应用基础开发、技术产品转化、产品营销发展于一体的实践过程[114]。Everett 和 Sophia（2012）研究认为创新价值链包括知识创造、技术转化、产品生产和创新营销等环节，各个环节密切配合、协同合作对价值增值具有显著的正向影响[115]。Chen 等（2018）基于创新价值链分析了中国高新技术创新过程绩效[116]。

1.2.1.4 互惠合作及动态演化相关研究

在人类文明中，“礼物交换”研究是互惠理论形成的开端。后续，英国功能学派创始人 Malinowski 描述了美拉尼西亚社会中库拉族的交易过程，深入探讨了礼物交换的内涵，并揭示了该行为背后的互惠意识[117]。经济人类学家把对礼物交换的研究扩展到精神领域。对互惠理论的正式研究始于生物学领域，如生物学界亲缘选择理论、互惠利他理论（直接互惠理论）。随后，Nowak 和 Sigmund（1998）研究发现互惠不一定只发生在有直接相互作用的个体间，从而提出间接互惠理论[118]。然而直接互惠和间接互惠都无法对人类群体面临灭绝威胁时个体合作行为做出恰当解释，为此，强互惠理论被学者们提出。

后续学者们通过大量的行为博弈实验证明了互惠确实存在，是影响人们行为决策的重要因素，如最后通牒博弈[119]、礼物交换博弈[119]、公共物品博弈[120]、信任博弈[120]等行为决策。行为经济学家又试图通过构建模型来刻画互惠偏好，主要模型包括：①基于结果公平的互惠模型，包括 Fehr 和 Schmidt 模型和 Equity Reciprocity Competition 模型；②基于动机公平的互惠模型，包括动机公平模型与序贯互惠模型；③结果公平与动机公平相结合的互惠模型，包括 Falk 和 Fischbacher 连续互惠模型、Charness 和 Rabin 心理互惠模型；④基于机会公平的互惠模型，Tanimoto 和 Sagara（2007）提出了困境博弈与交替式互惠[122]。此外，一些学者研究了互惠类型并开发了测量互惠的量表，强调了平等性、即时性和利益性的核心观点，量表研究包括广泛互惠、平衡互惠、负面互惠、积极互惠、消极互惠等。部分学者研究了互惠性与企业创新之间的关系，一是从组织内部研究个体和团队的互惠性行为对知识转移和技术创新的影响；二是从组织外部探讨网络互惠性与企业创新之间的关系[123,124]。

（1）在产学研用合作相关研究方面。产学研合作的研究最早出现于国外的文献中。Etzkowitz（2008）提出了三螺旋模型的概念，用以解释大学、商业和政府三者之间新关系，为研究产学研合作提供了理论基础支撑[125]。

在合作动机方面，Mailhot 和 Mesney（2007）研究认为资金有效投入对高校创新成果产出具有积极影响，有助于提高对外合作水平[126]。Shachar 和 Zuscovitch（1990）研究认为企业投入资金能够提高与高校的合作水平，有助于降低产品成本和提高产品质量，这对企业发展具有积极的推动作用[127]。在影响因素及效率上，Santoro 和 Chakrabarti（2002）研究指出创新要素对产学研合作效率具有异质性影响，特别是研发投入和研发人员的配置对合作效率的差异性具有显著影响[128]。James（2004）提出产学合作关系形成之后，创新投入、收益分配等方面对产学研合作关系具有重要影响，与合作创新成果紧密相连[129]。Mora – Valentin 等（2004）研究指出合作互惠性和合作持久性对合作创新效率具有重要影响，基于此设计了合作效率的测度方式[130]。在商业化上，Rasmussen 等（2006）通过欧洲科技大学的案例研究，指出这些科技大学都加强了商业化活动，重点放在了创业上，并或多或少地建立了全面的创业支持机制[131]。Perkmann 等（2013）研究指出现有研究对学研机构的技术转化关注程度较高，忽略了企业作为技术创新的主体作用，尤其忽略了企业相关技术的商业化，阻碍了企业高效发展[132]。

有关产学研用伙伴的研究。Zeng 等（2006）基于构建的数学模型和选取的评价指标研究了合作伙伴选择[133]。Bierly 等（2007）研究指出伙伴选择具有动态性特征，是一个长久的、复杂的过程，这个过程存在信息不对称情况，就要求决策者综合考量伙伴的整体水平[134]。Wu 等（2009）综合多方面的信息考量，将合作伙伴选择信息进一步优化，结合因素的多样性，并通过决策模型的多重选择，健全决策结构，从而逐步构建合理、有效的战略联盟[135]。Ye 和 Li 等（2009）为解决不完全信息条件下的伙伴选择问题，综合考虑了区间模糊方法的特点与多属性决策优势，并将两者紧密结合，提出了新的决策模型[136]。Liou 等（2011）为提高伙伴选择的准确性，将 ANP 的特点融入模糊因素中，将两者紧密结合[137]。Schmitt（2011）研究认为互惠的合作方式对产学研合作具有重要影响，有利于提高合作水平[138]。

在合作演化相关研究方面。有关合作网络演化，Raymond 等（2001）研究指出网络中心集结程度越高，企业创新网络质量越佳，越有利于创新产出[139]。Perez 和 Sanchez（2003）研究认为产学研合作网络有助于组织间知识共享，有助于校企间的通力合作[140]。Powell 等（2005）研究指出组织间合作机制是通过网络结构来实现的[141]。Kim 等（2006）研究认为网络惯性有助于提高网络连接的可持续性，对提高网络质量有显著的促进作用[142]。Hermans 等（2013）指出创新网络的演化具有自组织特性，可以长久增长[143]。Acemoglu 等（2012）从理论和实证方面研究了政府规制对经济增长的影响，表明污染税和创新补贴有利于促进绿色技术创新和保持经济增长[144]。Tanimoto（2013）研究指出了创新演化机理，分析了产学研合作创新网络的演化特征[145]。Sarmento 和 Nunes（2015）将时间融入创新网络动态演化过程中，分析了演化过程中不同阶段[146]。

（2）有关演化博弈研究，D'Aspremont 和 Jacquemin（1988）基于演化博弈研究认为，与非合作相比，合作下的技术溢出效应更加明显[147]。Bayona 等（2001）研究指出企业创新的动机是企业间相互博弈的结果[148]。Al－bino 等（2006）基于博弈理论研究指出产业联盟间合作能够实现自主创新能力的提升，对联盟企业创新发展具有显著的正向促进作用[149]。Okamuro（2007）研究指出合作能够为企业带来互补性资源，帮助企业实现优势互补，促进合作深度和广度的增强，降低创新成本[150]。Kalaignanam 等（2007）基于博弈理论研究认为合作是企业创新发展的基础，有利于达到共享双赢的局面，同时要注意降低机会主义风险[151]。Amir等（2008）研究指出合作有助于降低创新成本和风险，保障了创新成果的有效产出[152]。Ding 和 Huang（2010）研究认为合作有助于集群企业实现竞争发展，提高自身的竞争能力，但同时集群组织间的知识共享会影响企业集群水平[153]。Wang 等（2018）基于进化博弈理论，探讨了建筑承包商与众多分包商合作创新过程，指出随着超额收益等因素的增加，系统将趋向于合作的稳定性，随着承包商补贴系数、创新成本、合作创新风险成本的增加，系统将趋于不合作[154]。Wei 和 Chan（2019）基于进化博弈理论，建立了在有限理性条件下，以军工企业和民企为主体，中国卫星产业军民协同创新的进化博弈模型[97]。Song 等（2019）以契约安排为基础，采用动态博弈模型，研究了研发企业协同创新的激励机制，分析了两家企业在实施市场驱动创新（开发性创新）战略和技术研究驱动创新时的利益分配和成本分担激励契约[155]。

1.2.2 国内研究现状

1.2.2.1 数字创新和绿色创新相关研究

近些年，关于数字技术在各领域应用的研究在学界和业界越来越得到关注，数字创新的问题更是获得广泛关注。目前，学术界主要结合不同环境探讨数字创新的内涵、外延和实现框架，研究方法主要是理论推导和案例分析。唐松等（2020）研究发现数字金融发展对企业技术创新的确存在“结构性”驱动效果[156]。万佳彧等（2020）丰富了数字金融影响企业创新的相关研究，并为金融市场如何更好地服务实体经济提供了理论依据和政策参考[157]。雷倩茹等（2021）研究发现基础设施建设、市场竞争强度以及企业创新投入因素对制造业数字化绿色创新生态效益具有显著正向影响[158]。秦建群等（2022）[159]探讨了数字经济对制造业高质量发展的影响及其内在机制，对当前数字经济发展和制造业转型升级的政策制定与调整以及发挥地方政府的主体作用具有重要的启示。数字创新可以推动制造业高质量发展。柳毅（2023）[160]等从产业基础、创新生态和经济效益等维度构建数字经济促进我国传统制造业产业链与创新链融合的评价指标体系，并综合运用耦合协调度模型、空间计量模型、中介效应模型分析数字经济促进传统制造业产业链和创新链融合的作用机制与影响。

针对绿色技术创新相关研究，国内研究成果主要集中在内涵、过程、因素、评价、扩散、保障措施等相关方面。

（1）绿色技术创新的内涵。

陈华斌（1999）研究指出环境因素是绿色创新的关键因素[161]。曹建东等（2008）研究认为绿色创新是经济发展的必然选择，必须考虑环境因素[162]。杜传忠和刘忠京（2011）研究认为主体间联合可持续发展是绿色创新关注的重点之一[163]。程华和廖中举（2011）研究指出通过改进环境因素而获得的绩效是绿色创新所产生的结果[164]。李虹和张希源（2016）研究认为绿色创新不仅需要改善环境问题，也需要对产品进行重新改进[165]。杨庆义（2002）提出了绿色过程创新概念[166]。进一步地，李海萍等（2005）基于绿色过程创新概念提出了可持续绿色创新，研究指出需要不断地增强整个过程的绿色程度[167]。刘薇（2012）研究认为绿色文化是影响绿色创新的关键因素之一[168]。李斌和曹万林（2017）研究指出环境因素和创新因素的有效融合是生态创新[169]。马媛等（2016）从产品制造角度研究指出，绿色加工是绿色创新的核心环节[170]。毕克新（2014）研究指出绿色创新资源投入对绿色绩效有积极促进作用[171]。此外，黄志斌和张涛（2018）认为绿色技术创新是以企业为技术核心的多元化合作主体[172]。王旭和褚旭（2019）研究指出绿色商业化是绿色创新的重要发展支撑[1]。贾军和张伟（2014）采用 2003 ~ 2011 年中国 31 个省区市的面板数据实证分析了区域内外绿色技术知识存量以及非绿色技术知识存量对技术创新的影响[173]。毕克新和申楠（2016）提出了绿色创新系统知识溢出的传导过程，认为一般都涉及绿色知识的搜寻与获取、绿色知识的内化和绿色知识的应用三个阶段[174]。

（2）绿色技术创新过程。

于方（2012）研究指出绿色技术创新过程是一个闭环的循环过程[175]。进一步地，李昆（2017）指出平台模式为这一闭环的不断循环提供了基础支持，有助于加速推进绿色技术创新活动[176]。王晨筱等（2018）研究指出技术、市场、政策是颠覆性创新的重要影响因素，其中政策的影响程度最大[177]。李云等（2018）从知识的角度提出了颠覆式创新有创新模糊前端、研究开发阶段、目标市场商业化阶段、进入主流市场、建立行业标准、新一轮的颠覆式创新等 6 个阶段，并对每一阶段进行详细剖析[178]。田红娜和候畅（2019）研究了技术生态位，并提出了 3 个阶段[179]。鲍萌萌和武建龙（2019）探究了技术依存关系和价值采用主张的关系和变化规律，总结提炼出了 3 种颠覆性创新过程[180]。

（3）绿色技术创新相关因素。

国内学者主要从政府、市场、创新人才、创新方式、创新投资等方面研究了绿色技术创新相关因素。华锦阳（2011）指出市场机制是促进绿色创新和经济发展的重要方式[181]。姚洪心和吴伊婷（2018）在多阶段双寡头竞争模型中研究了绿色补贴及其溢出效应对政府和企业行为的影响[182]。王旭等（2018）探讨了股权融资、债权融资以及政府补贴在不同企业生命周期阶段中对绿色技术创新的动态影响[183]。李香菊和贺娜（2018）认为环境税对企业绿色技术创新的影响呈倒“U”形关系[184]。

在政府政策影响因素中，环境规制相关研究较多。在环境规制与绿色技术创新关系上，贾军等（2017）认为市场激励型环境规制工具需要达到一定强度才能有效促进绿色技术创新[185]；李广培等（2018）构建了多变量综合作用下企业绿色技术创新能力形成的结构模型，认为环境规制、R&D 投入有利于提高企业绿色技术创新能力[186]；王锋正等（2018）认为地方政府质量与环境规制显著影响企业绿色产品创新水平[187]；董直庆和王辉（2019）认为环境规制对本地绿色技术创新的影响具有门槛特征[188]。邝嫦娥和路江林（2019）研究认为环境规制对绿色技术创新的影响并非简单线性关系，而是呈现出显著的“V”形门槛特征[189]；在不同类型的环境规制模式上，李婉红等（2013）在考虑行业规模和创新人力资源投入两个控制变量的情况下，政府制定严厉的环境规制政策可有效促进污染密集行业实施绿色技术创新，但在未考虑以上两个控制变量时，环境规制强度对污染密集行业的绿色技术创新则产生了负效应[190]；李婉红等（2013）提出了命令—控制型规制工具、市场化型规制工具和相互沟通型规制工具对绿色产品创新、绿色工艺创新和末端治理技术创新影响的九个假设[191]；沈能和周晶晶（2018）认为良好的产业结构、自由的技术交易市场等基础环境对绿色创新具有重要促进作用[192]；吴超等（2018）认为中国重污染行业的绿色转型，需要不断加大科研资金投入，促进绿色技术的推广与应用[193]；张渝和王娟茹（2018）[194]、王娟茹和张渝（2018）[195]研究指出绿色技术创新意愿能在政府环境规制与绿色技术创新行为之间起完全中介作用。此外，许士春等（2012）[196]、伍格致和游达明（2019）[197]还探究了不同环境规制策略对绿色技术创新的影响。

在市场相关研究方面，李巧华和唐明凤（2014）认为推动具有正外部效应的企业绿色创新需要发挥市场和政策双重机制的驱动作用[198]。雷善玉等（2014）研究指出绿色产品市场是促进绿色技术创新发展的重要因素，影响着绿色技术创新最终产出[199]。杨东和柴慧敏（2015）梳理和归纳了绿色技术创新的各类驱动因素，并从制度理论、市场理论和 NRBV 的视角进行了分析[200]。杨朝均等（2018）认为内生性研发、技术引进及消化吸收、国内市场需求、排污收费制度对清洁生产技术创新具有显著积极影响[201]。周晶淼等（2018）认为偏于生产的绿色技术创新导向下人均消费变化率在短期内会显著提升[202]。侯建和陈恒（2018）认为企业规模要素、资本深化、市场竞争和外资引进均显著促进了产业绿色技术绩效的提升[203]。

在创新人才、创新方式研究方面，黄奇等（2015）认为人力资本水平有助于提高工业企业绿色技术创新效率[204]。李婉红（2017）认为绿色R&D投入和人均GDP对省域工业绿色技术创新产出具有显著的影响效应[205]。孟凡生和韩冰（2017）认为研发人员对于低碳技术创新产出影响较大，环境治理对低碳技术创新具有正向影响但不十分显著[206]。在创新方式上，岳鸿飞等（2017）研究指出不同产业应有不同的创新驱动力，创新驱动力的选择受政府政策的影响。[207]。石博和田红娜（2018）研究认为我国家电制造业在绿色工艺创新过程中应该选择以自主创新为主、合作创新为辅的创新路径[208]。

在创新投资方面，何枫等（2015）研究认为在加强环保监管力度的前提下，提高环境规制强度、增加环保投入及自主研发投入是中国钢铁企业绿色技术效率提升的重要途径[209]。隋俊等（2015）指出跨国绿色投资对本国绿色发展具有促进作用[210]。刘雯和徐嘉祺（2018）研究指出固定资产投资有助于促进绿色技术创新水平的提升[211]。钱丽等（2018）认为创新氛围、产学研合作、环保投入强度、外商投资有利于企业绿色研发效率的提升[212]。殷宝庆等（2018）认为绿色研发投入对中国制造升级的影响在不同经济地带、不同人力资本水平地区、不同知识产权保护程度地区存在一定的差异[213]。此外，王锋正和陈方圆（2018）认为环境规制本身对企业绿色技术创新具有显著正向影响[214]。

（4）绿色技术创新相关评价，包括创新效率、创新能力和绩效评价等方面。

在创新效率相关评价方面，张江雪和朱磊（2012）在充分考虑环境因素基础上，探究了工业企业绿色技术创新效率[215]。钱丽等（2015）研究了区域视角下企业绿色技术创新的两阶段效率[216]。罗良文和梁圣蓉（2016）在评价工业企业绿色技术创新效率基础上，对效率进行了分解分析[217]。韩孺眉和刘艳春（2017）应用PCA和四阶段DEA评价了我国工业企业绿色技术创新效率[218]。肖仁桥和丁娟（2017）运用超效率 DEA 模型测度了我国企业绿色创新效率及其空间溢出效应，认为开放度和产业结构与分阶段效率正相关[219]。聂名华和齐昊（2019）运用纳入非期望产出的 DEA－SBM 模型测算了资源环境约束下中国工业企业的两阶段绿色创新效率[220]。

在创新能力和绩效评价方面。朱永跃等（2010）从企业内部环境和外部环境两个维度评价了绿色技术创新环境[221]。毕克新等（2013）从经济绩效、社会绩效、生态绩效三个方面评价了区域绿色工艺创新绩效，并分析了其中存在的差异[222]。武春友等（2014）运用 AHP 与标准离差的方法来确定指标体系的组合权重，依据可拓学原理构建了企业绿色度可拓学评价模型[223]。孙群英和曹玉昆（2016）构建了包括绿色文化、创新投入、创新管理、制度环境、资源环境、文化环境的企业绿色技术创新能力评价指标体系[224]。王海龙等（2016）测度了区域绿色技术创新效率[225]。孙振清等（2019）运用熵权 TOPSIS 法研究了我国区域绿色创新能力，指出环境因素对区域创新能力有重要影响[226]。

（5）绿色技术创新扩散。

曹柬等（2012）研究指出绿色技术创新的扩散是主体间博弈的过程[227]。张静进等（2015）认为不同商业模式能够有效促进不同类型绿色技术市场扩散，包括商业模式的价值定位特征、价值网络结构和盈利模式等因素[228]。刘朋等（2016）认为政策模式包括行政命令型、能力建设型和经济激励型政策，绿色制造技术扩散不仅是市场导向和市场经济问题，更多地需要考虑需求拉动政策[229]。杨国忠和虢琴（2017）研究指出技术服务体系是绿色技术创新扩散的关键[230]。方竺乾（2018）认为在供应链中，生产商处于主导地位具有显著的扩散效果[231]。

（6）绿色技术创新保障措施。

黄晓霞等（2015）从多主体合作网络方面，对项目的协同创新提出了保障措施[232]。宗楠和孙育红（2018）提出了构建系统化、可操作的绿色技术创新制度体系应涉及法律保障制度、政府调控制度、市场制度、评价监督制度、教育制度及国际合作制度[233]。张江雪等（2018）认为绿色技术创新具有双重外部性，提出了提高合作机制的对策建议[234]。李斌和韩菁（2019）从协同关系和创新收益两个层面，深入分析了市场导向对多主体协同的影响机制及相应的保障措施[235]。

1.2.2.2　多主体合作创新相关研究

在创新系统、官产学研用方面，陈劲（1999）提出了国家绿色技术创新系统[236]。进一步地，李平（2005）将政府、科研院所、公众等相关社会群体纳入创新主体系统，指出系统需要以实现可持续发展为价值观[237]。在官产学研用方面，郑晖智（2016）研究指出多主体合作方式是官产学研发展的重要方式[238]。张浩等（2018）通过构建微分博弈模型，对比分析了无成本分担、成本分担及集中式决策情形下，政府和企业最优反馈均衡策略和收益最优值函数[239]。王海军和成佳（2017）构建了由经济要素持有者（企业）、科技要素持有者（大学、科研院所）和产业要素持有者（供应商）等多主体介入的产学研用协同创新网络结构[240]。郭继东等（2018）深入探讨了利益相关者因素对企业绿色技术创新的影响[241]。黄志斌和张涛（2018）认为从科技创新体系和宏观经济管理的角度看，多主体的互惠协作是促进企业绿色技术创新的必由之路[172]。吴卫红等（2018）构建了政产学研用资协同创新三三螺旋模式，分析了政产学研用的定位和职能作用，以及三三螺旋模式的构成、主题及协同模式[242]。周超（2019）将金融机构融入官产学研用中，并仿真分析了各个主体间的作用关系及协同发展路径[243]。

在供应链视角方面，焦俊和李垣（2011）研究指出利益相关者与企业绿色发展具有重要联系，影响着企业的环境绩效[244]。宿丽霞等（2013）研究认为供应链上下游企业间的依赖关系对供应链上下游企业间的绿色技术合作具有较大影响[245]。张红琪和鲁若愚（2014）从服务供应链视角研究了多主体参与的服务创新影响机制[246]。游达明等（2015）构建了一个包括供应商和顾客参与的创新模式选择博弈模型，分析了各创新主体对企业创新模式选择的影响[247]。余菲菲（2015）指出联盟因素对绿色技术创新发展具有显著的促进作用，稳定、合理的联盟是企业开展绿色技术创新活动的重要方式，有助于实施可持续创新行为[248]。此外，王磊和惠施敏（2019）研究了国际产能合作视角下中国工业绿色转型，认为对外直接投资与研发水平、人力资本呈明显的互补关系[249]。杨烨和谢建国（2019）研究认为环境规制与创新扶持组合并行的政策结构能够克服绿色“悖论”现象，实现激励创新和倒逼技术减排的双赢目标[250]。

1.2.2.3 创新价值链相关研究

（1）在创新链相关研究方面。

在创新链主体、组织方式方面，蔡坚（2009）研究了促进产业发展的技术创新链，指出主体间的资源有效整合和配置是技术创新链发展的关键因素之一[251]。尹安（2009）研究指出供应链为企业创新发展提供了重要的产品、市场等信息资源，是创新链升级的重要支持者之一[252]。屠建飞和冯志敏（2010）研究指出企业技术创新链接有关创新的主体，使创新相关者有效整合，形成各司其职、协同发展的模式[253]。组织方式方面，林淼和苏竣（2001）研究认为创新链、价值链等链条之间的融合不当是我国科技成果转化不足的原因之一[254]。朱瑞博（2010）研究指出创新链和产业链不协调发展阻碍了新兴产业的发展[255]。王宏起等（2014）基于产业视角设计了产业创新链[256]。邢超（2012）提出了推动产业链和创新链有效结合的政策建议[257]。

在创新链效率相关方面，原长弘和孙会娟（2013）利用随机前沿分析方法（SFA）实证分析了政产学研用在高校知识创新链产出及其效率中的协同影响[258]。胡耀辉（2013）认为产业技术创新链能够动态协调产业链、技术链和技术创新链的关系，使三者处于相对平衡状态，促进企业自主创新[259]。付丙海等（2015）研究了创新链资源整合、双元性创新和创新绩效的关系[260]。刘文澜（2016）研究了中关村生物医药产业创新发展情况，并提了提高与创新效率相关的对策建议[261]。郑彦宁等（2016）从产业创新链的视角，围绕产业共性技术的3个基本特性，将科学研究环节和生产应用环节相对应，进而探究了产业共性技术的识别[262]。段庆锋等（2018）站在整个创新链的角度建立基于产业创新链的技术策略选择模型，以专利分析为主要研究方法，在对所选领域热点技术分析的基础上，找出所选区域的技术比较优势，选择出最优技术策略[263]。

（2）在价值链相关研究方面。

张辉（2004）[264]、段文娟等（2007）研究指出突破性技术创新是影响全球价值链升级过程的关键因素之一，有助于促进产业升级[265]。黄永春等（2012）提出了全球价值链视角下的出口导向型产业集群升级路径包括渐进式和跨越式两种，其中跨越式升级需要进行突破性创新，克服升级困境和阻力[266]。肖仁桥等（2015）从价值链角度出发，分析了工业企业创新效率，包括科技研发效率和成果转化效率，并进一步分析了其中的差异性[267]。邱国栋等（2016）基于技术嵌入视角，探究了中国进入全球价值链的路径[268]。张杰和郑文平（2017）基于中国本土企业参与全球价值链中关系，研究了中间产品进口和产品出口对中国本土企业创新活动的影响[269]。康宇航和高昕（2018）基于价值链重构的视角，通过探索性双案例研究，对两家互联网家装企业价值链的分拆与重组所形成的不同商业模式进行了对比分析[270]。姜超（2018）用非竞争性投入产出法计算了中国19个代表性行业在全球价值链中的位置及变化趋势，测算其整体创新效率[271]。宋曼祺等（2018）对“政用产学研”战略联盟的知识价值链中各个主体相互影响方式与关系进行分析[272]。吕越等（2018）考察了制造企业嵌入全球价值链如何影响研发创新行为的问题，发现嵌入全球价值链对企业研发创新行为具有显著的抑制作用[273]。殷宝庆等（2018）将绿色创新与全球价值链融合，指出这种融合有助于促进中国制造转型升级[213]。

（3）在创新价值链相关研究方面。

蔡坚（2009）基于产业视角设计了产业创新价值链，并进一步分析了该链条的发展模式、运行机理及升级基础等内容[274]。常爱华等（2011）研究指出链条能够实现增值，并分析了创新服务链的增值过程，认为外部环境的创新支持有助于促进创新服务链增值[275]。曾祥炎和刘友金（2013）对基于价值创新链的协同创新阶段演化模型进行了分析[276]。

刘勇等（2015）基于创新价值链探究了协同创新的收益分配机制，并分析了这一过程的影响因素[277]。余泳泽（2015）研究指出创新价值链具有溢出效应，这种效应是通过创新过程与价值增值过程相互作用实现的[278]。余泳泽和刘大勇（2015）研究认为创新过程与创新价值链理论是相符合的，提出了三阶段创新过程[279]。王吉发等（2015）从创新链角度出发，结合价值链理论建立了科技服务链[280]。洪银兴（2017）认为科技创新的全过程包括上游知识环节、中游技术环节、下游产品环节，以及高新技术产业化阶段[281]。李新宁（2018）指出原始创新和模仿创新对创新价值链的系统推进具有显著的促进作用，但是两者的作用路径与机理不同[282]。

1.2.2.4 互惠合作及动态演化相关研究

互惠理论的研究，主要以“精神领域——生物学领域——人类行为博弈实验”为主线，建立了互惠模型并与其他理论进行了融合，开发了互惠相关的量表。现有研究考察了以互惠理论为基础的委托—代理模型、序贯互惠博弈模型等互惠模型在企业创新管理中的适用性和应用价值。韩姣杰（2014）等在考虑代理人互惠偏好的前提下，构建了来自不同主体的多个代理人的项目团队委托—代理模型，比较了代理人在完全理性和互惠两种条件下的行为选择，并分析了互惠偏好对代理人努力选择、团队绩效和项目团队激励效果的影响[283]。赵宸元（2016）构建了链式多重委托—代理结构，并植入公平偏好理论，研究了相应的激励机制问题。张同建等（2021）认为互惠性合作及交互效应对产学研项目质量、市场适应性、投入产出匹配均存在显著的促进效应[284]。张凤华等（2022）从创新顾客的互惠偏好程度、激励契约类型与激励效果的关系入手，构建创新顾客参与企业创新活动的激励模型[285]。尹士（2022）认为互惠理论是制造企业合作数字绿色创新氛围形成的关键[286]。

（1）在产学研用合作创新相关研究方面。

有关产学研用协同创新的研究集中探讨了其运行模式、协同效应和机制、伙伴选择等问题。

针对产学研用主体，袭著燕等（2012）研究指出技术创新需要企业、大学、研究机构、政府和用户等多个创新主体的共同参与才能有效实现技术创新的运行[287]。杜兰英和陈鑫（2012）根据现实企业创新面临的阻碍因素，针对产学研主体从不同方面分析了协同创新运行过程中的关键因素，最后提出了有针对性的对策建议[288]。王凯和邹晓东（2014）研究指出通过制度创新方式，能够构建有效的开放创新网络，充分利用区域资源把创新与创业紧密地结合在一起，对实现大学科技与产业的协同发展有重要作用[289]。张省等（2017）建立了产学研用协同创新供需匹配机制的理论框架，认为以意愿、能力和资源 3 个主范畴为平面可以构建产学研用协同创新供需匹配机制三维图[290]。王海军等（2018）研究了产学研用协同创新的知识转移协调机制，认为模块化不但有助于推动企业与高校、科研院所从面对面转向背靠背的产学研用协同创新，更有利于调节知识供需双方的知识转移策略[291]。王海军和温兴琦（2018）认为保持资源依赖关系能够促进产学研各方的合作创新，模块化利于确立产学研用协同创新重点和策略，其协调机制可以强化知识创造水平，成功实现产学研有效创新[292]。

针对基于产学研用的多主体，袭著燕等（2012）将金融机构纳入了产学研用研究框架，探究了主体间的作用关系[287]。王海军和冯军政（2017）研究指出融合大学、科研院所、供应商等创新主体，有利于加速“技术创新→产品创新→商业化”的过渡[293]。王海军和成佳（2017）设计了由经济要素持有者（企业）、科技要素持有者（大学、科研院所）和产业要素持有者（供应商）等多主体融合的创新网络，指出多要素持有者介入有利于加速技术创新及其商品化[240]。王志强和闫温乐（2014）研究指出研究型大学与产业部门的合作研发、技术转移、专利许可等活动，有助于优化大学运行逻辑及其内部结构[294]。辜胜阻等（2018）研究认为提升我国核心技术创新水平的关键是构建既以企业为主体又充分发挥大学知识创新作用的产学研用一体化技术创新体系[295]。

有关产学研用伙伴的研究。王进福等（2013）研究指出伙伴选择对产学研合作中要素投入、成果产出等方面具有重要影响，认为产学研主体间的文化要素是产学研协同发展的基础要素[296]。李柏洲和罗小芳

（2013）运用问卷调查方法探究了伙伴选择影响因素，指出在伙伴选择中技术互补性应充分考虑[297]。曹霞等（2013）设计了学研伙伴选择决策模型，指出选择实施的主体具有一定的偏好性[298]。张裕稳等（2015）基于产学研合作主体的创新能力分析合作伙伴的选择，运用双边匹配的方法选择合作伙伴[299]。曹霞和宋琪（2016）运用 QFD 的质量屋模型识别产学研合作伙伴选择的关键指标，结合 Vague 值改进最大化群体效应—最小化个体遗憾的 VIKOR 法，实现了企业视阈下的产学研合作伙伴选择排序[300]。曹霞和于娟（2016）从联盟伙伴角度出发，构建了提升产学研联盟稳定性路径的理论框架，认为联盟伙伴特征越明显越有利于产学研联盟的稳定发展[301]。徐雷等（2018）研究指出伙伴选择是进行协同创新的关键环节，决定着产学研创新的效率和效果[302]。此外，在产学研商业化上，蒋华林（2015）研究指出我国高校科技成果转化应以联结理念为发展理念，增强合作的深度和广度，强化辅助主体的服务定位，加强辅助机构建设，大力提升科技成果转化能力[303]。查国防（2017）研究指出专利商业化需要多主体合作，不仅包括产学研，更需要其他服务性支持主体[304]。

（2）在合作演化相关研究方面。

在合作主体间演化方面。曹霞和刘国巍（2014）运用 Netlogo 多主体仿真平台实现了产学研合作创新网络的演化仿真，揭示了其动态演化规律[305]。曹霞和张路蓬（2015）构建了政府、企业与公众消费者之间的三方演化博弈模型，根据演化的仿生学研究，引入了 Lotka - Volterra 模型[306]。曹霞和张路蓬（2017）构建了政府、企业与消费者之间的三方演化博弈模型，指出政府政策在企业绿色技术创新中起着关键作用[307]。杨国忠和刘希（2017）将大学视为政府投入对企业绿色技术创新影响的中介方，构建了企业绿色技术创新与政府投入的演化博弈模型[308]。张倩和姚平（2018）从演化经济学的视角，探讨了政府环境规制、企业技术创新和公众环保监督的混合策略均衡动态演化博弈过程[309]。张娟等（2019）通过建立政府与企业间的环境规制博弈模型，从理论上解决了绿色技术水平下限和环境规制系数阈值的问题[310]。戚湧和王明阳（2019）

通过构建政府、企业、金融机构三方博弈模型，对企业推进技术创新、实施绿色化生产的影响因素进行了研究[311]。

在以企业为主体演化方面。段楠楠等（2016）把企业间绿色技术创新关系细分为合作、中立和竞争 3 种，构建了绿色技术创新企业关系演化博弈模型，探究了技术创新能力、政府绿色技术创新补贴率两个参数对系统稳定性的影响[312]。毕克新等（2016）研究指出，基于低碳背景视角将我国制造业绿色创新系统的演化分为 3 个阶段[313]。杨朝均和呼若青（2017）研究指出工业绿色创新系统受多种因素综合影响，并从多个方面提出了建议[314]。王旭和杨有德（2018）根据绿色技术创新的不同经济效果，从生命周期视角下揭示了绿色技术创新对政府补贴影响的动态变化规律[315]。王伟和张卓（2019）建立了奖惩偿联合机制下政府和企业的演化博弈模型，研究认为联合作用的效果较单补贴更加明显，会加快企业的演化速度，促进企业绿色创新策略的选择[316]。

1.2.3 国内外研究现状评述

关于绿色创新的研究对象多侧重于产学研主体，研究内容主要集中在绿色创新的模式、机制、效率等方面。这类研究一般是侧重分析外部资源管理、内部资源管理及内外部资源交互因素对制造企业绿色创新的影响。其研究思路是通过计量或网络模型等方法分析政府主体、供应链主体对制造企业绿色创新的影响，或是通过问卷调查、回归分析等方法分析内外部知识管理、人力资源管理对绿色创新的影响。总的来说，当前研究缺乏制造企业合作绿色创新实现的研究，难以全面揭示制造企业合作绿色创新的实现机制。

关于制造业数字转型、数字创新的研究对象多侧重于企业内部数字管理、数字转型生态伙伴选择等。研究内容主要集中在数字转型的趋势与机理、数字创新理论研究等方面。其研究思路主要是运用理论推理、案例研究、计量模型等方法探究如何实现数字转型或数字创新。而且很少有学者关注数字转型或数字创新如何与企业原有创新进行融合，数字技术嵌入制造企业绿色创新过程及其动态机制更少有涉及。

关于互惠理论的研究多以个体和团队为研究对象，且多数集中在企业内部，少有企业层面不同主体间合作过程的互惠，很少考虑制造企业如何与多主体互信互惠地开展绿色创新活动，以及如何改善环境效益的同时提升自身竞争力。制造企业合作数字绿色创新是未来绿色创新活动的发展趋势，而互惠理论是阐释合作行为动因的内在机理，需要进一步丰富该领域的研究。

综上所述，现有研究多集中于绿色创新、数字转型、数字创新的单一方面研究，因而存在以下不足：第一，现有文献对数字技术嵌入制造企业创新管理领域的研究有限，很少探究数字技术如何嵌入制造企业合作绿色创新活动中，更没有揭示嵌入过程中数字绿色创新实现机制；第二，已有研究多主体合作绿色创新时，较少考虑数字技术这一重要因素在制造企业多主体合作中的关键作用及探讨如何强化这一作用的效果；第三，目前大多研究忽视了制造企业与合作主体的行为偏好会随着环境和时间的变化而改变，缺乏考察依据互惠理论探究制造企业与合作主体动态交互合作的可持续性问题；第四，当前较少见关于数字绿色创新动态演化的研究，尤其是缺乏理论演绎对数字绿色创新动态机制的考察。

为解决上述问题，本书引入数字创新理论、数字创新价值链理论和系统论，提炼出数字绿色创新的分析属性，建立了规范的制造企业合作数字绿色创新分析逻辑框架，并指出未来可研究的问题和方向。

1.3 研究思路、主要内容和研究方法

1.3.1 研究思路

本书按照“理论分析与模型构建——推理演绎与实证研究——对策建议与保障措施”的思路，紧紧围绕制造企业合作数字绿色创新启动阶段、开发、应用、评价和动态演化等方面展开研究。首先，通过梳理国

内外已有研究成果，界定基于互惠理论的制造企业合作数字绿色创新过程及其动态机制研究的相关理论要点，构建基于系统理论和创新价值链理论的基于互惠理论的制造企业合作数字绿色创新过程及其动态机制研究的理论模型；其次，探究制造企业合作数字绿色创新过程中数字绿色知识创造阶段、数字绿色技术转化阶段、数字绿色产品推广阶段的合作问题；再次，通过构建制造企业合作数字绿色创新绩效评价指标体系和评价模型，探寻影响数字绿色创新的因素，进而揭示政府环境规制政策对制造企业合作数字绿色创新系统协同演化的影响；最后，提出促进制造企业合作数字绿色创新发展的对策与建议。

1.3.2 主要内容及框架

在查阅与技术创新、绿色技术创新、技术创新过程、官产学研用合作、创新价值链理论等相关文献资料的基础上，结合技术创新管理相关理论展开研究，共分为七大部分，主要研究内容如下。

（1）制造企业合作数字绿色创新过程及演化的理论框架。

首先，科学界定制造企业数字绿色创新过程及演化的内涵，进而对制造企业合作数字绿色创新过程及演化的内涵进行分析；其次，对创新价值链理论与系统理论及两者的适用性分析，构建基于两论融合的数字绿色创新过程及演化的理论模型；最后，基于系统理论和创新价值链理论，构建制造企业合作数字绿色创新过程及演化的理论模型，并对理论模型中数字绿色知识创造、数字绿色技术转化、数字绿色产品推广、数字绿色创新绩效评价、系统协同演化进行理论分析。

（2）制造企业合作数字绿色创新启动阶段分析。

制造企业合作数字绿色创新启动阶段主要包括数字绿色投资项目合理性程度、合作学研合作伙伴的选择以及制造企业内外部的数字绿色创新氛围三方面内容。首先，理论分析制造企业合作数字绿色投资项目选择过程，采用 PESTEL 分析模型和波特五力模型对数字绿色创新投资项目的环境进行刻画，并以英利集团为例，构建模糊集和属性集进行算例分析；其次，理论分析合作数字绿色创新学研伙伴的选择过程，确定基于生态位理论的合作数字绿色创新学研伙伴选择准则框架，构建基于场理论的合作数字绿色创新伙伴选择模型，并运用算例分析该模型和准则框架的应用；最后，理论分析制造企业合作数字绿色创新氛围形成的过程，采用三角模糊集和 VIKOR 方法对晨光生物科技有限公司进行数字绿色创新氛围评价，探究制造企业合作数字绿色创新氛围形成机制。

（3）制造企业合作数字绿色创新开发阶段分析。

制造企业合作数字绿色创新过程中数字绿色知识创造包括利用式数字绿色知识创造和探索式数字绿色知识创造。首先，理论分析数字绿色知识搜寻三个维度的内涵，引入经典的探索/利用双元分析框架，分析数字绿色知识搜寻对数字绿色知识创造的影响机制；其次，理论分析数字绿色知识创造对数字绿色创新绩效的影响机理，提出研究假设和构建理论模型，变量测量与数据收集，运用层次回归方法和 Fsqca 分析法分析数字绿色知识搜寻、数字绿色知识创造与数字绿色创新绩效间复杂的过程机理。

（4）制造企业合作数字绿色创新应用阶段分析。

制造企业合作数字绿色创新应用阶段分析主要包括基于数字绿色商业模式创新视角数字绿色战略导向对数字绿色创新绩效的作用机制和数字绿色价值共创行为、数字绿色网络嵌入与数字绿色创新绩效的作用机制两方面内容。首先，理论分析制造企业数字绿色商业模式创新过程，归纳总结与数字绿色创新绩效有关的数字绿色战略导向的影响；其次，理论分析数字绿色价值共创对数字绿色创新绩效的影响机理，提出研究假设和构建理论模型，变量测量与数据收集，运用层次回归方法和结构方程模型分析数字绿色网络嵌入、数字绿色价值共创与数字绿色创新绩效间复杂的过程机理。

（5）制造企业合作数字绿色创新绩效评价分析。

制造企业合作数字绿色创新的绩效评价及分析主要包括制造企业合作数字绿色创新绩效评价指标体系及数字绿色创新绩效评价模型两方面内容。首先，归纳总结制造企业数字绿色创新绩效评价指标体系，构建包括绿色发展、创新驱动、数字经济、高效竞争、风险控制五个方面的制造企业数字绿色创新绩效评价指标体系；其次，分析评价方法的选择依据，采用模糊综合评价法、熵权法和 FAHP 层次分析法，数据收集与实证结果分析。

（6）制造企业合作数字绿色创新系统动态演化阶段分析。

制造企业合作数字绿色创新系统的协同演化分析主要包括制造企业合作数字绿色创新系统的结构和演化路径分析、协同演化实证研究两方面内容。首先，概述制造企业数字绿色创新演化相关研究，理论分析制造企业数字绿色创新系统的结构与演化路径；其次，引入复杂系统理论中“B－Z”三维分析模型，构建三维 Logistic 动态分析模型，运用 Matlab 软件仿真研究了制造业集成供应链企业间数字绿色创新动态演进机制。在静态机制的基础上，探索制造业集成供应链企业间数字绿色创新系统动态演进规律。

（7）促进制造企业合作数字绿色创新发展的对策与建议。

为提高制造企业合作数字绿色创新的效率和效果，提出强化制造企业合作数字绿色创新选择及氛围，提高制造企业合作数字绿色知识创造能力，完善制造企业合作数字绿色创新绩效形成机制，增强制造企业合作数字绿色动态能力，改进制造企业合作数字绿色创新绩效评价机制等对策与建议。

本书的研究框架如图 1.1 所示。

1.3.3 研究方法

（1）文献研究与归纳总结方法。本书通过多渠道查阅与数字绿色创新、数字绿色创新过程、技术创新、绿色技术创新、技术创新过程、官产学研用合作、创新价值链理论等相关文献资料，总结基于互惠理论的制造企业合作数字绿色创新过程及演化的内涵，分析创新价值链理论与系统理论的适用性，提炼基于两论融合的基于互惠理论的制造企业合作数字绿色创新过程及演化的理论模型。此外，进一步运用该方法剖析理论本质、设计调查问卷内容、构建评价指标体系等。

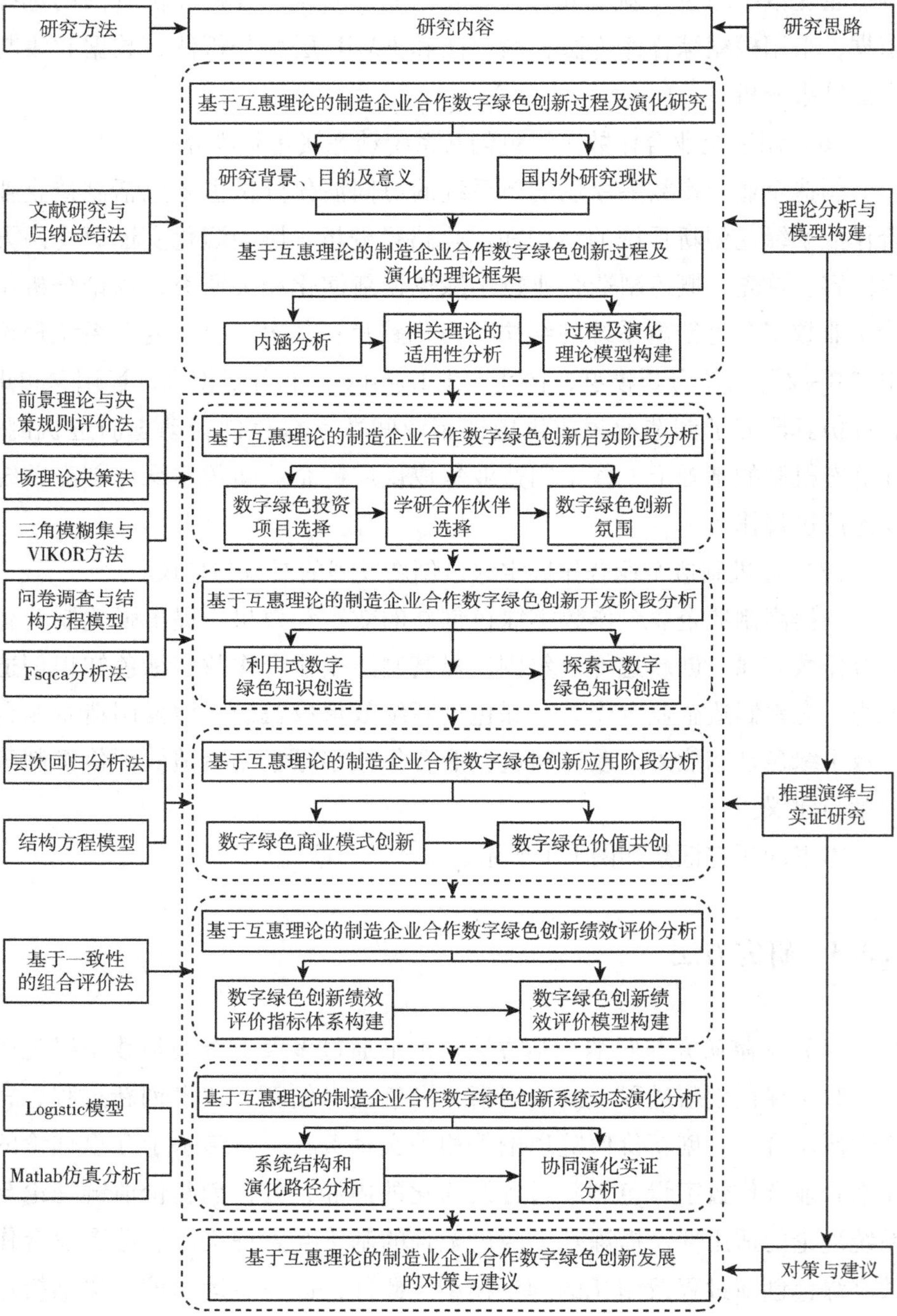
研究方法
研究内容
研究思路
基于互惠理论的制造企业合作数字绿色创新过程及演化研究
研究背景、目的及意义
国内外研究现状
基于互惠理论的制造企业合作数字绿色创新过程及演化的理论框架
内涵分析
相关理论的适用性分析
过程及演化理论模型构建
文献研究与归纳总结法
理论分析与模型构建
前景理论与决策规则评价法
场理论决策法
三角模糊集与VIKOR方法
基于互惠理论的制造企业合作数字绿色创新启动阶段分析
数字绿色投资项目选择
学研合作伙伴选择
数字绿色创新氛围
问卷调查与结构方程模型
Fsqca分析法
基于互惠理论的制造企业合作数字绿色创新开发阶段分析
利用式数字绿色知识创造
探索式数字绿色知识创造
层次回归分析法
结构方程模型
基于互惠理论的制造企业合作数字绿色创新应用阶段分析
数字绿色商业模式创新
数字绿色价值共创
推理演绎与实证研究
基于一致性的组合评价法
基于互惠理论的制造企业合作数字绿色创新绩效评价分析
数字绿色创新绩效评价指标体系构建
数字绿色创新绩效评价模型构建
Logistic模型
Matlab仿真分析
基于互惠理论的制造企业合作数字绿色创新系统动态演化分析
系统结构和演化路径分析
协同演化实证分析
基于互惠理论的制造业企业合作数字绿色创新发展的对策与建议
对策与建议

图 1.1　本书的研究框架

（2）评价与决策方法。该方法涉及基于一致性的组合评价法、前景理论与决策规则评价法、基于直觉模糊的匹配决策法、基于区间直觉模糊的组合时间赋权评价法、场理论决策法，具体如下：

①基于一致性的组合评价法。在基于互惠理论的制造企业合作数字绿色创新绩效评价研究中，运用熵权法、FAHP层次分析法和模糊综合评价法评价制造企业合作数字绿色创新绩效，运用基于一致性的组合评价法进行检验，得到数字绿色创新绩效的组合评价结果。

②前景理论与决策规则评价法。在制造企业合作数字绿色创新的学研合作伙伴选择研究中，运用前景理论计算伙伴的前景价值，运用三角模糊数、VIKOR法对学研伙伴的生态位适宜度进行评价。

③基于直觉模糊的匹配决策法。在制造企业合作数字绿色知识技术化研究中，技术中介首先运用直觉模糊数和直觉模糊熵分别评价和获取制造企业和学研机构的匹配意愿和意愿权重，然后运用考虑属性间相互作用的IFGWHM算子集成匹配意愿，进一步运用线性权重方法、离差和方法将建立的多目标优化模型转化成单目标优化模型，最后通过得分函数和精确函数对决策方案进行排序和择优。

④基于区间直觉模糊的组合时间赋权评价法。在制造企业合作数字绿色产品前期销售研究中，首先运用区间直觉模糊数和直觉模糊熵分别评价和获取随着数字绿色供应商的多阶段准则值和其权重，然后运用IV-IFGWHM算子、基于理想解与信息熵和时间度与信息熵相结合的组合时间权重，将多阶段绿色供应能力集成，进而促进数字绿色产品销售。

⑤场理论决策法。在对学研机构的生态位适宜度进行评价基础上，运用构建的考虑学研与制造企业间数字绿色创新资源互补性的生态位场模型，计算各个学研机构在生态位场中的半径、场强、引力、阻力，进而计算学研机构所受的合力，选择最优的绿色合作绿色创新学研机构伙伴。

（3）博弈方法。在制造企业数字绿色创新氛围研究中，首先运用演化博弈基础知识分析各行为主体利益问题并提出基本假设，然后运用演化博弈方法构建包括制造企业数字绿色创新科研人员与高校和科研机构的科研人员两方博弈支付矩阵并求解，最后得出制造企业合作数字绿色创新氛围形成的演化机制。

（4）问卷调查与结构方程模型方法。在制造企业集成数字绿色供应链间合作的研究中，首先运用问卷调查法收集量表中题项数据，其次运用因子分析等方法分析调查数据的质量，最后运用结构方程模型和层次回归方法探究数字绿色集成供应链合作下制造企业数字绿色发展过程机理。此外，问卷调查法还用于制造企业合作数字绿色创新开发阶段研究和制造企业合作数字绿色创新绩效评价等内容的研究。

（5）Logistic 模型。在制造企业合作数字绿色创新系统协同演化研究中，在对制造企业合作数字绿色创新系统结构及演化路径分析基础上，构建三维 Logistic 动态分析模型，探究制造业集成供应链企业间数字绿色创新过程中数字绿色知识协同状态、制造企业集成供应链数字化集成度状态、数字绿色创新绩效水平对制造企业合作数字绿色创新系统协同演化的影响。

1.4 创新之处

（1）系统地探究了基于互惠理论的制造企业合作数字绿色创新启动阶段、开发阶段、应用阶段、数字绿色创新绩效评价及系统动态协同演化问题。

本书基于系统理论和创新价值链理论，剖析了基于互惠理论制造企业合作数字绿色创新过程及演化问题，一方面拓展了现阶段数字绿色创新过程研究的理论体系，拓展了数字绿色创新绩效评价研究的理论视角；另一方面丰富了制造企业数字绿色创新的研究视角及研究方法，以及数字绿色创新价值链、数字绿色技术创新过程和系统演化等相关理论。此外，为提升制造企业数字绿色创新效率和效果提供了可供借鉴的方法和路径。

（2）构建了制造企业合作数字绿色创新中学研合作伙伴选择的生态

位场模型，论证和剖析了制造企业与学研伙伴的合作模式选择及数字绿色绿色知识创造机制。

本书在构建生态位场模型过程中，融合了决策者心理因素、制造企业与学研伙伴间数字绿色创新资源的互补性、伙伴选择的合理性和相互作用的连续性，保障了选出的学研伙伴更加合适、匹配；提出了一种三角模糊数、VIKOR 法及前景理论下组合赋属性权重评价方法。基于生态位场理论，将资源互补、合作伙伴选择的合理性和匹配性充分考虑到涉农制造企业数字绿色创新合作伙伴选择过程中。进一步系统地剖析了制造企业与学研伙伴的绿色知识创造机制。

（3）构建了利用/探索式双元数字绿色知识创造框架，揭示了数字绿色知识搜寻、数字绿色知识创造与数字绿色创新绩效间的复杂关系。

首先，本书更好地厘清数字绿色知识创造对企业数字绿色创新的作用机理，对企业选择数字绿色知识创造方式具有实践借鉴意义；其次，探讨数字绿色知识搜寻对数字绿色知识创造的差异化影响机制，帮助企业更好地进行外部知识搜寻伙伴的选择，为企业寻找数字绿色知识搜寻合作伙伴提供了理论依据；最后，本书提供了新的理论阐释视角和实证证据关于“数字绿色知识创造如何影响企业数字绿色创新绩效”这一目前学术界研究不多的问题。另外，本书将层次回归（AHP）与定性比较分析（QCA）结合，通过实证分析假设全部得到了验证。通过运用 QCA 方法考察因素组合影响效应的方式，本书发现了触发数字绿色知识创造的多条等效路径。这填补了有关数字绿色创新的研究空白。

（4）拓展了制造企业数字绿色创新活动的影响因素维度、制造企业合作数字绿色创新绩效的影响机制，实证检验各维度影响因素对制造企业数字绿色创新绩效的作用机制。

本书明晰了绿色市场导向、数字绿色技术导向、政府导向 3 个重要数字绿色战略导向维度对效率型和融合型数字绿色商业模式创新的作用关系，数字绿色战略导向如何与数字绿色商业模式创新过程更好契合以实现价值获取的内在机制分析，拓展了数字绿色战略导向对数字绿色商业模式创新作用机制研究的理论边界。从数字绿色价值共创理论和数字绿色网络嵌入理论角度出发，揭示了数字绿色价值共创行为、数字绿色网络嵌入与数字绿色创新绩效之间的关系，探究了数字绿色网络分裂断层的调节效应，丰富了商业生态系统的治理和制造企业数字绿色创新战略。

（5）构建了制造企业合作数字绿色创新绩效评价指标体系，基于区域资源禀赋，运用模糊层次分析法和熵权模型分别对不同地区设立组合权重进行评价，运用改进模糊综合分析法综合评价制造业数字绿色创新发展效果。

本书依据新发展理念构建包括绿色发展、创新驱动、数字经济、高效竞争、风险控制五个方面的制造企业数字绿色创新绩效评价指标体系；采用模糊综合评价法、熵权法和 FAHP 层次分析法等组合评价方法构成的组合评价模型，对样本制造企业数字绿色创新绩效进行了综合评价。

（6）构建三维 Logistic 动态演化模型，揭示了制造企业合作数字绿色创新系统动态协同演化的影响。

本书引入复杂系统理论中“B－Z”三维分析模型，构建了以数字绿色知识协同、制造企业集成供应链数字化集成度、数字绿色创新绩效为变量的三维 Logistic 动态分析模型，运用 Matlab 软件仿真研究了制造业集成供应链企业间数字绿色创新动态演进机制，对制造企业合作数字绿色创新系统协同演化的影响进行了研究。

| 第2章 |

基于互惠理论的制造企业合作数字绿色创新过程及其动态机制的理论框架

本章主要目的是界定和框定制造企业合作数字绿色创新过程及其动态机制的相关概念、内涵和研究脉络，是进行更深层次相关研究的前提和基础。本章明确界定制造企业合作数字绿色创新过程及其动态机制的相关概念。在此基础上，结合系统理论和创新价值链理论，建立基于互惠理论的制造企业合作数字绿色创新过程及其动态机制的基本框架模型，分析基本框架模型的运行过程，为后续开展深层次研究提供理论框架支撑。

2.1 制造企业合作数字绿色创新的相关内涵分析

2.1.1 制造企业合作数字绿色创新过程的内涵

制造企业绿色创新是一个包含多个环节的复杂过程，其独立绿色创新往往难以实现，需要寻求其他主体间合作绿色创新，这使制造企业的绿色创新活动呈现出多主体合作创新的特性。随着大数据、云计算、人工智能等数字技术对制造企业创新发展的影响得到广泛关注，作为数字技术嵌入创新的数字创新是助推制造业绿色创新与转型升级的关键途径。制造企业合作数字绿色创新是通过信息、计算、沟通和连接技术的组合对数字资源进行重组，将数字技术嵌入绿色创新中，带来新的产品、生产过程改进、组织模式变革以及商业模式的创建和改变等，并显著改善环境的过程。

目前，数字绿色创新过程的相关研究仍处于起步阶段，且停留在数字绿色创新过程基本环节的探讨和划分阶段。其中，部分学者基于实证研究的可行性和技术市场化的考虑，从数字绿色开发和相应成果转化两部分来分解数字绿色创新过程。但是，必须看到，数字绿色创新作为一个复杂的活动过程，不仅包括数字绿色的研究、开发、应用，还包括附着数字绿色创新的效果反馈与评价，而现有两阶段划分方式过于笼统，无法全面、详细地刻画技术商业化或市场化中数字绿色创新附着等具体环节。因此，本书放弃两阶段划分方式，将数字绿色创新过程进一步细化，并将数字绿色创新过程视为制造企业以实现经济效益、生态效益和社会效益最大化为目的，通过整合资源创造数字绿色知识，运用数字绿色转化方式实现数字绿色产品商业化，并实现数字绿色创新绩效的过程。在此基础上，本书将制造企业数字绿色创新过程细分为启动、开发、应用、评价。

2.1.2 制造企业合作数字绿色创新动态机制的内涵

为强化制造企业合作数字绿色创新启动、开发、应用、评价的效率和效果，需要在互惠评估、网络治理、风险管理、动态激励等动态机制方面进行强化。这有助于制造企业既能有效优化数字绿色创新活动的实施过程，又能够帮助制造企业与多主体紧密结合，充分创造数字绿色创新成果。首先，制造企业与多主体合作通过识别数字创新机会并将其为数字绿色创新做好准备；其次，制造企业与多主体合作将启动阶段产生的数字绿色创新想法发展成为可以应用的数字绿色创新；最后，制造企业和多主体将开发出数字绿色创新应用，所带来的经济价值和经验价值继续投入启动阶段。上述过程形成持续循环的制造企业合作数字绿色创新复杂系统。

制造企业合作数字绿色创新动态机制强调制造企业合作数字绿色创新系统中各要素之间相互作用、互动协同，进而实现技术演变与升级的基本过程。制造企业绿色合作数字绿色创新系统动态机制是一个具有持续性、渐进性的动态演变过程，且往往朝着系统复杂性上升和系统熵减的方向进行演变并使系统逐渐达到最小熵，其演变的过程伴随着系统合作数字绿色创新能力的持续提升与进步。从动态机制结果来说，制造企业合作数字绿色创新系统动态机制将导致其现有创新资源利用率的持续提高，更为重要的是，动态机制将促使能力的提升。因此，本书将制造企业绿色合作数字绿色创新动态机制的内涵界定为：制造企业合作数字绿色创新系统在一定动力因素的驱动下，随着时间层面的推移和空间层面的持续扩展，其在空间、功能、动力等各方面相互作用、动态协同、互动发展，进而产生数字绿色创新的持续性过程。

2.2　互惠理论、系统论及数字创新价值链理论的相关概述

2.2.1　直接互惠理论和间接互惠理论

亚当·斯密在《道德情操论》中指出“人的天赋中总是存在着这样一些本性，这些本性使得他关心别人的幸福，并将其看成自己的事情，即使他仅为此感到高兴而一无所得”。该书对人类行为进行了更深刻的审查，用同情和利他的基本原理阐释了道德情操产生的根源。互惠理论起源于生物学领域，通过对生物之间互惠性行为的研究为人类学研究提供了启示。“礼物交换”是最早的互惠表现形式，对礼物交换的研究代表着互惠理论形成的开端。在中国的社会价值观里是非常注重互惠的，例如，“投我以桃，报之以李”“以直报怨，以德报德”，这些都是互惠性社会规范的体现。Gouldner 提出互惠性规范是指各方在社会交换过程中被彼此认可的准则，即一方在给予另一方帮助时，后者有义务在未来给予前

者以回报。他认为每个人的社会关系中都存在互惠性规范，而且在人类社会的各种文化中也普遍存在这种规范。Sahlins 从回报的平等性、即时性和利益性三个方面来解释互惠。Sparrowe 和 Liden 在 Sahlins 研究的基础上总结了三种互惠形式：广泛互惠、平衡互惠和负面互惠。Uhl - Bien 和 Maslyn 提出积极互惠性规范和消极互惠性规范。

互惠理论是解释人和人之间产生社会交换以及使各方态度和行为发生改变的根本机制。社会交换各方的交互作用会改变主体的认知及心理，这种变化会对各交换方的情绪产生影响，进而会影响其对互惠方式的选择，最终对各交换方的态度和行为产生影响。通常来说，人们对于友好行为的反应往往比自我利益模型所预测的更为友好而且更愿意合作；与此相反，人们对于敌意行为的反应往往更为恶劣，甚至可能不惜采取损害自身利益的对抗行为。互惠阐明了人与人之间相互依存的合理性，揭示了人类合作行为的动因和内在机理。它是一种条件合作的行为倾向，其关键在于对其他主体信念的判断，是对他人友善行为的报答，而对他人不友善行为的报复，包括直接互惠和间接互惠。

直接互惠理论是基于个体间的直接相互作用，需要双方重复相遇，这样才能有机会用一方的好意去回报另一方的好意。当双方再次相遇的概率大于无私行为的成本收益比时，直接互惠就能引领合作的进化。直接互惠可以解释个体间多次互动中的合作行为，而且这种合作机制更可能发生在规模较小的群体中。

间接互惠理论是当个体付出成本与某一个体合作时，不指望该个体给予直接的回报，而是相当于购买一个名声，以确保将来能从其他个体那里得到回报，只要预期的未来收益大于付出的成本，利他行为就会产生，即，如果对另一方名声判断正确的概率大于成本收益比，那么合作进化就可能发生。间接互惠这种合作机制与共情能力的进化有明显的联系，可以借助心智理论来理解他人的欲望和动机。间接互惠包括三种形式：上游互惠、下游互惠及广义互惠。其中，上游互惠是 A 先帮助 B，B 受到激励后又会帮助 C；下游互惠是 A 通过先帮助 B 而建立声望并被 C 观察到，随后 C 会帮助 A；广义互惠是 A 先帮助 B 并被 C 观察到，随后

C 会帮助 D。

上游互惠需要结合直接互惠或网络互惠才能促进合作演化，下游互惠和广义互惠可以单独促进合作演化。概括来说，对于直接互惠而言，个体的行为依赖于另一个体曾经对他做过的事情；对于间接互惠而言，所有个体是在一个群体中进行重复互动，个体的行为也依赖于另一个体曾经对其他个体做过的事情。

2.2.2　互惠理论的博弈论分析

在人类进化的过程中，合作是除自然选择和变异之外的第三种演化的基本法则，而互惠理论可以在一定程度上解释社会系统中不同种类合作行为的动力机制。研究合作行为在群体系统中演化的一门重要的数学工具是演化博弈论。博弈论起源于经济学，它是一门研究多个体之间交互策略的学科，与传统最优化方法的区别在于一个博弈参与者的收益不仅取决于自己的策略，还取决于其他博弈参与者的策略。1944 年，John von Neumann 和 Oskar Morgenstern 的著作《博弈论与经济行为》的出版被认为是博弈论的正式开端。1950 年，John Nash 首次把纳什均衡的概念引入博弈论中，运用不动点理论证明了在有限策略中均衡点的存在，也就是说，在这样的策略中，任何参与者都不能通过单独改变自己的策略而提高其收益。一个博弈的基本要素包括：博弈的参与者，每个参与者可选择的策略集，在所有参与者的任意一种策略组合下每个参与者的收益。经典博弈论有两个基本假定：①参与者是完全理性的个体；②参与者互相知道对方是完全理性的。也就是说，完全理性的参与者总是遵循自身收益最大化的原则去选择自己的策略。但是，随着学者们研究的深入，越来越多的实验数据对经典博弈论的基本假定提出质疑和挑战，因为在现实生活中人性是复杂的，既有理性的一面，也有感性的一面，人们的决策行为会受到情感、认知等心理因素的影响，也就是说，人是有限理性的，具体表现为并非总是最大化自身的收益，更多地以追求自身满意为目的。Jeffrey P. Carpenter 提出“如果一个个体不仅关注自身的支付，还会关注其他作为参照点的相关当事人的支付以及导致这种支付的意图，那么这个个体就具有社会偏好”。这里的意图就是对互惠的体现，即使是相同的相对支付差，如果它的意图不同，那么当事人采取的行为也会不同，而这种意图的互动会使博弈变得更加复杂。

演化博弈论是博弈论和动态演化过程的有机结合。1973 年，John Maynard Smith 和 G. R. Price 把博弈论的概念和方法进行革命性的改造后引入生物学，将其用于动物行为的研究，由此促成了演化博弈论的形成。他们对博弈论概念和方法的改造主要表现在三个方面：一是物种的策略集来自父代的遗传和变异；二是在演化的每一代中个体在整个种群中进行随机的两两配对交互作用；三是引入演化稳定策略（Evolution Stable Strategy，ESS）以取代纳什均衡的概念。1978 年，P. Taylor 和 L. Jonker 在研究生态演化现象时提出复制动态方程（Replicator Dynamics），为演化稳定策略提供了一种动力学解释。演化稳定策略代表了演化博弈的稳定状态，复制动态方程则代表了向这种稳定状态进行动态收敛的过程。演化博弈论的基本假设是博弈参与者是有限理性的，这就意味着博弈参与者是通过在博弈中不断地学习和试错来发现更优策略的，而不是一开始就能找到最优策略。演化博弈论的核心不是分析单个博弈参与者的最优策略选择问题，而是分析博弈参与者群体策略的调整过程、演化趋势和稳定性问题。演化博弈论更强调系统达到均衡的一个渐进过程，解决了系统演化的多重均衡选择问题，运用演化博弈论研究企业与高校和科研机构合作行为的演化，会得到更为贴切和令人信服的解释。

2.2.3 系统论与创新价值链

数字创新价值链理论和系统论的融合为深入理解制造企业主导数字绿色创新的实现机制及其对组织绩效的影响提供了合理的理论基础。

（1）系统论。

系统的基本内容包括要素、联系、结构与功能。根据系统论，对于相关系统的研究应凸显系统的整体功能性、要素结构性、作用动态性，这为制造企业主导数字绿色创新的实现研究提供了方法论，奠定了逻辑基础。按照系统逻辑，制造企业主导数字绿色创新的实现被视为系统，并根据系统分析法中的“输入—处理—输出—反馈”的研究逻辑，制造企业主导数字绿色创新的实现机制包括：数字绿色创新启动机制—数字绿色创新开发机制—数字绿色创新应用机制—数字绿色创新评价机制。制造企业合作数字绿色创新实现过程亦呈现出要素多样性、要素间互联性、动态结构性以及整体效益性。

（2）数字创新价值链理论。

Hansen 和 Birkinshaw（2007）首次提出了创新价值链，并将创新价值链划分为创意产生、创意转换、创意传播 3 个阶段。Desouza 等（2009）及 Kohli 和 Melville（2019）认为数字创新可以分为 3 个阶段，即数字创新的启动、开发、应用。后续，Hensen 和 Dong（2020）提出了数字创新价值链概念，并强调了信息技术嵌入新产品开发后对创新绩效的增强效果。从过程视角来看，制造企业主导数字绿色创新是在制造企业合作以客户需求为导向，从数字技术要素与绿色创新资源的投入数字、绿色核心竞争力提升的一个价值传递过程。遵循这一研究思路，制造企业主导数字绿色创新的实现机制及其对组织绩效的影响遵循“输入—处理—输出—升级”的研究逻辑，即，数字绿色创新启动机制—数字绿色创新开发机制—数字绿色创新应用机制—组织绩效提升。

2.2.4　两论融合的适用性分析

基于数字创新价值链理论和系统论的融合，所建立的制造企业主导数字绿色创新的实现机制及其对组织绩效影响的理论分析框架具有明显一致性，数字创新价值链理论和系统论视角下的研究逻辑也呈现融合趋势，因此，采用两者融合模型分析逻辑来揭示和构建本书的分析框架是合适的。将系统论下的研究逻辑和数字创新链理论下的研究逻辑融合，可以得到制造企业主导数字绿色创新的实现机制及其对组织绩效的影响遵循“输入—处理—输出—反馈—升级”的研究逻辑，即，数字绿色创新启动机制—数字绿色创新开发机制—数字绿色创新应用机制—数字绿色创新调节机制—组织绩效提升。本书中制造企业主导数字绿色创新的实现机制及其对组织绩效影响的理论分析框架，如图 2.1 所示。

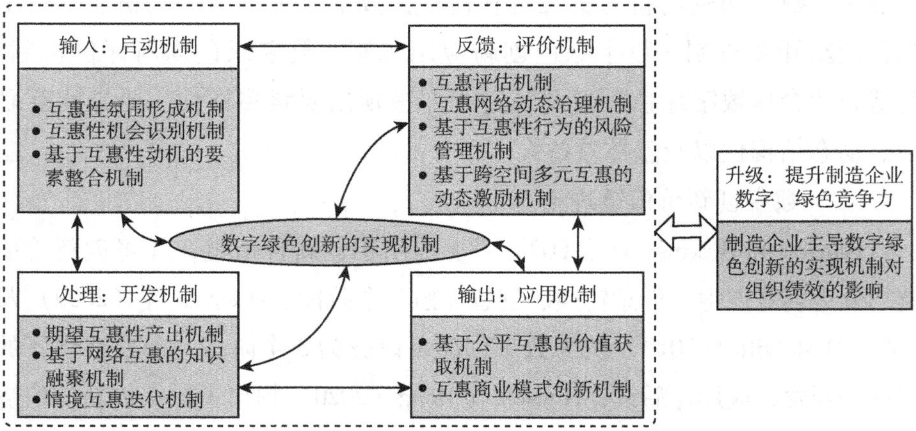

图 2.1　基于两论融合的数字绿色创新过程及演化的理论模型

2.3　基于两论融合的制造企业合作数字绿色创新过程及演化模型构建

2.3.1　制造企业合作数字绿色创新过程及演化模型的构建

基于前面对系统论和创新价值链理论视角下的模型对比以及两论融合适宜性的分析，本书在两论融合基础上提出制造企业合作数字绿色创新过程及演化的理论模型，如图 2.2 所示。

2.3.2　制造企业合作数字绿色创新过程及演化模型的特征分析

2.3.2.1　制造企业合作数字绿色创新启动阶段分析

在制造企业合作数字绿色知识创造过程中，学研合作伙伴的选择、

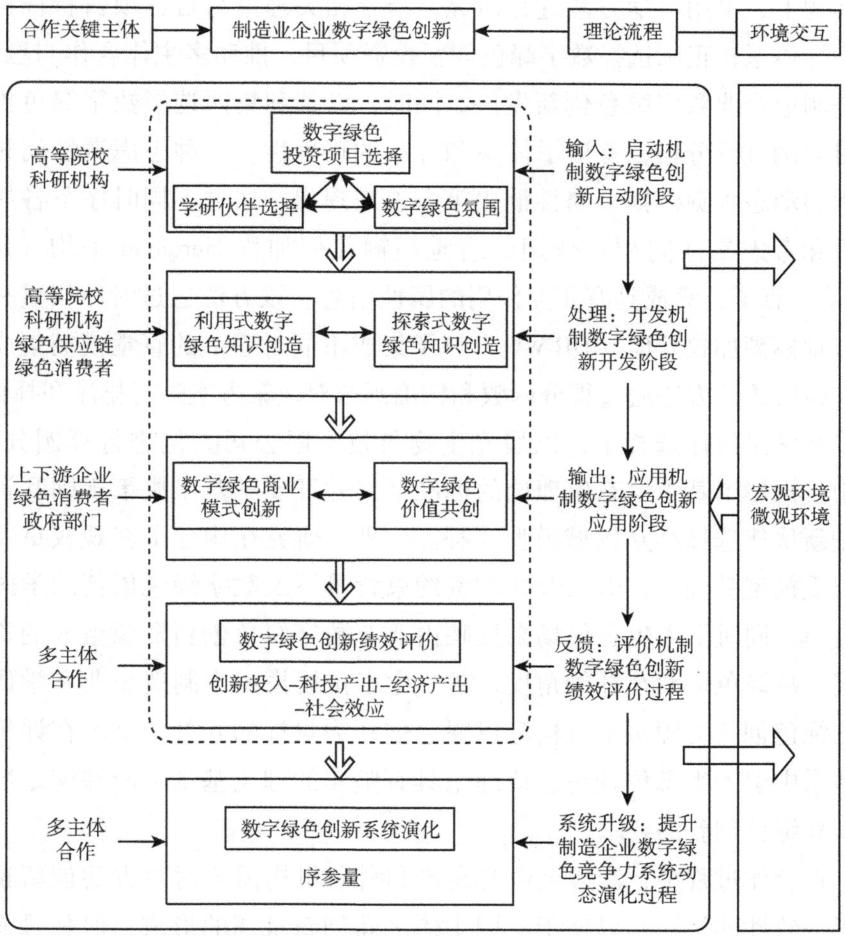

图 2.2　制造企业合作数字绿色创新过程及演化的理论模型

数字绿色投资项目合理性程度以及制造企业内外部的数字绿色创新氛围决定着制造企业合作数字绿色创新的成败。本章将制造企业合作数字绿色创新过程的知识创造阶段分为学研合作伙伴选择、数字绿色投资项目选择和绿色创新氛围形成三个子阶段，分别重点分析制造企业数字绿色创新中学研合作伙伴选择的方法和影响因素，产学研合作下制造企业数字绿色创新中数字绿色投资项目选择及绿色知识创造机制和直接互惠机制下数字绿色创新氛围形成的演化博弈分析。

在制造企业有效地进行数字绿色创新投资项目选择的方法和指标体

系问题上，采用科学方法进行研究，结合相关理论与目标项目特征构建了指标体系，正确选择数字绿色创新投资项目，推动多主体合作与融合，促进制造企业数字绿色创新发展。同时，以英利集团选择数字绿色投资项目为例进行分析，验证了体系和方法的正确性。一种考虑属性间相互作用的动态直觉模糊多属性群决策方法被提出。通过不同时序下各属性权重和考虑属性间相互作用的直觉模糊几何加权 Heronian 平均（IFG-WHM）算子，集成具有相互作用的属性信息。该方法通过时序权重和动态直觉模糊加权几何（DIFWG）算子集成不同时序下的直觉模糊集成信息。最后，该方法通过得分函数和精确函数对决策方案进行排序和择优。

在学研伙伴选择上，以晨光生物科技有限公司为例进行算例分析。其中，构建了基于生态位理论的标准框架并开发了基于决策规则和资源的创新伙伴选择小众领域模型互补。此外，研究在构建了客观权重及综合权重模型基础上，引入兼顾融资约束背景下及数字绿色创新的学研伙伴选择。同时引入生态位场来反映由所有数字绿色创新资源组成的资源空间。从绿色资源互补的角度，基于生态位场模型中制造企业和学研机构的绿色创新资源水平，构建以绿色创新为目标的互补矩阵。在评价指标体系中引入生态位理论，该理论具有坚实的理论基础，能够满足数字创新和绿色创新的要求。

在合作过程中，制造企业与高校和科研机构需要对对方的创新氛围取得一致性的认知，以便于不同主体之间创新氛围的形成，但是目前针对企业与高校和科研机构之间数字绿色创新氛围形成的研究还鲜有涉及。本书以制造企业和科研人员作为合作双方，分别从直接互惠机制和间接互惠机制的视角来研究制造企业合作数字绿色创新氛围形成的演化问题。本书在界定企业合作数字绿色创新氛围内涵的基础上，分析基于互惠理论的制造企业合作数字绿色创新氛围的形成机理，构建直接互惠和间接互惠两种机制下制造企业合作数字绿色创新氛围形成的演化博弈模型，并进行稳定性分析，为制造企业培育合作数字绿色创新氛围提供了重要的理论指导。

2.3.2.2　制造企业合作数字绿色创新开发阶段分析

随着5G网络、大数据、云计算等技术与产业高度融合，中国经济正经历从高速增长向高质量发展的数字绿色转型。为了制造企业更好地生存和发展，研究数字技术融入绿色创新和生产等过程进而促进企业数字绿色创新绩效、提高企业竞争力显得尤为重要。采用层次回归和fsQCA方法实证检验了数字绿色创新活动的实施过程以及数字绿色知识创造对数字绿色创新绩效的影响。此外，通过429份中国制造企业问卷调查，进一步探讨数字绿色风险感知和数字绿色复杂性感知的调节效应。同时，阐明了制造企业在数字绿色创新实践过程中选择数字绿色知识伙伴开展数字绿色创新活动的复杂过程。

本书首先将探索/利用双元分析框架引入数字绿色知识创造研究领域，以更细致地刻画数字绿色知识创造的特征；本书将数字绿色知识搜寻和认知评价的理论观点整合到已有的数字绿色知识创造采纳与实施过程理论框架之中。基于以上理论分析，本书通过引入专业化知识搜寻、数字绿色知识创造、认知评价和企业数字绿色绩效等变量构建了一个数字绿色知识创造采纳与实施的过程机制模型。本书运用我国华北地区429家制造型企业的纵向问卷调查数据，对该过程模型进行实证检验。最后，通过AHP和fsQCA相结合的研究方法，对研究假设进行实证验证。

2.3.2.3　制造企业合作数字绿色创新应用阶段分析

随着新一代信息技术在全球加速普及和数字技术高速发展，互联网与其他产业融合越来越频繁，数字技术逐渐渗入绿色创新、绿色发展的各类业务。在数字化绿色化背景下，基于数字绿色商业模式创新视角对数字绿色战略导向的维度进行划分，描述数字绿色创新绩效的作用机制。此外，从数字绿色价值共创理论和数字绿色网络嵌入理论角度出发，实证检验了数字绿色价值共创行为与数字绿色创新绩效之间的关系。数字绿色网络嵌入程度在数字绿色价值共创行为与数字绿色创新绩效之间的中介作用和数字绿色网络分裂断层对数字绿色价值共创行为的调节作用得到验证，进而分析数字绿色价值共创行为对实现数字绿色创新绩效的影响机制。

本书创新性地引入数字绿色商业模式创新这一中介变量，构建“数字绿色战略导向—数字绿色商业模式创新—企业数字绿色创新绩效”的理论框架。通过将融合型数字绿色商业模式创新整合到该框架中，深入剖析效率型和融合型数字绿色商业模式创新在数字绿色战略导向对企业数字绿色创新绩效影响过程中的关键作用，进一步完善并提升了数字绿色战略导向对于企业数字绿色创新绩效变化的解释力，深化了数字绿色战略导向对企业数字绿色创新绩效的作用机制研究。本书共计向 881 家企业的高管发放调查问卷收集数据。将样本数据代入 SPSS 21.0 软件，分别采用描述性分析、信度效度检验和回归性分析验证假设。在描述性分析中，对样本数据的基本情况进行统计，结果显示样本数据符合正态分布特征，样本数据相对稳定。信度效度检验，通过 Cronbach'α 系数确定测量结果的一致性。假设得到相应验证。

根据数字绿色商业生态系统发展现状，通过对现有文献进行回顾，提出相关假设。本次调查共发放 500 份调查问卷，运用 SPSS 对回收的调查问卷进行分析，建立结构方程模型检验研究假设。本书对初步设计的问卷进行了模拟调查，随机采访了 15 名企业高管，并进行了问卷测试。根据采访结果，验证了研究的现实意义和实际操作的可能性。之后小规模发放问卷，根据调查结果和反馈建议，调整问卷结构设计及题项语言描述，形成正式问卷。实证检验，分析数字绿色价值共创行为对实现数字绿色创新绩效的影响机制。

2.3.2.4 制造企业合作数字绿色创新评价阶段分析

评判制造业数字绿色创新发展效果是实现“双碳”目标和促进数字经济发展的关键机制。本书依据五大新发展理念，设立了绿色发展、创新驱动、数字经济、高效竞争、风险控制 5 个维度层，构建了制造业数字绿色创新发展评价指标体系。基于区域资源禀赋，本章运用 FAHP - 熵权模型分别对不同地区设立组合权重，综合评价京津冀制造业数字绿色创新发展效果并分析了政府环境规制政策（命令型规制、市场型规制、自愿行动型、公众参与型）对制造企业合作数字绿色创新系统协同演化的影响。

本书以区域制造企业数字绿色创新发展为评价对象，考虑指标设立的科学性和可获得性，建立区域制造企业数字绿色创新发展评价指标体系。为有效测度和分析京津冀制造企业数字绿色创新发展的历史演变情况，本书选取了2011～2020年京津冀制造企业面板数据进行研究。利用FAHP－熵权法进行组合权重测算，通过主观权重和客观权重的相结合，避免由于人为主观因素所带来的误差影响。由于京津冀制造企业数字绿色创新发展水平存在一定差距，本书将北京、天津、河北的指标层次权重分别确权。首先利用熵权法分别测度三个地区评价指标权重，然后利用FAHP层次分析法测度京津冀制造企业数字绿色创新发展指标总权重，依次结合形成新的指标组合权重。

2.3.2.5 制造企业合作数字绿色创新动态演化阶段分析

随着制造企业供应链与数字技术的深度融合，制造企业集成供应链的数字化绿色化创新化发展成为制造企业创造和开拓新市场的重要路径。虽然制造企业积极朝着制造企业集成供应链方向发展，但是制造企业集成供应链在进行数字绿色创新活动中仍面临许多难题。本书揭示了在集成供应链环境特征的影响下，集成的制造企业供应链进行数字绿色创新活动中数字化集成度、绿色知识协同能力与数字绿色创新绩效之间的作用机制，并设计制造企业合作数字绿色创新绩效评价指标体系和构建有效的评价模型。

本书在说明研究目的情况下，通过电子版和网络版两种形式进行调查问卷发放，每隔一周回收一次。经过5个多月的调查，团队共发放600份问卷根据样本数据，运用AMOS统计软件对提出的制造业集成供应链企业间数字绿色创新的概念模型和相关假设进行验证，以确定包含本书提出的各种假设关系的最终结构方程模型。本书针对上述构建的制造业集成供应链企业间数字绿色创新协同演化方程进行仿真分析。本书通过制造业集成供应链企业有效调查样本数据运用 SPSS 和 AOM 软件对制造业集成供应链企业间数字绿色创新静态机制进行了研究，在此基础上，引入复杂系统理论中“B－Z”三维分析模型，构建三维 Logistic 动态分析模型，运用 Matlab 软件仿真研究了制造业集成供应链企业间数字绿色创新动态演进机制。在静态机制的基础上，探索制造业集成供应链企业间数字绿色创新系统动态演进规律。

2.4 本章小结

本章从制造企业合作数字绿色创新过程及其演化的相关概念、内涵入手，界定了制造企业合作数字绿色创新过程及演化的内涵。同时，基于系统理论与创新价值链理论构建了数字绿色创新过程及演化的理论模型。在此基础上，构建了基于两论融合的制造企业合作数字绿色创新过程及演化的理论模型，将制造企业合作数字绿色创新过程及演化分为输入、处理、输出、反馈及系统升级五个过程，分别对应制造企业合作数字绿色创新的知识创造、技术转化、产品推广、绩效评价及协同演化，为后续分析各个方面奠定了基础。

第3章

基于互惠理论的制造企业合作数字绿色创新的启动阶段分析

在制造企业合作数字绿色创新过程中，学研合作伙伴的选择、数字绿色投资项目合理性程度以及制造企业内外部的数字绿色创新氛围决定着制造企业合作数字绿色创新的成败。本章将制造企业合作数字绿色创新过程的知识创造阶段分为学研合作伙伴选择、数字绿色投资项目选择和绿色创新氛围形成三个子阶段，分别重点分析制造企业数字绿色创新中学研合作伙伴选择的方法和影响因素，产学研合作下制造企业数字绿色创新中数字绿色投资项目选择及绿色知识创造机制和直接互惠机制下数字绿色创新氛围形成的演化博弈分析，具体如图3.1所示。

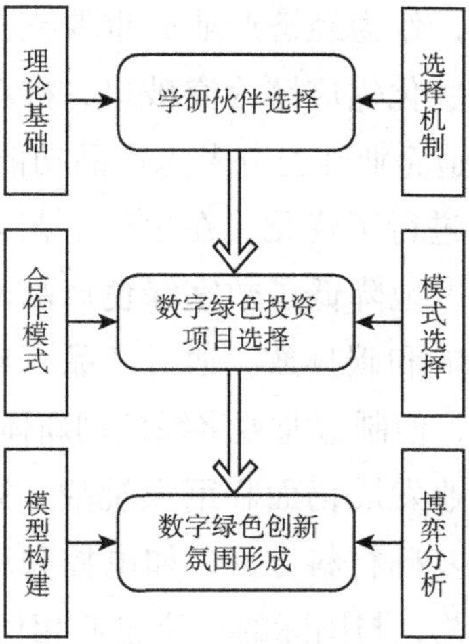

图3.1　制造企业合作绿色知识创造的分析框架

3.1　制造企业合作数字绿色创新项目选择

习近平主席于2020年9月在第七十五届联合国大会上公布了中国为应对气候变化、实现可持续发展而制定的“碳达峰”“碳中和”目标。作为市场的主体，企业是最大的温室气体排放源[317]。企业作为市场的主体，是温室气体排放的最主要来源[318]。企业承担着碳达峰、碳中和的绝大部分任务，企业的低碳减排行为对实现“双碳”目标来说至关重要。同时，“双碳”目标也在一定程度上会推动企业的发展[319]。特别是对制造企业的发展有积极的影响。一方面，“双碳”目标促使我国制造业生产企业不断提高其产品的“绿色化”程度，从而提高其市场竞争能力；另一方面，“双碳”的目标也将促使制造业从污染的根源上进行控制，提高其产品的技术含量，从而达到降低碳排放和提高环境品质的双重效果。

制造企业正在朝着数字绿色创新方向向好发展。一方面，随着人工智能、区块链、物联网等新技术的应用，数字化在降低制造企业运营成本的同时，也为制造企业制定整体产业发展战略提供了更为优化的决策依据。进入数字化时代，作为经济产业的重要支柱，制造业也开始积极推进数字化转型，以数字化供应链为突破口，推动供应链的双边客户转型升级。另一方面，制造企业在充分考虑产品功能、质量和成本的同时，在绿色原材料选择方面进行了优化，在生产工艺方面进行了改良，强化回收和再利用，最大限度地降低了数字绿色产品的上下游产业链以及整个生命周期对环境的影响和碳排放。通过产品正向设计引导产业全面升级，重塑产业链供应链，使制造业数字绿色创新体系重新升级。

然而，目前制造企业发展仍面临巨大挑战。第一，企业的绿色制造技术不完善。特别是在基础材料方面，如电控和液压电在内的基础零部件，以及基础的加工工艺，与国际的一流企业相比，仍有比较大的差距。这个差距的存在使中国制造业产品技术含量偏低，产品趋同化现象普遍，落后的产能过剩，企业除了价格以外，缺乏其他的竞争优势。特别是在绿色产品研发阶段，只能靠价格优势与外企竞争，使很多企业利润较低甚至出现亏损。第二，制造企业的数字化程度低，初始成本高[320]。在企业的硬件降本方面，数字化、智能化转型是不可或缺的部分。从目前的行业状况来看，制造企业供应链的数字化转型并未完全达到全产业链条的优化。如果制造企业能够在全产业链引入数字化、智能化管控，则能进一步降低绿色成本。在非硬件降本方面，其发展可分为四个阶段：设备自动化、数据信息化、运作智能化、平台协同化。通过对收集到的大数据进行分析，可以有效地提高企业的运营效率，同时，供应链及业务部门的协同也可以推动整个企业的发展。在消费者需求方面，大多数制造企业打造的是通用性的数字绿色产品。但是由于客户需求不同，也要求通用性的产品同时拥有个性化的体验，而个性化的体验更多的是通过数据透传的个性化服务来实现。若将大数据技术应用到消费者，了解用户端的产品偏好，则能反向促进制造企业的发展[321]。在管理方面，利用大数据管理，能够有效提升管理效率，数据可视化将有助于管理者做出绿色决策。同时，大数据创新也能够有效支撑管理决策，确定数字绿色产品市场竞争力，并找到产品的发力方向[322]。第三，随着制造组件使用寿命逐渐走向终点，确保废旧制造的回收再利用也是行业需要关注的一项重要问题[323]。要实现制造行业全生命周期的可持续发展，探索制造业创新的应用场景便成为不可或缺的一部分[324]。

面对以上问题，制造企业需要通过选择数字绿色创新投资项目来实现快速发展。但是，企业的重点是如何对具有较高投资价值和较高发展潜力的项目进行合理的选择[325]。近年来，通过选择合适的数字绿色投资项目来促进企业数字绿色创新发展已成为学者们研究的热点。Aleskerova和Fedoryshyna（2018）[326]认为投资真正的项目是一个长期的过程。因此，必须对绿色项目进行全面的评估，最大限度地考虑所有有关因素。李岩（2022）[327]认为项目投资是国有企业发展壮大、增加收益的重要方式，同时也是内部控制过程中运营风险方面需要重点关注的内容。很多企业也在进行绿色项目选择这一活动。2021年，中建材新能源有限公司选择了数字绿色创新项目进行投资。其中包括总投资3.3亿元的一期超白光伏玻璃、总投资5.5亿元的二期超薄光伏玻璃以及总投资7.5亿元的三期智能光伏玻璃。中建材新能源公司已成长为光伏玻璃尖端产品研发、制造的标杆企业、行业翘楚。2022年，东方雨虹公司在大连市投资建设绿色建材生产基地项目，旨在充分利用当地在自然资源、区位交通、营商环境以及产业政策支持等方面的综合优势。项目在发展中不断丰富绿色制造产品的品类，提升产品品质，实现产品结构的优化升级，探索并培育新材料领域创新驱动发展新引擎。这满足了东方雨虹的战略发展规划以及因产品应用领域不断扩大而带来的市场需求。

随着技术创新的溢出效应越来越明显，制造企业如何有效地进行数字绿色创新投资项目的选择已经成为企业在发展过程中一个非常重要的问题。近年来，学者们从方法及指标体系等方面研究了投资项目选择问题。在方法层面上，Coban（2020）[328]探讨在太阳能投资项目中应用层次分析法（AHP），根据既定标准决定最适合的项目。樊珂（2017）[329]结合药用包装材料行业的特点，选取了AHP-模糊综合评价法进行案例研究。研究表明，AHP-模糊综合评价法将影响项目投资决策的定性因素量化。该方法对于影响因素繁多、不易量化的高新技术产业项目投资具有良好的适用性。叶凌寒（2017）[330]采用TOPSIS法即逼近理想点法为福建自贸区背景下的中小企业提供科学的投资决策分析。张识宇和苏雯璟（2018）[331]提出了新能源汽车风险投资项目的G1-熵值-TOPSIS评价方法。实例应用表明该方法可行，评价结果能够兼顾主客观评价信息。在指标层面上，吴凤平等（2017）[332]从收益和风险两个方面构建企业技术创新项目评价指标体系，通过交叉信息熵和熵权理论确定每个属性的权重后，将属性权重和决策者权威性权重与决策者的区间直觉模糊规范化后的矩阵融合得到待评价项目综合决策信息值，并根据得分函数值的大小对评价方案进行排序择优。刘娲（2020）[333]对企业投资项目评价指标进行列举，包括现金流量与贴现率两种，并通过案例分析的方式，对各项指标进行了动态评价。

为了解决上述问题，本书研究的目的是建立一套指标体系，采用科学方法进行研究，正确选择数字绿色创新投资项目，推动多主体合作与融合，促进制造企业数字绿色创新发展。首先，本书结合相关理论与目标项目特征构建了指标体系；其次，一种考虑属性间相互作用的动态直觉模糊多属性群决策方法被提出；最后，本书通过对英利集团选择的投资项目进行分析，验证了体系和方法的正确性。

3.1.1　制造企业合作数字绿色创新学研伙伴选择评价体系的构建

3.1.1.1　理论基础

环境分为外部环境和内部环境。在外部环境分析中，常见的理论有PESTEL分析模型和波特五力模型。在内部环境分析中，本书重点关注资源观理论和能力构成理论，旨在将内外部环境的相关理论应用到项目评价中，通过分析理论要素来确定评价项目的指标体系。

PESTEL分析模型又称大环境分析，是战略分析工具之一[334]。本书将PESTEL分析模型运用到项目分析中。PESTEL分析模型不仅能够分析项目的外部环境，而且能够识别一切对项目有冲击作用的力量，包括项目实施过程中的潜在风险和机遇。PESTEL分析模型是调查项目实施外部影响因素的方法，其每一个字母代表一个因素，可以分为6大因素：政治环境因素（Political）、经济环境因素（Economic）、社会文化环境因素（Social）、技术环境因素（Technological）、环境因素（Environmental）和法律因素（Legal）。项目的政治环境因素（Political）是指项目实施中具有实际与潜在影响的政治力量和有关的政策、法律及法规等因素。常见的政治因素有政府的管制和政府采购规模和政策等。项目的经济环境因素（Economic）是指项目部外部的经济结构、产业布局、资源状况、经济发展水平以及未来的经济走势等。常见的经济因素有可支配的收入水平、利率规模经济和消费模式等。项目的社会文化环境因素（Social）是指项目实施团队的价值观念、教育水平以及风俗习惯等因素。常见的社会因素有教育水平等。项目的技术环境因素（Technological）不仅包括那些引起革命性变化的发明，还包括与项目有关的新技术、新工艺、新材料的出现和发展趋势以及应用前景。项目的自然环境因素（Environmental）是指项目的活动、产品或服务中能与环境发生相互作用的要素。项目的法律环境因素（Legal）是指项目外部的法律、法规、司法状况和公民法律意识所组成的综合系统。

波特五力模型是迈克尔·波特（Michael Porter）于20世纪80年代初提出的理论[335]。该模型是一个普遍应用的模型，用来对项目的竞争环境进行集中分析。本书将波特五力模型运用到项目分析中。项目发展过程中存在决定竞争规模和程度的五种力量，这五种力量综合起来影响着项目的吸引力以及现有项目的竞争战略决策。五种力量分别为同类型项目潜在竞争者进入的威胁、购买者的讨价还价能力、替代品的威胁、供应商的讨价还价能力与现有竞争者间的竞争能力。

20世纪80年代兴起的资源理论（Resource－based View）认为，经营活动是建立在自身资源禀赋的基础上的，为取得并维持竞争优势，活动主体在进行战略管理时应寻找和开发自身具有的独特资源，并不断维护和强化[336]。内部资源是指能为主体本身所有或控制的各种因素的总和。一般来说，如果仅仅是资源并不能为本身带来竞争优势。事实上，一种竞争优势通常要以几种资源的差异性组合作为基础。内部资源被分为有形资源、无形资源和人力资源。本书将资源理论应用到项目选择中。其中所谓项目的有形资源（Tangible Resources），是指项目中那些可见的、能够量化的资产，生产设备、销售中心、信息系统等。所谓项目的无形资源（Intangible Resources），是指那些根植于项目历史、长期积累下来的资产，无形资源以独特的方式存在，通常不易被竞争对手了解、分析和模仿。知识、项目团队关系、管理能力、组织制度、科研能力、创新能力以及品牌等都属于无形资源。所谓项目的人力资源（Human Resources），是指项目的劳动者能够为项目实施所提供的生产性服务的知识、技能、经验、判断能力、洞察能力以及决策能力的总和。项目实施的能力是指项目团队协调资源并发挥其生产与竞争作用的能力[337]。这些能力存在于项目团队的日常工作之中。项目实施能力往往是多种多样的，又是多层次的。项目实施能力是由研发能力、生产能力、营销能力、组织能力等构成的。

本书通过对理论的梳理，发现制造企业选择数字绿色创新投资项目活动可以依据上述理论。这些理论在制造企业选择数字绿色创新投资项目上具有良好的适应性。利用相关理论分析影响企业内外部环境的要素可以构建企业项目投资的框架体系。制造企业选择数字绿色创新投资项目的理论基础如图 3.2 所示。

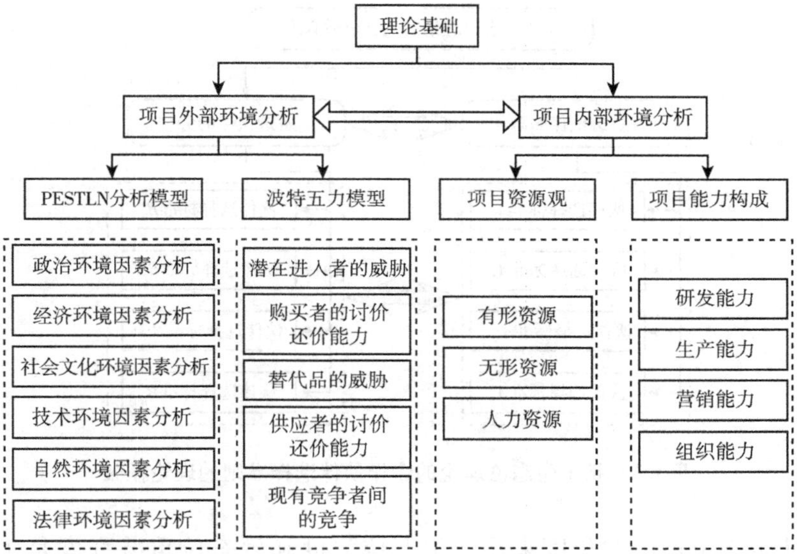

图 3.2　制造企业选择数字绿色创新投资项目的理论基础

许多学者强调了伙伴选择标准的重要性。技术合作伙伴的选择应考虑技术水平和经验。在战略联盟伙伴选择过程中，协调的目标、相应的风险水平、合作文化和互补的技能是必不可少的。学者们从环境、经济、市场、研发能力、抗风险能力、合作伙伴兼容性、合作伙伴声誉等方面提出了自己观点，同时合作伙伴态度、创新能力、合作目标、企业文化、社会诚信也得到了学者们的重视[135,137,296]。

虽然已有大量的研究对开放式创新的合作伙伴选择标准进行了一般性的研究，但对制造企业绿色创新的学研合作伙伴选择标准进行了专门的研究很少。在本书的研究中，引入生态位适宜度来反映学研机构的协同创新潜力。基于生态位理论的生态位适合度评价标准体系具有坚实的理论基础，充分结合了可持续发展理念，使制造企业与绿色伙伴间形成良好的合作氛围，有利于创造更多的绿色科技成果，进而满足制造企业可持续绿色创新发展的要求。任何学研机构都具有基于生态位理论的态和势。态是一个有机体单位的状态，是过去生长、发展和环境相互作用的结果，而势则是一个有机体单位对环境的实际影响或主导，反映其发展趋势。态和势的属性如图 3.3 所示。

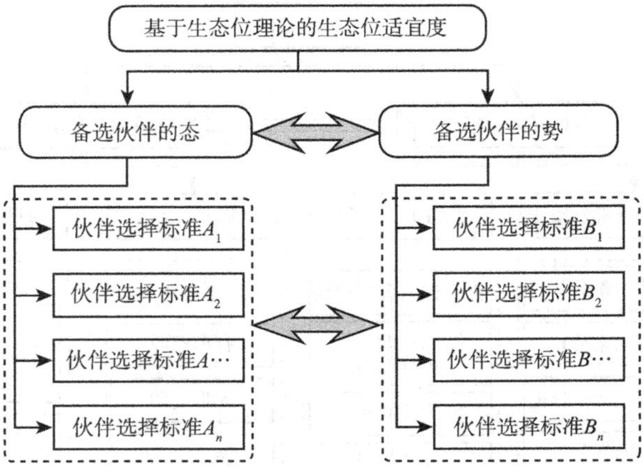

图 3.3　基于生态位理论的合作伙伴选择准则的理论框架

从生态位理论的角度来看，生态位强度和生态位重叠程度是生态位状态和潜力的核心内容。在产学研协同绿色创新系统中，生态位强度是学研机构的状态，是过去成长、发展与创新环境互动的结果；而生态位重叠程度则是学研机构对制造企业的实际影响力或主导地位，反映了制造企业的协同发展趋势。图 3.4 为基于上述理论框架的绿色创新学研伙伴选择的评价体系。

由图 3.4 可以看出，学研机构的特征和能力是生态位强度的核心内容。特征是基于学研机构的相关合作经验，如与绿色制造企业合作意愿、学研机构声誉、过去的数字绿色合作经验、数字绿色利益分配的共识程度等，具有相对稳定性。能力体现了学研机构的动态特征，如绿色知识共享能力、数字绿色先进水平、绿色创新研发能力、绿色信息集成能力等。技术兼容性、战略目标兼容性、创新文化兼容性和管理理念兼容性

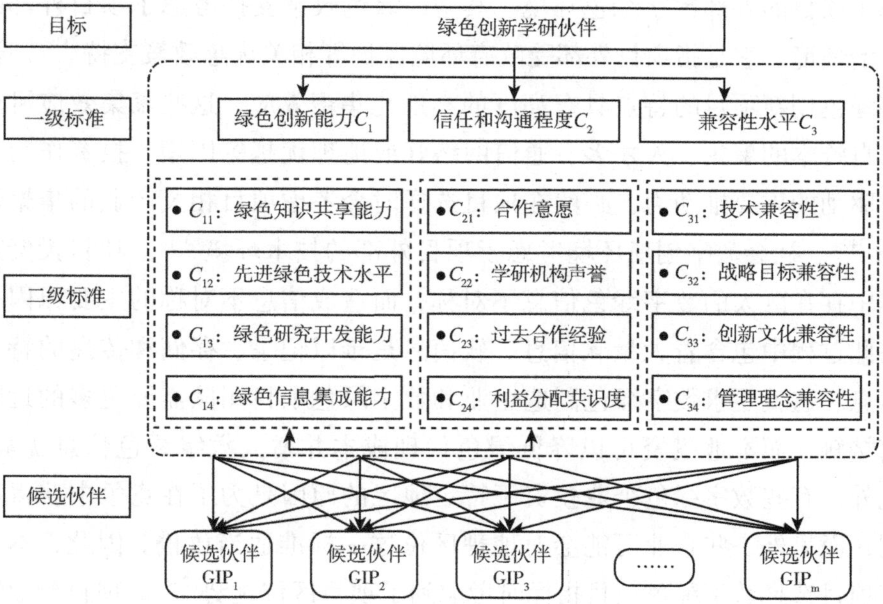

图3.4　基于生态位理论的绿色创新学研伙伴选择的评价体系

是制造企业与学研机构生态位重叠程度的核心内容。基于以上分析，可以用绿色创新能力和信任沟通程度来反映生态位的强度；而兼容性水平可以用来反映产学研协同绿色创新系统中生态位重叠的程度。

3.1.1.2　指标体系

企业选择数字绿色投资项目的标准具有重要性。制造企业对于数字绿色创新项目的投资选择应考虑两个方面的因素。一方面是项目自身的内外部数字绿色环境，另一方面是项目的数字化绿色化创新化程度。本书在构建评价项目的指标体系时充分反映了这两大方面。本书构建的指标体系依据理论基础来划分，可以分为外部支撑体系、商业化预期、项目运作能力和项目运作资源共四个一级指标。

外部支撑体系主要是项目投资企业关注的项目外部环境[338]。在外部支撑体系一级指标下，本书选取的二级指标有绿色政策支持、项目相关产业聚集优势、社会数字创新环境、项目区位优势、项目产业链成熟度、金融市场环境和数字绿色知识产权保护体系支持。外部支撑体系充分考虑了项目的外部数字绿色环境。其中，绿色政策支持考虑了项目外部的政治环境，它是指项目外部受政府环境保护等相关优惠政策支持[339]。数字绿色创新项目的特点具有高度的本地化集聚效应，这些聚集效应可能来自资本的聚集、人才多、通信网络好或地理优越等因素。投资作为创新驱动的重要推动力，必然在项目选择时会考虑项目相关产业的集聚优势[340]。社会数字创新环境考虑了项目外部的技术环境[341]。项目投资过程中存在巨大的数字绿色信息不对称，而造成信息不对称的主要原因是在此过程中包含着大量软信息。软信息是难以记录、存储和传递的特定信息。这就要求数字绿色制造企业和数字绿色项目团队需要更多的近距离接触，而本地投资可以降低绿色代理成本并增大数字绿色信息优势。此外，有些数字绿色企业投资于特定地区的原因是为了在竞争中获得胜利，而另外一些企业可能会对地理区位这一标准适当放松。因此，本书在项目选择数字绿色项目指标时考虑到了项目区位优势[342]。项目产业链成熟度反映了各个产业部门之间的技术经济关联程度[343]。金融市场环境是实现货币借贷和资金融通、办理各种票据和有价证券交易活动的市场环境[344]。知识产权保障体系是知识经济时代的必然要求，一个完善的知识产权保障体系有利于发展和完善市场经济[345]。

商业化预期主要是指项目是否存在市场以及有无竞争力[346]。在商业化预期的一级指标下，本书选取的二级指标有绿色市场竞争状况、消费者绿色需求、智慧绿色物流、数字绿色研发实力、数字服务差异化程度以及产品或技术是否受专利保护。数字绿色项目进入市场需要关注其竞争状况，竞争激烈程度对数字绿色项目获利能力会产生重大影响。保护环境和可持续发展是世界趋势，本书选取绿色市场竞争状况作为二级指标[347]。满足绿色市场需求是数字绿色产品或服务的基本目的，而消费者对数字绿色产品需求的大小则决定数字绿色项目未来的发展空间。本书特别关注了消费者的绿色需求[348]。智慧绿色物流是指原材料或者产品运输的物流的数字化绿色化程度[349]。数字绿色研发实力代表了项目的未来竞争力[350]。雄厚的数字绿色研发实力不仅可以使项目占据绿色市场的制高点，而且能获得可持续发展。因此，数字绿色研发实力在数字绿色项目选择时具有重要的影响。数字绿色产品或服务的差异化可以给项目带来竞争优势，从而获得更多消费者的青睐，由此带来更多利润流入[351]。数字绿色知识产权是项目有竞争优势的资产，其可以使项目持续进行，因此，本书选取产品或技术是否受专利保护这一指标[352]。

项目运作能力主要是项目持续运作中所必备的能力[353]。在项目运作能力的一级指标下，本书选取的二级指标有流程数智化程度、员工数字技术熟练度、技术人员绿色意识、绿色研发人员比例、数字营销网络、绿色研发经费投入以及申请专利数量。流程数智化程度是指项目产品生产流程的数字化和智能化程度[354]。员工数字技术熟练程度极大地影响着整个项目的效率。因此，选取流程数智化程度和员工数字技术熟练度代表项目的生产能力。技术人员绿色意识是指项目技术人员的环境保护意识即可持续发展意识，其在一定程度上反映了项目的绿色化程度[355]。数字营销网络是指项目产品营销的数字化环境，它代表了项目的营销能力[356]。绿色研发人员比例是指负责绿色技术的人员占项目全体员工的比例[357]。绿色研发经费投入是指用于项目可持续发展的绿色技术研发投入[358]。申请专利数量是指用于项目实施申请的专利数量[359]。绿色研发人员比例、绿色研发经费投入、申请数字绿色产品专利数量代表了该数字绿色项目的研发能力。

项目运作资源主要是项目持续运作所必备的资源[360]。在项目运作资源的一级指标下，本书选取的二级指标有项目绿色文化、团队的数字知识、流动比率、存货周转率、净资产收益率、总资产增长率。其中，项目绿色文化是指项目可持续发展的灵魂，是项目发展的重要因素之一[361]。团队的数字知识在一定程度上反映了项目的数字化程度[362]。流动比率是指流动资产与流动负债的比值[363]。存货周转率是指一定时期内项目销售成本与存货平均资金占用额的比率[364]。净资产收益率是指项目税后利润与净资产的比值[365]。总资产增长率是指项目本年总资产增长额与年初资产总额的比值[366]。流动比率、存货周转率、净资产收益率和总资产增长率分别代表了数字绿色项目的偿债能力、营运能力、营利能力和发展能力。

基于上述分析，本书构建制造企业选择数字绿色创新投资项目的框架体系，如图 3.5 所示。

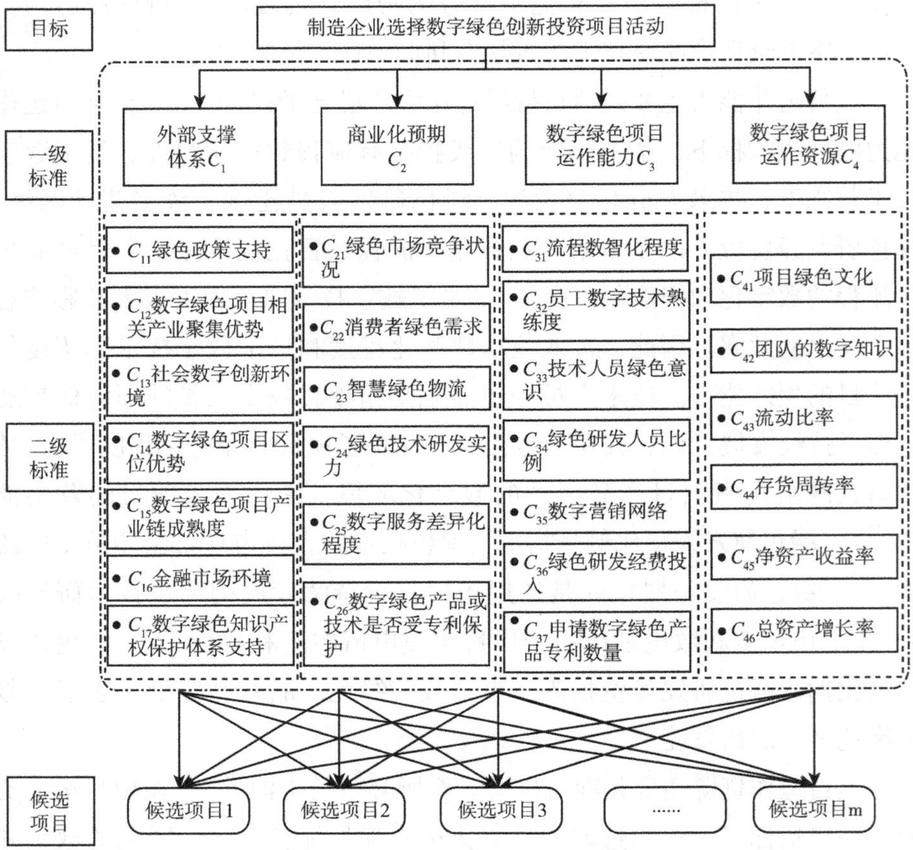

图 3.5　制造企业选择数字绿色创新投资项目的框架体系

3.1.2　方法论

自模糊集合问世以来，被广泛应用在数据处理、模式识别等各个领域。然而，模糊集合中隶属度函数只是一个单值函数，难以描述人们在认知过程中的不确定性。直觉模糊集是由 Atanassov 于 1986 年提出的，是对模糊集合的一种拓展与补充。本书在模糊集合的基础上引入了非隶属度和犹豫度两个类属性参数，以便更加细致地刻画类属模糊性。

3.1.2.1 直觉模糊集的相关概念

定义1：[367]设 X 是一个非空集合，为 $X=(x_1, x_2\cdots, x_m)$，则称 X 上一个直觉模糊集 $A=\{\langle x,\mu_A(x),v_A(x)\rangle | x\in X\}$。其中 $\mu_A(x),v_A(x)\in[0,1]$，前者为 X 中元素 x 属于 X 的隶属度，后者为非隶属度，且满足条件 $0\leqslant\mu_A(x)+v_A(x)\leqslant1$。同时称 $\pi_A(x)=1-\mu_A(x)-v_A(x)$ 为 X 中元素 x 属于 X 的不确定度或犹豫度，当 $\pi_A(x)=0$ 时，直觉模糊集退化为传统模糊集。

与模糊集合不同，直觉模糊集同时具备隶属度、非隶属度、犹豫度三个特征值，并满足 $\mu_A(x_i)+\gamma_A(x_i)+\pi_A(x_i)=1$。即其由普通集合的二维表达拓展为三维上的空间表达，则直觉模糊集合的空间分布如图3.6所示。

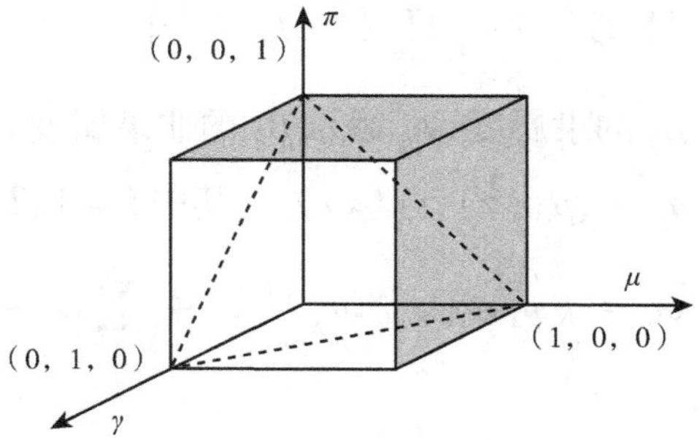

图3.6 直觉模糊集

定义2：[368]设 $a=\langle\mu_A(x),v_A(x)\rangle$ 为 X 中的一个直觉模糊数，则定义 $S(a)=\mu_A(x)-v_A(x)$ 为 a 的得分函数，$S(a)$ 值越大，则 $a=\langle\mu_A(x),v_A(x)\rangle$ 得分越高，$H(a)=\mu_A(x)+v_A(x)$ 为 a 的精确度函数，同理，$H(a)$ 值越大，则 $a=\langle\mu_A(x),v_A(x)\rangle$ 精确度越高。

①若 $S(a_1)<S(a_2)$，则 $a_1<a_2$。

②若 $S(a_1)=S(a_2)$，则当 $H(a_1)<H(a_2)$ 时，有 $a_1<a_2$；当 $H(a_1)=H(a_2)$ 时，有 $a_1=a_2$。

定义3：[368]设论域 X 上有直觉模糊数 $a=\langle\mu_A(x),v_A(x)\rangle$，$a_1=\langle\mu_{A1}(x),v_{A1}(x)\rangle$，$a_2=\langle\mu_{A2}(x),v_{A2}(x)\rangle$，$\lambda>0$ 是任意实数，则其运算法则

如下：

①$\lambda a = \langle 1-(1-\mu_A(x))^{\lambda}, v_A(x)^{\lambda} \rangle$；

②$a^{\lambda} = \langle \mu_A(x)^{\lambda}, 1-(1-v_A(x))^{\lambda} \rangle$；

③$a_1 \oplus a_2 = \langle \mu_{A1}(x)+\mu_{A2}(x)-\mu_{A1}(x)\mu_{A2}(x), v_{A1}(x)v_{A2}(x) \mid \forall x \in X \rangle$；

④$a_1 \otimes a_2 = \langle \mu_{A1}(x)\mu_{A2}(x), v_{A1}(x)+v_{A2}(x)-v_{A1}(x)v_{A2}(x) \mid \forall x \in X \rangle$。

定义4：[370]设$p \geqslant 0, q \geqslant 0$，且$p,q$不同时为零，$a_i(i=1,2,\cdots,n)$是非负数的集合，若：

$$\mathrm{GHM}^{p,q}(a_1,a_2,\cdots,a_n) = \frac{1}{p+q}\left(\prod_{i=1,j=1}^{n}(pa_i+qa_j)^{\frac{2}{n(n+1)}}\right) \tag{3-1}$$

成立，则称 GHM 为几何 Heronian 平均。

定义5：[371]设$\beta_{ij} = ([t_{\beta_{ij}}, f_{\beta_{ij}}])(i,j=1,2,\cdots,n)$为一个直觉模糊集，$\beta_{ij}$算子可以表示为：

$$\bigotimes_{i=1,j=1}^{n} \beta_{ij}^{\frac{2}{n(n+1)}} = \left(\prod_{i=1,j=1}^{n} t_{\beta_{ij}}^{\frac{2}{n(n+1)}}, 1-\prod_{i=1,j=1}^{n}(1-f_{\beta_{ij}})^{\frac{2}{n(n+1)}}\right) \tag{3-2}$$

其中，$t_{\beta_{ij}}$表示β_{ij}的隶属度，$f_{\beta_{ij}}$表示β_{ij}的非隶属度。

定义6：[372]设$a_j = \langle \mu_{Aj}(x), v_{Aj}(x) \rangle$，其中$j=1,2,\cdots,n$，为论域$X$上的直觉模糊数，$\omega_j = (\omega_1,\omega_2,\cdots,\omega_n)^T$，且$\sum_{j=1}^{n}\omega_j = 1$。定义$IFWA$：$Q^n \to Q$，当满足：

$$IFWA_{\omega}(a_1,a_2,\cdots,a_n) = \sum_{j=1}^{n} a_j\omega_j = \left(1-\prod_{j=1}^{n}(1-\mu_{Aj}(x))^{\omega_j}, \prod_{j=1}^{n}\gamma_{Aj}(x)^{\omega_j}\right) \tag{3-3}$$

时，则称$IFWA$为多维直觉模糊加权平均算子。

定义7：[373]设$a(t) = \langle \mu_{A(t)}(x), v_{A(t)}(x) \rangle$为直觉模糊数，其中$t$为时序变量，$\mu_{A(t)}(x)$和$v_{A(t)}(x)$均属于$[0,1]$，且$\mu_{A(t)}(x)+v_{A(t)}(x) \leqslant 1$。若$t = t_1,t_2,\cdots,t_n$，则将不同时序的直觉模糊集表示为$a(t_1),a(t_2),\cdots,a(t_p)$。

定义8：[374]设$a_{tk} = \langle \mu_{tk}(x), v_{tk}(x) \rangle$为$t_k$时序的直觉模糊数，且$\varphi(t_k) = (\varphi(t_1),\varphi(t_2),\cdots,\varphi(t_n))^T$为时序$t_k$权重向量，$\varphi(t_k) \in [0,1]$，$\sum_{k=1}^{p}\varphi(t_k) = 1$，则称：

$$DIFWG_{\varphi(tk)}(a_{t1},a_{t2},\cdots,a_{tp}) = \prod_{j}^{p} a_{tk}^{\varphi(tk)} = \left(\prod_{j}^{p} a_{tk}^{\varphi(tk)},1-\prod_{j}^{p}(1-\gamma_{tk})^{\varphi(tk)}\right) \tag{3-4}$$

为动态直觉加权几何算子。

3.1.2.2　基于属性间相互作用的集成算子及权向量

（1）基于属性间相互作用的直觉模糊加权几何 Heronian 平均算子。

在式（3－1）的基础上，设 $\tilde{a}_i = \langle a_i,b_i\rangle(i=1,2,\cdots,n)$ 是一组直觉模糊集，且 $p \geqslant 0,q \geqslant 0$，则直觉模糊几何 Heronian 平均（IFGHM）算子为：

$$\mathrm{IFGHM}^{p,q}(\tilde{a}_1,\tilde{a}_2,\cdots,\tilde{a}_n) = \frac{1}{p+q}\left(\bigotimes_{i=1,j=1}^{n}\left((p\tilde{a}_i \oplus q\tilde{a}_j)^{\frac{2}{n(n+1)}}\right)\right) \tag{3-5}$$

引入式（3－2）直觉模糊集成算子：

$$\bigotimes_{i=1,j=1}^{n}\beta_{ij}^{\frac{2}{n(n+1)}} = \left(\prod_{i=1,j=1}^{n} t_{\beta_{ij}}^{\frac{2}{n(n+1)}},1-\prod_{i=1,j=1}^{n}(1-f_{\beta_{ij}})^{\frac{2}{n(n+1)}}\right) \tag{3-6}$$

通过直觉模糊运算法则，则有：

$$p\tilde{a}_i \oplus q\tilde{a}_j = [1-(1-a_i)^p(1-a_j)^q,(b_i)^p(b_j)^q] \tag{3-7}$$

进而用 $p\tilde{a}_i \oplus q\tilde{a}_j$、$1-(1-a_i)^p(1-a_j)^q$ 和 $(b_i)^p(b_j)^q$ 分别替换 β_{ij}、$t_{\beta_{ij}}$ 和 $f_{\beta_{ij}}$，由此可以得到：

$$\bigotimes_{i=1,j=1}^{n}(p\tilde{a}_i \oplus q\tilde{a}_j)^{\frac{2}{n(n+1)}} = \left[\prod_{i=1,j=1}^{n}(1-(1-a_i)^p(1-a_j)^q)^{\frac{2}{n(n+1)}},\right.$$
$$\left.1-\prod_{i=1,j=1}^{n}(1-(b_i)^p(b_j)^q)^{\frac{2}{n(n+1)}}\right] \tag{3-8}$$

根据上述推导，设 $\tilde{a}_i = \langle a_i,b_i\rangle(i=1,2,\cdots,n)$ 是一组直觉模糊集，且 $p \geqslant 0,q \geqslant 0$，则式（3－5）集成后仍是直觉模糊集，且可得 IFGHM 集成算子为：

$$\mathrm{IFGHM}^{p,q}(\tilde{a}_1,\tilde{a}_2,\cdots,\tilde{a}_n) = \frac{1}{p+q}\left(\bigotimes_{i=1,j=1}^{n}\left((p\tilde{a}_i \oplus q\tilde{a}_j)^{\frac{2}{n(n+1)}}\right)\right)$$
$$= \left(1-\left(1-\prod_{i=1,j=1}^{n}\left(1-(1-a_i)^p(1-a_j)^q\right)^{\frac{2}{n(n+1)}}\right)^{\frac{1}{p+q}},\right.$$

$$1-\left(1-\prod_{i=1,j=1}^{n}\left(1-(b_i)^p(b_j)^q\right)^{\frac{2}{n(n+1)}}\right)^{\frac{1}{p+q}}\Bigg)$$

(3－9)

由于各属性对目标价值影响程度不同，在考虑属性间相互作用的IFGHM集成算子基础上，将各属性权重引入式（3－9），以此形成直觉模糊几何加权 Heronian 平均（IFGWHM）算子。

设 $\tilde{a}_i = \langle a_i, b_i \rangle (i = 1,2,\cdots,n)$ 是一组直觉模糊集，且 $p \geqslant 0, q \geqslant 0$，$w = (w_1, w_2, \cdots, w_n)^{\mathrm{T}}$ 是属性权重向量，满足 $0 \leqslant w_j \leqslant 1$，$\sum_{j=1}^{n} w_j = 1$，则有 IFGWHM 算子为：

$$\mathrm{IFGWHM}^{p,q}(\tilde{a}_1,\tilde{a}_2,\cdots,\tilde{a}_n) = \frac{1}{p+q}\left(\bigotimes_{i=1,j=1}^{n}\left(\left((p\tilde{a}_i)^{w_i} \oplus (q\tilde{a}_j)^{w_j}\right)^{\frac{2}{n(n+1)}}\right)\right)$$

(3－10)

同理，根据式（3－5）至式（3－9）原理推导，可得 IFGWHM 算子为：

$$\begin{aligned}\mathrm{IFGWHM}^{p,q}(\tilde{a}_1,\tilde{a}_2,\cdots,\tilde{a}_n) &= \frac{1}{p+q}\left(\bigotimes_{i=1,j=1}^{n}\left(\left((p\tilde{a}_i)^{w_i} \oplus (q\tilde{a}_j)^{w_j}\right)^{\frac{2}{n(n+1)}}\right)\right)\\ &= \Bigg(1-\Bigg(1-\prod_{i=1,j=1}^{n}\Big(1-\left(1-(a_i)^{w_i}\right)^p\\ &\qquad \left(1-(a_j)^{w_j}\right)^q\Big)^{\frac{2}{n(n+1)}}\Bigg)^{\frac{1}{p+q}},\ \Bigg(1-\prod_{i=1,j=1}^{n}\Big(1-\\ &\qquad \left(1-(1-b_i)^{w_i}\right)^p\left(1-(1-b_j)^{w_j}\right)^q\Big)^{\frac{2}{n(n+1)}}\Bigg)^{\frac{1}{p+q}}\Bigg)\end{aligned}$$

(3－11)

（2）基于时间熵的时序权向量及目标属性权向量。

①基于时间熵的时序权向量的确定。

相对于传统的直觉模糊多属性群决策问题，动态多属性直觉模糊群决策相对来说更需要考虑时间因素的影响[375]。由于在现实群决策过程中，决策者对现有信息掌握不够充分、信息分布不明确，为充分反映直觉模糊信息的时效性，借鉴“厚今薄古”的思想，愈近直觉模糊信息的时效性越强，更能接近目标属性的真实值，由此赋予的权重系数相对越大，从而体现了重视新信息，注重实效性的特点。因此，本书采用基于时间熵的“厚今薄古”法，算法具体如下[376]。

设时间熵 $I = -\sum_{k=1}^{p} w_k \ln w_k$，客观反映时间权重包含不同时序下的直觉模糊信息量的多少，如果信息量越少，则其时间熵越大。设 $\lambda = \sum_{k=1}^{p} \frac{p-k}{p-1}\eta_k$，则称 λ 为 $\eta = \{\eta_1, \eta_2, \cdots, \eta_p\}$ 的时间度。当 $\lambda = 0$ 时，表明决策者只重视当前时刻信息，称为正时间权向量；当 $\lambda = 1$ 时，表明决策者只重视最陈旧的信息，称为负时间权向量；当 $\lambda = 0.5$ 时，$V = \left\{\frac{1}{p}, \frac{1}{p}, \cdots, \frac{1}{p}\right\}$，表明决策者对所有时段信息均重视。

在既定的时间度 λ 的条件下，通过时间熵最大化的标准确定时间权重 $\eta_k (k = 1, 2, \cdots, p)$，则有如下非线性规划模型：

$$\begin{cases} \max \quad I = -\sum_{k=1}^{p} w_k \ln w_k \\ s.t. \quad \lambda = \sum_{k=1}^{p} \frac{p-k}{p-1}\eta_k, \sum_{k=1}^{p} \eta_k = 1, \eta_k \in [0,1] \end{cases} \tag{3-12}$$

求解此模型即可获得时序权向量。

②目标属性权向量的确定。

在不同的时刻，决策者对目标各属性的重视程度不同，需要确定不同时序下目标各属性权重。本书以概率论为基础，运用测度信息的直觉模糊熵法（IFE）获取不同时序下的目标属性权重，减少主观权重对不确定信息的影响，更加科学、合理地测度动态直觉信息。算法具体步骤如下[377]：

设直觉模糊数 $a_{ij}(t_k) = \langle \mu_{ij}(t_k)(x), \gamma_{ij}(t_k)(x) \rangle$，$\mu_{ij}(t_k)(x)$ 表示第 i 方案在 t_k 时归属于第 j 个属性的隶属度，$\gamma_{ij}(t_k)(x)$ 表示第 i 方案在 t_k 时归属于第 j 个属性的非隶属度，则犹豫度为 $\pi_{ij}(t_k) = 1 - \mu_{ij}(t_k)(x) - \gamma_{ij}(t_k)(x)$，定义 t_k 时目标属性直觉模糊熵为：

$$E_j(t_k) = \frac{1}{m}\sum_{i=1}^{m}\left\{1 - \sqrt{\left(1 - \pi_{ij}(t_k)^2\right) - \mu_{ij}(t_k)(x)\gamma_{ij}(t_k)(x)}\right\} \tag{3-13}$$

设 t_k 时目标属性权重为 $\omega_j(t_k)$，则目标属性权重最优化模型为：

$$\begin{cases} \min \sum_{j=1}^{n} \omega_j(t_k)^2 E_j(t_k) \\ s.t.\ \sum_{j=1}^{n} \omega_j(t_k) = 1 \end{cases} \tag{3-14}$$

由式（3－14）构建拉格朗日函数为：$L(\omega_j(t_k),\delta) = \sum_{j=1}^{n} \omega_j(t_k)^2 E_j(t_k) + 2\delta\left(\sum_{j=1}^{n} \omega_j(t_k) - 1\right)$，分别对 $\omega_j(t_k)$ 和 δ 求偏导，并令偏导数等于 0，则有：

$$\begin{cases} \dfrac{\partial L(\omega_j(t_k),\delta)}{\partial \omega_j(t_k)} = 2\omega_j(t_k)E_j(t_k) + 2\delta = 0 \\ \dfrac{\partial L(\omega_j(t_k),\delta)}{\partial \delta} = 2\left(\sum_{j=1}^{n} \omega_j(t_k) - 1\right) = 0 \end{cases} \tag{3-15}$$

求解此模型即可获得属性权向量，则目标属性权重为：

$$\omega_j(t_k) = \frac{\left(E_j(t_k)\right)^{-1}}{\sum_{j=1}^{n}\left(E_j(t_k)\right)^{-1}} \tag{3-16}$$

3.1.3 动态直觉模糊多属性群决策步骤

在研究基于属性间相互作用的直觉模糊加权几何 Heronian 平均算子、在时间熵的时序权向量及目标属性权向量的基础上，针对属性权重和时间权重完全未知的动态直觉模糊多属性群决策问题，提出了一种考虑属性间相互作用的动态直觉模糊多属性群决策方法。此方法的运行逻辑如图 3.7 所示。

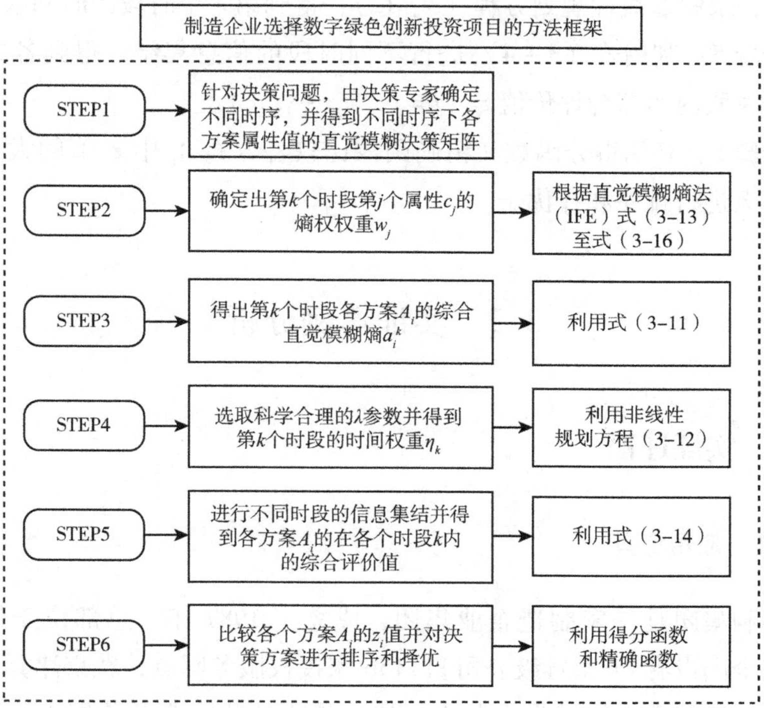

图 3.7　制造企业选择数字绿色创新投资项目的方法框架

图 3.7 展示了制造企业动态选择数字绿色创新投资项目的过程。具体步骤如下。

步骤 1：针对某一群决策问题，邀请相关决策评估专家，由各决策专家确定不同时序。在不同时序下对各方案的属性值进行直觉模糊评估，经过多轮综合反馈和决策专家评估，最后使决策专家评估结果趋于一致，得到不同时序下各方案属性值的直觉模糊决策矩阵为 $G(t_k)=(g_{ij}(t_k))_{m\times n}$。

步骤 2：利用测度信息的直觉模糊熵法（IFE）式（3－13）至式（3－16）确定出第 k 个时段第 j 个属性 c_j 的熵权权重 w_j。

步骤 3：利用式（3－11）得到第 k 个时段各方案 A_i 的综合直觉模糊值 a_i^k。

步骤 4：依据决策者和相关决策专家的建议，选取科学合理的时间度

λ 参数，求解非线性规划方程（3－12），得到第 k 个时段的时间权重 η_k。

步骤5：利用式（3－4）进行不同时段的信息集结，得到各方案 A_i 在 k 个时段内的综合评价值 z_i（$i=1$，2，…，n）。

步骤6：利用得分函数和精确函数比较各方案 A_i 中 z_i 值的大小，对决策方案进行排序和择优。

3.2 实证算例分析

3.2.1 实证过程

3.2.1.1 应用背景

英利集团是一家制造企业集团，成立于1987年，总部位于河北保定，在全国设有21家省级公司和1156家授权服务网点，在京津冀、长三角、大湾区等重点区域设有分支机构。其业务范围覆盖英国、德国、荷兰、中东等全球近百个国家和地区。截至目前，已有累计超25吉瓦的英利光伏产品服务全球，平均年发电230亿度，年减排温室气体1875万吨。英利集团通过培育多个子品牌，形成多元化的产业序列体系，把零碳延伸到城市生活的每个角落，助力品质生活建设。随着全球对低碳环保生产生活的持续关注，提升企业数字绿色创新竞争力和增加利润的需求日益迫切。为进一步提高英利集团的可持续发展能力，企业将专注于数字绿色创新投资项目的选择。

当前，已有4个数字绿色创新项目可供企业进行选择。英利集团需要在上述项目中选定一个作为数字绿色投资项目，同时这些数字绿色项目都愿意与英利集团合作。英利集团在选择投资项目方面有一定的经验，但是在众多的选择中，如何选出最佳的投资项目，一直是困扰企业的一大问题。

3.2.1.2　经验元素

评价标准的制定。

本书在理论基础上构建了一套制造企业选择数字绿色创新投资项目的框架体系。这个体系能够满足英利集团选择投资数字绿色项目的需求。在数字绿色创新的背景下，企业选择投资项目的体系评价标准被分为外部支撑体系、商业化预期、数字绿色项目运作能力和数字绿色项目运作资源。外部支撑体系包括绿色政策支持、数字绿色项目相关产业聚集优势、社会数字创新环境、数字绿色项目区位优势、数字绿色项目产业链成熟度、金融市场环境和数字绿色知识产权保护体系支持。商业化预期系统包括绿色市场竞争状况、消费者绿色需求、智慧绿色物流、数字绿色研发实力、数字服务差异化程度和数字绿色产品或技术是否受专利保护。数字绿色项目运作能力系统包括流程数智化程度、员工数字技术熟练度、技术人员绿色意识、绿色研发人员比例、数字营销网络、绿色研发经费投入和申请数字绿色产品专利数量。数字绿色项目运作资源系统包括项目绿色文化、团队的数字知识、流动比率、存货周转率、净资产收益率和总资产增长率。

3.2.1.3　数据和场景

英利集团是一家制造企业，致力于数字绿色创新方向的发展。目前，低碳节能生产生活的理念逐渐被重视，政府也越来越关注生产生活中的碳排放量。如果企业的碳排放总量超过政府规定的上限，那将面临政府部门的巨额罚款。如何在低碳减排的大环境下提高企业的绿色竞争力和增加利润，是当前亟待解决的重大问题。英利集团通过投资数字绿色创新项目来促进企业可持续发展。在这种情况下，英利集团需要从大量备选项目中选择出最佳的数字绿色项目进行投资。本书提出的标准和方法适用于制造企业选择数字绿色创新投资项目的活动。其原因在于管理者和参与者理解数字绿色创新项目选择标准的权重处于一种模糊状态。经过初步筛选，目前有 4 项数字绿色创新投资项目 $P_i = \{P_1, P_2, P_3, P_4\}$ 进入最终选择范围。

3.2.2 结果和讨论

3.2.2.1 结果

英利集团需要根据建议的标准和方法在4项数字绿色创新投资项目中进行选择。根据编制的项目选择标准，包括4个主要标准和26个子标准，对备选项目进行评价。在这个过程中，本书选择了3个不同时期的时间序列集 $t_k = (t_1, t_2, t_3)$。为了简单起见，本书只给出了4个主要准则的计算，记为属性集 $C_k = (C_1, C_2, C_3, C_4)$。表3.1列出了4个备选伙伴在3个不同时期的各项指标评价。

步骤1：英利集团通过上述4个指标挑选数字绿色项目并进行市场调研。初步确定4家备选项目，并邀请10位相关决策评估专家，由各决策专家确定3个不同时序。在不同时序下对各备选项目的属性值进行直觉模糊评估，经过多轮综合反馈和决策专家评估，最后使决策专家评估结果趋于一致，得到3个不同时序下各备选项目属性值的直觉模糊决策矩阵，如表3.1所示。

表3.1　3个不同时序下直觉模糊决策矩阵

T_1	C_1	C_2	C_3	C_4
A_1	<0.3, 0.4>	<0.2, 0.4>	<0.3, 0.4>	<0.4, 0.5>
A_2	<0.4, 0.5>	<0.5, 0.1>	<0.6, 0.3>	<0.1, 0.8>
A_3	<0.4, 0.6>	<0.1, 0.3>	<0.4, 0.6>	<0.6, 0.2>
A_4	<0.1, 0.4>	<0.4, 0.5>	<0.6, 0.4>	<0.5, 0.4>
T_2	C_1	C_2	C_3	C_4
A_1	<0.5, 0.4>	<0.6, 0.4>	<0.2, 0.4>	<0.4, 0.5>
A_2	<0.4, 0.6>	<0.7, 0.3>	<0.5, 0.5>	<0.6, 0.4>
A_3	<0.7, 0.2>	<0.4, 0.5>	<0.4, 0.6>	<0.4, 0.3>
A_4	<0.4, 0.5>	<0.3, 0.4>	<0.1, 0.4>	<0.4, 0.6>
T_3	C_1	C_2	C_3	C_4
A_1	<0.3, 0.5>	<0.6, 0.4>	<0.2, 0.4>	<0.4, 0.5>
A_2	<0.5, 0.2>	<0.1, 0.3>	<0.2, 0.5>	<0.1, 0.2>
A_3	<0.4, 0.4>	<0.4, 0.2>	<0.4, 0.1>	<0.4, 0.4>
A_4	<0.6, 0.4>	<0.3, 0.5>	<0.6, 0.3>	<0.4, 0.4>

步骤2：根据直觉模糊熵法（IFE）式（3-13）至式（3-16）确定出第 $k(k = 1,2,3)$ 个时段的属性权重分别为：

$w_j^1 = (0.2262, 0.2017, 0.2457, 0.3264)$；

$w_j^2 = (0.2773, 0.2574, 0.2170, 0.2483)$；

$w_j^3 = (0.2990, 0.2254, 0.2671, 0.2085)$。

步骤3：根据式（3-11），运用本书研究的基于属性间相互作用的直觉模糊加权几何 Heronian 平均（IFGWHM）算子对英利集团各备选数字绿色项目属性信息进行集结，过程中设 $p = q = 1$，从而可得第 $k(k = 1, 2,3)$ 个时段各备选数字绿色项目的综合直觉模糊评价值为：

$a_1^1 = < 0.7424, 0.1333 >; a_2^1 = < 0.7406, 0.1810 >$；

$a_3^1 = < 0.7672, 0.1354 >; a_4^1 = < 0.7687, 0.1280 >$；

$a_1^2 = < 0.7984, 0.1299 >; a_2^2 = < 0.8552, 0.1448 >$；

$a_3^2 = < 0.8265, 0.1244 >; a_4^2 = < 0.7250, 0.1528 >$；

$a_1^3 = < 0.7610, 0.1402 >; a_2^3 = < 0.6656, 0.0917 >$；

$a_3^3 = < 0.7953, 0.0824 >; a_4^3 = < 0.8286, 0.1201 >$。

步骤4：依据决策者和相关决策专家的建议，根据项目相关研究专家意见，为体现明显重视近期数据，取时间度 $\lambda = 0.4$，求解非线性规划方程（3-12），得到第 $k(k = 1,2,3)$ 个时段的时间权重：

$\eta_k(k = 1,2,3) = (0.2384, 0.3232, 0.4384)$。

步骤5：根据式（3-4），利用动态直觉加权几何（DIFWG）算子进行时间信息集结，从而可得基于3个时段的各备选数字绿色项目的整体直觉模糊评价值为：

$z_1 = < 0.7683, 0.1352 >; z_2 = < 0.7404, 0.1309 >$；

$z_3 = < 0.7984, 0.1089 >; z_4 = < 0.7795, 0.1327 >$。

步骤6：利用公式得分函数 $S(a)$ 和精确函数 $H(a)$ 及其排序法则比较各备选项目的综合得分和精确度大小，对备选数字绿色项目进行排序和择优，如表3.2所示。

表 3.2 考虑属性间相互作用的 IFGWHM 算子评价结果

	S	H	排序
A_1	0.6331	0.9036	3
A_2	0.6095	0.8713	4
A_3	0.6894	0.9073	1
A_4	0.6469	0.9122	2

由表 3.2 可以看出，$S(A_3) > S(A_4) > S(A_1) > S(A_2)$，英利集团可选择的数字绿色项目的优劣顺序为 $A_3 > A_4 > A_1 > A_2$。因此，英利集团应选择项目 A_3进行数字化转型合作。

经过研究，英利集团拟采用该方法选择数字绿色创新投资项目，并且最终决定选择项目 A_3进行投资合作。

3.2.2.2 评价结果比较分析

算例中，在项目相关研究决策评估专家对属性值进行评估和 3 个时序阶段选择基础上，通过不同时序下各属性权重和考虑属性间相互作用的直觉模糊几何加权 Heronian 平均（IFGWHM）算子，集成具有相互作用的属性信息。通过时序权重和动态直觉模糊加权几何（DIFWG）算子集成不同时序下的直觉模糊集成信息。最后，通过得分函数和精确函数对决策方案进行排序和择优，以此对英利集团数字绿色项目选择进行多属性群决策。为验证本书所提出方法的有效性和科学性，以下将从运用定义 6 的经典 IFWA 算子、基于 SUM 函数的时序权重与该方法进行比较分析。

与文献[378]中属性信息集成的经典 IFWA 算子和文献[373]基于 SUM 函数的时序权重分别比较分析，则评价及选择结果如表 3.3 所示。

表 3.3 不同属性集成算子和时序权重的评价及选择结果

时间度	IFGWHM 算子			IFWA 算子		
	S	H	排序	S	H	排序
A_1	0.6331	0.9036	3	-0.0504	0.8210	4
A_2	0.6095	0.8713	4	0.0198	0.7317	2
A_3	0.6894	0.9073	1	0.1307	0.7467	1
A_4	0.6469	0.9122	2	-0.0025	0.8449	3

续表

时间度	IFGWHM 算子			IFWA 算子		
	S	H	排序	S	H	排序
A_1	0.6352	0.9071	3	-0.0422	0.8327	4
A_2	0.6171	0.8474	4	0.0247	0.6945	2
A_3	0.6826	0.9023	1	0.1302	0.7198	1
A_4	0.6549	0.9170	2	0.0087	0.8450	3

（1）基于不同算子的时序权重比较分析。

在算例中，IFGWHM 算子下，基于时间熵确定的时序权重选取结果如表 3.2 所示，选择的数字绿色项目的优劣顺序为 $A_3 > A_4 > A_1 > A_2$；在 SUM 函数中，取参数为 2，则有 $Q(x) = x^2$，基于 SUM 函数确定的时序权重为 $\eta_k = (0.1111, 0.3333, 0.5556)$，选取结果如表 3.3 所示，选择的数字绿色项目的优劣顺序为 $A_3 > A_4 > A_1 > A_2$。虽然选择结果一致，但是进一步分别运用方差平均值方法对上述两种结果进行方差检验，可得基于时间熵确定的时序权重选取结果的方差情况 $S^2_{mean \times 1} = 0.0336$，基于 SUM 函数确定的选取结果的方差情况 $S^2_{mean \times 2} = 0.0281$，显然 $S^2_{mean \times 1} > S^2_{mean \times 2}$；同理，在经典 IFWA 算子下，基于时间熵确定的时序权重选取结果如表 3.3 所示，选择的项目的优劣顺序为 $A_3 > A_2 > A_4 > A_1$；时序权重与 IFGWHM 算子下相同选取结果如表 3.3 所示，选择的项目的优劣顺序为 $A_3 > A_2 > A_4 > A_1$。进一步可得 $S^2_{mean \times 1}$ 仍然大于 $S^2_{mean \times 2}$。由此看出，基于时间熵确定的时序权重选取结果具有较好的区分度，可为决策者提供更为清晰可靠的数字绿色决策信息。此外，基于 SUM 函数所得到的时序权重依赖于自身参数，随着参数变化而发生变化；而基于时间熵确定的时序权重更加稳定，由此得到的时序权重集成的信息更加科学，使群决策结果更加合理、有效。

（2）IFGWHM 算子与经典 IFWA 算子比较分析。

在算例中，考虑属性间相互作用的直觉模糊几何加权 Heronian 平均（IFGWHM）算子所选取结果如表 3.3 所示，选择的项目的优劣顺序为 $A_3 > A_4 > A_1 > A_2$；经典 IFWA 算子选取结果如表 3.3 所示，选择的项目

的优劣顺序为 $A_4 > A_2 > A_1 > A_3$。虽然选择结果一致，但是排序显然存在不同，原因在于属性之间往往并非独立，常存在一定的相互作用关系，如互补、冗余、偏好关系等，本算例的 4 个属性指标为外部支撑体系、商业化预期、数字绿色项目运作能力和数字绿色项目运作资源之间存在相互作用关系。例如，外部支撑体系、数字绿色项目运作能力和数字绿色项目运作资源会影响到商业化预期，数字绿色项目运作资源必然对项目运作能力带来影响。由此使用考虑属性间相互作用的 IFGWHM 算子进行群决策分析更加科学、合理。

因此，考虑属性间相互作用的动态直觉模糊多属性群决策方法，在考虑了属性间的相互作用的情况下，运用直觉模糊几何加权 Heronian 平均（IFGWHM）算子对不同时序下各属性信息进行集结，通过基于时间熵的“厚今薄古”法，确定科学、稳定的时序权重，并运用动态直觉模糊加权几何（DIFWG）算子集成不同时序下的直觉模糊集成信息，通过本算例及比较分析，验证了考虑属性间相互作用的动态直觉模糊多属性群决策方法的科学性和有效性。

在碳达峰和碳中和的背景下，为提高企业绿色竞争力和增加利润，企业选择数字绿色创新项目进行投资是正确的选择。首先，本书在理论分析的基础上构建了评价项目的指标体系；其次，本书提出了直觉模糊多属性群决策方法；最后，本书分析了英利集团在选择数字绿色创新投资项目的过程。这一实践对其他制造企业在选择数字绿色创新投资项目进行决策时具有积极的启示意义。

本书结论如下：第一，本书依据相关理论和预期投资的项目特征相结合，创新性地建立了项目选择框架体系。该框架体系包括外部支撑体系、商业化预期、项目运作能力和项目运作资源四大方面，具有科学性。第二，本书提出了一种考虑属性间相互作用的动态直觉模糊多属性群决策方法。该方法考虑到属性间的相互作用，并且确定科学、合理的时序权向量，提高群决策结果的有效性和稳定性。本书表明，上述框架体系和方法可以有效帮助英利集团进行投资项目决策。同时，该框架体系和方法也应用于全球其他制造企业选择数字绿色创新投资项目的决策中。

本书的研究具有重要的理论意义和管理意义，为其他制造企业在选择数字绿色创新项目的决策活动中带来积极的启示作用。

在理论意义方面，为考虑属性间相互作用，确定科学、合理的时序权向量，提高群决策结果的有效性和稳定性，本书提出了一种考虑属性间相互作用的动态直觉模糊多属性群决策方法。该方法在介绍直觉模糊相关概念的基础上，首先，引入时间熵准则，依据时间权重包含的信息量的多少求出时序权重，充分反映了直觉模糊信息的时效性，并基于直觉模糊熵求出不同时序下的各属性权重；其次，通过不同时序下各属性权重和考虑属性间相互作用的直觉模糊几何加权 Heronian 平均（IFG-WHM）算子，集成具有相互作用的属性信息；再次，该方法通过时序权重和动态直觉模糊加权几何（DIFWG）算子集成不同时序下的直觉模糊集成信息；最后，该方法通过得分函数和精确函数对决策方案进行排序和择优。一方面，该方法充分考虑了不同时序下属性间的互补、冗余、偏好关系等相互作用的关系，符合决策属性之间往往存在不同程度上的相互关联。这样避免了信息集成和群决策结果出现不合理的情况，使群决策结果更加符合实际。另一方面，在考虑由专家决策的时序主观偏好前提下，通过挖掘时序样本的时序信息的差异，整合了主客观赋权方法，这样有效避免了时序权重主观赋值的随意性。该方法基于时间熵确定的时序权重更加稳定，避免了一些时序权重函数中参数带来的不稳定影响及权重所引起的某一时序信息无效的情况，使群决策更加科学、合理。

在管理意义方面，本书创新性地构建了制造企业在选择数字绿色创新投资项目活动中的研究体系。体系选取了外部支撑体系、商业化预期、数字绿色项目运作能力和数字绿色项目运作资源四大方面，充分体现项目的内外部数字绿色环境特征，具有科学性。同时，研究框架和研究系统可用于帮助其他制造企业在选择数字绿色创新项目的活动中做出选择。这样使投资决策更加高效、准确，进而降低管理成本，促进企业数字绿色创新发展。

本书的研究仍存在一些局限性，值得进一步关注。第一，人工智能（AI）技术逐渐应用于决策问题，绿色资源互补性与人工智能的结合在未来的启示中发挥着重要作用。第二，本书只进行了一个案例研究，未来的研究可能会包括来自许多制造企业的大样本量，以验证框架体系和方法的使用的正确性。制造企业也可以根据研发规模或企业规模进行分类。第三，在体系方面，本书构建的体系仅对制造企业有效，未来的研究体系需要针对不同行业和领域做出不同的调整。第四，在方法层面，本书的时间权重和属性权重均为客观权重，未来需要开发方法，将主观权重和客观权重进行结合。

3.3 基于互惠理论的制造企业合作数字绿色创新的启动阶段研究

3.3.1 基于互惠理论的制造企业合作数字绿色创新相关概述

自党的十八大召开以来，党中央多次召开会议强调实体经济的重要性，指出不论经济发展到什么时候，实体经济始终是我国经济发展的重要部分，始终代表着我国最先进生产力水平，能让我国在全球经济发展中掌握更大的主动权。制造业是实体经济的基石，制造业的数字绿色创新发展是中国发展实体经济的根本保障。制造业发展起来，我国离制造业强国的目标就会越来越近。党的十九大报告提出："加快建设制造强国，加快发展先进制造业。"这既是深化供给侧结构性改革、推动经济高质量发展的重要内容，也是全面建成社会主义现代化强国的客观要求。要推进中国制造向中国创造转变、中国速度向中国质量转变、制造大国向制造强国转变，关键是推动制造业高质量发展[379]。那么如何推动制造企业高质量发展成为我国政府高度关注的问题，政府近些年来也通过一系列政策的颁布，逐步推动制造企业创新发展。由于政府政策的支持，以制造企业为主体的应用创新突飞猛进，并带动国家科技实力和创新能力不断提升。2015～2021 年，全社会研发投入从 1.42 万亿元增加至 2.79 万亿元左右[380]。目前，制造企业对于研发投入的重视程度越来越高，制造企业的研发投入占总研发投入的比重已经达到 60% 以上。数字绿色技术的进步不断推动着我国制造企业数字绿色创新发展。

数字绿色技术的进步给制造企业注入绿色活力的同时，也对制造企业数字绿色创新发展提出了新的要求。由于制造业在发展过程中，更多地考虑了数字绿色产品基本功能、工艺可行性、使用性能等，而忽视了绿色资源、绿色能源的高效利用和环境性能，因此产生了温室效应、空气污染、水污染以及资源枯竭等发展中的问题，制约了制造业的持续健康发展[381]。由此可见，制造业的发展是经济发展和增长的最强大推动力的同时，又是环境污染的主要源头。生态恶化和资源短缺问题已经成为制造业可持续发展的限制性因素[382]。绿色制造给制造业的可持续发展提供了一个新的思路。

2023 年 1 月 19 日，国新办就《新时代的中国绿色发展》白皮书有关情况举行发布会。工信部副部长辛国斌表示，下一步，将认真贯彻落实党中央、国务院决策部署，着力从以下五个方面深入推行绿色制造[383]：一是健全完善绿色制造和服务体系。结合新形势新任务新要求，制定出台加快推动制造业绿色高质量发展的指导意见。统筹部署绿色制造推进工作，打造梯度的绿色制造标杆培育机制。二是构建绿色低碳升级改造政策体系。持续坚持降碳、减污、扩绿、增长协同推进，统筹用好中央和地方财税、金融等各类政策资源，形成多层次、多元化、一揽子的支持政策体系，支持引导企业实施绿色低碳升级改造。三是强化绿色低碳标准的引领。制定出台工业和信息化领域绿色低碳标准化指导意见，充分发挥各行业标准化技术组织作用，加快相关标准的制修订。四是建立数字赋能绿色制造的引导机制。加快推进数字化、绿色化协同转型，推动人工智能、物联网、云计算、数字孪生等新一代信息技术在制造领域的深度应用。五是深化绿色制造的国际交流合作机制。依托现有的多双边合作机制，围绕绿色低碳技术创新、成果转化、政策标准等方面加强沟通交流，务实推进合作发展。

可持续发展背景下绿色制造的深度融合，孕育了第三次制造业数字[384]革命。制造业的数字革命，使制造业进入了网络化、数字化、智能化发展的新时代。在制造业数字革命的推动下，由数字技术支撑的高端制造和智能制造正在成为产业主流，低碳转型将成为数字经济与实体经济加速融合的重要领域[385]。针对现有研究关于制造业绿色内涵阐释不深刻、未来我国数字绿色创新制造业发展政策针对性不强等问题，本书进一步结合文献进展深度剖析国内外数字绿色创新制造业核心关键学研伙伴选择，提出未来制造业发展的总体布局，为今后一段时期内我国数字绿色创新制造业发展提供方向性指导。

随着制造业绿色、数字、智能化的发展，制造企业难以依赖传统合作伙伴开展数字绿色创新活动，选择合适的数字绿色合作伙伴的问题应运而生。近年来，关于合作伙伴选择问题的研究已成为学者们研究的热点。学者们从不同主体、不同视角出发进行了研究，并提出了一些解决方法。在研究主题方面，李柏洲和罗小芳（2013）、李军等（2020）以企业创新伙伴选择为研究主题，分别运用不同的方法对企业创新合作伙伴选择问题进行了研究[386][387]。李柏洲和尹士（2020）、李柏洲等（2020）分别研究了生态伙伴选择问题[388][389]。李小康和郭栩东（2021）对旅游供应链合作伙伴选择进行了研究[390]。张新香（2011）和田俊峰（2014）以虚拟企业为研究主体，分别运用不同的方法对虚拟企业合作伙伴选择问题进行了研究[391][392]。王发明和刘丹（2016）以产业技术创新联盟为研究主体，研究了焦点企业合作共生伙伴选择问题[393]。赵龙凯和陈康（2017）以中国的合资企业为样本，研究了出资国文化对合资伙伴选择的影响[394]。在研究视角方面，李柏洲和高硕（2019）、李小康和郭栩东（2021）、李军等（2020）分别从互惠共生视角[395]、威慑视角、知识能力因素视角研究了合作伙伴选择问题。郑景丽和龙勇（2016）以知识管理为研究视角，研究了知识保护对联盟伙伴关系选择的影响[396]。王道平（2015）、王海军（2017）、袁华等（2016）分别从技术标准化视角[397]、协同创新方面、合作网络角度[398]对伙伴选择进行研究。在研究方法上，主要集中在多属性决策法[399]、网络相关分析法、方程模型法、VIKOR 群决策方法[400][401]、数学分析法[402]、直觉模糊理论[403]、方法集[404]、分阶段法、信任场法。

上述文献从研究主体、研究视角及研究方法方面对生态伙伴选择进行了较全面、深入的研究，为制造企业学研伙伴选择提供了有价值的参考。然而，在研究主体及视角上，对制造企业学研伙伴选择研究较少，以融资约束为背景对制造企业绿色数字创新学研伙伴选择的研究则更少；在研究方法上，大多评价方法单一，评价结果可能出现问题，即使融合多种方法，大多也只从评价值考察待选合作伙伴，缺乏从绿色资源的互补性及伙伴选择的合理性、匹配性等方面考察待选伙伴，忽略了合作伙伴选择主体与伙伴间相互作用的连续性。因此，有必要对制造企业学研伙伴选择做进一步研究，以此来提高数字绿色合作伙伴选择的准确度，提高数字绿色合作伙伴选择的科学性、合理性为制造企业学研伙伴选择等问题提供新的思路。

针对以上问题，基于绿色资源层面，本书认为融资约束背景下的制造企业的数字绿色创新是要企业与学研伙伴以“开放、合作、共赢”为基础，以互利的合作关系为链接，为实现制造业数字化转型目标而采取的合作。合理选择学研伙伴是企业成功实现高端装备数字绿色创新化转型的关键因素之一，影响着最终成果。本书期望为优化制造企业数字绿色学研伙伴选择，强化企业与学研伙伴间的合作程度，为提高制造企业数字化绿色化创新化转型效果提供方向策略。我国制造企业自身的绿色资源和能力还很难满足高端装备数字绿色创新的要求，越来越多的制造企业开始考虑通过学研合作来获取数字绿色创新资源、增强数字绿色创新能力、降低绿色创新成本和创新风险，学研合作是企业开展原始创新的有效形式。高质量发展制造企业的数字绿色创新，离不开绿色资源技术的支持。企业与学研伙伴合作，可以加快企业的数字绿色研发力度，同时推进了制造业技术成果的集成创新，提高制造业科技成果转化能力。随着科学技术与经济发展程度的不断提高，如何促进科学技术与高端装备的结合，已经成为提升制造企业竞争能力的关键。因此，对制造企业来说，采用科学的方法，合理地选择学研合作伙伴具有非常重要的现实意义。

制造企业和学研合作作为战略联盟的一种重要的特殊形式，是制造企业、高校及科研院所实现知识、技术共享，获取互补性资源的重要途径[405]，而选择理想的数字绿色合作伙伴是保障数字绿色创新战略联盟合作绩效的关键。合作数字绿色创新可以使制造企业与高校和科研机构实现绿色资源互补、分担研发成本和创新风险，但是研究发现，只有不足50%的合作创新是成功的[406]，而导致合作创新失败的最重要原因之一是合作伙伴选择得不适当。制造企业合作数字绿色创新模式中的核心主体是制造企业，而制造企业合作数字绿色创新的成功与否在于制造企业能否选择恰当的数字绿色互惠共生伙伴。因此，加强对制造企业合作数字绿色创新互利共生伙伴选择的研究对促进制造企业实施合作数字绿色创新模式、提高制造企业原始创新能力具有重要意义。

3.3.2 文献综述

3.3.2.1 数字绿色创新管理

关于融资约束下制造企业的数字绿色创新管理，本书从数字创新、绿色创新、数字绿色创新相融合三个方面进行了讨论。数字创新可以推动制造业高质量发展。柳毅（2023）[407]等从产业基础、创新生态和经济效益等维度构建数字经济促进我国传统制造业产业链与创新链融合的评价指标体系，并综合运用耦合协调度模型、空间计量模型、中介效应模型分析数字经济促进传统制造业产业链和创新链融合的作用机制与影响。秦建群等（2022）[408]探讨了数字经济对制造业高质量发展的影响及其内在机制，对当前数字经济发展和制造业转型升级的政策制定与调整以及发挥地方政府的主体作用具有重要的启示。潘涛等（2022）[409]研究了数字经济背景下科技服务业与先进制造业复合系统协同创新的机制，并提出了提升我国数字经济背景下制造业协同创新发展水平的政策建议。翟金芝和赵希男（2016）提出了在“互联网＋”时代企业战略联盟生态圈的概念，探讨了企业战略联盟生态圈的创新范式[410]。唐松等（2020）研究发现数字金融发展对企业技术创新的确存在“结构性”驱动效果[411]。万佳彧等（2020）丰富了数字金融影响企业创新的相关研究，并为金融市场如何更好地服务实体经济提供了理论依据和政策参考[412]。

绿色创新推动了制造企业绿色发展。Miedzinski（2017）提出企业绿色创新具有价值共生功能，鼓励企业主动进行绿色创新[413]。王晓萍等（2023）[414]提出，在制造企业内生绿色创新动力不足的情况下，借助政府环境规制、市场绿色需求、媒体舆论监督、绿色金融机构等外部组织力量来引导、助推、促进企业绿色创新就显得尤为重要。李杰等（2023）[415]通过空间自相关性检验与空间计量方法研究高技术制造业的区域绿色创新溢出效应，从增强区域基础设施连接以扩大绿色技术辐射面等角度提出对策建议。罗志红等（2023）[416]认为装备制造业高质量发展的关键在于实现绿色化转型，探究装备制造业绿色创新效率表现及其影响因素的作用方式，寻找提升效率的可行之策，对加快装备制造业绿色化转型、实现高质量发展具有重要意义。

数字绿色创新融合开辟了一条制造业创新发展新思路。翟华云和刘易斯（2021）研究发现经济发展水平较低的中西部地区，数字金融发展对企业绿色创新的激励作用更为显著[417]。李海霞等（2021）探索不同的制造业数字化创新对绿色创新绩效的影响，具有重要的理论和现实意义[418]。岳丽荣等（2020）研究发现互联网对绿色创新绩效有积极影响，促进制造企业实现绿色创新发展[419]。王春英等（2023）[420]通过梳理上海电气数字化转型的进程，提出制造企业工业互联网平台的建设有助于赋能中小企业的数字化转型。谢雄标等（2015）分析了企业绿色发展的作用机制，在此基础上指出了数字化背景下企业绿色发展的路径[421]。尹飞霄（2020）研究发现数字金融提升了本区域绿色创新效率，影响相邻区域绿色创新效率[422]。余得生和杨礼华（2021）研究了数字金融与企业绿色创新之间在区域异质性方面的影响机理[423]。雷倩茹等（2021）研究发现基础设施建设、市场竞争强度以及企业创新投入因素对制造业数字化绿色创新生态效益具有显著正向影响[424]。目前，针对数字绿色创新，大多文献研究主体主要集中在其他企业，对制造企业数字绿色创新研究较少，基于融资约束背景下对制造企业数字绿色创新学研伙伴选择的研究则更少。

3.3.2.2 伙伴选择准则

不少学者从事数字绿色创新伙伴选择标准方面的研究，数字绿色伙伴选择标准主要集中在绿色创新、数字创新、生态创新、产学研创新和其他伙伴选择上。

绿色创新伙伴选择准则方面主要有：张莉和王慧敏（2006）将绿色供应链合作伙伴信用评价的指标体系分为目标层决策层、指导准则层、战略管理层、战术操作层[425]；张平和吴春旭（2005）采用“AHP与整数目标规划相结合的方法”提出企业活动的经济效益和社会效益两阶段的绿色供应链合作伙伴选择与评价模型[426]；王忠伟和刘建银（2016）将二氧化碳排放量作为测量供应链环境绩效的关键指标，构建基于绿色供应链管理的供应商评价与选择指标体系[427]。

数字创新伙伴选择准则方面主要有：徐晓燕（2002）和马祖军（2003）以成本、时间、质量等经济指标为主，建立定性和定量指标，然后对每个指标分配一定的权重系数，把多个经济规划指标转化为单一指标来进行评价[428][429]；周向红等（2020）构建基于相容性、创新能力、技术方案和创新效果四个一级指标的云制造协同创新伙伴评价指标体系[430]；李柏洲等（2020）选取合作聚合度、数据信息安全防护能力、合作转型能力、合作嵌入能力、聚合资源水平作为伙伴评价指标体系[389]；康艳芳等（2015）运用多目标优化模型定量分析和研究了云服务商的伙伴选择问题，通过赋予相应的权重值，采用遗传算法对多目标规划化问题进行求解[431]；李军等（2020）在指标体系设计时坚持兼容性、能力、承诺3C原则，构建了准则层、指标层指标性质和测量方法三层指标体系。

生态创新伙伴选择标准方面主要有：翟金芝和赵希男（2016）构建了生态圈平台下合作伙伴选择评价指标体系准则，建立了基于Markov链的生态圈合作伙伴选择模型；Zhang和Tao（2013）把环保作为评价合作伙伴的重要指标，把含碳量和含铅量作为环保指标加入伙伴评价体系中[432]；李柏洲和尹士（2020）将前景理论和场理论相结合提出了ICT企业生态伙伴选择多属性决策的评价模型和选择模型[433]；张树山等

(2014) 提出一套适合于全球供应链系统环境下的科技协同伙伴评估指标体系和模糊 ANP – TOPSIS 集成的科技协同创新合作伙伴评估模型[434]。

产学研伙伴选择标准方面主要有：马文聪等（2018）将产学研合作伙伴匹配性、目标协同性、文化相容性、创新资源和能力互补性比较作为伙伴选择标准，考察合作伙伴的合作协同能力[435]；李柏洲和罗小芳(2013) 将创新类型特征与伙伴合作意愿因素考虑到企业伙伴选择影响因素的研究中[436]；陈伟等（2020）概括了产学研协同创新合作伙伴评价指标，主要包括品质、能力2个维度[437]。

其他伙伴选择准则主要包括：方威和王丽丽（2010）构建了单个目标评价体系准则，提出了企业战略伙伴选择的步骤及模型[438]；谷丽丽等(2008) 提出了一种基于供应商选择准则分类的伙伴供应商认证选择的综合评价准则[439]；针对云制造模式下企业合作伙伴选择问题，李军等(2020)、Niu（2021）、Dao（2014）、Huang 等（2017）从成本、时间、质量、风险和信誉等方面对合作伙伴选择进行研究[440][441][442]；陈友玲等(2018) 考虑了安全性和协同性等指标[443]；针对企业合作创新伙伴选择问题，王晓新和邹艳（2008）、喻金田和胡春华（2015）、杨洁和李登峰(2016) 分别从资源能力、管理能力、技术能力状况、产权信誉、兼容程度、双方合作动机的一致性等方面建立了创新伙伴选择指标体系[444][445][446]；朱雪春等（2014）从知识拥有和管理经验、技术能力、资源互补等主观准则对合作创新伙伴选择进行评价[447]。国内合作伙伴影响因素研究为伙伴选择评价指标体系的构建，且侧重于"任务导向因素"及"关系导向因素"两个方面，研究结论具有较高的一致性，表明在合作伙伴选择中一些因素的重要性已达成共识。

3.3.2.3　伙伴选择方法

国内文献有关伙伴选择问题方法的研究有很多，所采用的伙伴选择方法主要包括多属性决策法、网络相关分析法、方程模型法、VIKOR 群决策方法、数学分析法、直觉模糊理论、方法集、分阶段法、信任场法。例如，陈伟等（2020）引入基于时间度和正交投影的动态直觉模糊多属性决策方法，对备选伙伴进行淘汰和优选[400]。李柏洲等（2020）引入基于时间度和正交投影的动态直觉模糊多属性决策方法，设计了基于场理论的企业战略联盟生态伙伴动态选择过程[389]。周向红等（2020）通过BWM与熵权相结合的主客观综合赋权方法，构建一种面向云制造协同创新伙伴选择的多源异构VIKOR群决策方法[404]。李军等（2020）构建改进的ELMAN神经网络模型，并将其应用于新指标体系下的协同创新伙伴评价测度[387]。李柏洲和高硕（2019）引入三角模糊数，运用模糊网络分析法确定指标权重，然后采用模糊TOPSIS法对企业合作型原始创新互惠共生伙伴选择进行评价[395]。党兴华和王幼林（2007）建立了核心企业合作伙伴选择的多阶段模型来进行伙伴选择[448]。关志民和杜丽敏（2007）建立了一个多目标数学规划模型，将多目标模型转化为单目标模型，以便求得问题的最优解[449]。李柏洲和罗小芳（2013）运用结构方程模型及多群组结构方程模型等方法，对企业学研合作伙伴选择的影响因素及其作用路径进行了实证分析[386]。桂黄宝和赵付民（2007）从模糊数学的角度，采用层次分析法对合作创新伙伴进行了研究[450]。冯博和樊治平（2012）建立了团队伙伴选择的数学模型，开发了一种GRASP启发式算法[451]。刘吉成和鲍红焉（2021）设计了基于不同评价方法与Gale - Shapley算法的风储供应链合作伙伴双向选择模型[452]。曹霞等（2013）运用动态直觉模糊加权几何算子（DIFWG）集成合作伙伴不同时段的个人准则决策矩阵，实现对产学研合作伙伴持续性的评价[453]。邵明晖等（2018）构建了“初选——精选与优化”决策模型，利用SVM缩小创新合作伙伴的选择范围，利用直觉模糊集TOPSIS法，最终确定协同创新合作伙伴[454]。王发明和刘丹（2016）根据合作伙伴对联盟效益的贡献大小，利用Shapley值法对合作收益进行分配[455]。田俊峰和王闫杰（2014）将信任场模型的思维引入虚拟企业伙伴选择的研究[456]。Ye（2010）针对信息不完整和不确定环境下的合作伙伴选择问题，提出了基于扩展TOPSIS（Technique for Order Preference by Similarity to an Ideal Solution）法的区间直觉模糊决策[457]。Tao等（2012）在考虑最小成本和风险、最大质量和柔性的基础上，提出一种GA - BHTR（Genetic Algorithm maintained using the Binary Heap and Transitive Reduction）算法选择合作伙伴[458]。Amid 等（2010）建立了模糊多目标线性模型，应用模糊决策方法对合作伙伴进行择优评价[459]。Opricovic（1998，2004）提出了用来解决复杂系统评价问题，能够获得折衷解的 VIKOR 多属性决策方法[460][461]。国内学者康艳芳（2015）利用灰色关联综合评价模型建立了云服务市场优化指标，并运用多目标优化模型对选择提供云服务合作伙伴进行了定量研究[431]。张敏（2011）采用 TOPSIS 法处理评价值为区间数的企业伙伴选择问题[462]。张树山等（2014）提出了考虑模糊信息和不确定性因素的协同创新合作伙伴 FANP - TOPSIS（Fuzzy Analytical Hierarchy Proess - TOPSIS）组合评价方法[434]。邵明晖等（2018）利用直觉模糊集 TOPSIS 法选择协同创新合作伙伴[454]。姚升保（2017）提出一种集成模糊逻辑、网络分析法和多准则折衷优化解法（VIKOR）的模糊组合决策方法，解决产业技术创新联盟合作伙伴选择的决策问题[463]。

通过以上分析发现，国内学者对影响因素进行了一定程度的扩展，且开始关注因素间的相互联系。这些研究成果为本书的进一步分析奠定了基础。但是，通过深入分析发现，现有研究还存在以下三方面不足：第一，很少有学者将互惠互信及数字绿色技术积累的因素考虑到影响因素的分析中，不同创新类型具有的不同特征将导致数字绿色创新伙伴选择时应考虑的因素不同。合作伙伴的科技水平也会对企业数字绿色伙伴选择产生重要影响。第二，已有研究只是简单地分析了企业伙伴选择的影响因素，并没有深入分析影响因素间的作用机理，对实践的指导作用有限。第三，研究方法上，普遍采用简单的相关分析或思辨研究，实证研究甚少。随着我国制造业的快速发展，制造企业数字绿色创新能力已成为企业亟待提高的核心能力，学研合作是制造企业数字绿色创新的重要机制。

为弥补上述研究缺陷，本书基于权重视角，对融资约束下制造企业合作数字绿色创新学研伙伴选择进行研究，优化了制造企业学研伙伴选择管理提供决策指导。本书的研究为制造企业学研合作数字绿色伙伴选择提供方向策略。评价体系的指标权重必须有一定的科学性。评价机制应具有足够的灵活性，以至于企业能根据自己的特点以及实际情况，并且随着市场和其他外界环境的变化灵活运用机制。

3.3.3 研究框架与方法

3.3.3.1 研究框架

创新通常发生在技术变革的过程中。制造企业创新对提高制造企业的竞争力具有重要的作用，被视为影响制造企业绿色竞争优势和战略选择的关键因素之一。在许多制造企业研发过程中，制造企业都面临着巨大的数字技术和绿色技术问题。近年来，越来越多的制造企业是由企业、高校及科研院基于知识、技术共享，获取互补性资源的合作的基础上研发出来的[464]。制造企业研发相关的数字绿色创新问题，可以通过选择理想的数字绿色合作伙伴来解决。图 3.8 展现了融资约束背景下制造企业合作数字绿色创新学研伙伴选择的理论模型的相关伙伴选择标准。

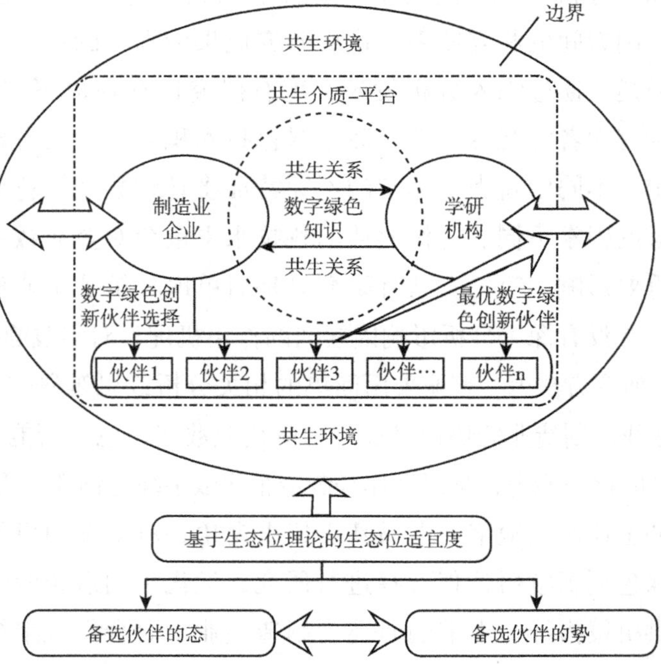

图 3.8 数字绿色创新伙伴选择理论模型

在制造企业合作数字绿色创新学研伙伴选择体系中，制造企业创新的两个主体是制造企业和学术研究机构。制造企业与学术研究机构之间的数字绿色合作和技术共享有助于促进企业数字绿色创新，企业与高校及科研院所等学术机构合作不仅可以使企业与高校和科研机构分担数字绿色研发成本和数字绿色创新风险，还可以实现数字绿色知识、技术共享，获取互补性数字绿色资源，这种合作不仅结合了异质合作伙伴，更重要的是结合了异质知识。在绿色资源交换的过程中，制造企业与学术研究机构的互利共生关系逐渐形成，越来越多的数字绿色创新互补资源在装备创制企业与企业、高校及科研院所等学术机构之间共享。制造企业能否选择恰当的互利共生伙伴直接关系到数字绿色创新的发展。在制造企业合作数字绿色创新学研伙伴选择体系中，企业选择一个或几个学术研究机构作为制造企业数字绿色创新的学研合作伙伴尤为重要。本书将会对这一问题进行解决。

为了构建基于融资约束背景下制造企业合作数字绿色创新学研伙伴选择标准框架，引入互惠互信、数字绿色技术互补、数字绿色技术叠加来反映学术研究机构协同创新的潜力。任何一个研究机构都具有状态属性和潜力属性的生态位理论。状态是生物体单位的状态，是过去的成长、发展以及与环境的互动，同时，潜能是指一个生物体单位对环境的实际影响或支配环境，并反映其发展趋势。从生态位理论的角度来看，生态位强度和生态位重叠程度是生态位状态和潜力的核心内容。在产学研协同数字绿色创新系统中，生态位强度是学研机构的状态，是过去成长、发展与创新环境互动的结果。而生态位重叠程度则是学研机构对制造企业的实际影响力或主导地位，反映了制造企业的协同发展趋势。图3.9为基于上述理论框架的数字绿色创新学研伙伴选择的评价体系。

学研机构的特征和能力是生态位强度的核心内容。特征是基于学研机构的互惠互信，如双方合作组织氛围和价值观契合度、学研方参与数字绿色创新的意愿、双方数字绿色创新研发团队融合度、数字绿色创新项目的要价合理程度等，具有相对稳定性。能力体现了学研机构的动态特征，如制造企业数字绿色的创新能力、制造企业数字绿色的成熟度与

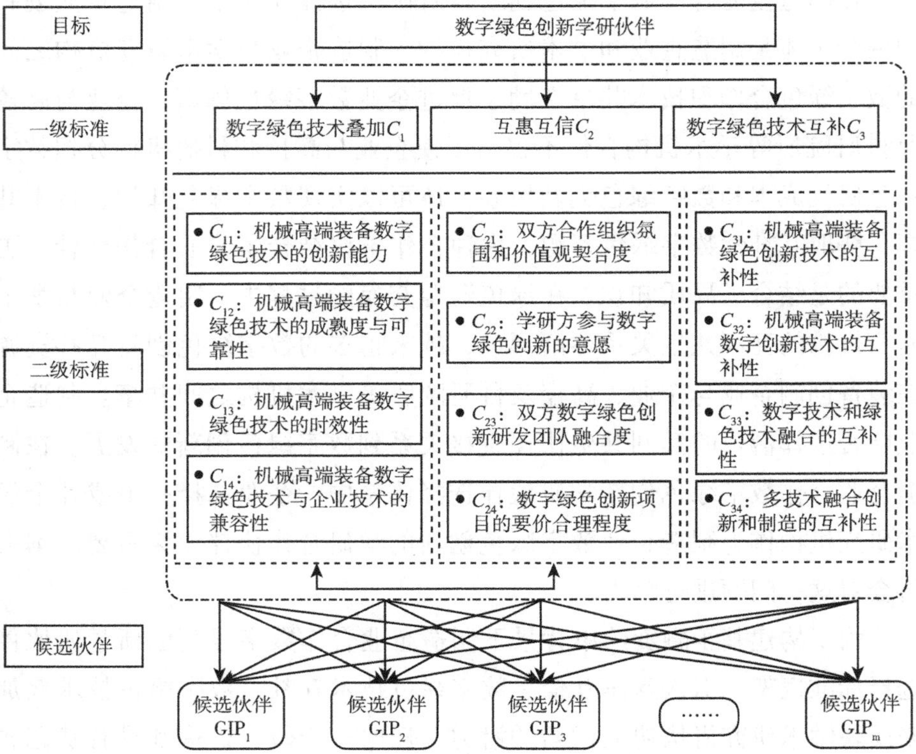

图 3.9　基于生态位理论的数字绿色创新学研伙伴选择的评价体系

可靠性、制造企业数字绿色的时效性、制造企业数字绿色技术与企业数字绿色技术的兼容性等。制造企业绿色创新技术的互补性、制造企业数字创新技术的互补性、数字技术和绿色技术融合的互补性、多技术融合创新和制造的互补性等是制造企业与学研机构生态位重叠程度的核心内容。基于以上分析，可以用互惠互信和技术叠加来反映生态位的强度；而互补性水平可以用来反映产学研协同数字绿色创新系统中生态位重叠的程度。

3.3.3.2　评价方法

（1）三角模糊数。

随着模糊理论的发展，对事物的模糊性的描述和表达的要求越来越高。在众多模糊数中，三角模糊数（TFNs）应用越来越广泛和频繁，在控制、决策、评价等领域得到了广泛的应用[464]。在本研究中，基于评价体系，采用 TFNs 来获取学研机构的合作意愿。基于上述分析，我们做了如下定义[465]：

定义1：设 $\tilde{A}=(a^L,a^M,a^R)$ 是一个典型的三角模糊数，其形式如下：

$$\mu_{\tilde{A}}(x)=\begin{cases}\dfrac{x-a^L}{a^M-a^L}, & a^L\leqslant x\leqslant a^M\\ 0, & \text{otherwise}\\ \dfrac{a^R-x}{a^R-a^M}, & a^M\leqslant x\leqslant a^R\end{cases} \tag{3-17}$$

本书采用表3.4的模糊语言变量来反映制造企业对学研机构的评价。

表3.4 模糊语言变量

语言变量	缩写	三角模糊数
非常差	VP	(0.0, 0.0, 0.1)
差	P	(0.0, 0.1, 0.3)
一般差	MP	(0.1, 0.3, 0.5)
好	M	(0.3, 0.5, 0.7)
一般好	MG	(0.5, 0.7, 0.9)
很好	G	(0.7, 0.9, 1.0)
非常好	VG	(0.9, 1.0, 1.0)

定义2：一个三角模糊数 $\tilde{A}=(a^L,a^M,a^R)$ 被转换成一个清晰的实数，如下：

$$P(\tilde{A})=\frac{1}{6}(a^L+a^M+a^R) \tag{3-18}$$

定义3：假设两个三角模糊数 $\tilde{A}=(a^L,a^M,a^R)$ 和 $\tilde{B}=(b^L,b^M,b^R)$，则这两个模糊数之间的距离计算公式为：

$$d(\tilde{A},\tilde{B})=\frac{\sqrt{3}}{3}\sqrt{(a^L-b^L)^2+(a^M-b^M)^2+(a^R-b^R)^2} \tag{3-19}$$

（2）前景理论。

前景理论于1979年提出，并于1992年由 Tversky 和 Kahneman 进行了扩展，是一种反映直观感知效用的有效工具，已经被广泛应用于解决各种决策问题。本书引入模糊前景理论，帮助制造企业盲目规避或喜好风险，使数字绿色创新决策更加合理有效[466]。

如果候选数字绿色伙伴数量是奇数，则以中位数为参考点，若候选数字绿色伙伴数量是偶数，则以中间两个模糊数的均值作为参考点。设准则 c_1 中状态 S_1 下的准则值参考点为 Y_{jh}，基于两个模糊数的距离公式和 Y_{jh} 的比较结果可确定前景价值函数：

$$v(y_{ijh}) = \begin{cases} [d(y_{ijh}, Y_{jh})]^{\alpha} & y_{ijh} \geqslant Y_{jh} \\ -\lambda[d(y_{ijh}, Y_{jh})]^{\beta} & y_{ijh} < Y_{jh} \end{cases} \tag{3-20}$$

其中，α,β 为风险态度系数，$\alpha,\beta \in [0,1]$，取值越大越倾向冒险，当 $\alpha = \beta = 1$ 时，视决策者为风险中立者，这里定义 $\alpha = \beta = 0.88$；λ 为损失规避系数并定义 $\lambda = 2.25$。由于决策权重与客观概率联系紧密，故将发生概率为 p 的权重与确定性权重之比作为收益和损失的决策权重，分别为：

$$\pi(p_j)\begin{cases} \dfrac{\pi^+(p_j) = p_j^{\gamma}}{[p_j^{\gamma} + (1-p_j)^{\gamma}]^{1/\gamma}} \\ \dfrac{\pi^-(p_j) = p_j^{\delta}}{[p_j^{\delta} + (1-p_j)^{\delta}]^{1/\delta}} \end{cases} \tag{3-21}$$

其中，γ 为风险收益态度系数，δ 为风险损失态度系数，这里定义 $\gamma = 0.61, \delta = 0.69$。则综合前景值为：$v(a_{ij}) = \sum_{h=1, v(y_{ijh}) \geqslant 0}^{l} v(y_{ijh})\pi^+(p_j) + \sum_{h=1, v(y_{ijh}) < 0}^{l} v(y_{ijh})\pi^-(p_j)$，前景矩阵为 $V = [v(a_{ij})]_{m \times n}$。

（3）VIKOR 方法。

VIKOR 方法是补偿决策方法的典型代表，是一种基于正理想解和负理想解权衡的多准则决策方法。正理想解是各评价准则中所有备选方案中最好的，负理想解是各评价准则中所有备选方案中最差的。VIKOR 方法的测量标准是由折中规划方法的函数形式发展而来的，可以有效解决数字绿色伙伴选择过程的不确定性和数字绿色决策过程的模糊性[389]。

步骤 1：设 f^+ 为属性的正理想点，f^- 为属性的负理想点，则有：

$$f_j^+ = \{\max_i v(a_{i1}), \max_i v(a_{i2}), \cdots, \max_i v(a_{im})\}$$
$$f_j^- = \{\min_i v(a_{i1}), \min_i v(a_{i2}), \cdots, \min_i v(a_{im})\} \tag{3-22}$$

步骤 2：计算群体效用值 S_i 和个体遗憾值 R_i，则有：

$$S_i = \sum_{j=1}^{l} w_j \left(\frac{f_j^+ - v(a_{ij})}{f_j^+ - f_j^-}\right),\quad R_i = \max_j \left\{ w_j \left(\frac{f_j^+ - v(a_{ij})}{f_j^+ - f_j^-}\right)\right\} \tag{3-23}$$

步骤 3：价值 Q_i 的计算公式如下：

$$Q_i = \theta \times \frac{S_i - \min_i S_i}{\max_i S_i - \min_i S_i} + (1-\theta)\frac{R_i - \min_i R_i}{\max_i R_i - \min_i R_i} \tag{3-24}$$

其中，θ 为决策机制系数。

（4）组合权重法。

①熵权法。

熵权法是一种客观确定权重的方法，根据信息论基本原理，信息是整个系统的一个有序度量，而熵是整个系统的一个无序度量。在综合评价中，指标的信息熵越小，该指标所代表的信息量就越大，权重就越高，反之则相反，具体步骤如下[467]。

步骤 1：根据下式对原始决策矩阵进行标准化：

$$r_{ij} = \begin{cases} \dfrac{x_{ij}^L}{\max_i x_{ij}^R}, \dfrac{x_{ij}^M}{\max_i x_{ij}^M}, \dfrac{x_{ij}^R}{\max_i x_{ij}^L} \wedge 1 \\ \dfrac{\min_i x_{ij}^L}{x_{ij}^R}, \dfrac{\min_i x_{ij}^M}{x_{ijh}^M}, \dfrac{\min_i x_{ij}^R}{x_{ij}^L} \wedge 1 \end{cases} \tag{3-25}$$

步骤 2：不同准则的熵的计算公式为：

$$e_j = -\frac{1}{\ln m}\sum_{i=1}^{m} p_{ij}\ln p_{ij}, p_{ij} = \frac{r_{ij}}{\sum_{i=1}^{m} r_{ij}}, 0\ln 0 = 0 \tag{3-26}$$

步骤 3：标准化后的权重计算公式为：

$$\alpha_j = \frac{(1-e_j)}{\sum_{j=1}^{n}(1-e_j)} \tag{3-27}$$

②层次分析法（AHP 法）。

层次分析法（AHP 法）是一种主观赋权方法，具有较强的适用性和可操作性，且方法简便，能够较好地表现各个因素以及其之间的相互关联程度[468]。本书中 AHP 法被采用，并且对同一准则层下的各个要素结合专家咨询法以及相关文献采用 1 ~9 标度法分别进行两两对比并构建判断矩阵，对判断矩阵进行一致性检验，最后计算出各要素层与准则层的权重β_j。

③最小相对信息熵确定组合权重。

根据 AHP 得出主观权重β_j，熵权法得到客观权重α_j。为了使组合权重尽可能接近主客观权重，根据最小信息熵原理求解组合权重：

$$\min F = \sum_{j=1}^{n} w_j[\ln w_j - \ln\alpha_j] + \sum_{j=1}^{n} w_j[\ln w_j - \ln\beta_j]$$
$$s.t. \sum_{j=1}^{n} w_j = 1, w_j > 0 \tag{3-28}$$

用拉格朗日乘子法求得组合权重w_j：

$$w_j = \frac{(\alpha_j\beta_j)^{\frac{1}{2}}}{\sum_{j=1}^{n}(\alpha_j\beta_j)^{\frac{1}{2}}} \tag{3-29}$$

3.3.3.3 合作数字绿色创新学研伙伴选择生态位场理论模型构建

（1）生态位场模型的概念和定义。

生态位是生态学中一个极其重要的概念，是生态学的重要基础理论之一。不同的生态位具有不同的水平，即生态位适宜度，本书中的生态位适宜度分为四个水平：高生态位适宜度、中生态位适宜度、低生态位适宜度和零生态位适宜度。

当绿色市场机会出现时，制造企业作为生态位场的源头，首先应对这一机遇。制造企业先利用自身绿色创新资源来占用资源空间，当自身的绿色资源不足以充分占据资源空间，或者资源不能满足市场机会的需求时，企业就不得不寻求合作伙伴在绿色创新上进行合作[469]。从绿色资源互补的角度，基于生态位场模型中制造企业和学研机构的绿色创新资源水平，构建以绿色创新为目标的互补矩阵。引入生态位场来反映由所有绿色创新资源组成的资源空间，场源 O 代表首先对一定市场机会做出反应的制造企业。学研机构的生态位适宜性可以转化为基于生态位适宜性的生态位场半径，即 R 反映制造企业与学研机构之间的生态位适宜距离。在生态位领域，学研机构的合力是由学研机构的引力和阻力之间的相互作用决定的，即 F_a 和 F_r。随着时间的推移，R、F_a 和 F_r 的价值会发生动态的变化，这时就要动态地选择或淘汰数字绿色创新伙伴。在本书中，我们建立了考虑绿色资源互补的生态位场模型，为制造企业绿色创新选择最佳的学研机构提供参考。

（2）生态位适宜度质量。

制造企业和学研机构的生态位适宜度反映了其自身的数字绿色创新资源，并由资源向量和资源利用率决定。在 N 维资源空间，制造企业资源向量用 $P=(p_1,p_2,\cdots,p_n)$ 来表示，n 表示资源空间的维度，任意一项资源 $p_i\in[0,1]$，$p_i=1$，表示该项数字绿色创新资源满足合作创新需求，反之 $p_i=0$ 表示不满足。资源利用率用 Y 表示，$Y=(y_1,y_2,\cdots,y_n)$，$y_i\in[0,1]$ 表示 p_i 的可利用程度。受市场需求等因素变化，数字绿色创新资源供给在不同时间会发生动态变化，由此引入时间向量 $T=(t_1,t_2,\cdots,t_n)$，则制造企业的生态位适宜度质量为：

$$M_T = P_T \times Y_T = \sum_{i=1}^{n} p_i y_{1i} \tag{3-30}$$

学研机构的资源向量用 $Q=(q_1,q_2,\cdots,q_n)$ 表示，为体现备选学研机构伙伴与制造企业数字绿色创新资源互补性，引入资源空间饱和向量 $P_m=\overbrace{(1,1,\cdots,1)}^{n}$ 和资源需求向量 $\overline{P}$，则学研机构的生态位适宜度质量的计算公式为：

$$m_T = ((P_m \oplus P) \cap Q) = \sum_{i=1}^{n} [(1 \oplus p_i) \wedge q_i] y_{2i} \tag{3-31}$$

（3）场强与引力。

生态位场的场强描述了在候选伙伴学研机构生态位场的某处所受场源制造企业影响的强度，越靠近场源，场强越大，反之则越小。场强 E 是由备选伙伴指向场源，场强的计算公式为：

$$E_T = \delta K \frac{M_T}{R_T^2} \tag{3-32}$$

其中，δ 表示影响生态位场环境的参数，$\delta \in [0,1]$；K 表示制造企业与备选伙伴合作产生的数字绿色创新效应，描述当前数字绿色创新环境下，备选合作伙伴加盟后，单位数字绿色创新资源带来合作创新质量的增加量，设增加量为 Z_T，则有：

$$K_T = \frac{Z_T}{M_T + m_T} \tag{3-33}$$

学研机构的引力描述场源对在场中的备选伙伴合作数字绿色创新能力的认可或吸引程度，则引力计算公式为：

$$F_{rT} = E_T \times m_T = \frac{Z_T M_T m_T}{R_T^2 (M_T + m_T)} \tag{3-34}$$

（4）生态位场半径。

生态位场半径反映了制造企业与科研院所之间生态位适宜度的距离。半径的计算关系到学研机构的特征、能力和互补性。特征是相对稳定，是基于学研机构的互惠互信；能力则反映学研机构的动态特征；互补性是制造业企业与学研机构生态位重叠程度的核心内容。

设制造企业的特征、能力和互补性为 C_f，备选合作伙伴学研机构的品质和能力为 C，则生态位场半径为：

$$R_T = 1 + C_f - C\ ,\ C \in [0,1] \tag{3-35}$$

定义 R_1 处特征、能力和互补性为 C_1，则 $C_f \in [C_1, 1]$。制造企业有理由认为自身的品质和能力为 1，即 $C_f = 1$，生态位场半径为：$R_T = 2 - C$。为方便讨论而且不失一般性，将生态位场按照半径的大小划分为不同的圈层，分别为（0，R_1］强生态位适宜度，（R_1，R_2］中生态位适宜度，（R_2，R_3］弱生态位适宜度，（R_3，∞）“0”生态位适宜度，如图 3.10 所示。

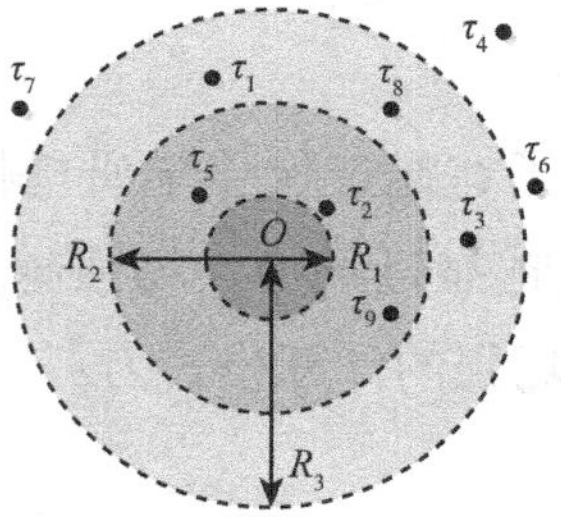

图 3.10　基于生态位理论和场理论的生态位场模型

学研机构的意愿阻力是备选合作伙伴加入产学研数字绿色协同创新系统的机会和风险成本，设 D_1 为机会成本，D_2 为风险成本，则备选伙伴意愿阻力为：

$$F_r = D_1 + D_2 \tag{3-36}$$

（5）生态位场动态性分析。

在产学研协同数字绿色创新系统形成和发展过程中，为了提高数字绿色创新能力，制造企业应该淘汰一个或多个不符合特征、能力、资源互补性标准的学研机构，选择一个或多个符合其要求的合作伙伴。同时，生态位适宜度、场强和半径也发生了变化。

①设 Q_t 表示 t 时刻退出产学研协同数字绿色创新系统的伙伴质量，此时质量可以表示为：

$$M_{t+1} = M_t + m_t - Q_t \tag{3-37}$$

②生态位场的场强发生了变化，可以表示为：

$$E_{t+1} = K_{t+1} \frac{M_t + m_t - Q_t}{R_{t+1}^2} \tag{3-38}$$

同时，生态位场的圆密度也发生了变化，如图3.11所示。

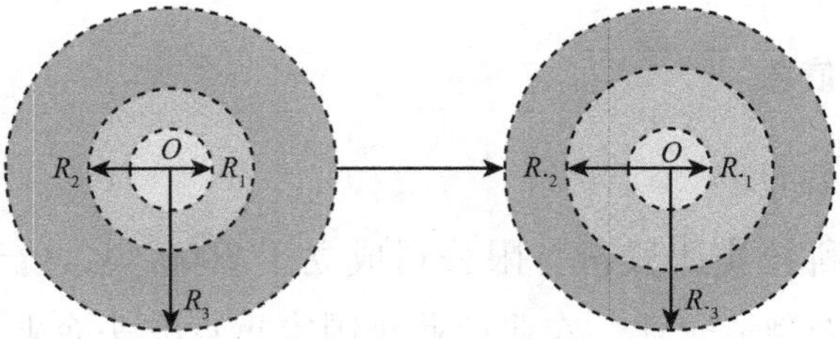

图3.11　基于生态位的生态位场变化

③对于处于系统中高数字绿色创新能力的伙伴，通过数字绿色创新系统的资源供给，资源整合以及不断的相互学习吸收，促进伙伴合作数字绿色创新能力进一步提升，提高了伙伴综合实力，伙伴的合作意愿阻力可能会发生改变，甚至成倍增加，此时，意愿阻力 $F_{(t+1)W} = \eta M_{t+1}$；对于产学研协同数字绿色创新系统外部备选伙伴，也受到合作数字绿色创新能力引力 F_{TG} 与意愿阻力 F_{TW} 相互作用的影响，如图3.12所示。

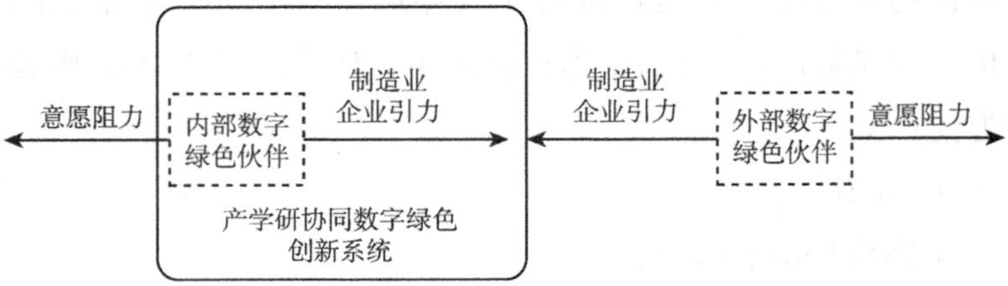

图 3.12　产学研协同数字绿色创新系统内外部受力

备选数字绿色伙伴学研机构处于半径圈层需满足小于半径阈值 ε_T，即 $R_T \leqslant \varepsilon_T$，且满足引力 F_{TG} 大于引力阈值 ς_T 及其大于意愿阻力 F_{TW}，即 $F_{TG} \geqslant \varsigma_T$，$F_{TG} \geqslant F_{TW}$，这也是备选数字绿色伙伴学研机构进入退出产学研协同数字绿色创新系统的触发点。

3.4　合作数字绿色技术创新学研伙伴选择的算例分析

3.4.1　算例分析

3.4.1.1　基本信息

（1）应用背景。

晨光生物科技集团股份有限公司成立于 2000 年，位于河北省曲周县，是一家涉农制造企业、农业产业化国家重点龙头企业，集农产品精深加工、天然植物提取为一体的出口创汇型企业。具有先进的设备工艺和科学高效的技术创新体系，拥有 20 多项国家专利技术，建有业内首家省级天然色素工程技术研究中心，公司技术中心被认定为国家企业技术中心。目前，对于晨光生物来说，如何提高数字创新和绿色创新能力是一个重要的问题。因此，晨光生物将致力于涉农制造企业的数字绿色创新开发与实践，以数字创新和绿色创新为发展目标。

目前，晨光生物需要从一些学研机构中选择一个匹配的创新伙伴来开展涉农制造企业数字绿色创新活动。近年来，开展涉农制造企业数字绿色创新活动的学研机构有7家，涉农制造企业晨光生物需要选择其中一家作为合作伙伴进行涉农制造企业数字绿色创新，这些学研机构都愿意与晨光生物共同开展涉农制造企业数字绿色创新活动。涉农制造企业晨光生物在选择合作伙伴方面具有一定的经验，如何从多家学研机构中选择最佳的数字绿色创新合作伙伴仍然是一个难题。用于涉农制造企业数字绿色创新的互补资源逐渐受到总部专家的重视，成为影响涉农制造企业数字绿色创新成功率的重要因素，必须深入研究资源互补问题。此外，在以往用于评价数字绿色创新能力的评价方法中，给候选伙伴定义实数很难准确描述候选伙伴的真实情况，这可能导致决策结果与实际情况不一致。本书提出了一种三角模糊数、VIKOR法及前景理论下组合赋属性权重评价方法。基于生态位场理论，将资源互补、合作伙伴选择的合理性和匹配性充分考虑到涉农制造企业数字绿色创新合作伙伴选择过程中。

（2）评价标准开发。

为了评价候选数字绿色创新伙伴的生态位适合度，在评价指标体系中引入生态位理论，该理论具有坚实的理论基础，能够满足数字创新和绿色创新的要求。生态位适应度评价的标准通常来自生态位强度和生态位重叠程度。在产学研协同数字绿色创新系统中，生态位强度是过去增长、发展以及与创新环境互动的结果；生态位重叠程度则是学研机构对涉农制造企业的实际影响力或主导地位，反映了涉农制造企业的协同发展趋势。

（3）数据和场景。

从数字创新、绿色创新、企业合作、涉农制造企业领域四个相关领域随机抽取决策专家小组10名成员，这些专家被分成两个专家小组。其中包括5个成员专注于数字绿色合作创新，另外5个成员专注于涉农制造企业合作创新。用来评价学研机构综合水平的语言变量如表3.4所示。由数字绿色创新（Digital Green Innovation）专家提供的学研机构评价矩阵如表3.5所示。涉农制造企业专家（Agricultural high - end equipment）提供的学研机构评价矩阵如表3.6所示。

表 3.5　　　　数字绿色专家提供的学研机构评价矩阵

原始	C_{11}	C_{12}	C_{13}	C_{14}	C_{21}	C_{22}	C_{23}	C_{24}	C_{31}	C_{32}	C_{33}	C_{34}
GIP_1	MP	G	M	P	M	MG	M	M	VG	G	P	M
GIP_2	P	P	G	M	VG	M	P	MG	M	VP	VP	MP
GIP_3	M	VP	MG	G	MP	P	MG	P	M	MP	MG	VP
GIP_4	MG	M	M	VG	MG	G	VP	VP	VP	VG	VG	M
GIP_5	VG	G	P	MP	G	MP	G	M	MP	G	M	G
GIP_6	G	VG	VP	G	M	G	M	M	MG	M	MP	MG
GIP_7	MP	P	MP	MG	MP	VG	G	VG	M	MP	G	VP

表 3.6　　　　涉农制造企业专家提供的学研机构评价矩阵

原始	C_{11}	C_{12}	C_{13}	C_{14}	C_{21}	C_{22}	C_{23}	C_{24}	C_{31}	C_{32}	C_{33}	C_{34}
GIP_1	VP	VG	G	MP	P	G	G	G	MG	MG	M	G
GIP_2	MP	MP	M	G	G	MP	M	MG	M	M	VP	M
GIP_3	G	P	VG	MG	M	M	M	P	MP	MP	MG	MP
GIP_4	M	G	P	M	P	MG	P	VP	M	G	VG	G
GIP_5	MG	M	MP	P	VG	M	MP	P	VP	MG	M	MP
GIP_6	P	G	M	VG	MG	P	VP	MP	G	P	P	MG
GIP_7	M	VP	G	G	M	MP	MG	M	MG	VP	MP	P

此外，晨光生物与备选数字绿色创新合作伙伴的涉农制造企业数字绿色创新资源相关情况如表 3.7 所示。其中，“1”表示涉农制造企业数字绿色创新资源拥有情况，“0”表示涉农制造企业数字绿色创新资源缺乏情况，“( )”表示资源利用率。$C_{11} \sim C_{14}$、$C_{21} \sim C_{24}$和 $C_{31} \sim C_{34}$表示 12 个子标准；$GIP_1 \sim GIP_7$ 代表 7 个候选伙伴（学研机构），$GBTsR_1 - GBTsR_8$ 代表涉农制造企业与学研机构涉农制造企业数字绿色创新方面互补资源。

表 3.7　　　　涉农制造企业数字绿色创新资源现状

	$GBTsR_1$	$GBTsR_2$	$GBTsR_3$	$GBTsR_4$	$GBTsR_5$	$GBTsR_6$	$GBTsR_7$	$GBTsR_8$
GBE	1 0.85	0 0.2	1 0.85	1 0.8	0 0.15	1 0.7	0 0.25	0 0.2
GIP_1	0 0.25	1 0.85	0 0.25	0 0.25	1 0.65	0 0.2	1 0.75	0 0.25

续表

	$GBTsR_1$	$GBTsR_2$	$GBTsR_3$	$GBTsR_4$	$GBTsR_5$	$GBTsR_6$	$GBTsR_7$	$GBTsR_8$
GIP_2	0 0. 55	1 0. 55	0 0. 25	1 0. 75	0 0. 3	1 0. 65	1 0. 85	0 0. 2
GIP_3	1 0. 65	0 0. 25	0 0. 3	1 0. 85	0 0. 25	0 0. 5	1 0. 75	1 0. 8

3. 4. 1. 2　结果与讨论

（1）学研机构生态位适宜度评价。

步骤 1：将数字绿色创新专家和涉农制造企业专家给出的两个矩阵转化为去模糊化矩阵，矩阵如表 3. 8 和表 3. 9 所示。

表 3. 8　　数字绿色创新专家下去模糊化矩阵

去模糊	C_{11}	C_{12}	C_{13}	C_{14}	C_{21}	C_{22}	C_{23}	C_{24}	C_{31}	C_{32}	C_{33}	C_{34}
GIP_1	0. 0055	0. 2683	0. 2138	0. 0690	0. 0305	0. 2678	0. 2915	0. 3317	0. 1942	0. 2162	0. 1598	0. 2407
GIP_2	0. 0990	0. 0818	0. 1210	0. 2042	0. 2325	0. 0910	0. 1650	0. 2630	0. 1388	0. 1548	0. 0053	0. 1362
GIP_3	0. 2915	0. 3167	0. 2098	0. 1618	0. 1318	0. 1518	0. 3135	0. 0442	0. 0832	0. 0930	0. 2232	0. 0818
GIP_4	0. 1650	0. 2407	0. 0282	0. 1152	0. 0305	0. 2122	0. 0385	0. 0063	0. 1388	0. 2728	0. 3137	0. 2407
GIP_5	0. 2310	0. 1362	0. 0728	0. 0268	0. 2587	0. 1518	0. 7425	0. 0442	0. 0047	0. 2162	0. 4532	0. 0818
GIP_6	0. 0385	0. 2407	0. 1210	0. 2272	0. 1842	0. 0352	0. 0055	0. 1130	0. 2453	0. 0362	0. 0373	0. 1908
GIP_7	0. 1650	0. 0045	0. 2138	0. 2042	0. 1318	0. 0910	0. 2310	0. 1880	0. 1942	0. 0052	0. 0960	0. 0317

表 3. 9　　涉农制造企业专家下去模糊化矩阵

去模糊	C_{11}	C_{12}	C_{13}	C_{14}	C_{21}	C_{22}	C_{23}	C_{24}	C_{31}	C_{32}	C_{33}	C_{34}
GIP_1	0. 0800	0. 2523	0. 1650	0. 0268	0. 1210	0. 1618	0. 1388	0. 1500	0. 2812	0. 2307	0. 0337	0. 1702
GIP_2	0. 0313	0. 0337	0. 2915	0. 1152	0. 2380	0. 1152	0. 0325	0. 2100	0. 1430	0. 0043	0. 0048	0. 1020
GIP_3	0. 1330	0. 0048	0. 2310	0. 2042	0. 0728	0. 0268	0. 1942	0. 3500	0. 1430	0. 0780	0. 0615	0. 0057
GIP_4	0. 1860	0. 1430	0. 1650	0. 2272	0. 1692	0. 2042	0. 0047	0. 0050	0. 0048	0. 2567	0. 2812	0. 1702
GIP_5	0. 2607	0. 2523	0. 0385	0. 0345	0. 2138	0. 0690	0. 2453	0. 1500	0. 0860	0. 2307	0. 1430	0. 3013
GIP_6	0. 2345	0. 2812	0. 0055	0. 2042	0. 1210	0. 2042	0. 1388	0. 1500	0. 2000	0. 1302	0. 0860	0. 2388
GIP_7	0. 0800	0. 0337	0. 0990	0. 1618	0. 0728	0. 2272	0. 2453	0. 2950	0. 1430	0. 0780	0. 2523	0. 0057

步骤 2：根据数字绿色创新专家和涉农制造企业专家给出的去模糊化

矩阵计算合并矩阵。计算过程基于以下规则：数字绿色创新专家和涉农制造企业专家给出的矩阵中 $C_{11} \sim C_{14}$ 的权重分别为（0.5，0.5）；$C_{21} \sim C_{24}$ 的权重分别为（0.6，0.4）；$C_{31} \sim C_{31}$ 的权重分别为（0.4，0.6）。合并后的矩阵如表 3.10 所示。

表 3.10　　基于去模糊化矩阵的合并矩阵

加权矩阵	C_{11}	C_{12}	C_{13}	C_{14}	C_{21}	C_{22}	C_{23}	C_{24}	C_{31}	C_{32}	C_{33}	C_{34}
GIP_1	0.0428	0.2603	0.1894	0.0479	0.0848	0.2042	0.1999	0.2227	0.2290	0.2220	0.1094	0.2125
GIP_2	0.0652	0.0578	0.2063	0.1597	0.2358	0.1055	0.0855	0.2312	0.1405	0.0946	0.0051	0.1225
GIP_3	0.2123	0.1608	0.2204	0.1830	0.0964	0.0768	0.2419	0.2277	0.1071	0.0870	0.1585	0.0514
GIP_4	0.1755	0.1918	0.0966	0.1712	0.1137	0.2074	0.0182	0.0055	0.0852	0.2664	0.3007	0.2125
GIP_5	0.2458	0.1943	0.0557	0.0307	0.2318	0.1021	0.4442	0.1077	0.0372	0.2220	0.3291	0.1696
GIP_6	0.1365	0.2609	0.0633	0.2157	0.1463	0.1366	0.0855	0.1352	0.2272	0.0738	0.0568	0.2100
GIP_7	0.1225	0.0191	0.1564	0.1830	0.0964	0.1727	0.2396	0.2522	0.1737	0.0343	0.1585	0.0213

然后计算合并矩阵的前景值矩阵和权重矩阵，结果如表 3.11 和表 3.12 所示。

表 3.11　　合并矩阵的前景价值矩阵

前景矩阵	C_{11}	C_{12}	C_{13}	C_{14}	C_{21}	C_{22}	C_{23}	C_{24}	C_{31}	C_{32}	C_{33}	C_{34}
GIP_1	-0.2544	0.0795	0.0418	-0.3237	-0.0903	0.0786	0.0000	0.0000	0.0996	0.1372	-0.1440	0.0526
GIP_2	-0.2001	-0.3486	0.0601	-0.0401	0.1322	-0.0963	-0.3032	0.0127	0.0000	0.0000	-0.3923	-0.1389
GIP_3	0.0869	-0.0963	0.0749	0.0170	-0.0574	-0.1711	0.0517	0.0079	-0.1026	-0.0280	0.0000	-0.3122
GIP_4	0.0484	0.0000	-0.1714	0.0000	0.0000	0.0818	-0.4555	-0.5328	-0.1598	0.1785	0.1512	0.0526
GIP_5	0.1200	0.0042	-0.2711	-0.3633	0.1284	-0.1054	0.2434	-0.3046	-0.2771	0.1372	0.1775	0.0000
GIP_6	0.0000	0.0801	-0.2530	0.0544	0.0413	0.0000	-0.3032	-0.2394	0.0978	-0.0678	-0.2733	0.0500
GIP_7	-0.0477	-0.4357	0.0000	0.0170	-0.0574	0.0453	0.0492	0.0379	0.0420	-0.1726	0.0001	-0.3811

表 3.12　　合并矩阵的权重矩阵

准则	w_j	准则	w_j	准则	w_j
C_{11}	0.2673	C_{11}	0.1746	C_{11}	0.2392
C_{12}	0.2939	C_{12}	0.1631	C_{12}	0.3251
C_{13}	0.2180	C_{13}	0.3780	C_{13}	0.2258

续表

准则	w_j	准则	w_j	准则	w_j
C_{14}	0. 2208	C_{14}	0. 2843	C_{14}	0. 2099
总和	1	Total	1	Total	1

步骤3：基于 VIKOR 方法对3个主要准则进行计算，结果如表3. 13所示。三个主要准则的权重分别为0. 2709、0. 4440 和0. 2851。

表3. 13　　三个主要准则确定的计算结果

	SC_1	RC_1	QC_1	SC_2	RC_2	QC_2	SC_3	RC_3	QC_3
GIP_1	0. 4883	0. 2673	0. 8747	0. 3272	0. 1746	0. 1073	0. 1657	0. 1274	0. 0000
GIP_2	0. 5321	0. 2443	0. 8717	0. 4230	0. 2956	0. 4692	0. 5470	0. 2258	0. 6494
GIP_3	0. 1440	0. 1005	0. 0000	0. 4305	0. 1631	0. 1879	0. 5664	0. 1911	0. 5820
GIP_4	0. 2806	0. 1552	0. 3173	0. 7660	0. 3780	1. 0000	0. 1751	0. 1647	0. 1042
GIP_5	0. 4821	0. 2208	0. 7465	0. 2943	0. 1706	0. 0649	0. 3029	0. 2392	0. 4269
GIP_6	0. 2923	0. 2066	0. 4653	0. 5578	0. 2956	0. 6072	0. 4091	0. 2280	0. 5101
GIP_7	0. 4806	0. 2939	0. 9337	0. 2774	0. 1488	0. 0000	0. 6418	0. 3251	1. 0000

（2）基于生态位场模型的合作伙伴选择。

步骤1：采用评价组合属性权重方法，得到如表3. 14所示的学研机构的生态位适宜度。

表3. 14　　候选学研机构的生态位适宜度

	GIP_1	GIP_2	GIP_3	GIP_4	GIP_5	GIP_6	GIP_7
SC	0. 6439	0. 2244	0. 6029	0. 4257	0. 5405	0. 3301	0. 4440
RC	0. 3505	0. 1613	0. 2709	0. 2479	0. 3886	0. 1317	0. 4440
QC	0. 8502	0. 0474	0. 6740	0. 4260	0. 7880	0. 1260	0. 7618
排名	1	7	4	5	2	6	3

步骤2：对涉农制造企业和备选合作伙伴的涉农制造企业数字绿色创新资源利用率向量进行标准化，通过计算涉农制造企业和学研机构的生态位适宜度质量，计算场强度、引力、半径和阻力，其中 $K=0.8$ 和 $\delta=0.5$。阻力与自身拥有的资源数量成正比，占涉农制造企业数字绿色创新互补资源的5%。上述计算结果如表3. 15所示。

表 3.15　　生态位质量、场强、吸引力、半径和阻力

晨光生物			GIP_1	GIP_2	GIP_3	GIP_4	GIP_5	GIP_6	GIP_7
M	0.8000	m	0.6522	0.6829	0.7011	0.7444	0.7753	0.7250	0.6000
E	∞	E	0.1973	0.0717	0.1595	0.1202	0.2111	0.0826	0.1565
F_a	∞	F_a	0.1579	0.0573	0.1276	0.0962	0.1689	0.0661	0.1252
R	1.0000	R	1.1498	1.9526	1.3260	1.5740	1.2120	1.8740	1.2382
F_r	0.0000	F_r	0.0326	0.0341	0.0351	0.0372	0.0388	0.0363	0.0300
F	∞	F	0.1252	0.0232	0.0926	0.0589	0.1301	0.0298	0.0952
排名			2	7	4	5	1	6	3

步骤3：根据专家意见和引力实验，分别计算半径阈值和引力阈值。在本案例研究中，半径的四个级别包括高生态位适宜度、中生态位适宜度、低生态位适宜度和零生态位适宜度。根据数字绿色专家和涉农制造企业专家的建议，将半径阈值 ε_T 设置为1.5，将引力阈值设置为0.1409，结果基于计算最大引力值 $F_{a\max} = 0.2280$ 的实验，其中 $K = 0.8$、$M = 0.8$、$m = 0.7753$、$C = 0.5248$，然后基于黄金分割计算阈值 $\varsigma_T = 0.2280 \times 0.618 = 0.1409$。

步骤4：根据触发点，剔除部分合作伙伴。根据合力对剩余的伙伴进行排序，并选择几个伙伴进入产学研协同数字绿色创新系统。半径圈内的涉农制造企业数字绿色创新伙伴必须小于半径阈值 ε_T，即 $R_T \leqslant \varepsilon_T$，学研机构的引力大于生态位场内的吸引阈值 ς_T 和伙伴的阻力，即 $F_r \geqslant \varsigma_T$ 和 $F_r \geqslant F_a$；这也是学研机构进入和退出产学研协同绿色创新系统的触发点。

①基于半径阈值的第一轮选择。涉农制造企业和候选涉农制造企业数字绿色创新伙伴（学研机构）的层次结构如图3.13所示。

从图3.13中可以看出，只有 GIP_1、GIP_3、GIP_5 和 GIP_7 半径属于中生态位适宜度层次（1，1.5]，均小于半径阈值 $\varepsilon_T = 1.5$。因此，GIP_2、GIP_4 和 GIP_6 被剔除。

②基于引力阈值进行第二轮评选。GIP_1、GIP_3、GIP_5 和 GIP_7 引力分别为0.1579、0.1276、0.1689和0.1252，（见图3.13）。根据吸引力阈值0.1409，伙伴 GIP_3、GIP_7 被淘汰。

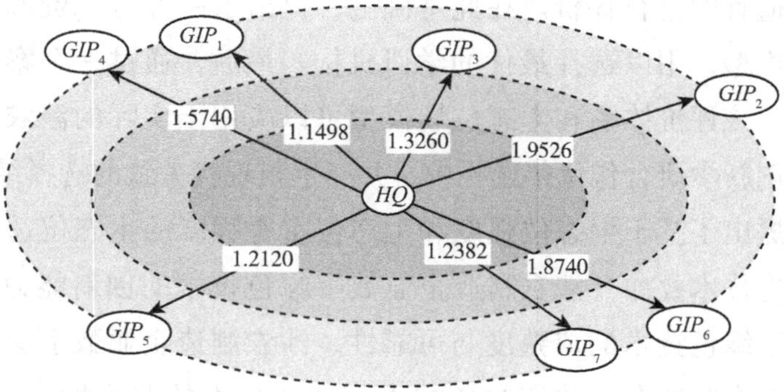

图 3.13　涉农制造业和学研机构的层次结构

③最后一轮根据合力进行选择。GIP_1 和 GIP_5 的引力大于阻力，即满足 $F_r \geqslant \varsigma_T$ 和 $F_r \geqslant F_a$。以生态位场模型对涉农制造企业数字绿色创新学研机构进行排名，GIP_5 是企业晨光生物最佳的涉农制造企业数字绿色创新合作伙伴。涉农制造企业数字绿色创新伙伴的动态选择过程如图 3.14 所示。

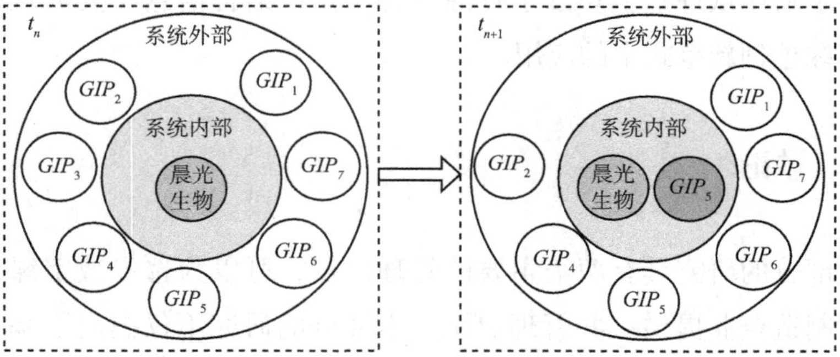

图 3.14　涉农制造企业数字绿色创新伙伴的动态选择过程

基于上述分析，本书不仅提出了基于生态位理论的适宜度评价体系，而且基于生态位理论建立了一个新的涉农制造企业数字绿色创新学研合作伙伴选择管理的生态位场模型。首先，运用三角模糊数理论，根据评价体系，获得学研机构的合作意愿。引入模糊前景理论，帮助涉农制造企业规避盲目风险或喜好风险，使决策更加合理。其次，将 VIKOR 方法与前景理论相结合，结合组合赋属性权重计算的准则权重，对学研机构的生态位适宜度进行评价。在此基础上，提出了一种考虑资源互补性的生态位场模型，用以选择最优的学研机构。最后，通过一个案例研究的结果表明，该评价体系和生态位场模型可以应用于实际的涉农制造企业数字绿色创新学研合作伙伴选择中，并产生与现实一致的选择结果。

本书提出了基于生态位强度和生态位重叠程度的生态位适应度评价体系，并将技术叠加（涉农制造企业数字绿色技术的创新能力、涉农制造企业数字绿色技术的成熟度与可靠性、涉农制造企业数字绿色技术的时效性、涉农制造企业数字绿色技术与企业技术的兼容性）、互惠互信（双方合作组织氛围和价值观契合度、学研方参与数字绿色创新的意愿、双方数字绿色创新研发团队融合度、数字绿色创新项目的要价合理程度）、技术互补性（涉农制造企业绿色创新技术的互补性、涉农制造企业数字创新技术的互补性、数字技术和绿色技术融合的互补性、多技术融合创新和制造的互补性）合理纳入评价体系的理论框架，这些因素对涉农制造企业选择数字绿色创新学研合作伙伴选择具有重要的参考价值。此外，本书还从理论上拓展了资源互补、模糊语言信息相关的理论在协同数字绿色创新范式中的应用。

3.4.2 讨论

本部分的研究具有两个主要的管理启示，可以为选择数字绿色创新伙伴的制造企业提供一些管理启示。本部分的研究不仅提出了基于生态位理论的生态位适应度评价标准框架，而且建立了基于生态位理论的创新伙伴选择管理的生态位场模型。该标准框架和场模型可以帮助制造企业在制造企业发展中进行数字绿色创新实践。本书的实际管理意义如下：

本书提出了基于生态位理论的生态位适宜性评价标准框架。数字绿色创新被认为是影响制造企业竞争优势和战略选择的关键因素之一。本书从生态位理论的角度，提出了一个包含 12 个子标准的数字绿色创新伙伴选择标准框架。技术叠加、互惠互信以及技术互补性有利于从学术研究机构向制造业行业转移数字绿色创新知识。基于生态位理论的标准框架可以应用于现实世界中制造企业发展中数字绿色创新的伙伴选择。

本书还为数字绿色创新伙伴选择提供了一个新颖而稳健的框架。制造企业管理者经常要面对数字绿色创新伙伴选择的问题。本书提出一种新的小众领域模型，帮助制造企业从众多学术研究机构中选择数字绿色创新伙伴。决策规则与资源互补性完全整合到新的生态位领域模型中。首先，运用三角模糊数理论，根据评价体系，获得学研机构的合作意愿。引入模糊前景理论，帮助制造企业规避盲目风险或喜好风险，使决策更加合理。其次，将 VIKOR 方法与前景理论相结合，结合组合赋属性权重计算的准则权重，对学研机构的生态位适宜度进行评价。在此基础上，提出了一个考虑资源互补性的生态位场模型来选择最佳的学术研究机构。该模型可以帮助制造企业在制造企业发展中进行数字绿色创新实践。

本书提出了基于生态位的理论框架。将生态位适合度评价的生态位重叠强度和程度，以及技术叠加、互惠互信程度和技术互补性合理纳入理论框架。此外，本书还从理论上拓展了考虑资源互补性和模糊语言信息的场论在协同创新范式中的应用。

在本书中，引入场域理论来反映数字绿色创新的资源互补性、合作伙伴选择过程的合理性和匹配性，引入生态位理论来反映学术研究机构协同创新的潜力。本书为制造企业从制造业的众多学术研究机构中选择数字绿色创新伙伴提供了一个新颖的理论框架。采用三角模糊数理论，将 VIKOR 方法与前景理论相结合，结合组合赋属性权重计算的准则权重，对学研机构的生态位适宜度进行评价。在此基础上，建立了考虑资源互补性的生态位领域模型来选择最佳的学术研究机构。最后，案例分析结果表明，该标准框架和新的生态位领域模型可以应用于现实世界的制造企业数字绿色创新伙伴选择，并获得更现实的产出选择结果。

中国制造业已经进入新的历史发展阶段，自 21 世纪以来，我国制造产业科技进入新的发展阶段，数字绿色创新是中国现代制造业未来发展的趋势。但从目前来看，我国制造企业总体仍处于粗放式发展阶段，制造产业与国外有较大差异。所以这就要求有关制造企业积极地强化对制造企业的数字绿色创新，为我国制造业生产建设提供坚实的支撑作用。

随着科学技术与经济发展程度的不断提高，如何促进科学技术与高端装备的结合，已经成为提升制造企业竞争能力的关键。制造业绿色、数字、智能化的发展，企业难以依赖传统合作伙伴开展数字绿色创新化活动。企业与学研伙伴合作，可以加快企业的研发力度，同时推进了制造业技术成果的集成创新，提高制造业科技成果转化能力。因此，对制造企业来说，采用科学的方法，合理地选择学研合作伙伴具有非常重要的现实意义。加强对企业合作数字绿色创新互利共生伙伴选择的研究对促进企业实施合作数字绿色创新模式、提高企业原始创新能力具有重要意义。

虽然制造业经济的快速发展和国家的大力支持促进了制造企业的发展，但制造企业创新的伙伴选择仍然存在各种障碍。本书不仅提出了基于生态位理论的生态位适应度评价标准框架，而且建立了基于生态位理论的创新伙伴选择管理的生态位领域模型。基于生态位强度和生态位重叠程度的理论框架包括技术叠加、互惠互信和技术互补。在小众领域模型中，运用三角模糊数理论，根据评价体系，获得学研机构的合作意愿。引入模糊前景理论，帮助制造企业规避盲目风险或喜好风险。采用 VIKOR 方法与前景理论相结合，结合组合赋属性权重计算的准则权重，对学研机构的生态位适宜度进行评价。将场模型成功应用到实际案例中，说明该模型如何应用于解决制造企业数字绿色创新伙伴选择问题。案件的结果研究表明，该标准框架和场模型可以应用于制造企业数字绿色创新伙伴选择。

本部分的研究理论意义在于：第一，构建基于生态位理论的标准框架；第二，开发基于决策规则和资源的创新伙伴选择小众领域模型互补；第三，协助制造企业开展数字绿色创新实践。此外，本部分的研究从理论上拓展了考虑资源互补性和模糊语言信息的场域理论在协同创新中的应用。

本部分的研究具有两个主要的现实意义，可以为制造企业发展中选择数字绿色创新伙伴的创制企业提供一些管理启示。不仅提出了基于生态位理论的生态位适应度评价标准框架，而且建立了基于生态位理论的创新伙伴选择管理的生态位领域模型。该标准框架和新颖的小众领域模型可以帮助制造企业在制造企业发展中进行数字绿色创新实践。

本部分的研究还存在一些局限性，值得进一步研究。首先，标准框架应随着不同制造企业数字绿色创新活动的变化而扩展。在制造企业数字绿色技术创新活动的过程中，高端装备的安全指标应该纳入标准框架。其次，本部分的研究进行了个案研究。未来的研究可能包括使用来自许多制造企业的大样本来验证制造企业数字绿色创新标准。制造企业可以根据研发规模或企业规模进行分类，并利用分类后的制造企业进行案例研究。本分类研究的目的是验证数字绿色创新标准，探讨不同规模制造企业合作创新伙伴的选择机制。此外，人工智能技术正在逐步应用于决策问题，资源互补与人工智能的结合对未来的发展具有重要的启示作用。在未来可以通过区间直觉模糊几何加权均值算法，在生态位域模型中充分考虑属性间的交互作用。

3.5　基于互惠理论的制造企业合作数字绿色创新氛围形成研究

3.5.1　理论基础与基本假设

制造企业合作数字绿色创新本质上是两类数字绿色创新主体的合作问题，不仅有合作的一般特征，而且还有数字绿色创新的特殊性[470]。为了厘清互惠机制下制造企业合作数字绿色创新氛围的形成机理，需要更深入地考察两类数字绿色创新主体合作创新行为背后的动机。黄少安和韦倩通过对关于合作的相关文献的梳理，总结出“合作”定义的两条主线：一是基于“行为性”来定义，将合作视为一种有意识的或刻意的协作行为；二是基于行为的“经济性”来定义，将合作视为一种共同行动，它能够给各合作主体带来相互的利益。他们认为合作有两个基本特征：第一，合作是自愿选择的结果，合作行为发生的基本前提是自由；第二，合作最本质的特征是自利性和互利性的统一，虽然某些合作行为不一定能使某些合作主体在短时间内获取利益，但从长期来看，短时间内的让步可以在长期内获取更可观的收益[471]。由此可知，制造企业合作数字绿色创新是制造企业与高校和科研机构之间有意识地不断进行交互以实现各自利益和目的的过程[472]。互惠作为合作行为产生进化的机制之一，是两类数字绿色创新主体合作创新稳定持续的前提[473]。此外，由于数字绿色创新成果通常是前所未有的重大发现和发明，它会开辟新的创新周期并将其推向高潮，同时也会对多个领域产生促进作用，但是创新主体可能无法获得数字绿色创新成果的全部收益和社会价值[474]。因此，数字绿色创新成果具有公共品的特性，可能会引发制造企业与高校和科研机构的不合作行为，进而导致合作数字绿色创新的中断[475]。

制造企业合作数字绿色创新氛围既是企业与高校和科研机构合作创新行为的原因，也是他们合作创新行为的结果[476]。两类数字绿色创新主体的科研人员对企业合作数字绿色创新氛围的感知会影响他们对合作创新行为的选择，而两类主体科研人员的合作创新行为又是制造企业合作数字绿色创新氛围形成的关键[477]。互惠机制是两类数字绿色创新主体合作创新行为稳定持续的前提，两类数字绿色创新主体对合作创新行为的选择不仅会影响各自的收益和整体的收益，也决定着制造企业合作数字绿色创新过程的互惠程度[478]。与此同时，制造企业与高校和科研机构之间的互惠性行为也是良好的合作数字绿色创新氛围形成的前提，而数字绿色创新氛围又会促进主体间互惠性行为的出现[479]。因此，制造企业合作数字绿色创新氛围的形成机理如图 3. 15 所示。

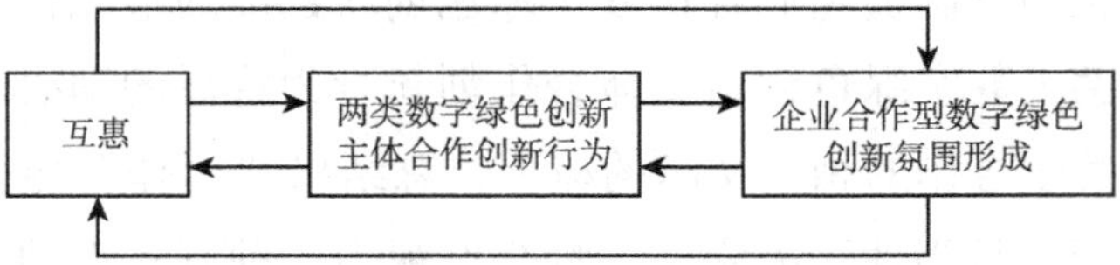

图 3. 15　制造企业合作数字绿色创新氛围的形成机理

许多博弈实验研究表明互惠是促进合作演化的重要机制，互惠机制包括直接互惠和间接互惠两种形式[480]。直接互惠发挥作用的基本条件是合作双方之间具备多次重复相遇的可能，只有这样才能将单次博弈转化为重复博弈，从而避免“囚徒困境”，这也说明直接互惠更适用于解释较小规模的群体合作行为[481]。间接互惠不要求合作双方重复相遇，双方可以从第三方那里获得回报，更适用于解释大规模的群体合作行为[482]。声誉是间接互惠发挥作用的关键，而且个体的声誉信息必须在群体中可以扩散[483]。在制造企业合作数字绿色创新过程中，在通常情况下这两种机制是同时存在的，因此，本书将分别从直接互惠机制和间接互惠机制的视角来研究制造企业合作数字绿色创新氛围形成的演化问题。

3.5.2　博弈模型构建与求解

3.5.2.1　直接互惠机制下数字绿色创新氛围形成的演化博弈分析

（1）模型假设与构建。

直接互惠发挥作用的基本条件是合作双方之间具备多次重复相遇的可能。这使个体不能只注重短期内的收益，还需要考虑长期的收益[484]。在博弈论中，直接互惠机制表现为个体间的重复博弈，博弈重复的次数以及信息的完备性是影响重复博弈均衡结果的主要因素[485]。

假设每个科研人员都坚持自己原有的数字绿色策略，直到他对自己的数字绿色策略进行反思，即是否改变自己的策略类型。在每个反思阶段中，下一轮合作创新发生的概率为 τ , $0 \leqslant \tau < 1$ ，那么每个反思阶段发生合作创新的期望轮数为 $\dfrac{1}{(1-\tau)}$ 。

在每一轮博弈中，科研人员如果选择合作创新策略，付出的成本为 c，得到两类数字绿色创新主体给予的合作创新奖励为 b_1，内在激励为 b_2；如果选择不合作创新策略，得到对方数字绿色知识的收益为 b_3；如果两者都选择不合作创新策略，遭受到的损失为 d。假设每一轮博弈只需要付出搜集和分析对方数字绿色信息成本 c'，就可以辨别出不合作者，并不再与他进行博弈，且 c' 与做出正确判断的概率 ω 反相关。两个选择辨别合作策略的科研人员进行博弈时，他们每一轮会以 ω^2 的概率获得支付 $b_1 + b_2 - c$ ，付出搜集和分析对方的数字绿色信息成本 c'，所以每一轮获得的总支付为 $(b_1 + b_2 - c)\omega^2 - c'$ ，每个反思阶段最终获得的总支付为 $\dfrac{[(b_1 + b_2 - c)\omega^2 - c']}{(1-\tau)}$ ，其余三种的支付情况与此类似。直接互惠机制下光伏建材制造企业合作数字绿色创新两类主体科研人员之间的博弈支付矩阵如表 3.16 所示。

表 3.16　直接互惠机制下制造企业合作数字绿色创新两类主体科研人员之间的博弈支付矩阵

制造企业的科研人员	高校和科研机构的科研人员	
	辨别合作	不合作
辨别合作	$\left(\frac{(b_1+b_2-c)\ \omega^2-c}{1-\tau},\ \frac{(b_1+b_2-c)\ \omega^2-c}{1-\tau}\right)$	$\left((b_1+b_2-c)\ (1-\omega)\ -\frac{c'}{1-\tau},\ b_3\ (1-\omega)\right)$
不合作	$\left(b_3\ (1-\omega),\ (b_1+b_2-c)\ (1-\omega)\ -\frac{c'}{1-\tau}\right)$	$\left(-\frac{d}{1-\tau},\ -\frac{d}{1-\tau}\right)$

制造企业的科研人员选择辨别合作策略的适应度为 eAP^T ，其中 $e=(1,0)$ 是单位向量，$P=(x,1-x)$ 是科研人员的混合策略，相应的支付矩阵为：

$$A=\begin{pmatrix}\frac{(b_1+b_2-c)\omega^2-c'}{1-\tau} & (b_1+b_2-c)(1-\omega)-\frac{c'}{1-\tau}\\ b_3(1-\omega) & -\frac{d}{1-\tau}\end{pmatrix} \tag{3-39}$$

制造企业的科研人员的平均适应度为 PAP^T，则复制动态方程为：

$$x=\frac{dx}{dt}=x(eAP^T-PAP^T)=x(1-x)\left\{\begin{bmatrix}\frac{(b_1+b_2-c)\omega^2-d}{1-\tau}-(1-\omega)\\ (b_3+b_1+b_2-c)\end{bmatrix}\right.\\\left.+(b_1+b_2-c)(1-\omega)-\frac{c'-d}{1-\tau}\right\} \tag{3-40}$$

（2）制造企业合作数字绿色创新氛围的稳定性分析。

令 $\dot{x}=0$ ，可以得到式（3-47）可能的演化稳定策略为：

$$x_2^*=1\,x_1^*=0,x_3^*=1-\frac{c'+(1-\tau)(1-\omega)b_3-(b_1+b_2-c)\omega^2}{(1-\tau)(1-\omega)(b_3+b_1+b_2-c)+d-(b_1+b_2-c)\omega^2} \tag{3-41}$$

其中，$x_1^* = 0$ 表示科研人员选择不合作策略，$x_2^* = 1$ 表示科研人员选择辨别合作策略。

制造企业合作数字绿色创新氛围如何形成，就是研究在何种情况下两类数字绿色创新主体科研人员的合作创新行为是稳定持续的，即分析 x_1^*、x_2^* 和 x_3^* 的演化稳定情况。

命题 1：当 $\frac{c'}{1-\tau} > \frac{d}{1-\tau} + (1-\omega)(b_1 + b_2 - c)$ 时，$x_1^* = 0$ 是演化稳定策略。

证明：当 $\frac{c'}{1-\tau} > \frac{d}{1-\tau} + (1-\omega)(b_1 + b_2 - c)$ 时，可以得到 $x_3^* < 0$，因为和 $0 \leqslant x \leqslant 1$ 矛盾，所以舍去，此时 $\dot{x}'|_{x=x_1^*} < 0, \dot{x}'|_{x=x_2^*} > 0$，由微分方程定性理论可知，$x_1^* = 0$ 是演化稳定策略。证毕。

命题 1 表明，在经过 $1/(1-\tau)$ 轮的博弈之后，当两类数字绿色创新主体的科研人员付出搜集和分析对方信息成本 $\frac{c'}{1-\tau}$ 大于其与选择不合作创新策略的科研人员进行博弈时的预期收益 $(1-\omega)(b_1 + b_2 - c)$ 和双方都选择不合作创新策略所遭受到的损失 $\frac{d}{1-\tau}$ 之和时，选择辨别合作策略的科研人员将不再和选择不合作策略的科研人员进行博弈，此时不合作策略是两类数字绿色创新主体科研人员的最优策略，在这种情况下制造企业合作数字绿色创新氛围无法形成，其演化过程如图 3.16 所示。

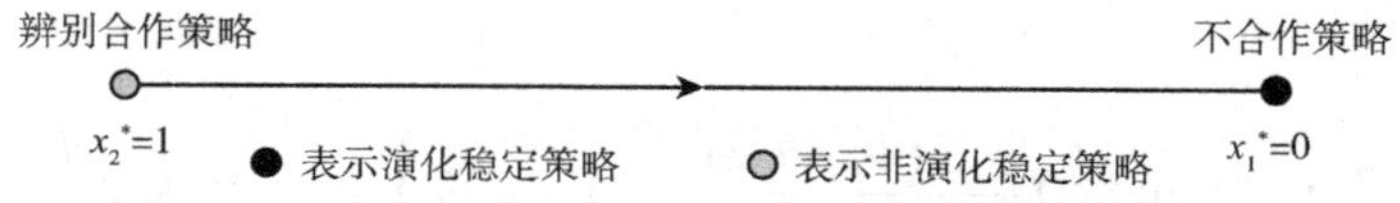

图 3.16　当 $\frac{c'}{1-\tau} > \frac{d}{1-\tau} + (1-\omega)(b_1 + b_2 - c)$ 时合作创新行为的演化动态

命题 2：当 $0 \leqslant \frac{c'}{1-\tau} < \frac{(b_1 + b_2 - c)\omega^2}{1-\tau} - (1-\omega)b_3$ 且 $b_1 + b_2 - c > \frac{(1-\tau)(1-\omega)b_3}{\omega^2}$ 时，$x_2^* = 1$ 是演化稳定策略。

证明：当 $0 \leqslant \frac{c'}{1-\tau} < \frac{(b_1+b_2-c)\omega^2}{1-\tau} - (1-\omega)b_3$ 且 $b_1+b_2-c > \frac{(1-\tau)(1-\omega)b_3}{\omega^2}$ 时，可以得到 $x_3^* = 1$，因为和 $0 \leqslant x \leqslant 1$ 矛盾，所以舍去，此时 $\dot{x}'|_{x=x_1^*} > 0, \dot{x}'|_{x=x_2^*} < 0$，由微分方程定性理论可知，$x_2^* = 1$ 是演化稳定策略。证毕。

命题 2 表明，在经过 $1/(1-\tau)$ 轮的博弈之后，当两类数字绿色创新主体的科研人员付出搜集和分析对方信息成本 $\frac{c'}{1-\tau}$ 小于其与选择辨别合作策略的科研人员进行博弈时的预期支付 $\frac{(b_1+b_2-c)\omega^2}{1-\tau}$ 和选择不合作策略预期支付 $(1-\omega)b_3$ 之差且该差值为正时，选择不合作策略的科研人员将会在两类数字绿色创新主体中消失，此时辨别合作策略是两类数字绿色创新主体科研人员的最优策略，在这种情况下制造企业合作数字绿色创新氛围可以形成。其演化过程如图 3.17 所示。

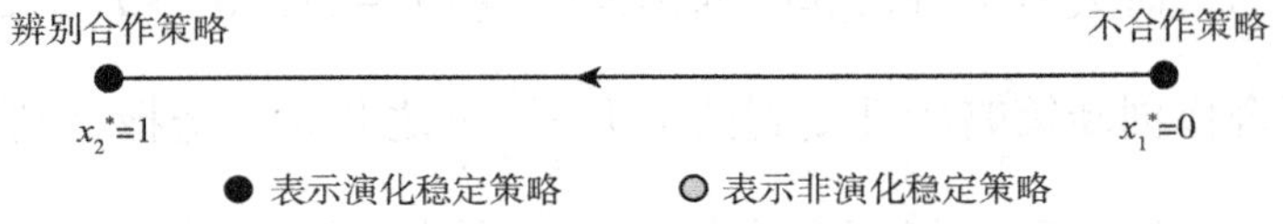

图 3.17　当 $0 \leqslant \frac{c'}{1-\tau} < \frac{(b_1+b_2+c)\ \omega^2}{1-\tau} - (1-\omega)\ b_3$ 且 $b_1+b_2-c > \frac{(1-\tau)\ (1-\omega)\ b_3}{\omega^2}$ 时合作创新行为的演化动态

命题 3：当 $\max\left\{0, \frac{(b_1+b_2-c)\omega^2}{1-\tau} - (1-\omega)b_3\right\} < \frac{c'}{1-\tau} < \frac{d}{1-\tau} + (1-\omega)(b_1+b_2-c)$ 时，$x_3^* = 1 - \frac{c' + (1-\tau)(1-\omega)b_3 - (b_1+b_2-c)\omega^2}{(1-\tau)(1-\omega)(b_3+b_1+b_2-c) + d - (b_1+b_2-c)\omega^2}$ 是演化稳定策略。

证明：当 $\max\left\{0, \frac{(b_1+b_2-c)\omega^2}{1-\tau} - (1-\omega)b_3\right\} < \frac{c'}{1-\tau} < \frac{d}{1-\tau} + (1-\omega)(b_1+b_2-c)$ 时，x_1^*、x_2^* 和 x_3^* 都在区间［0，1］之内，此时 $\dot{x}'|_{x=x_1^*} >$

$0, \dot{x}'|_{x=x_2^*} > 0, \dot{x}'|_{x=x_3^*} < 0$，由微分方程定性理论可知，只有 $x_3^* = 1 - \frac{c' + (1-\tau)(1-\omega)b_3 - (b_1 + b_2 - c)\omega^2}{(1-\tau)(1-\omega)(b_3 + b_1 + b_2 - c) + d - (b_1 + b_2 - c)\omega^2}$ 是演化稳定策略。证毕。

命题3表明，在经过 $1/(1-\tau)$ 轮的博弈之后，当两类数字绿色创新主体的科研人员付出搜集和分析对方信息成本 $\frac{c'}{1-\tau}$ 小于其与选择不合作创新策略的科研人员进行博弈时的预期收益 $(1-\omega)(b_1+b_2-c)$ 和双方都选择不合作创新策略所遭受到的损失 $\frac{d}{1-\tau}$ 之和，并且 $\frac{c'}{1-\tau}$ 大于与选择辨别合作策略的科研人员进行博弈时的预期支付 $\frac{(b_1 + b_2 - c)\omega^2}{1-\tau}$ 和选择不合作策略的预期支付之差与零之间的较大者时，两类数字绿色创新主体中同时存在选择辨别合作策略的科研人员和选择不合作策略的科研人员，此时选择辨别合作策略的科研人员的比例为 $1 - \frac{c' + (1-\tau)(1-\omega)b_3 - (b_1 + b_2 - c)\omega^2}{(1-\tau)(1-\omega)(b_3 + b_1 + b_2 - c) + d - (b_1 + b_2 - c)\omega^2}$，选择不合作策略的科研人员的比例为 $\frac{c' + (1-\tau)(1-\omega)b_3 - (b_1 + b_2 - c)\omega^2}{(1-\tau)(1-\omega)(b_3 + b_1 + b_2 - c) + d - (b_1 + b_2 - c)\omega^2}$，其演化流程图如图3.18所示。

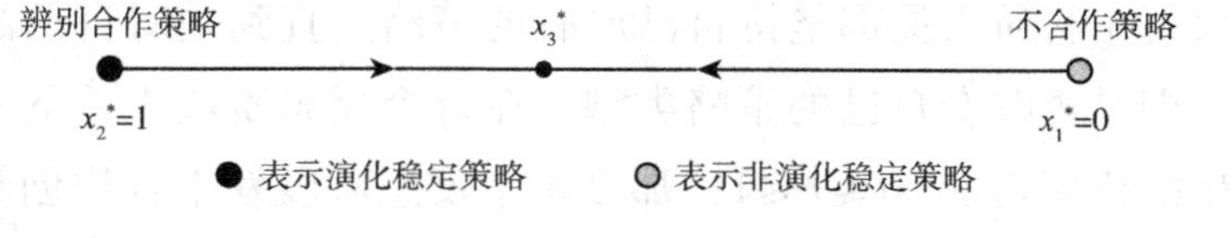

图3.18　当 $\max\left\{0, \frac{(b_1+b_2-c)\ \omega^2}{1-\tau} - (1-\omega)\ b_3\right\} < \frac{c'}{1-\tau} < \frac{d}{1-\tau} + (1-\omega)\ (b_1+b_2-c)$ 时合作创新行为的演化动态

由命题1、命题2和命题3可知，在命题2和命题3这两种情况下，制造企业合作数字绿色创新两类主体中最终会出现两种演化均衡：一种是由选择辨别合作策略的科研人员主导，另一种是选择辨别合作策略的科研人员和选择不合作策略的科研人员共存，此时制造企业合作数字绿色创新氛围可以形成。

3.5.2.2 间接互惠机制下数字绿色创新氛围形成的演化博弈分析

（1）模型假设与构建。

间接互惠不要求合作双方重复相遇，而可以从第三方那里获得回报，更适用于解释大规模的群体合作行为。声誉是间接互惠发挥作用的关键，而且个体的声誉信息必须在群体中可以扩散[486]。

在上述假设的基础上，引入科研人员的第三种策略——无条件合作策略。此时两类数字绿色创新主体科研人员的策略包括无条件合作、不合作和辨别合作三种类型。假设无条件合作策略、不合作策略和辨别合作策略在两类数字绿色创新主体科研人员中的比例分别用 x_1、x_2 和 x_3 表示。其中，无条件合作的科研人员倾向于在任何情况下都选择合作创新策略；不合作的科研人员倾向于不劳而获的创新策略，同时还会隐藏自身的数字绿色知识不泄露给对方；辨别合作的科研人员倾向于在博弈之前通过搜集和分析对方的数字绿色信息，来评估对方的声誉，据此再决定是否与对方进行合作创新，如果对方的声誉是“好”，那么就选择合作创新策略，如果对方的声誉是“坏”，那么就选择不合作创新策略[487]。制造企业合作数字绿色创新氛围是通过两类数字绿色创新主体科研人员之间的互惠博弈形成的。

假设每个科研人员都坚持自己原有的策略，直到他对自己的策略进行反思，即是否改变自己的策略类型。在每个反思阶段中，下一轮合作创新发生的概率为 τ，$0\leqslant\tau\leqslant1$，那么每个反思阶段发生合作创新的期望轮数为 $1/(1-\tau)$。在每一轮博弈中，科研人员如果选择合作创新策略，付出的成本为 c，得到两类数字绿色创新主体给予的合作创新奖励为 b_1 以及内在激励为 b_2，而合作创新的对方将得到合作创新的收益为 b_3。

Nowak 和 Sigmund 构建了基于印象计分（image scoring）的间接互惠模型，提出个体是依赖于第一级信息对他人的声誉进行评定的。由于许多研究表明现实中人们很少会主动地加工更深一层次的信息，因此，本书采用 Nowak 和 Sigmund 的印象计分策略作为声誉评定标准，即假设辨别合作的科研人员是依据第一级信息对对方的声誉进行评定的，而科研人员的声誉取决于他上一轮博弈的策略。如果他上一轮选择合作创新策略，那么其声誉为“好”；如果他上一轮选择不合作创新策略，那么其声誉为“坏”。为了方便起见，假设两类数字绿色创新主体的科研人员的初始声誉都为“好”，并且科研人员的声誉信息是完全的，用 g_t 表示第 t 轮博弈后声誉为“好”的科研人员的比例（$g_1=1$）可以得到：

$$g_t = x_1 + g_{t-1}x_3, t = 2,3,4\cdots \tag{3-42}$$

对于无条件合作的科研人员来说，每一轮的期望支付为 $b_1 + b_2 - c + b_3(x_1 + x_3)$，每个反思阶段最终获得的总支付为：

$$\pi_1 = \frac{1}{1-\tau}[b_1 + b_2 - c + b_3(x_1 + x_3)] \tag{3-43}$$

对于不合作的科研人员来说，第一轮的期望支付为 $b_3(x_1 + x_3)$，之后每轮的期望支付为 b_3x_1，每个反思阶段最终获得的总支付为：

$$\pi_2 = \left(\frac{1}{1-\tau} - 1\right)b_3x_1 + b_3(x_1 + x_3) = \frac{1}{1-\tau}b_3x_1 + b_3x_3 \tag{3-44}$$

对于辨别合作的科研人员来说，第一轮的期望支付为 $b_1 + b_2 - c + b_3(x_1 + x_3)$，在第 t 轮博弈开始时（$t > 1$），此时声誉为“好”的科研人员的比例为 g_{t-1}，相应的期望支付为 $(b_1 + b_2 - c)g_t + b_3(x_1 + x_3)$，声誉为“坏”的科研人员的比例为 $1 - g_{t-1}$，相应的期望支付为 $(b_1 + b_2 - c)g_t + b_3x_3$，得到第 t 轮的期望支付为 $(b_1 + b_2 + b_3 - c)g_t$，每个反思阶段最终获得的总支付为：

$$\begin{aligned}\pi_3 &= (b_1 + b_2 + b_3 - c)(\tau g_2 + \tau^2 g_3 + \cdots + \tau^{t-1}g_t) + b_1 + b_2 - c + b_3(x_1 + x_3) \\ &= (b_1 + b_2 + b_3 - c)g - b_3x_2\end{aligned} \tag{3-45}$$

其中有：

$$g = g_1 + \tau g_2 + \tau^2 g_3 + \cdots + \tau^{t-1}g_t \tag{3-46}$$

把式（3-42）代入式（3-45）可以得到：

$$g = \frac{1 - \tau + \tau x_1}{(1-\tau)(1-\tau x_3)} \tag{3-47}$$

由于博弈的结构不会因为所有支付函数减去相同的数值而改变，因此，把式（3-43）、式（3-44）和式（3-45）同时减去 π_2，以简化所有支付函数为：

$$\pi_1' = \pi_1 - \pi_2 = \frac{\tau b_3 x_3 + b_1 + b_2 - c}{1 - \tau} \tag{3-48}$$

$$\pi_2' = \pi_2 - \pi_2 = 0 \tag{3-49}$$

$$\pi_3' = \pi_3 - \pi_2 = \frac{1 - \tau + \tau x_1}{1 - \tau}\left(\frac{b_1 + b_2 + b_3 - c}{1 - \tau x_3} - b_3\right) \tag{3-50}$$

为了反映三种策略类型在两类数字绿色创新主体科研人员中的变化动态，本书采用 Taylor 的经典复制动态模型：

$$\dot{x}_i = x_i(\pi_i - \bar{\pi}) \tag{3-51}$$

其中，$\overline{\pi} = \sum x_i \pi_i (x_i > 0, \sum X_i = 1)$ 表示平均支付。

（2）稳定性分析。

把式（3-48）、式（3-49）和式（3-50）代入式（3-51），可以得到制造企业合作数字绿色创新氛围演化的三维动力系统：

$$\begin{cases} \dot{x}_1 = x_1\left(\dfrac{\tau b_3 x_3 + b_1 + b_2 - c}{1 - \tau} - \overline{\pi}\right)\dfrac{c - b_1 - b_2}{1 - \tau} > 0 \\ \dot{x}_2 = -\overline{\pi} x_2 \\ \dot{x}_3 = x_3\left[\dfrac{1 - \tau + \tau x_1}{(1 - \tau)}\left(\dfrac{b_1 + b_2 + b_3 - c}{1 - \tau x_3} - b_3\right) - \overline{\pi}\right] \end{cases} \tag{3-52}$$

其中，$\overline{\pi} = x_1\pi_1' + x_2\pi_2' + x_3\pi_3'$。

①当合作创新成本大于其收益时（$c > b_1 + b_2 > 0$），令 $\dot{x}_i = 0$，可以得到演化博弈的三个驻点 $e_1(1,0,0)$、$e_2(0,1,0)$、$e_3(0,0,1)$ 以及两条驻点线 $e_1e_3(x_2 = 0)$、$x_3 = \dfrac{c - b_1 - b_2}{\tau b_3}$（设 $\tau b_3 > c - b_1 - b_2$）。Maynard Smith 提出的演化稳定策略定义如下：$\Delta^{ESS} = \{x \in \Delta^{NE}: u(y,y) < u(x,y), \forall y \in \beta^*(x), y \neq x\}$，其中，$\Delta$ 是混合策略集，$\beta^*(x)$ 是最优反应函数，x 是演化稳定策略。本书参考该定义来分析各驻点的演化稳定性，由于在种群演化中，纳什均衡点与饱和驻点具有等价性，因此，可以通过对均衡点的饱和性分析来验证该均衡点是否稳定。当驻点的横截特征值小于等于 0 时，即 $\dot{x}_i/x_i \leq 0$，该驻点为饱和点，也就是纳什均衡点。各驻点的饱和

性分析结果如表3.17所示。

表3.17　　驻点的饱和性分析结果

驻点	$\frac{\dot{x}_1}{x_1}$	$\frac{\dot{x}_2}{x_2}$	$\frac{\dot{x}_3}{x_3}$	饱和性
$e_1(1,0,0)$	0	$\frac{c-b_1-b_2}{1-\tau}>0$	0	不饱和
e_2 (0, 1, 0)	$\frac{c-b_1-b_2}{1-\tau}<0$	0	$b_1-b_2-c<0$	饱和
e_3 (0, 0, 1)	0	$\frac{c-b_1-b_2-\tau b_3}{1-\tau}<0$	0	饱和
$e_1e_3(x_2=0)$	0	$\frac{c-b_1-b_2-\tau b_3x_3}{1-\tau}$	0	当$x_3\geqslant\frac{c-b_1-b_2}{\tau b_3}$时饱和
$x_3=\frac{c-b_1-b_2}{\tau b_3}$	0	0	0	饱和

然后确定饱和点中的演化稳定策略。对于e_2（0，1，0）有：

$$u(x,y)-u(y,y)=-\frac{(y_1+y_3-\tau y_3)(\tau b_3y_3+b_1+b_2-c)}{(1-\tau)(1-\tau y_3)} \quad (3-53)$$

当$c>b_1+b_2$时，如果$y_3<\frac{c-b_1-b_2}{\tau b_3}$，式（3－53）恒大于0，所以$e_2(0,1,0)$是演化稳定策略。也就是说，当科研人员付出的合作创新成本大于其收益时，不合作策略是演化稳定策略。

对于$e_1e_3(x_2=0)$有：

$$u(x,y)-u(y,y)=\frac{(1-y_1-y_3)(\tau b_3y_3+b_1+b_2-c)(1-\tau x_3)}{(1-\tau)(1-\tau y_3)} \quad (3-54)$$

当$y_2=0$时，式（3－54）等于0，不能保证恒大于0，所以驻点线$e_1e_3(x_2=0)$上的点是非演化稳定策略（包括$e_1e_3(x_2=0)$点）。对于驻点线$x_3=\frac{c-b_1-b_2}{\tau b_3}$，由于$e_2(0,1,0)$和$e_3(0,0,1)$都是饱和点，所以它与$e_2e_3$的交点$F(0,\frac{\tau b_3+b_1+b_2-c}{\tau b_3},\frac{c-b_1-b_2}{\tau b_3})$是鞍点。

综上所述，当科研人员的合作创新成本大于其收益时，演化过程的相位图如图3.19所示。

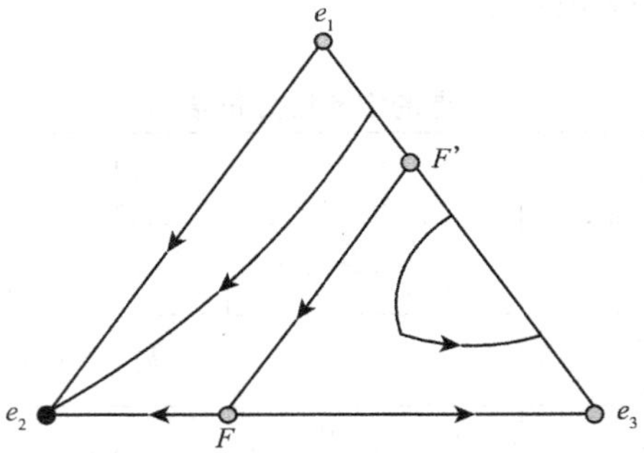

图 3.19　当 $c > b_1 + b_2 > 0$ 时间接互惠机制下合作创新行为的演化动态

当 $x_3 = 0$ 时，即两类数字绿色创新主体的科研人员中不存在辨别合作策略，只有无条件合作策略与不合作策略，系统将沿着 e_1e_2 演化，由 e_1 向着 e_2 演化，此时制造企业合作数字绿色创新氛围无法形成。在 e_2e_3 上，即当两类数字绿色创新主体的科研人员中不存在无条件合作策略时，存在一个定点 $F(0,\frac{\tau b_3 + b_1 + b_2 - c}{\tau b_3},\frac{c - b_1 - b_2}{\tau b_3})$ 使该边是双向稳定的，也就是说，两类数字绿色创新主体的科研人员中存在辨别合作策略与不合作策略的竞争。当 $x_3 < \frac{c - b_1 - b_2}{\tau b_3}$ 时，系统将收敛于 $e_2(0,1,0)$，不合作策略是演化稳定策略，此时制造企业合作数字绿色创新氛围无法形成；当 $x_3 > \frac{c - b_1 - b_2}{\tau b_3}$ 时，系统将收敛于 $e_1e_3(x_2 = 0)$，两类数字绿色创新主体的科研人员中同时存在无条件合作策略与辨别合作策略，此时制造企业合作数字绿色创新氛围可以形成，但不是演化稳定均衡，因为随机漂移会使选择不合作策略的科研人员侵入，最终占据整个系统。

②当合作创新成本小于其收益时（$b_1 + b_2 > c > 0$）。

同理可以得到演化博弈的三个驻点 $e_1(1,0,0)$、$e_2(0,1,0)$、$e_3(0,0,1)$ 以及一条驻点线 $e_1e_3(x_2 = 0)$。各驻点的饱和性分析结果如表 3.18 所示。

表 3.18　　　　　　　　　　驻点的饱和性分析结果

驻点	$\frac{\dot{x}_1}{x_1}$	$\frac{\dot{x}_2}{x_2}$	$\frac{\dot{x}_3}{x_3}$	饱和性
e_1（1，0，0）	0	$\frac{c-b_1-b_2}{1-\tau}<0$	0	饱和
e_2（0，1，0）	$\frac{c-b_1-b_2}{1-\tau}>0$	0	$b_1+b_2-c>0$	不饱和
e_3（0，0，1）	0	$\frac{c-b_1-b_2-\tau b_3}{1-\tau}<0$	0	饱和
$e_1e_3(x_2=0)$	0	$\frac{c-b_1-b_2-\tau b_3x_3}{1-\tau}<0$	0	饱和

然后确定饱和点中的演化稳定策略。对于 e_1e_3（$x_2=0$）有：

$$u(x,y)-u(y,y)=\frac{(1-y_1+y_3)(\tau b_3y_3+b_1+b_2-c)(1-\tau x_3)}{(1-\tau)(1-\tau y_3)} \tag{3-55}$$

当 $y_2=0$ 时，式（3-55）等于0，不能保证恒大于0，所以驻点线 $e_1e_3(x_2=0)$ 上的点是非演化稳定策略，包括 e_1（1，0，0）点和 e_3（0，0，1）点。当科研人员的合作创新成本小于其收益时，演化过程的相位图如图 3.20 所示。系统将收敛于 $e_1e_3(x_2=0)$，两类数字绿色创新主体的科研人员中同时存在无条件合作策略与辨别合作策略，虽然驻点 $e_1e_3(x_2=0)$上的点是非演化稳定策略，但是随机漂移只会使驻点沿 $e_1e_3(x_2=0)$移动，而不会离开此边，因此，使选择不合作策略的科研人员无法侵入，此时制造企业合作数字绿色创新氛围可以形成。

然后确定饱和点中的演化稳定策略。对于 e_1e_3（$x_2=0$）有：

$$u(x,y)-u(y,y)=\frac{(1-y_1+y_3)(\tau b_3y_3+b_1+b_2-c)(1-\tau x_3)}{(1-\tau)(1-\tau y_3)} \tag{3-56}$$

当 $y_2=0$ 时，式（3-56）等于0，不能保证恒大于0，所以驻点线 e_1e_3（$x_2=0$）上的点是非演化稳定策略，包括 $e_1(1,0,0)$点和 $e_3(0,0,1)$点。当科研人员的合作创新成本小于其收益时，演化过程的相位图如图 3.20 所示。系统将收敛于 $e_1e_3(x_2=0)$，两类数字绿色创新主体的科研人员中同时存在无条件合作策略与辨别合作策略，虽然驻点 $e_1e_3(x_2=0)$上的点是非演化稳定策略，但是随机漂移只会使驻点沿 $e_1e_3(x_2=0)$移动，而不会离开此边，因此，使选择不合作策略的科研人员无法侵入，此时制造企业合作数字绿色创新氛围可以形成。

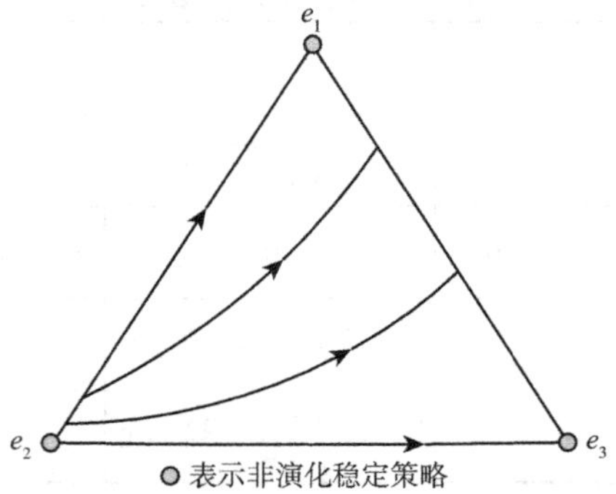

图 3.20　当 $b_1+b_2>c>0$ 时间接互惠机制下合作创新行为的演化动态

由此可见，科研人员选择合作创新策略所付出的成本与得到两类数字绿色创新主体给予的合作创新奖励以及内在激励之间的关系，是影响制造企业合作数字绿色创新氛围形成的关键因素。只有当合作创新奖励以及内在激励大于合作创新成本时，稳定的制造企业合作数字绿色创新氛围才可以形成；而当合作创新奖励以及内在激励小于合作创新成本时，稳定的企业合作数字绿色创新氛围就无法形成。在第二种情况中，如果辨别合作策略在两类数字绿色创新主体科研人员中的初始比例超过一个阈值，系统演化的结果将收敛于两类数字绿色创新主体的科研人员中同时存在无条件合作策略与辨别合作策略，但是随机漂移会使选择不合作策略的科研人员侵入，最终占据整个系统；如果辨别合作策略在两类数字绿色创新主体科研人员中的初始比例小于该阈值，系统演化的结果将直接收敛于不合作策略的科研人员占据整个系统。

3.5.3　结论与启示

3.5.3.1　研究结论

本书通过构建直接互惠和间接互惠两种机制下制造企业合作数字绿色创新氛围形成的演化博弈模型并进行稳定性分析，得到的研究结论如下。

在直接互惠机制下，当两类数字绿色创新主体的科研人员付出搜集和分析对方的信息成本，小于选择辨别合作策略的预期支付与选择不合作策略的预期支付之差且该差值为正时，辨别合作策略是两类数字绿色创新主体科研人员的最优策略，此时制造企业合作数字绿色创新氛围可以形成。而在其他两种情况下，一种是选择辨别合作策略的科研人员和选择不合作策略的科研人员共存，另一种是制造企业合作数字绿色创新氛围无法形成。在间接互惠机制下，当合作创新奖励以及内在激励大于合作创新成本时，制造企业合作数字绿色创新氛围才可以形成；而当合作创新奖励以及内在激励小于合作创新成本时，制造企业合作数字绿色创新氛围就无法形成。

3.5.3.2　理论贡献

现有创新氛围的相关研究主要集中在组织内部个体和团队层面，而针对组织之间的创新氛围研究较少。随着外部环境的竞争力日益激烈和技术日益复杂，导致拥有不同知识资源的各数字绿色创新主体之间的相互依存度持续增强，不同主体间的合作越来越频繁，尤其是基础研究和高新技术领域的重大创新项目，更需要拥有分布性知识的数字绿色创新主体进行合作。在合作过程中，制造企业与高校和科研机构需要对对方的创新氛围取得一致性的认知，以便于不同主体之间创新氛围的形成，但是目前针对企业与高校和科研机构之间数字绿色创新氛围形成的研究还鲜有涉及。此外，已有研究多是采用问卷调查和结构方程模型对创新氛围的前因变量、结果变量及测量量表进行研究，而基于互惠机制视角运用演化博弈方法对制造企业合作数字绿色创新氛围形成的研究还比较少。本书在界定企业合作数字绿色创新氛围内涵的基础上，分析基于互惠理论的制造企业合作数字绿色创新氛围的形成机理，构建直接互惠和间接互惠两种机制下制造企业合作数字绿色创新氛围形成的演化博弈模型，并进行稳定性分析，为制造企业培育合作数字绿色创新氛围提供了重要的理论指导。

3.5.3.3　实践启示

培育企业合作数字绿色创新的互惠合作氛围非常重要，创新氛围是企业与高校和科研机构对企业合作数字绿色创新状况的共同感知，反映了企业与高校和科研机构对于合作数字绿色创新的整体态度，也影响着两类数字绿色创新主体在合作数字绿色创新过程中的行为选择。创新氛围会为两类数字绿色创新主体营造自由宽松、学术气氛浓厚、宽容失败的创新环境，它会潜移默化地影响两类数字绿色创新主体的科研人员，调动他们创新的积极性，鼓励他们敢于冒险、刻苦钻研、勇于创新的精神，是一种软性的理智约束。因此，企业应采取相应的措施以形成合作数字绿色创新氛围。

首先，企业要营造开放交流合作的环境氛围，因为数字绿色创新中科技前沿的重大突破多来自交叉学科和边缘学科，所以要努力创造条件让两类数字绿色创新主体中不同领域的科研人员可以经常自由讨论、相互启发，促进思想的交流碰撞，以激发彼此的灵感，开拓创新思路。大力支持跨地区和跨国界的数字绿色创新项目的合作研究，特别是高层次的国际科研合作项目，充分利用全球前沿的科技资源，提高我国企业的数字绿色创新能力。

其次，培育互惠合作文化，从声誉方面建立明确的激励和惩罚管理机制。互惠强调的是合作、协调和无私，互惠合作文化的培育要结合具体的文化平台，要充分发挥两类数字绿色创新主体的主动性，对成员的互惠性行为进行规范性的引导，通过影响数字绿色创新主体成员的价值取向，逐渐将心理认同内化为主体文化，使企业合作数字绿色创新总体的目标追求转化为各主体成员的自觉行为，有效提高双方的合作效率，以产生协同的效果。

最后，声誉是数字绿色创新主体以往所有行为和结果的综合体现，是主体行为得到社会认可，并获得资源和机会以完成价值创造的能力。声誉需要长期的积累和维持，它是主体成员是否彼此合作的重要衡量标准，良好的声誉是两类数字绿色创新主体成员进行高效合作及持续合作的前提。声誉效应也是两类数字绿色创新主体成员合作的重要激励机制，声誉好的主体成员会考虑到长期利益，故其维持自身声誉的积极性较高，因此会付出高的努力水平以促进合作；而声誉不好的主体成员只会考虑短期利益，故其维持自身声誉的积极性较低，因此采取机会主义行为的可能性更大。两类数字绿色创新主体为了维护自身声誉应该通过声誉效应来激励成员而付出高的努力水平，同时实施明确的激励和惩罚管理机制，对于付出高努力水平的成员进行奖励，对于采取机会主义行为的成员进行惩罚。

3.6　本章小结

本章研究了制造企业数字绿色技术创新中学研合作伙伴选择的方法和影响因素，产学研合作下制造企业数字绿色技术创新中数字绿色投资项目选择及绿色知识创造机制和直接互惠机制下数字绿色创新氛围形成的演化博弈问题。首先，理论分析了数字绿色创新学研伙伴选择过程，设计了数字绿色创新学研伙伴选择的理论模型；其次，构建了基于生态位理论的合作绿色创新伙伴评价体系和基于场理论的合作绿色创新伙伴选择模型，分析了学研合作伙伴选择及关键影响因素；最后，回顾了产学研合作下知识创造相关文献，构建了直接互惠机制下绿色创新氛围博弈模型。

| 第 4 章 |

基于互惠理论的制造企业合作数字绿色创新的开发阶段分析

随着5G网络、大数据、云计算等技术与产业高度融合，中国经济正经历从高速增长向高质量发展的数字绿色转型。在“双碳”背景下，制造企业的数字绿色创新和生产已成为发展的大趋势。为了制造企业更好地生存和发展，研究数字技术融入绿色创新和生产等过程进而促进企业数字绿色创新绩效、提高企业竞争力显得尤为重要。本章采用层次回归和 fsQCA 方法实证检验了数字绿色创新活动的实施过程以及数字绿色知识创造对数字绿色创新绩效的影响。本书将数字绿色知识搜索分为三个维度：科学数字绿色知识搜索、市场数字绿色知识搜索和供应链数字绿色知识搜索。此外，通过 429 份中国制造企业的问卷调查，本章进一步探讨数字绿色风险感知和数字绿色复杂性感知的调节效应。同时，本章阐明了制造企业在数字绿色创新实践过程中选择数字绿色知识伙伴开展数字绿色创新活动的复杂过程。本章主要内容具体如图 4.1 所示。

4.1 制造企业合作数字绿色创新开发阶段相关概述

数字技术是指以数据中心、5G 等新基建为依托产生的以大数据、物联网、人工智能、虚拟现实等为代表的数字新技术[488]。以创新为主要引领和支撑的数字技术不仅用数据逻辑和技术支撑企业运营的各个环节，

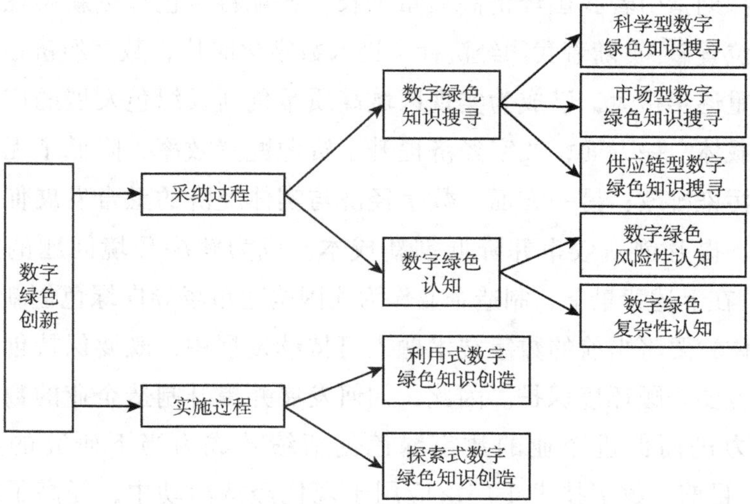

图 4.1　制造企业开展数字绿色创新活动过程框架

而且用数据改善生产、优化决策、驱动发展，是实现企业高质量发展的重要途径。在数字技术蓬勃发展的同时，随着高质量发展的不断推进，绿色创新逐渐占据主导方向。绿色创新行为不仅能够直接创造经济价值，还能够对生态环境产生影响，获取环境绩效，最终实现全社会经济高质量发展[489]。当我国步入新时代，对数字经济、绿色创新又有了新的理解。本书提出制造企业数字绿色创新的新概念。与依托技术发展的绿色创新[490]、依托大数据人工智能的数字创新[491]不同的是，数字绿色创新指的是将以 5G、物联网等为代表的数字技术整合到当前绿色创新发展当中，不再从两个维度单独划分数字创新和绿色创新，而是形成一种更适用于当下经济发展的创新形式[492]。数字技术被融入绿色创新过程中不仅提升了资源整合效率和环境监测能力，还成为绿色生产生活和优美环境的关键纽带，从而实现绿色创新的高质量发展[493]。绿色制造达到节能降耗的目的是通过数字技术、智能制造、提高生产效率、以更小的消耗和排放实现同样甚至更高的产出价值。同时绿色制造对节能降耗等产品与技术的需求也吻合智能制造所需的新产品与新技术[494]。

近年来，我国积极响应全球绿色低碳发展趋势，主动布局和广泛参与国际领域的碳减排事业。“创新、协调、绿色、开放、共享”五大新发展理念深刻指引着我国经济高质量增长，各地将绿色和创新摆在了发展的突出位置[495]。随着我国经济社会进入数字化时代，数字经济占经济总量的比重逐年扩大，已成为实现区域高质量创新及绿色发展的广袤沃土和支撑载体。一方面，数字经济提升了资源配置效率，降低了无效生产产生的污染排放；另一方面，数字经济与实体经济的融合发展促进了创新产出，提升创新效率并降低创新成本，成为解决环境问题的重要抓手[496]。在上述背景下，制造企业作为我国构建市场导向绿色创新体系的重要主体，要将当前的数字技术融入可持续发展中，既要保持创新动力的同时也要兼顾环境保护。因此，如何发展并提升制造企业的数字绿色创新能力进而促进企业的数字绿色创新绩效成为当下研究的重要议题[497]。目前，数字技术正广泛应用于现代经济活动中，提高了经济效率，促进了经济结构加速转变，正在成为全球经济复苏的重要驱动力。制造企业在面临绿色低碳转型的同时，更要注重企业的数字转型。因此，研究制造企业的数字绿色创新活动迫在眉睫。在研究绿色创新方面不可忽视数字技术的影响，更值得我们对其进行研究。

在绿色创新方面有大量文献可供我们参考，但大多数研究都侧重于绿色技术创新这一领域。已有研究认为，技术创新通常是自上而下地展开并且高层管理团队是最重要的决策驱动主体在技术创新过程中[498]。这些研究从领导风格、领导性别、领导文化和领导政治背景等层面探讨了对数字绿色相关创新的影响[499]。Guo（2018）指出“环境污染—经济发展”循环是国家可持续发展过程中的一个问题。绿色技术创新作为一个环境保护和技术创新的复杂概念，是打破这一怪圈的关键[500]。Wicki（2019）深入探讨了绿色技术的探索过程以及与这些过程相关的学习模式和结果。研究发现，开发绿色技术涉及一个长期的探索过程，不能保证（快速）成功，因此要想绿色创新有质的飞跃就必须注重绿色技术的创新[501]。万华等（2021）提出企业实现经济绩效和环境绩效双重目标的创新活动被称为绿色创新通过创新技术、手段等方式[502]。Meirun（2021）指出一个经济体要想在增长方面表现出色，通常需要在金融发展和环境恶化之间做出权衡。Meirun 以新加坡为例，论证了绿色技术创新在以尽可能少的环境成本追求卓越经济方面的作用是很重要的[503]。有关绿色技术创新领域的研究现有学者已经做了详细的探讨。这为我们更好地了解绿色创新提供了相对完善的理论。然而通过查阅大量文献，学者针对数字技术与绿色创新深度融合这一理念研究甚少，这才是关键的研究差距。

企业开展数字绿色相关创新的过程主要包括采纳和实施两个子过程。采纳过程又包括两个阶段：阶段一是基于问题感知的“发起”，阶段二是基于创新方案制定的“决策”[504]。深入研究发现，高层管理团队驱动数字绿色创新的具体作用过程机制并未被明确。高层管理团队创新过程需要做的有三步：第一步，对企业创新方案进行考察；第二步，由高层管理团队对已经制订出的创新方案进行认知评估；第三步，做出决策，包括是否采纳或采纳何种方案对数字绿色相关创新的影响[505]。这一观点肯定了高层管理团队作为“决策者”的作用，但并未阐明高层管理团队作为“发起人”的作用。也就是说，这一观点没有阐明创新方案形成的具体过程。决策的基础是认知[506]。由于高层管理团队对数字绿色创新方案享有最终的决策权，创新能否在企业内实施，取决于高层管理团队对其认知评价[507]。因此，高层管理团队的认知评价可能是影响创新采纳的关键因素。数字绿色知识搜寻和认知评价的理论观点并没有被整合到现有数字绿色创新的采纳过程理论框架中。已有研究也并未充分关注数字绿色创新采纳的具体过程机制。高层管理团队究竟如何作为内部促进者发挥影响的具体机制也尚未被明确。因此，为弥补研究空白，本章基于双元分析框架，将数字绿色创新划分为利用式数字绿色创新和探索式数字绿色创新两个维度。并从理论上对不同维度数字绿色创新与企业绩效间的关系进行逻辑建构。本章通过实证分析的方法，获得对“数字绿色创新如何影响企业绩效”的更深层次理解。

本章采用层次回归法（AHP）和模糊集定性比较分析法（fsQCA）。AHP 层次分析法不是片面地注重行为、逻辑、推理，而是把定性方法与定量方法有机地结合起来。fsQC 最初由 Charles（1987；2009）提出。该方法旨在突出案例导向方法的独特优势，并且通过布尔代数进行形式化，成为定性比较研究中普遍适用的方法。fsQCA 既适合小样本与大样本研究，也适合中等规模样本研究，可以更好地回答因果非对称性问题[508]。fsQCA 方法整合了定性与定量分析各自的优势，fsQCA 是一种工具，它的优势在于将定量和定性方法结合在一起进行分析，从而弥合了大多数领域中存在的定量和定性差距[509]。AHP 层次分析法中每一层的权重设置最后都会直接或间接影响到结果，而且在每个层次中的每个因素对结果的影响程度都是量化的，非常清晰明确。由于本章研究数据样本规模不高，在研究过程中总样本能够被多次细分，形成不同的子样本级，从而得出更为精细的结论，并且使之后的研究更具有目的性。该方法不仅能提供不同的因素组合对结果的影响作用、便于深挖变量与结果之间的作用机制，还能充分分析社会现象的多样性与因果关系的复杂性、为更深入的研究提供方向。但是，层次分析法是一种带有模拟人脑的决策方式的方法，因此必然带有较多的定性色彩。fsQCA 在飞速发展的同时，实际上人们忽略了这些工具在分析社会科学时的局限性，如限制了研究人员的思考。这也正是本书研究的不足之一。

我国虽是制造业大国，但仍未完全摆脱以要素驱动的高投入、高消耗、高排放的“三高”发展模式[510]。制造业的高速发展伴随着资源的大量消耗以及生态环境的污染和破坏。这既不利于制造业的可持续发展，也对我国生态环境构成威胁。以技术进步支撑绿色发展成为经济社会发展的一大必然趋势，但目前绿色发展得到的技术支撑却较为不足：一方面，我国的整体创新水平呈现数量多但是质量不高的突出特征；另一方面，绿色创新占比不高。相较于美日德等发达国家的制造业，中国制造业整体上还处于全球生产体系的中低端。从全球制造业价值的视角来看，中国制造业规模大但整体的创新能力还不够强，智能化水平还不太高[510]。制造业转型升级正面临减少数字经济资源能源消耗和碳排放的挑战。制造业的绿色化与智能化水平亟须被提高[511]。毫无疑问，“绿色 + 智能”制造将是在提升制造企业数字化竞争力方面的重要一环。在此基础上，经典的探索/利用双元分析框架[512]被引入数字绿色创新研究领域。这帮助有效刻画数字绿色创新的多维特征，以获得对数字绿色创新全貌的深层次理解。

因此，本章对该领域的现状做出了三个有价值的贡献：第一，更好地厘清数字绿色知识创造对企业数字绿色创新的作用机理，有助于企业了解数字绿色知识创造怎样进一步对数字绿色创新产生影响。对企业选择数字绿色知识创造方式具有实践借鉴意义。第二，探讨数字绿色知识搜寻对数字绿色知识创造的差异化影响机制帮助企业更好地进行外部知识搜寻伙伴的选择，为企业寻找数字绿色知识搜寻合作伙伴提供了理论依据。第三，目前主流研究大多难以全面反映数字绿色创新的特征通过将数字绿色创新作为一个单维变量的方法。本章提供了新的理论阐释视角和实证证据关于“数字绿色知识创造如何影响企业数字绿色创新绩效”这一目前学术界研究不多的问题。本章揭示了变量间的内在因果关系。本章将层次回归（AHP）与定性比较分析（QCA）结合，通过实证分析假设全部得到了验证。通过运用 QCA 方法考察因素组合影响效应的方式，本章发现了触发数字绿色知识创造的多条等效路径。这填补了有关数字绿色创新的研究空白。

4.2　理论基础

目前，数字化先进制造技术被视为制造业可持续发展和转型升级的主要动力。美国、德国、日本、韩国、中国等国家制定了多项政策，促进制造业数字化创新的发展。这是通过新形势带来的机遇，在国内制造业中构建数字化创新的竞争优势（Wang，2021）。来自客户、供应链、合作伙伴和最终消费者等多个利益相关者的数据，除了企业自身运营产生的大量数据外，还将实时在线渗透到企业的每一个环节。这些环节包括个性化定制、柔性生产、新产品开发、市场投放、采购和资源整合。数字化智能制造在企业内外数据信息交互过程中为企业决策和营销提供战略指导。为不断推动企业绿色数字化服务升级，适应数字化转型的趋势，制造企业积极利用互联网大数据、人工智能等新一代信息通信技术。为了解决绿色创新的实际问题，制造企业从内部转型转向外部协调，从单点应用转向全局优化（Yin，2020）。人工智能科学允许人类智能被模拟和扩展。这门科学主要包括机器学习、语言识别、计算机视觉、自然语言处理等领域。与人工智能本身相比，人工智能与制造业融合的内涵更加丰富。人工智能技术渗透到制造业绿色生产链的每一个环节。人工智能与绿色制造在技术、管理等方面的融合，提高了制造业绿色创新的质量、效率和效益。同时，由于两者的融合，新格式和新模型进一步衍生（Patel，2021）。从集成层面来看，第一个层面是人工智能技术与企业绿色研发、绿色生产、绿色管理流程的集成，在这一层面实现生产管理流程的智能化改造升级，如数字化生产线、智能车间、智能工厂、智能物流等。第二个层面是 AI 技术向企业绿色产品和服务的渗透。将现有的绿色产品和服务或新绿色产品的技术含量和价值提升到这一水平，如智能互联汽车、智能机器人、智能家居等产品。从整合的互动关系来看，一方面，通过人工智能与绿色制造业的融合，提高制造业绿色产品的数字化和智能化水平，此时两者的融合促进了制造业的智能化绿色转型发展；另一方面，人工智能与制造业的绿色融合为人工智能提供了丰富的应用场景和发展空间。因此，人工智能与制造绿色融合并不是两者的简单叠加，人工智能和制造绿色是在数量和质量上的互动和相互促进中推进的。

4.2.1 概念界定

4.2.1.1 基于双元分析框架的数字绿色知识创造

通过数字技术和互联网、云计算，人工智能武装起来的新实体经济会代替旧的实体经济。不断被发现和创造的新知识是这种变化的最根本来源[513]。从知识基础观角度出发，知识资产是影响企业战略决策与资源配置的重要因素，也是企业竞争优势的重要来源。与此同时，知识资产也是企业进行创新活动的基础。随着以知识为基础的创新活动越来越频繁，新知识创造是企业生存与发展的重要任务。在数字化和绿色化背景下，企业被看作是数字绿色知识创造的整体。制造业数字绿色知识创造不仅是创造、扩散新绿色知识的能力，制造业数字绿色知识创造还包括新绿色知识被应用在绿色产品、服务或系统中的能力。该种能力被体现在企业与科研机构、高等院校、消费者、竞争对手、供应链伙伴主体之间的交往中通过运用数字技术上。在数字化竞争中，只有不断运用数字技术更新、创造绿色知识这种方法，企业才能使组织的核心竞争力增强。同时，在"双碳"目标背景下，制造企业才能通过数字技术更新、创造绿色知识这一方式实现可持续发展。在数字经济时代，依托人工智能等数字技术获取网络空间海量知识的能力被认为是提升核心竞争力的关键[514]。制造业需要更新原有的绿色知识本体。最新的绿色知识本体被放入网络空间去搜集和整合组织内外部的绿色知识。现有研究主要关注绿色创新中的双元绿色知识创造，对数字创新的双元数字知识创造研究非常少[515]。少部分学者尽管聚焦于数字知识创造的内容，却忽略了差异化结果，而这种差异化结果由于不同类型的数字知识创造被产生。本章将数字创新与绿色创新相融合，引入经典的探索/利用双元分析框架[512]来更细致地刻画数字绿色知识创造的本质特征。其中，利用式数字绿色知识创造对应引进型数字绿色知识，探索式数字绿色知识创造对应全新型数字绿色知识。具体而言，利用式数字绿色知识创造是现有的、已被其他组织证明成功的数字绿色实践、经验或方法被引入组织内部的数字绿色知识创造方式；探索式数字绿色知识创造是全新的、未在其他组织采用过的数字绿色实践、方法或技巧被制造企业基于自身组织情境探索出来的数字绿色知识创造方式。为更好地厘清数字绿色知识创造对企业数字绿色创新的作用机理，本章将两种类型的数字绿色知识创造同时纳入实证研究模型。

4.2.1.2　数字绿色知识搜寻

基于数字技术的绿色知识搜寻是制造企业开展数字绿色创新活动的重要组成部分，是制造企业实现"双碳"目标的主要环节。知识搜寻是一种问题解决行为[516]。企业只有获取和利用外部知识才使新产品开发活动得以进行。在数字化、绿色化过程中制造企业数字绿色知识搜寻无时无刻不被需要。通过数字绿色知识搜寻企业可以获取更多创造性的数字绿色创新观点，并将其应用到数字绿色创新活动中。数字绿色知识搜寻有助于企业了解当前数字化市场的最新动态、客户需求变化。与此同时，数字绿色知识搜寻不仅可以掌握竞争对手绿色创新的最新动向，还可以获取针对数字绿色创新产品及时有效的反馈。跨界数字绿色知识搜寻是企业在复杂动态的数字化环境中跨越组织边界和数字绿色知识基础进行搜索并获取数字绿色知识的过程。在数字化绿色化背景下，基于数字绿色创新视角对数字绿色知识搜寻的维度进行划分，来描述数字绿色知识搜寻的主要特征，是探究“数字化背景下数字绿色知识搜寻影响制造企业数字绿色创新的具体机制”所要厘清的首要问题。现有研究已从多种视角对数字绿色知识搜寻进行了维度划分。基于重复利用现有知识的程度，Katila 和 Ahuja（2002）[517]提出了搜寻深度和搜寻范围两个概念。Laursen 和 Salter（2006）[518]深化了搜寻范围的概念，将知识搜寻划分为搜寻宽度和搜寻深度两个维度。其中，搜寻宽度用以衡量企业所依赖的知识搜索渠道的数量，搜寻深度用以衡量企业从不同知识渠道获取绿色知识的程度。根据搜寻目的与知识属性不同，将知识搜寻划分为反应型知识搜寻和前瞻型知识搜寻两种类型。其中，反应型知识搜寻指制造企业在已有知识基础上进行的累积式知识搜寻，反应型知识搜寻帮助企业实现知识库优化并适应外部创新市场与技术环境；前瞻型知识搜寻指企业为满足潜在市场需求，通过积极尝试新知识摆脱轨迹和惯例。

总的来看，虽然现有研究从不同视角出发对绿色知识搜寻的维度划分进行了较为充分的探讨，但近年来主流研究越来越聚焦于绿色知识搜寻范围和绿色知识搜寻程度两个方面。由 Laursen 和 Salter（2006）提出的“知识搜寻宽度/深度”概念由于能够较为准确地反映搜寻范围和搜寻程度的特征，被越来越多的学者用以探讨知识搜寻促进企业创新的具体作用机制[518]。这一作用机制的基本逻辑在于：企业数字绿色知识搜寻的宽度和深度值越高，表明企业获取绿色知识的渠道越丰富，从各渠道获取绿色知识的程度越深。也就是说，获取知识的数量和质量也就越高，企业数字绿色创新越能被促进。

然而，当研究对象是数字绿色创新时，运用数字技术开展绿色创新具有如下特征。数字技术本质上包含信息数字化和处理数据两个部分，具有两个本质特征：数据同质化（Data Homogenization）和可重新编程性（Repro - grammable Functionality）。由于数字技术的数据同质性、可重新编程性和可供性，现有文献基本达成共识并认为数字创新有如下两个特性：第一，数字创新具有收敛性（Convergence），数字创新使产业边界、组织边界、部门边界甚至产品边界等变得模糊且重要性降低[519]。例如，整合了数字技术和传统物理实体产品的智能产品突破了原有产品使用范围，使新的数字化产品边界不再明确。第二，数字创新具有自生长性（Generativity），由于数字技术是动态的、可自我参照的、可延展的、可编辑的，数字创新可以持续地不断改进、变化。最典型的例子是诸如 App 等数字产品可以根据用户的反馈及运营过程中出现的各种问题进行实时迭代创新。绿色创新具有高外部性的本质特征，其实现机制更需要考虑政府环境规制政策的重要影响[520][521][522][523][524]。此外，市场导向的作用[525][526]被一些学者强调。例如，Lewrick 等（2011）[527]研究认为，与市场竞争相比，消费者与企业创新关联性较强；Brettel 等（2012）[528]、Fernando 等（2019）[529]、汪明月和李颖明（2020）[530]研究认为，市场绿色需求对企业生产协同具有先导作用。随着信息技术的发展，信息管理在市场需求和绿色创新中起着关键作用，是实现绿色效果提高的重要方式[531]。因此，从搜寻宽度/深度视角出发探讨数字绿色知识搜寻对数字绿色创新的影响，无法准确反映不同类型绿色知识源所提供绿色知识元素的属性差异。而差异化的绿色知识元素却可能对数字绿色创新产生差异化的影响。为此，Sofka 和 Grimpe（2010）[532]研究认为，不同知识源所提供的知识元素对企业的影响可能有所不同，企业并不是随机地选择知识源并拓展其搜寻的宽度和深度[533]。因而从专业化视角对数字绿色知识源进行分类，并厘清不同类别数字绿色知识搜寻对数字绿色创新的差异化作用机制，对于制造企业在当前数字化经济时代成功实施绿色知识搜寻战略并实现“双碳”目标具有重要意义。进一步地，Sofka 和 Grimpe

(2010)[532]从专业化视角将知识搜寻划分为科学型知识搜寻（Science - driven Search）、市场型知识搜寻（Market - driven Search）和供应链型知识搜寻（Supply - driven Search）3 种类别。然而，考虑了收敛性、自生长性及高外部性特征的数字绿色知识搜寻对数字绿色知识创造的差异化影响机制究竟如何，现有研究并未给出清晰答案。本章拟对这一问题进行深入探讨。

4.2.1.3 高层管理团队对数字绿色知识创造的认知评价

Lazarus 和 Folkman（1987）[534]认为，个体不仅会对周围环境中所观察和接触到的事物进行感知，还会基于自身心理特征和心理资源，结合环境中的各种信息和刺激，来判断事物存在的价值及对未来的意义。个体的这一心理过程被称为对事物的认知评价。可以看出，认知评价既取决于认知主体的心理特征，也取决于被认知客体的特点，并不存在一个对所有主体和客体普遍适用的认知评价框架。构建对事物的认知评价框架，既要考虑认知主体的思维特征，也要考虑认知客体的关键属性。关于组织内个体的认知评价，已有一些研究涉及：例如，Choi 等（2011）[507]从感知易用性和感知有用性两个维度来表征员工对创新的认知评价；Osiyevskyy 和 Dewald（2015）[535]从机会降低威胁、绩效降低威胁和关键威胁 3 个维度表征管理者对企业开展破坏性创新的外部环境认知。关于数字绿色创新，现有研究并未提供一个综合的认知评价框架来全面反映高层管理团队对数字绿色创新活动的认知评价内容。本章基于现有文献，结合数字绿色创新的特点，将高层管理团队对数字化绿色知识创造的认知划分为 2 个维度。首先，数字化绿色创新的本质是绿色创新方面的变革。而在数字化经济时代背景下，这一变革应用大数据、人工智能等数字技术推动制造业绿色创新的发展。数字绿色创新要求企业抛弃原有落后的思想，打破不适应企业发展需求的惯例，以此，使制造企业数字化绿色创新行为被重塑并且组织利用数字技术实施绿色创新的效率被提升。由于员工对数字绿色创新理论知识不理解或抵制高层管理者对数字绿色创新的前沿想法，使数字绿色创新的实施过程面临巨大的失败风险。传统产业绿色创新往往面临一定的环境风险，而聚焦于绿色技术、绿色新兴产业的项目也面临投资回报期比较长、盈利能力不确定性较高等市场风险[536]。由此可以看出，风险性认知被认为是高层管理团队对数字绿色知识创造认知评价中的第一个重要维度。其次，数字绿色创新的实施过程通常是一个从高层管理者到基层员工纵向传递信息的复杂过程。该过程涉及多个职能部门的参与和协作。与其他非营利化组织数字化转型相比，企业内部数字化转型过程更加复杂。制造企业从数字化绿色知识创造中获益的关键就是能否有效应对开展数字化绿色知识创造过程中的复杂性。因此，复杂性认知被认为是高层管理团队对数字化绿色知识创造的第二个重要认知维度。

4.2.2 总体研究框架

目前，关于知识创造过程研究多数集中在知识类型、知识创造主体、创新活动等方面[537]。数字经济与生态环境、绿色发展之间的关系在一些文献中被详细研究[538]。但基于人工智能等数字技术视角对制造企业数字绿色创新的采纳和实施过程机制进行大样本实证检验的相关研究还较为缺乏。制造企业进行数字绿色知识创造的逻辑起点是在数字化背景下企业存在的绿色转型问题被组织的高层管理人员有效识别。然而，制造企业通过互联网、大数据、人工智能等新一代信息通信技术制订出与绿色知识创造相关的数字绿色创新方案才是发展数字绿色知识创造并顺利实现“双碳”目标的现实起点。知识创造分为利用式知识创造和探索式知识创造两种形式。在数字化竞争中，不论哪种形式的知识创造要想成功都离不开基于数字技术的知识搜寻。利用式知识创造强调对已有知识的研究和重新利用以及对现有成分的改善。对现有知识进行搜寻、整合和改进这一过程也是利用式知识创造强调的内容[539]。然而，在数字经济时代，利用式数字绿色知识创造又强调充分利用计算机、互联网、大数据等数字技术。在此基础上进行搜寻、提炼、整合企业外部的数字绿色知识，强化和改进现有的数字绿色知识，并对企业已有的数字绿色创新相关知识进行研究和重新利用。利用式数字绿色知识创造的本质是利用企业外部成功的数字绿色创新经验，而数字绿色知识搜寻是企业获取外部数字绿色创新经验的主要途径。因此，从数字化视角出发，研究利用式数字绿色知识创造必须从数字绿色知识搜寻入手。关于探索式知识创造，学者认为企业除了使用组织内部封闭的知识外，有效地运用外部知识来帮助企业不断地取得他们所需要的新知识，这点对企业不断创新很重要。Birkinshaw 等（2008）[540]和 David（2019）[541]都强调了外部知识搜寻对企业生成创新方案的重要作用。Colombo（2021）发现，当一个企业倾向于开放创新时，高层管理团队会有意愿授权进行外部知识搜寻决策。其目的是试图吸收来自外部环境的、开放企业的创新知识[542]。因此，数字绿色知识搜寻作为直接驱动要素被引入本章数字绿色知识创造的采纳过程模型中。通过对各种文献的研究和梳理，本章总结出绿色知识搜寻的多种维度从数字化、绿色化视角。基于数字技术背景，数字绿色知识搜寻对双元框架下数字绿色知识创造的具体作用机制在本章中被探讨。研究发现，制造企业高层管理人员对数字绿色创新的正确认知能够促进组织数字绿色知识创造采纳过程的实施。正确的认知使组织从上而下更好地接受数字绿色知识创造概念。高层管理者对企业数字绿色创新方案的采纳享有最终的决策权，而决策的基础在于认知。高层管理团队做出相应决策基于其对数字绿色创新的认知评价。也就是说，高层管理团队在专业化知识搜寻驱动数字绿色创新的过程中对数字绿色创新的认知评价可能发挥调节作用。本书中认知评价被引入数字绿色知识创造的采纳过程模型。其目的是在数字化背景下探究出高层管理团队如何对组织数字绿色知识创造的采纳过程进行影响。本书以数字绿色创新为结果变量，深入探讨基于双元分析框架的数字绿色知识创造在实施过程中的具体影响机制。

根据前面分析，本书构建如图 4.2 所示的总体研究框架，接下来通过大样本的问卷调查收集数据，实证检验这一研究框架，探讨出双元数字绿色知识创造采纳的复杂过程并探讨其实施对企业数字绿色创新的影响。

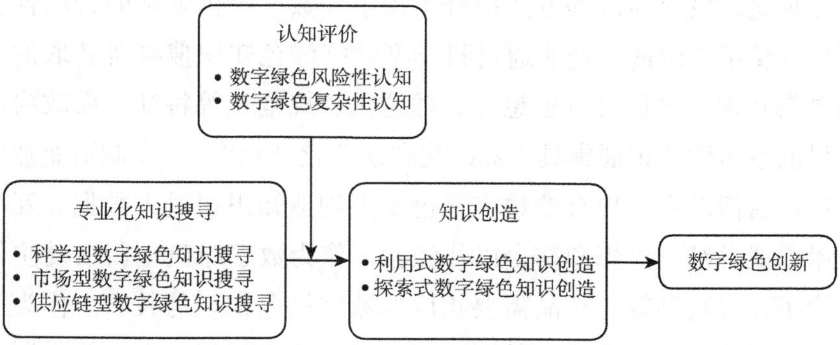

图 4.2　总体研究框架

4.3　研究假设

4.3.1　采纳过程：专业化数字绿色知识搜寻的直接作用

4.3.1.1　科学型数字绿色知识搜寻

科学型数字绿色知识搜寻是通过基于区块链、大数据、云计算等数字技术的多元融合方式获取相关绿色知识信息的一类搜寻。多元融合方式包括高等院校、科研院所以及相关政府部门，或专业会议和论坛。高等院校具有雄厚的师资力量、人数众多的研究生队伍和宽广的学科领域。因此，高等院校通过采取多种形式为数字绿色创新提供技术支撑[543]。来自高等院校等知识生产机构的外部专家为企业培养技术人才创造了条件。他们不仅为企业培育数字绿色创新团队，还提升了制造企业数字绿色创新能力。在当今科技时代，如果企业想在数字、绿色创新等领域提升综合能力，企业必须培养数字绿色创新思想。如此一来，企业便掌握了核心技术并在数字绿色创新领域占据制高点。相较于企业研发人员，来自高等院校等知识生产机构的外部专家不仅拥有丰富的绿色创新思想，更擅长理论知识[544]。他们能更好地帮助企业进行数字绿色创新活动通过将其经验和反思提炼发展成理论知识。除此之外，他们通过撰写文章或书籍、参加论坛发表演讲等方式提升了探索式数字绿色创新的合法性并促进其广泛传播。因此，企业通过科学型数字绿色知识搜寻所获取的数字绿色创新知识，往往具有思想性、理论化、规范化等特征。而政府部门所提供的政策性知识通常具有标准化和规范化特点[545]。在制造企业实际的生产经营活动中，现有的数字绿色知识创造知识通过大数据、互联网等技术方式总结、提炼和整合以往经验。作为数字绿色创新活动主体的企业为了开发数字绿色产品需要相应的数字绿色知识与技术。作为专业知识产出机构的高等院校、科研院所及相关政府部门，为企业定制专属的数字绿色技术和生产过程。此时，对企业来说，该种数字绿色知识和技术具有专属性[546]。该种数字绿色知识和技术可以被企业直接应用到实际的生产经营过程中，进而促进企业的数字绿色创新活动。部分知识创造相关理论知识能够帮助企业高层管理者来制订决策方案。但是由于数字技术的融入，企业的高层管理团队也不得不对决策方案进行调整。这种调整需要考虑企业所处的内外部环境[547]。因此，在数字经济背景下，制造企业通过科学型数字绿色知识搜寻获取的数字绿色知识信息对利用式数字绿色知识创造和探索式数字绿色知识创造均具有促进作用。但这种知识主要促进的还是探索式数字绿色知识创造。与李和王的研究结果相似：企业进行知识搜寻将接触到大量知识，能够帮助其及时掌握未来发展方向，获得更多的创新机会，从而促进其知识创造[548]。根据以上分析，提出以下假设。

假设 H4 -1：科学型数字绿色知识搜寻与利用式数字绿色知识创造和探索式数字绿色知识创造均呈正相关关系，但其与利用式数字绿色知识创造的相关关系更弱，与探索式数字绿色知识创造的相关关系更强。

4.3.1.2 市场型数字绿色知识搜寻

市场型数字绿色知识搜寻是向竞争对手、其他行业企业、专业咨询机构或非本行业的研究机构搜寻与数字绿色知识创造有关知识的一类搜寻。数字绿色产品设计、市场偏好、分销渠道等知识均包含在内。与此同时，基于大数据、5G、云计算等数字技术的方法，该类搜寻才能实现[549]。不同的搜寻对象、搜寻渠道以及搜寻到的知识元素是市场型数字绿色知识搜寻与科学型数字绿色知识搜寻的主要区别。从高等院校及科研院所等机构获取的数字绿色知识在制造企业数字绿色创新方面具有理论指导。制造企业从竞争对手或咨询机构获取的数字绿色创新知识对企业来说更具有实操性[550]。当高智能数字化经济与实体相结合，数字技术赋能传统产业时，该知识的实操性被强化。与数字创造和技术创造相比，数字绿色知识创造对专业性的要求性不高。因此，在当前信息全球化、大数据共享的时代，数字绿色知识创造的未来发展方向和采纳过程对本行业和其他行业都是适用的[551]。对于制造企业绿色创新而言，关于知识、技术、信息的交流是其开展绿色创新的基础。由于企业通常不具备有关绿色创新的全部知识[552]，企业必须依赖于具备不同知识的外部企业的合作。此外，专业的咨询机构通过数字技术掌握着大量的市场信息、充分的理论知识和丰富的实践创新经验。因此，聘请专业的咨询机构也是许多企业开展数字绿色创新的主要途径。专业机构对企业所面临的数字绿色创新问题进行全面诊断并且协助企业制订相关数字绿色创新方案。因此，市场型数字绿色知识搜寻有助于企业数字绿色创新活动，然而，由于数字绿色创新具有收敛性、自生长性及高外部性特征[619]，企业往往无法通过完全模仿、引进外部成功经验的方式取得预期的效果。尽管市场型数字绿色知识搜寻具有实操性，但是高层管理团队还要根据企业外部环境和内部组织结构等进行方案调整。从企业视角来看，为了节约相关的成本，企业会选择直接利用符合本企业数字绿色创新实际情况的绿色知识、经验和方案。此时，企业正开展利用式数字绿色创新。同样，如果获取的绿色知识、信息和做法等不符合企业现实的数字绿色创新情况，那么企业会探索和创造出符合企业实际情况的方案。探索不是盲目进行的[553]。企业需要筛选获取的绿色知识，再结合自身掌握的理论知识，开展探索式数字绿色创新。根据前面所述，市场型数字绿色知识搜寻获取的绿色知识可以跨行业使用。但是，由于行业差异、信息不对称等外部环境越来越复杂，导致被企业直接利用的知识和经验少之又少。因此，大部分情况都需要企业结合自身情况做出探索和创新。鉴于此，学者们实证检验了市场型知识搜寻对企业创新绩效的促进作用[554]。基于以上分析，提出以下假设。

假设 H4－2：市场型数字绿色知识搜寻与利用式数字绿色知识创造和探索式数字绿色知识创造均呈正相关关系，但其与利用式数字绿色知识创造的相关关系更弱，与探索式数字绿色知识创造的相关关系更强。

4.3.1.3　供应链型数字绿色知识搜寻

供应链型数字绿色知识搜寻是向供应链合作伙伴跨越组织边界搜寻数字绿色知识创造的一类搜寻。供应链合作伙伴包括供应商、客户、行业协会以及本行业的研究机构等。通过物联网、云计算、大数据、移动化、智能化等技术，该类搜寻才能实现。当企业搜寻外部知识时，供应链合作伙伴是最主要的途径。企业与供应链合作伙伴的紧密联系在企业持续创新方面具有重要积极影响[555]。良好的供应商和客户关系可以使企业获得强大的竞争优势。这种优势体现在企业可以在同样的销售成本下保持较高的市场占有率。同时，良好的供应商和客户关系有助于制造企业通过交易成本逐渐降低这种形式开展数字绿色创新活动。供应链合作伙伴所提供的知识与企业现有知识基础的协同性是最强的[556][557]，供应链上优秀企业的数字绿色创新实践，往往是其他企业首要模仿、引进利用的对象。例如，格力电器是全球最大的专业化空调制造企业。对于供应链上数千家合作伙伴来说，其先进的数字绿色创新经验是数字绿色创新的知识来源。格力也非常重视带动供应链合作伙伴共同发展。通过派专人指导的方式，优秀的数字绿色创新理念和方法被输入供应链合作企业。在数字经济背景下，行业间、地区间以及产业链、供应链各环节之间经常会由于利益矛盾产生循环堵点，而行业协会、商会可以疏解这些堵点[558]。与此同时，行业协会和行业研究机构帮助企业获得潜在的供应链合作伙伴。因此，企业与他们的交流同样能搜寻到数字绿色创新知识。对制造企业来讲，通过供应链型数字绿色知识搜寻和市场型数字绿色知识搜寻两种方式所获取的数字绿色知识都具有实际操作性。企业在实践的过程也必然是利用和探索并行的。但是，通过供应链型数字绿色知识搜寻获取的数字绿色知识与企业现有知识能更好地融合。供应链合作伙伴所提供的数字绿色知识与企业现有知识基础的协同性更强，所以被企业直接利用的数字绿色创新成功经验可能更多。叶等人指出从供应商、客户等外部搜寻到的知识与企业内部知识的联系较松散，但却具有一定的前瞻性，更有利于企业知识的创新[559]。基于以上分析，提出以下假设。

假设 H4－3：供应链型数字绿色知识搜寻与利用式数字绿色知识创造和探索式数字绿色知识创造均呈正相关关系，但与利用式数字绿色知识创造的相关关系更强，与探索式数字绿色知识创造的相关关系更弱。

4.3.2　采纳过程：认知评价的调节作用

4.3.2.1　数字绿色风险性认知

高层管理团队对数字绿色创新的风险性认知反映其对数字绿色创新实施结果的不确定性和不可预测性的感知程度。数字绿色创新是多种创新主体产生新绿色产品或提供新服务的组织过程。通过不断增长的数字基础设施重构绿色产品和服务的形式，这一组织过程得以实现。面对激烈的市场竞争，企业需要越来越重视创新。而知识创造和创新同样是一种高风险的探索。一旦知识创造失败，企业将遭受巨大的损失。大量理论和实践表明，即使是利用外部成熟的经验，企业也很可能达不到预期目标[560]。因而，探索式数字绿色知识创造在采纳和实施过程中面临的未知风险会更大。随着新技术的不断突破和广泛应用，社会需求基准的不断提高，企业面临着更多不确定性的考验与挑战。而企业在应对未来不确定性考验和挑战时，知识是重要且唯一的因素[513]。因此，高层管理团队在企业数字化转型过程中持有更加审慎的态度。这种态度产生的原因在于他们对数字绿色知识创造的风险性认知。也就是说，高层管理团队认为数字绿色知识创造的实施结果具有很大的不确定性和不可预测性时，他们不一定能有效解决企业关于数字绿色创新方面存在的问题，这与 Kamoche（2006）[561]的研究类似。即高层管理团队对知识创造的风险性认知程度较高时，专业化知识搜寻与数字绿色知识创造之间的关系会被削弱。基于以上分析，提出以下假设。

假设 H4－4：高层管理团队对数字绿色知识创造的风险性认知负向调节专业化知识搜寻与数字绿色知识创造之间的关系。即，风险性认知减弱了市场型数字绿色知识搜寻和供应链型数字绿色知识搜寻与利用式数字绿色知识创造之间的正向关系，也减弱了科学型数字绿色知识搜寻、市场型数字绿色知识搜寻和供应链型数字绿色知识搜寻与探索式数字绿色知识创造之间的正向关系。

4.3.2.2 数字绿色复杂性认知

高层管理团队对数字绿色知识创造的复杂性认知反映其对多领域知识复杂程度的感知在数字绿色创新实施过程中。该领域涉及绿色知识运用、资源投入、数字技术的使用、部门协调等方面。创新和创造是复杂的、不确定的、有些无序的，并且会受到多种变化的影响。创新也很难衡量，需要密切协调足够的技术知识和出色的市场判断[562]。尤其在当下，人工智能等数字技术更多地被融入制造企业生产销售的方方面面。数字绿色知识创造的采纳和实施阶段被这种融合变得更为复杂。任何关于数字绿色创新方面的变革被复杂的权力结构、多元的利益诉求和强大的惯性思维变得更为复杂。尽管如此，对企业来说，高层管理团队对数字绿色知识创造过程的复杂性认知不一定都是消极的。本书认为，随着新技术的不断涌现，高层管理团队对数字绿色创新的复杂性认知在数字绿色知识创造的采纳过程中发挥作用。但是，该认知对利用式和探索式的影响可能有所不同。一方面，管理者的复杂性认知有助于他们扩展知识结构并建立多维联系；另一方面，管理者通过复杂性认知吸收信息多元化和充分解读多样性和矛盾性的信息。管理者的复杂性认知使管理者对外界变化更加敏感并能够迅速做出反应[563]。因此，在数字绿色知识创造采纳过程中，如果高层管理者能够清楚地感知到该过程的复杂性，他们会严格筛选获取的数字绿色知识。高层管理团队持有客观、谨慎和理性的态度并将前人经验应用到企业的数字绿色创新实践中去。反之，他们会投入更多的时间、精力、数字技术和资源来开发和探索适应企业自身的数字绿色知识创造方案[564]。专业化知识搜寻与利用式数字绿色知识创造之间的关系可能被复杂性认知削弱，但专业化知识搜寻与探索式数字绿色知识创造之间的关系会被增强。基于以上分析，提出以下假设。

假设 H4－5：高层管理团队对数字绿色知识创造的复杂性认知负向调节专业化知识搜寻与利用式数字绿色知识创造之间的关系，但正向调节专业化知识搜寻与探索式数字绿色知识创造之间的关系。即，复杂性认知减弱了市场型数字绿色知识搜寻和供应链型数字绿色知识搜寻与利用式数字绿色知识创造之间的正向关系，但增强了科学型数字绿色知识搜寻、市场型数字绿色知识搜寻和供应链型数字绿色知识搜寻与探索式数字绿色知识创造之间的正向关系。

4.3.3　实施过程：数字绿色知识创造对数字绿色创新的影响

4.3.3.1　利用式数字绿色知识创造

大量研究证明，通过人工智能、大数据等数字技术引进符合企业实际数字绿色创新情况的数字绿色知识对企业开展数字绿色创新活动具有积极影响。实践中，数字绿色创新一般是以问题为导向。解决制造企业生产、经营过程中存在的数字绿色创新问题被认为是以问题为导向的目的。数字绿色创新问题包括资源约束、环境约束、数字化转型变革等。企业并非盲目引进数字绿色创新知识。利用式知识创造帮助企业缓解沉淀冗余以及知识异质性过大可能造成的吸收压力[565]。当知识已经在其他组织成功实施并且被证明能够有效解决相应的数字绿色创新问题时，该知识才会被企业利用。因此，适度的数字绿色创新经验在改进现有数字绿色产品或者挖掘现有市场的需求等方面帮助了制造企业。这使企业占领了同类数字绿色产品的制高点[566]。同时，基于自身情况，企业数字绿色创新进程通过适度引用外部成功的数字绿色创新经验的方法被推动和企业数字绿色创新绩效被提升。然而，对所得数字绿色创新经验的利用和借鉴并不是越多越好。有学者指出，企业中的权威分配系统由于引进新的绿色创新知识要素被重新洗牌。这会威胁企业中权威分配系统的中心地位。于飞等[567]（2021）指出，企业对外部绿色创新知识的吸收及相关经验的借鉴会影响其创新积极性和现实可能性。而且，外部的数字绿色创新经验由于数字绿色创新的收敛性、自生长性及高外部性特征或多或少都带有被模仿企业的“组织基因”[619]。在数字经济发展迅速环境下，利用式数字绿色知识创造被制造企业过多开展。这可能造成现有组织系统的不接纳或不适应和成功的数字绿色知识创造在跨组织利用过程中出现“水土不服”现象。同时过度的利用式数字绿色知识创造可能破坏现有的数字绿色创新惯例和文化。这些数字绿色创新惯例和文化恰好是有利于组织稳定发展的。进而，这导致企业付出的成本大于获得的收益。因此，本章认为，利用式数字绿色知识创造与企业数字绿色创新绩效间的关系可能是非线性的。适度的利用式数字绿色知识创造有利于企业数字绿色创新绩效，但其边际效应是递减的。超过一定临界值后，过度的利用式数字绿色知识创造对企业数字绿色创新绩效可能产生负面影响[498]。类似地，有学者证明了利用式知识创造对企业创新绩效的正向影响作用[568]。

基于以上分析，提出以下假设。

假设 H4 -6：利用式数字绿色知识创造和企业数字绿色创新绩效呈倒“U”形关系。

4.3.3.2 探索式数字绿色知识创造

利用式数字绿色知识创造主要是引进和模仿其他企业的成功经验，而探索式数字绿知识创造通常是“逐步试错，层层迭代”的过程。现有研究中，数字创新和绿色创新的各个阶段是较为明确的，不同阶段之间的边界通常也是清晰的。然而，对数字绿色创新来说，现有研究并未对其做出清晰的界定而且各个阶段以及不同阶段之间的边界也是模糊不清的。尽管如此，致力于通过探索式数字绿色知识创造解决企业数字绿色创新问题的管理者，通常并不是等想法完全成熟后才开始在企业内实施。他们是有了初步想法就开始在企业内试验实施。通过试验的方法，管理者可以验证其数字绿色创新想法的可行性，并对其想法进行修正。也就是说，与其他知识创造不同，探索式数字绿色知识创造的动机、发明、实施阶段并非次序发生，而几乎是同时展开的。在管理者的推动下，探索式数字绿色知识创造是一个不断试验、逐步试错、持续迭代的创新过程。最后该过程可以被理论化和标签化。持续迭代意味着反复的探索与修正。反复的修正意味着原有的想法并未取得预期的效果，甚至可能带来了负面的影响。技术创新主要涉及的是研发部门，而数字绿色创新涉及的面比较广，通常包括多个部门、多个领域、多个不同层级的员工参与[569]。因此，在探索式数字绿色知识创造早期阶段，高层管理者根据初步想法在企业内进行数字绿色创新试验。此时，企业早期的数字绿色探索给企业数字绿色创新活动带来负面影响，由于方案不成熟，缺乏完善的数字技术体系[570]。同时，企业应对未知问题的能力不足和面对风险的准备不充分，这也会使企业早期的数字绿色探索给企业数字绿色创新活动带来负面影响。随着各种问题的逐步解决，此时的探索式数字绿色知识创造利用先进的数字技术能很好地与企业的内外环境相匹配。这有利于探索式数字绿色知识创造更顺利的展开，并且给企业数字绿色创新带来积极的影响。也就是说，企业在开展探索式数字绿色知识创造的过程中，其数字绿色创新绩效表现可能有一个“先抑后扬”的过程[498]。基于以上分析，提出以下假设。

假设 H4－7：探索式数字绿色知识创造和企业数字绿色创新绩效呈正“U”形关系。

4.4　研究设计

4.4.1　研究样本与数据搜集

专业化知识搜寻、数字绿色知识创造和认知评价等数据难以通过公开资料被获取。本章通过采用大规模问卷调查的方式收集数据。数字绿色知识创造从决策到落地实施并产生成效通常需要数月甚至数年不等。因此，研究认为，数字绿色知识创造与其影响因素和结果变量间的逻辑关系能够通过采用纵向调查的研究设计方法更准确地被检验[571]。大量企业开展数字绿色创新。通过跟踪观察，我们发现绝大多数数字绿色创新从决策到实施并产生成效需要 1 年左右的时间。如果涉及的是全公司的战略型数字绿色创新，则需要更长的时间。基于此，本章采用纵向调查的方式收集数据。本次调查分为两个阶段：第一阶段，调查企业的专业化知识搜寻情况和企业高层管理团队对数字绿色创新的认知评价情况；第二阶段，调查企业的数字绿色创新情况和绩效情况。第一次调查结束和第二次调查开始的时间间隔约为 11 个月。调查范围主要在江苏、浙江、广东、江西、山东、河南、北京、天津、河北、黑龙江、吉林和辽宁等地区。制造型企业为主要的调查对象。

第一次调查于 2020 年 7 ~ 12 月进行，第二次调查于 2021 年 7 ~ 10 月进行。由于采用的是纵向跟踪调查方法，我们需要在同一家企业发放两次问卷。而这增大了调查的难度。为提高回收率，问卷被发放通过采用企业记名、填答人不记名的方式。问卷要求填答人为企业的中高层管理者，并且在企业工作的时间在 1 年以上。因为中高层管理者能够比较准确地了解企业的专业化知识搜寻、数字绿色创新和绩效情况及其对数字绿色创新的认知评价情况。由于本章的研究属于企业层次的研究，即使两次调查由不同人填答，只要填答者的答案能比较准确地反映企业在各个变量上的表现情况，就不会对研究结果造成太大影响。因此，本章认为，通过采用企业记名、填答人不记名的方式，问卷填答的质量既能够被确保，问卷回收率又能被提高。具体而言，我们主要通过有较好合作关系的政府部门和行业协会联系企业发放问卷。问卷主要通过两种方式被发放：一是当调查团队在企业现场调研或参加由政府部门、行业协会组织的企业家座谈会时，调查团队现场发送问卷并回收；二是通过政府部门、行业协会提供的企业联系人名单，调查团队与企业联系人联系发放问卷。为确保两次调研数据的对应，所有问卷都由调查团队发放并回收统计，以此避免委托第三方发放可能出现的错乱。第一次调研对 1100 家企业发放了问卷，回收 705 份。回收的问卷中剔除了填答人非中高层管理者或在本企业工作不满 1 年的问卷，以及有 3 个及以上题项漏答的问卷和填答有明显规律的问卷。此次调查得到有效问卷 648 份，有效回收率 58.9%。第二次调查对第一次有效填答问卷的 648 家企业继续发放问卷，回收 486 份。回收的问卷中剔除了填答人非中高层管理者或在本企业工作不满一年的问卷，以及有 3 个及以上题项漏答的问卷和填答有明显规律的问卷。此次调查得到有效问卷 429 份，有效回收率 66.2%。样本企业的基本特征如表 4.1 所示。整体而言，样本企业覆盖了不同规模、年龄、产业性质、产业属性和产业链位置的企业，这表明本章的研究样本具有较强的代表性。

表 4.1　　样本企业基本特征（N = 429）

特征	类型	数量	占比
企业规模	大型企业	197	45.92%
	中小微型企业	232	54.08%
产权性质	民营企业	188	43.82%
	国有企业	104	24.22%
	其他	137	31.94%
数字化程度	优	186	43.36%
	良	65	15.15
	中	137	31.93%
	差	41	9.56

注：企业规模根据工业和信息化部、国家统计局、国家发展改革委、财政部《关于印发中小企业划型标准规定的通知》（工信部联企业〔2011〕300 号）所划定的标准确定，对于工业企业，员工人数少于 300 人的为小微型企业，超过 300 人的为大中型企业。

4.4.2　变量与测量

本章所采用的测量工具是在已有相关量表的基础上修订而成的。专业化知识搜寻[532]（Sofka & Grimpe，2010）、探索式/利用式创新[572]（Hernández，2011）、风险性/复杂性认知[573][574]（Bustamante，2007；

Heidenreich，2016）等变量都有成熟的量表。但没有完全对应的测量量表关于数字绿色知识创造相关知识的搜寻以及对于数字绿色创新的探索、利用和认知评价。因此，在这些成熟量表的基础上，本章对题项的表述进行适当修订，以符合本章研究的主题与情境。具体而言，本章通过以下3个步骤进行量表修订：首先，形成初始问卷，由两位英语较好的研究者通过采用“翻译—回译”的方式对相关原始量表进行翻译，根据本章的研究情境，研究者对量表进行修订；其次，通过结构化访谈对量表进行修订，对两位创新研究领域的教授以及10位华北地区某开发区内的企业家进行结构化访谈并听取他们对量表的意见，在不改变初始量表基本结构的基础上，研究者对量表的表述进行修订和完善，为了方便填答者更准确地理解调查内容；最后，预测试，研究者通过向华北地区某开发区的企业小规模发放问卷并运用探索性因子分析等统计方法对量表进一步修订。他们根据各题项的负载情况确定最终的问卷题项。

4.4.2.1 专业化知识搜寻

本章测量企业从外部搜寻数字绿色知识创造相关知识的情况基于科学型数字绿色知识搜寻、市场型数字绿色知识搜寻和供应链型数字绿色知识搜寻3个维度。我们使用现有的多项目量表来衡量我们的兴趣变量，依赖于7点李克特量表项目，范围从1到7[575]。为了实施措施的规模，我们遵循了丘吉尔建议的程序。对知识搜寻的测量，注重新知识的开发和探索，主要借鉴芮正云（2016）[576]等学者在研究中设计的量表，并对部分题项进行了合理完善。修订后的量表共有12个题项，每个维度4个题项。其中，科学型数字绿色知识搜寻主要测量公司向高等院校、科研院所，专业性会议或论坛，相关政府部门搜寻数字绿色知识创造相关知识与信息的情况[577]；市场型数字绿色知识搜寻主要测量公司向竞争对手、其他行业企业、专业咨询机构、非本行业的研究机构搜寻数字绿色知识创造相关知识与信息的情况[578]；供应链型数字绿色知识搜寻主要测量公司向供应商、客户、行业协会[579]，本行业的研究机构搜寻数字绿色知识创造方面的知识与信息的情况。考虑到企业数字绿色知识搜寻行为是一个持续的过程，因此在本测量工具之前，加上“近 3 年来”字样。这需要填答者根据公司近 3 年的情况进行作答。

4.4.2.2　数字绿色知识创造

本章从利用式数字绿色知识创造和探索式数字绿色知识创造两个方面测量企业对数字绿色相关知识的利用和探索情况。对于知识创造的测量，学者们较多从专利、论文、奖项等方面进行测量。研究主要参照黄淑芳（2016）[580]和高山行等（2018）[581]的研究，考虑数字绿色知识创造的特点，借鉴先前学者开发的成熟量表并对其进行适当修订。修订后的量表共有 9 个题项，利用式数字绿色知识创造有 4 个题项，探索式数字绿色知识创造有 5 个题项。其中，利用式数字绿色知识创造主要测量公司开展绿色活动的效率通过借鉴已有经验提升采用人工智能、互联网等数字技术[582]，借鉴已有的经验不断提高人工智能、互联网等数字技术知识存量，不断提高绿色产品数字化程度，不断提升数字绿色产品的知名度，调整部门及员工的职能与分工 4 个方面的表现情况[583]；探索式数字绿色知识创造主要测量以下 5 个方面：公司在探索新颖的数字绿色理念或思想，利用人工智能、互联网等数字技术重塑现有业务流程，尝试将数字技术融入绿色创新活动中，在数字绿色创新领域中担任创造者和推广者的角色，使用未使用过的应用于绿色创新技术方面的方法和技巧 5 个方面的表现情况[584]。考虑到本章的研究为纵向调查，调查时间间隔为 1 年。因此，在本测量工具之前，加上“最近 1 年以来”字样。这要求填答者根据公司近 1 年的情况进行作答。采用的量表已得到 Carmeli 和 Azeroual（2009）的验证[585]。

4.4.2.3　认知评价

本章从数字绿色风险性和数字绿色复杂性认知 2 个维度测量公司高层管理团队对数字绿色知识创造的认知评价情况。其中，从数字绿色知识能否被企业内转化、能否取得预期的效果和能否被企业整合 3 个方面来测量高层管理团队对数字绿色风险性认知[586]；为了测量高层管理团队对实施数字绿色知识创造的复杂性程度认知[587]，我们采用了一个改编自Ge（2009）[588]的四项目量表。该量表不仅包括数字绿色创新方案涉及多领域知识和需要花费大量时间精力理解和消化数字绿色知识，还包括制订数字绿色创新方案需要长期积累的经验和技巧以及该方案涉及多个部门的知识融合。本章拟测量的是所有高层管理团队成员对数字绿色知识创造的普遍认知情况[589]。因此，在本测量工具之前加上“公司高层管理团队的大多数成员认为”字样。这要求填答者根据高层管理团队成员对数字绿色知识创造的普遍态度进行作答。

4.4.2.4 数字绿色创新绩效

对数字绿色创新绩效的测量，注重财务表现和市场表现，主要借鉴余传鹏（2020）[590]等学者在研究中设计的量表，并对部分题项进行了合理完善。其中，财务表现主要测量公司采用人工智能、互联网等数字技术使绿色产品销售额增长、使绿色产品生产过程绩效增长情况[591]；市场表现主要测量公司采用人工智能、互联网等数字技术使绿色产品市场份额增长和顾客满意度增长情况还包括企业数字绿色相关专利数量变化情况[592][593]。由于各测量题项高度相关，本章将其组合为单一绩效变量。考虑到本章为纵向调查，调查时间间隔约为11个月且评价的标准情况取决于填答者的感知。因此，在本测量工具之前加上“与主要竞争对手相比，公司最近一年来在以下方面的表现更好”字样。这要求填答者根据公司最近一年的情况进行回答。以上所有题项均采用李克特7点量表进行设计，从1（非常不符合）到7（非常符合），具体测量题项如表4.2所示。

4.4.2.5 控制变量

根据已有研究，本章控制了企业规模、产权性质、企业数字化程度。其中，企业规模设置一个虚拟变量，1表示大中型企业，0表示小微型企业；产权性质分为三类：民营企业、国有企业和其他。产权性质设置两个虚拟变量；企业数字化程度按照优、良、中、差分为四类，设置三个虚拟变量。

4.4.3 数据分析工具

本章采用 SPSS 25.0、fsQCA 3.0 和 Amos 24.0 统计分析软件对数据进行统计分析，并根据分析结果得出研究结论。

关于 Meta 分析的方法，Smith 等[594]早在 1977 年即对其进行了介绍。狭义上 Meta 分析指的是一种单纯的定量合成的统计学方法。该方法能对同一课题的多项研究结果的一致性、系统性进行评价和总结。从方法学的角度，Meta 分析可以对现阶段某课题的研究设计进行评价，发现某些单个研究未阐明的问题。但是该方法并未纳入全部的相关研究，也无法提取全部的相关数据。同时 Meta 分析本身不但不能减少原始研究误差，反而会在其实施过程中引入新的系统误差[595]。为了尽量避免系统误差，因此本章未使用 Meta 分析法。

PLS - SEM 模型：基于偏最小二乘法的方差分析方法，它是一种将主成分分析与多元回归结合起来的迭代估计，也是一种因果建模的方法。收集到的数据用社会科学统计软件包（SPSS）和 AMOSv. 23 进行分析，这是一种合适的方法，特别适用于一个参数值有多个解的分析[596]。PLS - SEM 优势体在，一方面分析的数据无须服从正态分布；另一方面，与传统 SEM 不同，在 PLS - SEM 建模中，既可以建构反映性测量模型，也可以建构形成性测量模型。除此之外，PLS - SEM 还可以建构兼具两种模型的混合模型。运用偏最小二乘法结构方程模型（PLS - SEM），能够建立更为全面的指标体系[597]。因此，PLS - SEM 适用于预测以及理论的发展，而非理论的验证。由于本章需要对提出的假设进行实证检验，从而导致 PLS - SEM 模型未被引入。

fsQCA 采用多个案研究，避免了单一分析的面向，通过建立起因果关系的多元分析构成，充分地注意到了个案本身的异质性和复杂性。与传统质性研究挖掘个案间变量关系的做法不同，fsQCA 能以逻辑条件组合为基础，进行同一模式内不同个案之间以及不同模式之间的比较[598]，从而能够有效、系统地处理多案例比较研究数据。fsQCA 关注于产生某一结果的充分和必要条件，因此，它能分析原因组合对结果的作用，这是回归分析做不到的。因为回归是基于自变量间的相互独立（Independence of Variable）的理念，且易受到自相关与多重共线性的负面影响。同时回归分析是以案例和导致结果的原因为导向，在中小规模样本（Moderately Large - N Samples）的分析中，由于样本量的限制以及影响因素的复杂性意味着统计建模和统计推断难以提供有效的分析结论。但在同样规模样本的分析中，fsQCA 能够对结果的原因进行更深入的分析，它强调导致结果可以有多个因素组合，进而可以理清导致这一结果的多种方式和渠道[599]。fsQCA 解决了单个变量的独特效应可能被相关变量掩盖的问题，能在多个可比较的案例之间确定不同因果模型的数量和特征，解决了大样本分析不能解决的因果复杂性问题[600]。

综上所述，在探讨双元数字绿色知识创造采纳的复杂过程并探讨其实施对企业数字绿色创新影响中采用的是 AHP 分析法和 fsQCA 分析法。

4.5 实证检验与结果分析

4.5.1 问卷的信度与效度检验

在检验变量间的关系之前，我们先检验数据的信效度，以确保研究结论的有效性和可靠性。信度检验方面，本章通过采用内部一致性 α 系数和组合信度（Composite Reliability，CR）的方法进行评价，分析结果如表 4.2 所示。所有变量的总量表和分量表的内部一致性 α 系数值均在 0.764 以上，所有分量表的 CR 值均在 0.8 以上，大于基准值 0.7[601]。这说明本章的研究对变量的测量具有较好的内部一致性。

表 4.2　　问卷测量题项及信度效度分析结果（N = 429）

变量	测量题项	载荷	α 值	CR	AVE	KMO 值	总体 α
科学型数字绿色知识搜寻（SDGKS）	经常与高等院校合作搜寻数字绿色创新方面的知识和信息	0.785	0.827	0.879	0.592	0.850	0.846
	经常与科研院所合作搜寻数字绿色创新方面的知识和信息	0.798					
	经常通过专业性会议获取数字绿色创新方面的知识和信息	0.758					
	经常通过论坛获取数字绿色创新方面的知识和信息	0.772					
	经常从相关政府部门搜寻数字绿色创新方面的知识和信息	0.732					
市场型数字绿色知识搜寻（MDGKS）	经常从竞争对手那里获取数字绿色创新方面的知识和信息	0.763	0.764	0.850	0.586	0.766	
	经常从行业企业交流获取数字绿色创新方面的知识和信息	0.720					
	经常从技术中介咨询机构搜寻数字绿色创新方面的知识和信息	0.777					
	经常从非本行业的研究机构搜寻数字绿色创新方面的知识和信息	0.800					
供应链型数字绿色知识搜寻（SCDGKS）	经常从供应商那里获取数字绿色创新方面的知识和信息	0.799	0.827	0.885	0.659	0.800	
	经常搜集客户对本公司数字绿色实践方面的意见和建议	0.821					
	经常从行业协会获取数字绿色创新方面的知识和信息	0.805					
	经常从本行业的研究机构搜寻数字绿色创新方面的知识和信息	0.821					

续表

变量	测量题项	载荷	α 值	CR	AVE	KMO 值	总体 α
利用式数字绿色知识创造(ADGKC)	投入大量时间和精力提升采用人工智能、互联网等数字技术开展绿色活动的效率	0.819	0.849	0.886	0.610	0.866	0.852
	通过借鉴已有的经验不断提高人工智能、互联网等数字技术知识存量	0.790					
	通过借鉴已有的经验不断提高绿色产品数字化程度	0.780					
	通过借鉴已有的经验不断提升数字绿色产品的知名度	0.781					
	通过借鉴已有的经验不断调整数字化和绿色化转型思路	0.780					
探索式数字绿色知识创造(EDGKC)	通过解放思想，不断探索新颖的数字绿色理念	0.809	0.830	0.881	0.596	0.851	
	通过采用人工智能、互联网等数字技术重塑现有的绿色创新业务流程以根本性提高数字绿色产品知名度	0.778					
	尝试开展数字技术与绿色创新相嵌入的活动	0.768					
	不断引进公司之前从未使用过的应用于绿色创新技术方面的经验、技巧	0.767					
	企业在数字绿色创新领域中担任创造者和推广者的角色	0.737					
数字绿色风险性认知(DGRP)	不确定数字绿色创新能否在企业内顺利实施	0.806	0.829	0.886	0.661	0.787	0.770
	不确定数字绿色创新的实施能否取得预期的效果	0.768					
	不确定数字绿色创新的实施效果能否令公司上下满意	0.839					
	不确定数字绿色创新能否提高企业动态竞争力	0.837					

变量	测量题项	载荷	α 值	CR	AVE	KMO 值	总体 α
数字绿色复杂性认知（DGCC）	制定数字绿色创新方案涉及多个领域的知识	0.725	0.832	0.882	0.600	0.841	0.770
	需要花大量时间精力理解和消化数字绿色创新方案	0.726					
	顺利实施数字绿色创新方案需要长期积累的工作经验和技巧	0.773					
	顺利实施数字绿色创新方案需要协调多个职能部门之间的共同合作	0.825					
	顺利实施数字绿色创新方案需要适宜的外部环境支持	0.816					
数字绿色创新绩效（DGIP）	采用人工智能、互联网等数字技术生产的绿色产品使顾客满意度增长	0.786	0.847	0.891	0.621	0.858	—
	采用人工智能、互联网等数字技术使绿色产品市场份额增长	0.766					
	采用人工智能、互联网等数字技术使绿色产品生产过程绩效增长	0.781					
	采用人工智能、互联网等数字技术使绿色产品销售额增长	0.809					
	企业数字绿色相关专利数量增加	0.796					

注：所有载荷值均在 1% 水平上显著；“α 值”为内部一致性信度系数；“CR”为组合信度系数；“AVE”为平均变异数提取量。

效度检验包括内容效度、聚合效度和区分效度 3 个方面的内容。内容效度方面，本章的初始测量工具是在已有成熟量表的基础上修订而成的。然后在对同研究领域的学者和企业家进行结构化访谈以及预测试后，问卷被修订形成定稿。这能够确保测量工具具有较好的内容效度。聚合效度方面，本章通过验证性因子分析（Confir matory Factor Analysis，CFA）并计算平均变异数提取量（Average Variance Extracted，AVE）来判断。CFA 分析结果表明，本章假定的 4 变量 8 因子模型拟合情况比较理想（$\chi^2/df = 1.123$；CFI = 0.988；TLI = 0.987；IFI = 0.988；RM SEA = 0.017）。$\chi^2/df < 3$ 在 $p < 0.05$ 时的值作为可接受的模型拟合[602]。如表 4.2 所示，绝大部分题项在其对应因子上的载荷值都大于 0.7，AVE 值均大于 0.5。这说明本章的测量具有较好的聚合效度。区分效度方面，通过构建竞争性模型进行 CFA 分析。CFA 是进行验证性研究的理想分析技术[603]。分析结果如表 4.3 所示。与其他 8 个模型相比，本章所假定的 4 变量 8 因子模型（模型 1）拟合效果最为理想。进一步地，我们对比各潜变量 AVE 值的平方根与各潜变量之间的相关系数，结果如表 4.4 所示。平均方差提取（AVE）通过构造捕获其项目的方差量，测量误差的量应大于 0.50[604]。各潜变量 AVE 值的平方根均大于 0.5，说明本章的测量具有较好的区分效度。

表 4.3　验证性因子分析：区分效度检验（N = 429）

模型	因子	χ^2/df	CFI	TLI	IFI	RMSEA
模型 1	8 因子 SDGKS；MDGKS；SCDGKS；ADGKC；EDGKC；DGRP；DGCC；DGIP	1.123	0.988	0.987	0.988	0.017
模型 2	7 因子 SDGKS；MDGKS；SCDGKS；ADGKC + EDGKC；DGRP；DGCC；DGIP	2.059	0.896	0.886	0.897	0.050
模型 3	7 因子 SDGKS；MDGKS；SCDGKS；ADGKC；EDGKC；DGRP + DGCC；DGIP	2.189	0.883	0.872	0.884	0.053
模型 4	6 因子 SDGKS + MDGKS + SCDGKS；ADGKC；EDGKC；DGRP；DGCC；DGIP	2.362	0.864	0.853	0.866	0.056
模型 5	6 因子 SDGKS；MDGKS；SCDGKS；ADGKC + EDGKC；DGRP + DGCC；DGIP	3.082	0.793	0.775	0.795	0.070
模型 6	5 因子 SDGKS + MDGKS + SCDGKS；ADGKC；EDGKC；DGRP + DGCC；DGIP	3.362	0.763	0.745	0.765	0.074
模型 7	4 因子 SDGKS + MDGKS + SCDGKS；ADGKC + EDGKC；DGRP + DGCC；DGIP	4.181	0.679	0.657	0.681	0.086
模型 8	1 因子 SDGKS + MDGKS + SCDGKS + ADGKC + EDGKC + DGRP + DGCC + DGIP	6.927	0.396	0.360	0.399	0.118

注："SDGKS" 表示变量 "科学型数字绿色知识搜寻"、"MDGKS" 表示变量 "市场型数字绿色知识搜寻"、"SCDGKS" 表示 "供应链型数字绿色知识搜寻"、"ADGKC" 表示 "利用式数字绿色知识创造"、"EDGKC" 表示 "探索式数字绿色知识创造"、"DGRP" 表示 "数字绿色风险性认知"、"DGCC" 表示 "数字绿色复杂性认知"、"DGIP" 表示 "数字绿色创新绩效"、" + " 代表多个因子合并为一个因子。

表 4.4　　　　　　　描述性统计与相关分析结果（N=429）

变量	1	2	3	4	5	6	7	8
1. 科学型数字绿色知识搜寻	0.769							
2. 市场型数字绿色知识搜寻	0.478***	0.766						
3. 供应链型数字绿色知识搜寻	0.237***	0.371	0.812					
4. 利用式数字绿色知识创造	0.370***	0.451***	0.230***	0.781				
5. 探索式数字绿色知识创造	0.309***	0.506***	0.487***	0.404***	0.772			
6. 数字绿色风险性认知	0.140***	0.047	-0.231***	0.136***	-0.200***	0.775		
7. 数字绿色复杂性认知	-0.234***	-0.093*	-0.195***	0.332***	-0.097**	0.120**	0.788	
8. 数字绿色创新绩效	0.190***	0.197***	0.162***	0.2367***	0.315***	-0.070	-0.041	0.813
均值	4.287	4.356	4.033	4.247	4.200	3.784	4.070	3.904
标准差	1.193	1.164	1.202	1.161	1.071	1.568	1.456	1.295

注：*** 表示在 1% 水平显著，** 表示在 5% 水平显著，* 表示在 10% 水平显著；对角线加粗数值为 AVE 值的平方根。

此外，尽管本章采用企业记名、填答者匿名的方式收集数据，两次调查的填答者可能相同也可能不同。这在一定程度上降低了产生共同方法变异问题的风险。但是，由于两次测量有着类似的测量环境及项目语境，即使两次问卷的填答者不同也可能造成预测变量与效标变量之间人为的共变。本章采用 Harman 的单因子检验方法（Harman's One - factor Test）检验数据的共同方法变异程度。未经旋转的主成分因子分析结果表明，共抽取 8 个因子，解释总变异量 65.26%。其中第一个因子可解释的总变异量为 20.37%，说明不存在能解释大部分变异量的单一因子。这表明样本研究数据的共同方法变异问题得到了较好控制。为避免研究样本的同源偏差，本章通过同源方法偏差和未回应者偏差进行检验。在未回应者偏差上，按照问卷返回排序，选取前1/3和后1/3的样本进行t检验。结果表明，93.73%以上的观测变量不存在显著差异，表明未回应者偏差不会造成显著影响。

4.5.2 描述性统计与相关分析

从表4.4的描述性统计分析与相关分析结果来看，科学型数字绿色知识搜寻、市场型数字绿色知识搜寻和供应链型数字绿色知识搜寻的均值分别为4.287、4.356和4.033。这一结果说明样本企业通过向竞争对手、其他行业企业、专业咨询机构或非本行业研究机构搜寻数字绿色知识创造相关的知识和信息最为频繁。利用式数字绿色知识创造和探索式数字绿色知识创造的均值分别为4.247和4.200。这一结果说明样本企业开展利用式数字绿色知识创造的程度更高。数字绿色风险性和数字绿色复杂性认知的均值分别为3.784和4.070。该结果说明样本企业的高层管理团队对数字绿色复杂性认知程度较高。总体而言，描述性统计分析结果比较符合我们对现实观察的感知。

相关分析结果表明，知识搜寻的3个维度与数字绿色知识创造的两个维度之间两两相关，相关系数介于0.230～0.506。数字绿色知识创造的两个维度与企业绩效均正相关，相关系数分别为0.236和0.315。以上所有相关均呈中度相关水平且在0.01水平上显著，初步支持了本章研究的直接效应假设。而在认知评价和数字绿色知识创造的相关关系方面，数字绿色风险性认知仅与利用式数字绿色知识创造显著正相关，相关系数为0.136。数字绿色复杂性认知仅与利用式数字绿色知识创造显著正相关，相关系数为0.332。为了获得更为稳健的数据分析结果以检验本章提出的假设，我们接下来需要进行多元回归分析。

4.5.3 专业化知识搜寻直接效应的检验

本章采用层次回归分析对各假设进行检验，专业化知识搜寻与数字绿色知识创造间关系的实证检验结果如表 4.5 所示。表 4.5 中模型 1 和模型 2 被用来检验专业化知识搜寻与利用式数字绿色知识创造间的关系；模型 3 和模型 4 被用来检验专业化知识搜寻与探索式数字绿色知识创造间的关系。其中，模型 1 和模型 3 为仅包含控制变量的基准模型。所有模型的方差膨胀因子（VIF）均小于 1.449，说明不存在多重共线性问题。

表 4.5　专业化知识搜寻与数字绿色知识创造关系的检验（N=429）

变量	利用式数字绿色知识创造		探索式数字绿色知识创造	
	模型 1	模型 2	模型 3	模型 4
常数项	3.714***	1.435***	3.768***	1.228***
企业规模 K3	-0.121	-0.153	-0.078	-0.91
产权性质 K1	0.011	0.061	-0.075	-0.033
数字化程度 K2	0.198***	0.136***	0.183***	0.086**
科学型数字绿色知识搜寻	—	0.196***	—	0.057
市场型数字绿色知识搜寻	—	0.325***	—	0.310***
供应链型数字绿色知识搜寻	—	0.044	—	0.297***
R^2	0.033	0.253	0.044	0.374
调整 R^2	0.026	0.243	0.038	0.365
F 值	4.858***	23.838***	6.580***	41.971***
VIF	1.015≤VIF≤1.449			

注：（1）表中回归系数为非标准化值；（2）*** 表示在 1% 水平显著，** 表示在 5% 水平显著，* 表示在 10% 水平显著。

具体而言，模型 2 和模型 4 表明，在控制其他变量的影响后，专业化知识搜寻对利用式和探索式数字绿色知识创造的变异解释量分别为 24.3% 和 36.5%。这说明专业化知识搜寻对数字绿色知识创造的采纳具有重要解释作用。其中，科学型数字绿色知识搜寻与利用式数字绿色知识创造间的正相关关系显著（$\beta=0.196$，$p<0.01$），与探索式数字绿色知识创造间的正相关关系不显著（$\beta=0.057$，$p>0.1$），假设 H4-1 得到实证数据的部分支持；市场型数字绿色知识搜寻与利用式数字绿色知识创造（$\beta=0.325$，$p<0.01$）和探索式数字绿色知识创造（$\beta=0.310$，$p<0.01$）间的正相关关系均显著，且前者的回归系数更大，假设 H4-2 得到实证数据的部分支持；供应链型数字绿色知识搜寻与利用式数字绿

色知识创造间的正相关关系不显著（β=0.044，p>0.1），供应链型数字绿色知识搜寻与探索式数字绿色知识创造的正相关关系显著（β=0.297，p<0.01），假设H4－3得到实证数据的部分支持。

4.5.4 认知评价调节效应的检验

我们首先对自变量专业化知识搜寻的3个维度以及调节变量认知评价的2个维度进行标准化处理。这一步骤的目的是检验认知评价在专业化知识搜寻与双元数字绿色知识创造间关系的调节效应。我们将各原始数据转换成均值为0、标准差为1的数据，然后构筑6个交互项，进而开展层次回归分析。分析结果如表4.6所示，所有模型的VIF值均小于1.433，说明不存在多重共线性问题。表4.6中模型5到模型7被用于检验认知评价对专业化知识搜寻与利用式数字绿色知识创造间关系的调节效应；模型8至模型10被用于检验认知评价对专业化知识搜寻与探索式数字绿色知识创造间关系的调节效应。

表4.6　认知评价对专业化知识搜寻与数字绿色知识创造关系的调节效应检验（N=429）

变量	利用式数字绿色知识创造			B2		
	模型5	模型6	模型7	模型8	模型9	模型10
常数项	−0.289	−0.237	−0.338	1.751***	1.690***	1.758***
企业规模K3	−0.128	−0.117	−0.128	−0.098	−0.087	−0.083
产权性质K1	0.065	0.059	0.071	−0.031	−0.030	−0.034
数字化程度K2	0.124***	0.122***	0.127***	0.090**	0.097**	0.091**
科学型数字绿色知识搜寻（SDGKS）	0.297***	0.287***	0.310***	—	—	—
市场型数字绿色知识搜寻（MDGKS）	0.333***	0.331***	0.313***	0.358***	0.353***	0.351***
供应链型数字绿色知识搜寻（SCDGKS）	—	—	—	0.263***	0.272***	0.256***
数字绿色风险性认知（DGRP）	0.018	0.020	0.019	−0.105***	−0.109***	−0.103***

续表

变量	利用式数字绿色知识创造			B2		
	模型 5	模型 6	模型 7	模型 8	模型 9	模型 10
数字绿色复杂性认知（DGCC）	0.341***	0.341***	0.359***	0.009	0.011	0.014
SDGKS × DGRP	—	-0.063	—	—	—	—
MDGKS × DGRP	—	-0.003	—	—	0.050	—
SCDGKS × DGRP	—	—	—	—	-0.079*	—
SDGKS × DGCC	—	—	0.105**	—	—	—
MDGKS × DGCC	—	—	-0.121***	—	—	0.019
SCDGKS × DGCC	—	—	—	—	—	-0.087**
R^2	0.427	0.430	0.441	0.392	0.398	0.399
调整 R^2	0.418	0.418	0.429	0.382	0.385	0.386
F 值	44.832***	35.185***	36.708***	38.835***	30.752***	30.892***
VIF	1.018≤VIF≤1.433					

注：（1）表中回归系数为非标准化值；（2）***表示在1%水平显著，**表示在5%水平显著，*表示在10%水平显著。

具体而言，模型 6 和模型 9 表明，数字绿色风险性认知与专业化知识搜寻的交互项对利用式和探索式管理创新的变异解释量分别为 41.8% 和 38.5%。其中，数字绿色风险性认知在科学型数字绿色知识搜寻与利用式数字绿色知识创造（β = -0.063，p > 0.1）的调节效应不显著；在市场型数字绿色知识搜寻与利用式数字绿色知识创造（β = -0.003，p > 0.1）和探索式数字绿色知识创造（β = 0.050，p > 0.1）间关系中的调节效应均不显著；负向调节供应链型数字绿色知识搜寻与探索式数字绿色知识创造间的关系（β = -0.079，p < 0.1），假设 H4-4 得到实证数据的部分支持。

模型 7 和模型 10 表明，数字绿色复杂性认知与专业化知识搜寻的交互项对利用式和探索式数字绿色知识创造的变异解释量分别为 42.9% 和 38.6%。其中，数字绿色复杂性认知正向调节科学型数字绿色知识搜寻与利用式数字绿色知识创造间的关系（β = 0.105，p < 0.05）；在市场型数字绿色知识搜寻与利用式数字绿色知识创造间关系中的负向调节效应

显著（$\beta = -0.121$，$p < 0.01$），与探索式数字绿色知识创造（$\beta = 0.019$，$p > 0.1$）的调节效应不显著；负向调节供应链型数字绿色知识搜寻与探索式数字绿色知识创造间的关系（$\beta = -0.087$，$p < 0.05$），假设 H4－5 仅得到实证数据的部分支持。

4.5.5 数字绿色知识创造对企业数字绿色创新绩效的影响

我们首先分别对利用式和探索式数字绿色知识创造的数据进行标准化处理，然后构建平方项，进而开展层次回归分析。该步骤的目的是检验数字绿色知识创造与数字绿色创新绩效间的非线性关系。分析结果如表 4.7 所示。

表 4.7　数字绿色知识创造与数字绿色创新绩效间关系的检验（N＝429）

变量	数字绿色创新绩效			
	模型 11	模型 12	模型 13	模型 14
常数项	1.887***	0.653**	1.078***	0.390
企业规模 K3	0.054	0.083	0.0560	0.097
产权性质 K1	0.117*	0.134**	0.124*	0.135**
数字化程度 K2	0.647***	0.585***	0.571***	0.590***
利用式数字绿色数字创造	—	0.086*	0.026	0.090*
探索式数字绿色数字创造	—	0.243***	0.252***	0.271***
利用式数字绿色数字创造平方	—	—	－0.149***	—
探索式数字绿色数字创造平方	—	—	—	0.105**
R^2	0.264	0.319	0.332	0.328
调整 R^2	0.258	0.311	0.323	0.318
F 值	50.723***	39.655***	35.022***	34.261***
VIF	1.015≤VIF≤1.428			

注：（1）表中回归系数为非标准化值；（2）*** 表示在 1% 水平显著，** 表示在 5% 水平显著，* 表示在 10% 水平显著。

所有模型的 VIF 值均小于 1.428，说明不存在多重共线性问题。其中，模型 11 为只包含控制变量的基准模型，模型 12 为加入自变量的直接效应模型，模型 13 和模型 14 分别被用于检验利用式数字绿色知识创造和探索式数字绿色知识创造的曲线效应。模型 12 显示，利用式和探索式数字绿色知识创造均与企业数字绿色创新绩效显著正相关。因此，在模型 13 中我们控制了探索式数字绿色知识创造可能产生的影响；同样，在模型 14 中我们控制了利用式数字绿色知识创造可能产生的影响。模型 13 表明，利用式数字绿色知识创造的平方项对数字绿色创新绩效的变异解释量为 32. 3% 。利用式数字绿色知识创造与数字绿色创新绩效有正相关关系（$\beta = 0.026$，$p > 0.1$），其平方项与数字绿色创新绩效显著负相关（$\beta = -0.149$，$p < 0.01$）。这表明利用式数字绿色知识创造与企业数字绿色创新绩效呈倒“U”形关系，假设 H4 -6 得到实证数据的支持；模型 14 表明，探索式数字绿色知识创造的平方项对企业数字绿色创新绩效的变异解释量为 31. 8% 。探索式数字绿色知识创造（$\beta = 0.217$，$p < 0.01$）及其平方项（$\beta = 0.105$，$p < 0.05$）均与企业数字绿色创新绩效显著正相关。这表明探索式数字绿色知识创造与企业数字绿色创新绩效呈正“U”形关系，假设 H4 -7 得到实证数据的支持。

4.5.6 讨论

随着诸如大数据、云计算、人工智能等数字技术正在逐步改变工业经济的生产模式，现代社会已经进入了数字化经济时代[605]。在这一时代，数字技术改变了原有产品的基本型态、新产品生产过程的方式、商业模式和组织型态，甚至颠覆了许多创新理论的基本假设[606]。在此背景下，近年来学术界关注的热点问题是如何驱动企业开展数字绿色知识创造并从中获益。本章首先将探索/利用双元分析框架[512]引入数字绿色知识创造研究领域，以更细致地刻画数字绿色知识创造的特征；其次，通过深入的理论分析，本章将数字绿色知识搜寻和认知评价的理论观点整合到已有的数字绿色知识创造采纳与实施过程理论框架之中。这有助于厘清专业化知识搜寻对数字绿色知识创造采纳的具体影响机制并明确高层管理团队作为内部促进者对数字绿色知识创造采纳的具体作用机理。同时，这也有利于了解双元数字绿色知识创造对企业数字绿色绩效的差异化影响。基于以上理论分析，本章构建了一个数字绿色知识创造采纳与实施的过程机制模型通过引入专业化知识搜寻、数字绿色知识创造、认知评价和企业数字绿色绩效等变量。本章运用我国华北地区 429 家制造型企业的纵向问卷调查数据，对该过程模型进行实证检验，检验结果如图 4.3 所示。

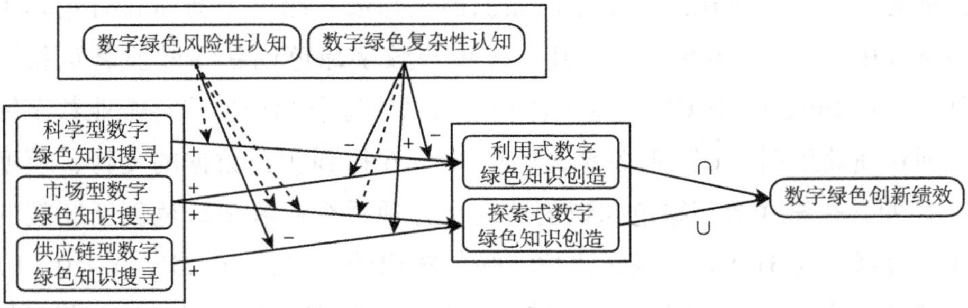

图 4.3　实证检验结果归纳

各种模式虽然均能触发企业的知识创造行为，但更为关键的是关注各前因条件的组合作用。实证检验虽然能够清楚解释变量之间的因果关系，但不能完整解释数字绿色创新绩效的前因条件。因此，本章试图将实证研究结论引入定性比较分析结果中。具体而言，在模式一中，高科学型数字绿色知识搜寻对数字绿色知识创造的激励作用得到体现；模式二，低数字绿色风险性认知与高市场型数字绿色知识搜寻的激励机制发挥作用；模式三，低数字绿色风险性认知、低数字绿色复杂性认知与高市场型数字绿色知识搜寻的促进机制发挥作用；模式四，低数字绿色风险性认知、低数字绿色复杂性认知与高供应链型数字绿色知识搜寻的作用机制发挥作用；模式五，高科学型数字绿色知识搜寻、市场型数字绿色知识搜寻、供应链型数字绿色知识搜寻、高数字绿色复杂性认知与低数字绿色风险性认知的激励机制发挥作用。

针对检验结果：研究结果与 H4 - 1、H4 - 2 和 H4 - 3 略有不符。针对 H4 - 1 可能原因在于，本章认为企业作为知识创造的主体，更多的是与高校、科研机构进行合作。由高校和科研机构等进行知识搜寻，而企业作为知识创造的主体只需要直接利用有关数字绿色知识。针对 H4 - 2，外部信息技术的压力以及政府为实现“双碳”目标的压力迫使企业与咨询机构或竞争对手进行合作。为快速实现“双碳”目标，企业更多地开展利用式数字绿色知识创造。针对 H4 - 3，在“消费者至上”的理念引导下，企业更多的是探索消费者的需求同时开展探索式数字绿色知识创造。另外，本章以制造型企业为研究对象，制造型企业的产业链比较长，供应链上的合作伙伴比较多。尽管双方可能存在多方面的合作与交流，但是由于业务领域不同以及相关经验知识涉及自身的利益，导致合作与交流对企业利用式数字绿色知识创造影响不大。这使供应链数字绿色知识搜寻与利用式数字绿色知识创造间的正相关关系未得到实证数据的支持。

供应链型知识搜寻与利用式数字绿色知识创造间的关系不显著。这表明供应链合作伙伴不是利用式数字绿色知识创造的重要知识来源，所以认知评价在其中的调节效应不明显。此外，有一条路径的调节效应方向与假设相反。本章假设复杂性认知正向调节供应链型知识搜寻与探索式数字绿色知识创造间的关系，但实证结果表明该调节效应是负向的。其可能原因在于，高层管理团队认为，已被证明有效的实践经验使企业快速、低成本地开展数字绿色创新活动并从中获益。所以当高层管理团队对数字绿色知识创造的复杂性认知程度较高时，他们对于探索新的创新方案持有更加谨慎的态度。他们可能不是更加审慎地对待数字绿色知识创造引进决策，而是进一步加强对成功经验的引进水平。这从而导致复杂性认知负向调节供应链型数字绿色知识搜寻与探索式数字绿色知识创造间的关系。

4.6　模糊集定性比较分析

4.6.1　变量的选取与校准

本章选取科学型数字绿色知识搜寻、市场型数字绿色知识搜寻、供应链型数字绿色知识搜寻、利用式数字绿色知识创造、探索式数字绿色知识创造、数字绿色风险性认知和数字绿色复杂性认知等 7 个变量为前因条件。该选取方法主要基于以下考虑：第一，科学型数字绿色知识搜寻、市场型数字绿色知识搜寻、供应链型数字绿色知识搜寻、数字绿色风险性认知和数字绿色复杂性认知对数字绿色创新绩效的影响有理论与实证研究结论支撑；第二，本章发现利用式数字绿色知识创造与数字绿色创新绩效呈倒“U”形关系，探索式数字绿色知识创造与企业数字绿色创新绩效呈正“U”形关系。所以选取利用式数字绿色知识创造和探索式数字绿色知识创造为结果变量。

校准是将变量概念转换为集合概念，是给案例赋予集合隶属的过程[607][608]。进行 fsQCA 分析时首先要对研究中涉及的变量进行校准（Calibrate）。科学型数字绿色知识搜寻、市场型数字绿色知识搜寻、供应链型数字绿色知识搜寻、数字绿色风险性认知和数字绿色复杂性认知等连续变量取平均值。然后，按照 Ragin[609] 提出的 5%（Fully Out）、95%（Fully In）以及交叉点 50%（Crossover Point）的标准分别进行数据校准。校准如表 4.8 所示。依据之前研究，设定 3 个临界值：完全隶属、完全不隶属和交叉点[610]。本章结合研究资料的实际情况，根据周阳等（2022）的研究设计，采用常规设置，分别选取样本数据的 0.95 分位数、0.50 中位数和 0.05 分位数作为结果变量和条件变量的完全隶属、交叉点和完全不隶属的 3 个校准点[611][612][613]。

表 4.8　　前因变量和结果变量的校准锚点

变量		完全不隶属	交叉点	完全隶属
前因变量	科学型数字绿色知识搜寻	3.095	4.287	5.480
	市场型数字绿色知识搜寻	3.192	4.356	5.520
	供应链型数字绿色知识搜寻	2.831	4.033	5.234
	利用式数字绿色数字创造	3.085	4.247	5.408
	探索式数字绿色数字创造	3.129	4.200	5.271
	数字绿色风险性认知	2.216	3.784	5.352
	数字绿色复杂性认知	2.614	4.070	5.527
结果变量	数字绿色创新绩效	2.609	3.904	5.199

校准后的数据被导入 fsQCA 软件得到结果如表 4.9 所示。从表 4.9 中可以看出，数据校准之后，对各变量单项前因条件的必要性与充分性进

行分析后发现，任一前因变量影响结果变量的一致性均低于阈值 0.9，说明各单项前因条件均未达到绝对必要条件的标准；同时，各前因条件也不是引致结果的充分条件。所有前因条件单独情况下都不足以产生特定结果，需要对各要素的组态效果进一步分析。因此，本章需要将多个前因条件组合起来进行构型分析。

表 4.9　单个变量的必要条件检测结果

前因变量		结果变量			
		激励效果好		激励效果差	
		一致性	覆盖率	一致性	覆盖率
专业化知识搜寻	科学型数字绿色知识搜寻	0.667	0.635	0.549	0.483
	~科学型数字绿色知识搜寻	0.457	0.524	0.585	0.618
	市场型数字绿色知识搜寻	0.661	0.645	0.537	0.484
	~市场型数字绿色知识搜寻	0.471	0.524	0.606	0.622
	供应链型数字绿色知识搜寻	0.657	0.635	0.550	0.490
	~供应链型数字绿色知识搜寻	0.472	0.532	0.590	0.613
数字绿色知识创造	利用式数字绿色数字创造	0.668	0.645	0.535	0.477
	~利用式数字绿色数字创造	0.458	0.516	0.601	0.625
	探索式数字绿色数字创造	0.691	0.676	0.518	0.467
	~探索式数字绿色数字创造	0.456	0.506	0.641	0.657
认知调节	数字绿色风险性认知	0.560	0.574	0.575	0.544
	~数字绿色风险性认知	0.556	0.586	0.550	0.536
	数字绿色复杂性认知	0.595	0.592	0.592	0.544
	~数字绿色复杂性认知	0.541	0.590	0.556	0.559

注：“~”表示逻辑运算“非”。

4.6.2　fsQCA 结果分析

本章采用 fsQCA 软件对 3 个维度的 7 个前因变量进行组态分析，以此得出复杂解、中间解、简约解，并从简约解与中间解中得出核心条件和辅助条件，最终得到构型如表 4.10 所示。其中“⊗”表示核心条件存在，“○”表示核心条件缺失，“●”表示边缘条件存在，“◎”表示边缘条件缺失，空格表示条件可存在可缺失。根据表 4.7 对模型 13、模型 14 的研究，已经实证检验利用式数字绿色知识创造与企业数字绿色创新绩效呈倒“U”形关系，探索式数字绿色知识创造与企业数字绿色创新绩效呈正“U”形关系。因此，在前因构型中，前因变量不包括利用式数字绿色知识创造与探索式数字绿色知识创造。从表 4.10 结果可知，无论是单一构型的一致性还是总体一致性均高于可接受阈值 0.75。这说明构型可靠性良好，能够充分揭示 7 个前因变量对数字绿色创新影响的组合路径。本章将具有相同核心条件的前因构型进行归类，归纳为影响利用式数字绿色知识创造与探索式数字绿色知识创造的两类模式。利用式数字绿色知识创造触发类型包括模式一和模式二两种，探索式数字绿色知识创造的触发类型包括模式三至模式五。同时，fsQCA 分析结果显示，促进利用式数字绿色知识创造的两类模式中，模式一的覆盖率为 0.920，其解释力大于模式二；促进探索式数字绿色知识创造的三类模式中，模式四的覆盖率为 0.871，其解释力大于其他两个模式。

表 4.10　　前因条件构型

前因变量	利用式数字绿色数字创造			探索式数字绿色数字创造				
	构型 H1	构型 H2	构型 H3	构型 H4	构型 H5	构型 H6	构型 H7	构型 H8
科学型数字绿色知识搜寻	●		⊗		⊗		⊗	⊗
市场型数字绿色知识搜寻	⊗	●	●	●	●	⊗	●	
供应链型数字绿色知识搜寻	○	⊗		⊗		●		●
数字绿色风险性认知	◎	◎	⊗	○	○	○		◎
数字绿色复杂性认知		○	●	◎		◎	●	●
一致性	0.920	0.898	0.894	0.846	0.882	0.875	0.871	0.872
覆盖率	0.521	0.523	0.328	0.623	0.373	0.362	0.402	0.357
总体一致性	0.853			0.804				
总体覆盖率	0.641			0.767				

（1）模式一。

S1 的前因构型为“科学型数字绿色知识搜寻 · ~供应链型数字绿色知识搜寻 · ~数字绿色风险性认知”。核心条件包括高科学型数字绿色知识搜寻，边缘条件包括低供应链型数字绿色知识搜寻和低数字绿色风险性认知。

如前所述，高等院校和科研院所等机构属于知识生产机构[614]。来自高等院校等机构的专家是探索式数字绿色知识创造活动的促进者。然而，由于制造企业数字化转型作为探索未来商业的新模式，此时企业便成为数字绿色创新发展的主体。为了开发绿色产品、促进绿色创新，企业需要相应的数字技术作为基础。因此，企业会广泛开展与高等院校和科研院所等机构间的合作[615]。企业将其技术需求传递给高等院校和科研院所。这使这些机构有针对性地进行创新和探索，产生的成果会被企业直接利用。进而，企业的利用式数字绿色知识创造被促进。处在供应链上下游的合作伙伴，一方面与企业经营的业务领域不同，另一方面大多数企业并不愿将自己成功的经验对外分享，因此通过供应链伙伴搜寻的数字绿色知识并不能为企业直接应用。当企业的高层管理团队对利用式数字绿色知识创造的风险性认知较低时，他们认为企业开展利用式数字绿色知识创造的成功率较高。于是他们会尝试多种方式进行数字绿色知识搜寻，并将获取的数字绿色知识应用到企业的实践中，进而促进企业利用式数字绿色知识创造。

（2）模式二。

S2 这一触发类型包括两个子模式（H2 和 H3），其构型为“市场型数字绿色知识搜寻 · ~数字绿色风险性认知”。核心条件包括高市场型数字绿色知识搜寻和低数字绿色风险性认知。

研究显示，由于竞争对手与本企业的业务领域有重叠，在该领域企业能够直接利用其成功的经验与实践。低数字绿色风险性认知可能使高层管理团队在做出数字绿色知识创造采纳决策时持有更加开放的态度。同时，这也会促进企业成员的积极性[616]。因此，企业高程度的市场型数字绿色知识搜寻在高层管理团队低数字绿色风险性认知的情境下有助于企业的利用式数字绿色知识创造。

（3）模式三。

S3 这一触发类型包括两个子模式（H4 和 H5），其构型为“市场型数字绿色知识搜寻 · ~数字绿色风险性认知 · ~数字绿色复杂性认知”。核心条件包括高市场型数字绿色知识搜寻和低数字绿色风险性认知，边缘条件包括低数字绿色复杂性认知。

高市场型数字绿色知识搜寻表明，企业从其他行业或专业咨询机构获取数字绿色知识较多。但由于面临数字化转型、节能减排等复杂环境，企业不得不根据自身情况进行相应的探索[617]。低数字绿色风险性认知和低数字绿色复杂性认知使企业高层管理团队对探索式数字绿色知识创造持有更加开放的态度。他们认为探索式数字绿色知识创造是简单的、确定的、有序的。因此，企业高市场型数字绿色知识搜寻在高层管理团队同时具有低数字绿色风险性认知和低数字绿色复杂性认知情境下有利于企业探索式数字绿色知识创造。

（4）模式四。

S4 这一触发类型是 H6，其构型为“供应链型数字绿色知识搜寻 · ~数字绿色风险性认知 · ~数字绿色复杂性认知”。核心条件包括高供应链型数字绿色知识搜寻和低数字绿色风险性认知，边缘条件包括低数字绿色复杂性认知。

随着经济的不断发展，企业深刻地认识到消费者才是市场竞争最终的决定性力量。于是，越来越多的企业开展供应链活动以消费者为导向[618]。企业需要深度挖掘和探索来自消费者需求的数字绿色知识。同模式三一样，低数字绿色风险性认知和低数字绿色复杂性认知使高层管理团队将探索式数字绿色知识创造简化。因此，企业高供应链型数字绿色知识搜寻在低数字绿色风险性认知和低数字绿色复杂性认知情境下有利于企业探索式数字绿色知识创造。

（5）模式五。

S5 这一触发类型包括两个子模式（H7 和 H8），其构型为“科学型数字绿色知识搜寻 · 市场型 · 供应链型数字绿色知识搜寻 · ~数字绿色风险性认知・~数字绿色复杂性认知”。核心条件包括高科学型数字绿色知识搜寻、高市场型数字绿色知识搜寻、高供应链型数字绿色知识搜寻、低数字绿色风险性认知和高数字绿色复杂性认知。

本章研究的认知评价是高层管理团队对数字绿色知识创造的情境认知。也就是说，将获取到的数字绿色知识进行信息处理时，高层管理团队将探索式数字绿色知识创造的复杂性认知感觉进行信息输入，形成情境意识。但由于科学型数字绿色知识搜寻的介入，这不仅使他们在反应阶段减少了对探索式数字绿色知识创造复杂性认知的信息输出，也缓解了数字绿色复杂性认知对探索式数字绿色创造的负向调节，进而促进了探索式数字绿色知识创造。在此基础上，高市场型数字绿色知识搜寻、高供应链型数字绿色知识搜寻和低数字绿色风险性认知进一步促进了企业探索式数字绿色知识创造。因此，企业高市场型数字绿色知识搜寻、高供应链型数字绿色知识搜寻在高层管理团队低数字绿色风险性认知情境下，有利于企业探索式数字绿色知识创造。并且由于科学型数字绿色知识搜寻的介入，高数字绿色复杂性认知减缓对探索式数字绿色创造的负向调节更加促进企业探索式数字绿色知识创造。

4.7　结论与启示

4.7.1　结论

随着新一代信息技术在全球加速普及和数字技术高速发展，互联网与其他产业融合越来越频繁，数字技术逐渐渗入各行业的各类业务。但是，我国工业互联网技术基础比较薄弱，工业互联网平台商业成熟度不强。企业的数字化进程由于制造企业的薄弱认识以数字化推进企业转型升级被影响。数字绿色创新具有收敛性、自生长性及高外部性等复杂特征。收敛性和自生长性特征使企业各部门以及产品的边界模糊不清[619]。基于此，企业无法根据相关的理论知识开展数字绿色创新活动。然而，考虑了收敛性、自生长性及高外部性特征的数字绿色知识搜寻对数字绿色知识创造的差异化影响机制究竟如何，现有研究并未给出清晰答案。与此同时，关于我国制造企业如何进行数字绿色创新，实现节能减排目标的研究仍处于理论层面，结论不一，相对分散。因此，探讨出双元数字绿色知识创造采纳的复杂过程并探讨其实施对企业数字绿色创新的影响显得尤为重要。为了企业更好地生存和发展，本章对数字技术融入绿色创新和生产等过程进而如何促进企业数字绿色创新绩效、提高企业竞争力进行深入探讨。并进一步阐明数字化绿色创新的复杂过程。本章将经典的探索/利用双元分析框架[620]被引入数字绿色创新研究领域，从而构建数字绿色知识创造对数字绿色创新绩效的影响框架。最后，通过AHP和fsQCA相结合的研究方法，对研究假设进行实证验证。对实证检验结果进行归纳，可以得出以下结论。

（1）专业化知识搜寻的3个维度对双元数字绿色知识创造的采纳过程有着差异化的影响机制。科学型数字绿色知识搜寻对利用式数字绿色知识创造有正向影响；市场型数字绿色知识搜寻对双元数字绿色知识创造均有正向影响，且对利用式数字绿色知识创造的促进作用更强；供应链型数字绿色知识搜寻仅对探索式数字绿色知识创造有正向影响。

（2）企业高层管理团队对数字绿色知识创造的认知评价发挥调节效应，且不同认知维度在数字绿色知识创造的采纳过程中发挥调节效应的机理有所不同。科学型数字绿色知识搜寻与利用式数字绿色知识创造间的关系受到复杂性认知（正向）的调节作用。而其与探索式数字绿色知识创造间的关系不受认知评价任何维度的调节效应影响。研究表明，科学型数字绿色知识搜寻没有市场型数字绿色知识搜寻对利用式数字绿色知识创造的影响程度大。市场型数字绿色知识搜寻与利用式数字绿色知识创造间的关系受复杂性认知负向调节影响。而其与探索式数字绿色知识创造间的关系不受认知评价任何维度的调节效应影响。研究结果表明，市场型数字绿色知识搜寻与利用式和探索式数字绿色知识创造均呈显著正相关。但市场型数字绿色知识搜寻与利用式数字绿色知识创造间的相关程度远高于科学型和供应链型数字绿色知识搜寻与利用式数字绿色知识创造间的相关程度。供应链型知识搜寻与探索式数字绿色知识创造间的关系同时受到风险性认知（负向）和复杂性认知（负向）的调节作用。研究结果表明，供应链型数字绿色知识搜寻与市场型数字绿色知识搜寻对探索式数字绿色知识创造的影响程度相差不多。

（3）对企业数字绿色创新绩效来说，利用式数字绿色知识创造和探索式数字绿色知识创造有着差异化的影响机制。利用式数字绿色知识创造与企业数字绿色创新绩效呈倒“U”形关系。这表明在一定边界内适度开展利用式数字绿色知识创造有利于企业数字绿色创新绩效，超过一定程度后，利用式数字绿色知识创造继续被企业强化这一过程反而可能对企业数字绿色创新绩效产生负面影响。探索式数字绿色知识创造与企业数字绿色绩效呈正“U”形关系。探索式数字绿色知识创造在早期阶段可能给企业数字绿色创新绩效带来负面影响。但随着探索式数字绿色知识创造的逐步深入，探索程度达到一个“拐点”后，会使探索式数字绿色知识创造对企业数字绿色创新绩效的边际促进作用越来越强。

4.7.2　启示

本章研究的理论贡献主要体现在以下三个方面：首先，将经典的探索/利用框架引入数字绿色知识创造研究领域。为了详细描述数字绿色知识创造的特征，将数字绿色知识创造分为利用式数字绿色知识创造和探索式数字绿色知识创造两个维度。这为后续数字绿色知识创造的实证研究提供了新的思路框架。其次，将数字绿色知识搜索和认知评价的理论视角整合到现有的数字绿色知识创造、采用和实施过程的理论框架中。本章从内部促进者的角度阐明了二元数字绿色知识创造与采用的复杂过程机制。具体而言，基于不同知识来源提供的知识元素的属性差异，本章从专业化的角度对数字绿色知识搜索的维度进行了划分，将这些维度作为数字绿色知识创造的直接驱动因素进行研究。同时，本章遵循 Lazarus 和 Folkman（1987）的思想，构建了主体认知评价的框架。与其他研究不同的是，本章基于认知主体（高级管理团队）和认知客体（数字绿色知识创造）的特征。本章从风险和复杂性两个维度构建了高管团队对数字绿色知识创造的认知评价框架。此外，本章将认知评价作为调节变量引入数字绿色知识创造采纳过程模型。该章丰富了认知评价的概念内涵和结构特征，扩展了 Osiyevsky 和 Dewald（2015）的认知评价框架。该研究不仅阐明了高级管理团队扮演“内部促进者”角色的具体机制，而且丰富了关于数字绿色知识创造和采用过程的研究文献（Raisch and Birkinshaw，2008）。最后，本章阐明了双重数字绿色知识创造对企业数字绿色创新绩效影响的差异机制。本章为“数字绿色知识创造如何影响企业数字绿色创新绩效”这一目前学术界研究不多的问题提供了新的理论解释视角和实证证据。本章不仅揭示了变量之间的内在因果关系，而且采用定量分析与定性分析相结合的方法对数字绿色创新绩效的前因条件进行了更深入的分析。本章结合层次分析法（AHP）和定性比较分析法（QCA），通过实证分析验证所有假设。通过 QCA 方法考察因素组合的影响，找到了多条触发数字绿色知识创造的等价路径。研究发现，模式一对多种触发模式的影响更大。

本章研究的结论对于当前中国实施数字化转型以实现“双碳”目标的背景下制造企业的数字化绿色知识创造实践具有一定的启示意义。首先，在数字化绿色知识创造的采用阶段，企业要注意与知识生产机构的连接，如高校、科研院所以及与供应链合作伙伴的连接。结果表明，科学型数字绿色知识搜寻对利用式数字绿色知识创造的促进作用最强。供应链数字绿色知识搜寻对探索式数字绿色知识创造的促进作用最强。一些理论的、标准化的知识很难被企业直接利用。而对于企业来说，这些知识可以帮助企业更深入地了解创新问题的本质原因，并根据组织情况探索数字化绿色知识创造方案。供应链伙伴提供的经验和知识通常与企业具有很强的协同性和互补性。由于这些经验和知识的操作性特点，可以帮助企业快速找到解决实际问题的方案。其次，应该让高级管理团队成员更多地参与到数字绿色知识创造的决策过程中。这不仅加深了高级管理团队成员对数字绿色知识创造的理解和意识，也使决策更加有效。因此，管理者应该投入足够的时间和精力参与数字绿色知识创造解决方案的开发过程。这样既能让高层管理团队对数字绿色知识创造有全面准确的认识，又能做出科学的采纳决策。最后，企业要注重数字化绿色知识创造的程度。公司不应该过分依赖成功的经验，但企业也要注意企业形势的变化。在探索数字绿色知识创造方面，企业需要更有耐心。探索式数字绿色知识创造是一个试错的过程，初始探索式数字绿色知识创造对企业的积极影响可能并不明显。只有对实施过程中出现的问题进行不断迭代和改进，才能充分发挥数字绿色知识创造对资源利用的杠杆效应，以达到预期的效果。

4.8　本章小结

本章对数字技术融入绿色创新和生产等过程进而如何促进企业数字绿色创新绩效、提高企业竞争力进行深入探讨，并进一步阐明数字化绿色创新的复杂过程。本章分析了探索与利用双元数字绿色知识创造对制造业数字绿色创新绩效的影响，建立了双元分析框架，丰富了数字绿色创新领域的研究。基于数字绿色知识搜寻、数字绿色知识创造以及管理者数字绿色复杂性和风险性认知理论提出研究假设，通过 AHP 和 fsQCA 相结合的研究方法，对研究假设进行实证验证，并进一步从偏差、信度、效度方面检验了问卷数据的可验证性。

| 第 5 章 |

基于互惠理论的制造企业合作数字绿色创新的应用阶段分析

随着新一代信息技术在全球加速普及和数字技术高速发展，互联网与其他产业融合越来越频繁，数字技术逐渐渗入绿色创新、绿色发展的各类业务。本章在数字化绿色化背景下，基于数字绿色商业模式创新视角对数字绿色战略导向的维度进行划分，描述数字绿色创新绩效的作用机制。此外，本章从数字绿色价值共创理论和数字绿色网络嵌入理论角度出发，实证检验了数字绿色价值共创行为与数字绿色创新绩效之间的关系。数字绿色网络嵌入程度在数字绿色价值共创行为与数字绿色创新绩效之间的中介作用和数字绿色网络分裂断层对数字绿色价值共创行为的调节作用得到验证，进而分析数字绿色价值共创行为对实现数字绿色创新绩效的影响机制。本章主要内容框架具体如图 5.1 所示。

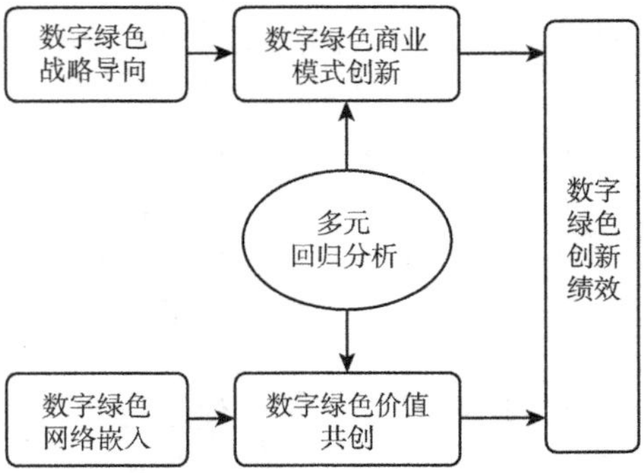

图 5.1　制造企业合作数字绿色创新的应用阶段研究框架

5.1　制造企业合作数字绿色商业模式创新相关概述

随着5G网络、大数据、云计算等技术与产业高度融合，中国经济正经历从高速增长向高质量发展的绿色转型。中国制造企业通过“互联网+”、创新性应用数字孪生、人工智能、大数据等数字技术，开展了智能制造新工厂、平台化组织新模式、数字化创新新产品、商业模式创新新业态等数字化转型的探索[621]。这加快了中国企业数字绿色创新实践与时代属性“同频共振”的战略步伐。尽管创新驱动发展战略、“双创”不断地被实施，新的商业形态不断涌现，但最引人注目的当属数字绿色商业模式创新。这使持续为企业创造数字绿色创新绩效的商业模式成为战略周期不断压缩的背景下企业获取优势的关键路径[622]。与此同时，数字绿色资源整合、竞争优势、融合共享、价值提升等成为数字绿色商业模式创新的关键实践，并推动创新速度不断加快，应用领域逐渐延伸[623]。随着数字绿色创新实践活动的逐步推广，公司针对不同的业务单元会采用不同的数字绿色创新战略，数字绿色商业模式及其对数字绿色创新获益的影响已经引起了部分学者的重视。已有的研究表明，数字绿色商业模式在企业数字绿色创新获益中发挥重要作用。

然而，随着研究的不断深入，学者们发现，商业模式创新作为企业战略层面的关键创造性活动，与其创新实现过程密不可分的还有组织的战略因素[624]。不同战略导向下对于自身优势的不同理解影响企业商业模式创新过程[625]（Markides & Sosa，2013）。研究显示，对企业数字绿色创新绩效起到关键性作用的不只是数字绿色创新商业模式该因素，还有组织的战略选择，而且两者的匹配程度能够决定企业绩效的高低。

选择合理的数字绿色战略导向，使企业从容应对绿色市场竞争及动荡变化的行业环境，使企业能充分获取现有数字绿色资源并突破当前资源的约束困境。Venkatraman[626]首次提出战略导向的概念，他将战略导向定义为一种行为，该行为旨在实施企业战略，并认为组织成败的关键性因素便是战略导向。自此以来，与战略导向相关的研究进入蓬勃发展的阶段。在当前中国经济转型期，外部环境不确定性较强，数字化趋向于无边界。在此背景下，企业要想突出重围、立于不败之地一定要有格局思维，能够精准把握战略导向。而对于企业来讲，战略导向具有社会复杂性、缄默性以及不可替代性[627]。精准的数字绿色战略导向却能够使企业数字绿色资源得到合理的配置，增强企业在数字绿色创新领域的竞争优势，带动新数字绿色产品、新技术的诞生，提升企业数字绿色创新绩效。因此，战略导向对企业绩效的影响成为战略管理领域的研究热点，越来越多的研究认可战略导向在提升企业创新能力和绩效方面的积极作用[628]。学者对于不同类型的战略导向的研究热忱和关注并不均衡，大多数学者对其与企业绩效间的关系的研究重心放在了某种单一类型的战略导向对于企业绩效影响方面。但是，企业的战略与行为不只是由一种战略导向驱动，往往有多种战略导向同时影响、驱动[629]。因而在探讨数字绿色战略导向与企业数字绿色创新绩效之间的关系时，迫切需要考虑与企业息息相关的多种战略导向的共同作用。

此外，现有的研究普遍采用"战略导向—组织创新—企业绩效"的范式，并且对于组织创新对企业绩效的提升有了充分的证明[630]。但是数字绿色战略导向对企业数字绿色创新绩效影响的中间机制仍然存在诸多争议。目前，国内外学者主要关注市场导向[631][632]、企业家导向[633][634]、技术导向[635]等，并分析这些导向的前因及其对企业绩效的影响。很少考虑到的是，中国政府通过多种方式影响着中国企业的经营运作和数字绿色创新实践，因此政府作为企业外部环境中一个重要的主体其潜在影响应该被关注，即建立政府导向[636]。同时，对于数字绿色商业模式创新类型的研究，学者们主要集中在效率型和新颖型商业模式创新，很少考虑到融合型商业模式创新。

因此，本书创新性地引入数字绿色商业模式创新这一中介变量，构建"数字绿色战略导向—数字绿色商业模式创新—企业数字绿色创新绩效"的理论框架。通过将融合型数字绿色商业模式创新整合到该框架中，深入剖析效率型和融合型数字绿色商业模式创新在数字绿色战略导向对企业数字绿色创新绩效影响过程中的关键作用，进一步完善并提升了数字绿色战略导向对于企业数字绿色创新绩效变化的解释力，深化了数字绿色战略导向对企业数字绿色创新绩效的作用机制研究，从而指导并启发中国企业的数字绿色创新探索。

5.1.1　理论基础

5.1.1.1　数字绿色战略导向

战略导向是一种保证企业一直高效工作的方法[637]。数字绿色战略导向弥散于整个企业的绿色战略姿态之中。它既是管理者对于外部数字绿色环境的认知与反应还是企业未来经营状况与发展的指针。田庆峰等(2018)[638]指出战略导向被认为是企业为获取持续高绩效所奉行的一种集体性行为和策略选择。数字绿色战略导向则是企业处在数字技术迅速发展、绿色创新为主流的背景下，根据企业自身组织结构、数字绿色知识合理整合企业内外数字绿色资源，确立企业未来发展方向，指导企业在数字绿色创新方面高效运作的方法。基于此，企业的做事风格以及企业未来的发展方向可通过其数字绿色战略导向被洞察。

当前对企业战略导向的研究主要是通过个案分析或实证研究对其要素进行了界定和多元化分类，如市场导向（周琪等，2020）[639]、技术导向(周桂凤，2021)[640]、员工导向（韩晨和高山行，2022)[641]、创业导向(刘雅兰等，2022)[642]、产品导向（Talak and Abdulhussein，2022)[643]等。然而近年来，以云计算、大数据、物联网、人工智能、3D打印为首的数字化技术的爆发使企业绿色创新活动发生了巨大变化。数字化环境的无边界性、互联性以及不确定性特征充斥在企业绿色创新的内外部环境当中。关注点仅仅聚焦于传统的市场导向和技术导向等战略导向不符合当前发展方向。结合当下数字经济背景全方面看待企业绿色创新活动，制定合理的数字绿色战略导向才能多角度衡量企业数字绿色创新绩效[644]。数字绿色战略导向不仅在企业的数字绿色发展方向、数字绿色创新行为选择、数字绿色资源配置等方面具有明确的指导作用，更是在驱动企业数字绿色创新活动的前因变量中起到关键性作用。数字绿色战略导向可以帮助企业更好地适应、回应、重塑环境，并通过合理地配置数字绿色资源提高组织进行数字绿色创新活动的效率，从而促进企业数字绿色创新绩效的提升。事实上，在当前数字化转型时期，数字绿色战略导向的选择不仅反映了企业在数字绿色创新活动方面的战略方向，也映射出企业如何整合与更新数字绿色资源，适应或改变外部环境的能力。战略导向的选择对于企业开展创新活动是非常重要的[645]。有学者指出企业不能一味地限制缺少禀赋资源的情境当中，对外部环境变化应保持高度敏感，要具备适应与改变环境的能力。对于企业外部而言，首要的任务是选择合适的数字绿色战略导向指导企业数字绿色创新行为与活动，使组织面对外部高强度创新竞争时能及时获取相关数字绿色知识和经验并迅速对组织结构和计划做出调整，以达到灵活应对的效果。因此，对于数字绿色战略导向的合理抉择，为企业应对数字绿色市场竞争及动荡变化的行业环境、获取现有数字绿色资源并突破当前数字绿色资源的约束困境提供了可能。

在爆发式增长的数字经济时代和易变性、不确定性、复杂性和模糊性特征日益明显的新背景下，使企业很难做到“独善其身”，郭和韩（2019）[646]指出企业的战略思维不能一成不变，培养格局思维，做到有洞见、远见和创见。采取绿色市场导向的企业，通过获取、扩散和响应绿色市场信息并利用大数据、物联网等数字技术构建新的交易方式来满足潜在的绿色市场需求；采取数字绿色技术导向的企业，通过革新传统产业技术采用先进的数字技术构建高效率绿色交易网络，以创造绿色产品使用者价值，并进一步优化与拓展数字绿色创新产业生态系统；采取政府导向的企业，能够构建良好的数字绿色知识产权保护体系，优化数字绿色创新资源配置，降低了企业在数字绿色创新活动方面的研发成本，促进企业开展数字绿色创新实践。因此，本书借鉴 Zhou 等（2005）[647]、李和王（2015）[648]构建的关于战略导向（市场导向、技术导向、政府导向）及环境因素对突破性创新（基于技术以及基于市场）和企业创新驱动比较研究，主要选取绿色市场导向、数字绿色技术导向和政府导向3种数字绿色战略导向的关键维度要素，但对数字绿色战略方向的聚焦倾向于存在差异的3种数字绿色战略导向对企业数字绿色商业模式创新及数字绿色创新绩效提升过程的影响作用。

现有关于数字绿色战略导向对企业数字绿色创新绩效作用机制的研究结论存在分歧：一些研究人员认为数字绿色战略导向能够帮助企业迅速聚焦于自身和绿色产品使用者的定位、优化组织数字绿色资源配置、整合数字绿色资源系统体系[649]。因此，他们认为企业战略导向对于提升企业绩效具有正向影响[650]。与此同时，另一些研究人员提出与之不同的结论。他们指出不能单一考虑数字绿色战略导向与企业数字绿色创新绩效的关系，数字绿色创新的发展机制过于复杂，一般动态情境是影响两者关系不可忽视的因素。不同的情境下，数字绿色战略导向对企业数字绿色创新绩效的影响会呈负相关[651]。与企业数字绿色创新绩效之间关系的研究呈现碎片化，鲜有学者研究并分析绿色市场导向、数字绿色技术导向和政府导向对于企业数字绿色创新绩效的协同作用。本书将针对如何真正执行和落实数字绿色战略导向以提升企业数字绿色创新绩效水平进行深度研究探讨。

5.1.1.2　数字绿色商业模式创新

商业模式是组织利用商业机会为企业和利益相关者创造价值的概念化模式，描述了组织创造价值、传递价值和获取价值的内在逻辑[652]。近十年来，数字经济蓬勃发展，为新型经济发展培育了新动力。数字经济对传统产业的数字化转型和新产业体系的构建具有推动作用。其渗透和衍生效应可以与传统产业深度融合，产生低能耗、低污染的新业态。同时，数字化转型可以促使企业进行数字绿色商业模式创新，迫使企业改进传统生产技术，采用当前先进的数字技术，迫使污染行业向环保和绿色创新发展[653]。而数字绿色技术创新也加速了资源的合理利用和减排。这便减少了企业生产的负外部性，提高了高质量的绿色发展。在此背景下，数字绿色商业模式创新应运而生。数字绿色商业模式创新指的是为提升数字绿色产品使用者价值和企业数字绿色竞争力而改变企业数字绿色创新价值创造基本逻辑的活动。同时也是企业实现既定数字绿色战略的重要工具，是根据企业数字绿色战略制定的一系列价值活动的总称。

尽管学者们基于不同视角下对数字绿色商业模式创新（Business Model Innovation）内涵的理解存在差异，但一致认为数字绿色商业模式创新确实能够增强企业数字绿色核心竞争力，因而企业需要持续进行数字绿色商业模式创新以应对外部环境变化。只有数字绿色商业模式创新诱发数字绿色竞争新优势时，数字绿色商业模式创新才能成功。关于数字绿色商业模式创新的要素划分，部分学者基于不同情境（Clausen，2013）[654]或企业内外部驱动因素（方和向，2022）[655]对其进行界定和分类研究。但在数字化环境下，数字化技术打破了原有的组织边界。这使环境中各主体间原来稳定的、不可渗透的边界变得越来越模糊与不稳定，企业面临的环境也越发不确定、不可预测。企业与外部环境中的顾客、供应商、竞争者等实现了双向的、连续的以及实时的数字绿色信息互动，企业面临的环境更加开放和动态。故对数字绿色商业模式创新类型的研究不能只是延续以往传统研究，应放在企业所处的新环境、新背景下进行讨论。因此，本书借鉴陈亚光等（2017）[656]与严国莉和王保林（2018）[657]基于商业模式创新要素一般特征进行维度划分的研究分析，将数字绿色商业模式创新划分为效率型和融合型数字绿色商业模式创新。效率型数字绿商业模式创新指企业通过多种数字技术手段，如云计算、人工智能等创造性实施获取绿色交易效率的各项数字绿色创新活动。效率型数字绿色商业模式创新不仅强调提升企业数字绿色创新效率本身，更关注的是通过降低企业与各参与方的数字绿色交易复杂度。通过减少数字绿色交易活动中与各利益相关者间的数字绿色信息不对称、降低绿色交易过程中的差错等方式，降低商业生态系统中绿色交易的成本，从而使生态系统中成员获利。与效率型数字绿色商业模式不同，融合型数字绿色商业模式为使系统价值最大化，会聚集数字绿色商业生态系统中利益相关方，充分整合利用各方各类数字绿色资源。该模式强调充分挖掘各类与数字绿色创新相关的价值以获得共赢发展。融合型数字绿色商业模式不仅强调平台企业的数字绿色创造价值，更关注企业数字绿色创新系统的整体价值。

当前学术界对其研究主要聚焦在数字绿色商业模式创新中介作用、整合能力与企业绩效（庞长伟等，2015）[658]、开放式创新与新创企业成长（郭海和韩佳平，2019）等。而在数字经济全球化发展的大背景下，鲜有学者研究效率型数字绿色商业模式创新和融合型数字绿色商业模式创新对企业数字绿色创新绩效的影响。因此，厘清它们之间的作用机理，对于促进企业数字绿色创新绩效提升、推动其数字绿色创新成长和获取竞争优势起到关键作用。这对企业成功实施数字绿色商业模式创新有着现实的指导意义。同时，由于现有对数字绿色战略导向与企业数字绿色绩效作用关系的研究结果存在一定的分歧，因此有必要通过引入数字绿色商业模式创新这一中介变量，深入探讨数字绿色战略导向对企业数字绿色创新绩效的作用机制。

综上所述，探究数字绿色战略导向对企业数字绿色创新绩效的作用机制，对于拓展数字绿色战略导向相关理论及指导企业数字绿色战略选择实践具有重要价值。然而，企业在面临外部环境时刻复杂变化时，如何选择适合自己的数字绿色战略导向？同时，不同类型的数字绿色商业模式创新能否以及如何通过加强不同数字绿色战略导向的实施质量，更好地实现价值创造及价值获取？均是本书亟待解决的关键问题。

5.1.2　研究假设

5.1.2.1　数字绿色战略导向与企业数字绿色绩效的关系

企业数字绿色战略导向具有社会复杂性和缄默性等特征，有效精准的数字绿色战略导向决定着企业的竞争模式以及未来发展方向。同时，基于先进的数字技术，数字绿色战略导向促使企业合理配置数字绿色资源以增强竞争优势，带动新产品、新服务和新技术的萌生。首先，绿色市场导向型企业强调为顾客创造卓越价值的企业文化。此类型企业能够迅速注意到当前与顾客、竞争者和环境要素等有关的绿色市场信息。它们重视利用组织内部的价值理念、成员的行为规范等方式创造更多的客户价值，从而提高组织绩效。它对市场信息的捕捉更为迅速，一方面绿色市场导向有助于企业加强创造数字绿色产品使用者价值的新理念，引导企业战略行为。同时绿色市场导向推动企业进行系统分析并调整策略，适应变化、利用变化。另一方面绿色市场导向有利于企业进行绿色市场信息的搜寻和积累。企业对收集到的知识进行整合，充分了解目前市场信息。进而，依据绿色市场信息，利用新技术、新手段开发满足顾客需求的数字绿色新产品，有效降低外部竞争威胁[659]，以达到提高企业数字绿色创新绩效的战略目标。其次，数字绿色技术导向型企业需要在数字绿色新产品的开发过程中使用高端技术。一方面通过融合新技术多样化的资源和知识，企业可以及时了解数字技术的最新动态和发展趋势，来为顾客设计更好、更新颖、功能更优质的数字绿色产品；另一方面数字绿色新技术能有效促进多个国家间跨组织边界的数字技术知识流动，充分利用、整合提高国际化研发强度后所带来的国际知识技术信息。新数字技术整合速度的不断提升也为新产品、新服务的不断开发创造了重要条件（Slater et al.，2014）[660]。最后，政府导向型企业主张与政府保持良好的关系。一方面政府支持在数字绿色创新资源配置中发挥重要作用。中国政府通过制定有利于企业数字绿色创新活动的政策和创新数字绿色资源配置可以大力促进中国企业数字绿色创新能力的提升。同时，政府为企业数字绿色创新活动提供资金、税收补贴等资助，降低了企业数字技术和数字绿色新产品的研发成本。另一方面政府导向型企业更有利于准确把握政府有关企业数字绿色创新活动政策的发展动向，了解绿色市场发展动态，并做到迅速调整企业数字绿色创新活动。从而最大可能地利用政府提供的政策优惠或机会。因此，基于以上分析本章提出如下假设：

H5-1a：绿色市场导向显著正向影响企业数字绿色创新绩效。

H5-1b：数字绿色技术导向显著正向影响企业数字绿色创新绩效。

H5-1c：政府导向显著正向影响企业数字绿色创新绩效。

5.1.2.2　数字绿色战略导向与数字绿色商业模式创新的关系

（1）绿色市场导向与数字绿色商业模式创新的关系。

近年来，基于数字技术应用和数据驱动，跨越企业边界，颠覆传统商业模式，绿色市场导向型企业倾向于利用先进的数字技术快速吸收绿色市场信息，从而有效感知市场环境变化和理解顾客对数字绿色产品的需求程度，有针对性地优化现有的数字绿色产品、服务和信息的组合，为推动数字绿色商业模式创新提供更坚实的信息基础。相对于其他企业，此类企业拥有较为丰富、广泛的绿色市场知识。在企业面临绿色市场发展的新机会时，他们更注重在当前数字绿色领域或跨界、跨行业开展数字绿色信息搜索活动，因此可提前预测、聚焦到顾客目前的需求状况，并进行动态跟进。如此一来，企业能够了解掌握竞争对手数字绿色创新方面的关键优势、核心能力及发展策略，为企业培养全新竞争优势打下了坚实基础。注重绿色市场导向的企业能够获取所需的数字绿色外部资源、数字绿色领域上结识新的合作伙伴、捕获更多的市场机会，以最快速度达到企业进行创新的要求。在数字绿色商业模式创新过程中，绿色市场信息在企业内部的交流传播是企业高效整合数字绿色资源来满足市场需求的基础，能有针对性地满足顾客需求。这既能降低顾客选择产品的时间成本，也能提高企业的运营效率[661]。同时，企业内部对新思维、新方法、新理念的传播和吸收也离不开成员间的信息分享。绿色市场导向促进企业各个职能部门之间的交流和沟通，加强了部门之间的密切合作以满足顾客的价值需求。数字绿色信息快速流通与吸收能够大幅提升企业的数字绿色创新绩效，进而影响企业的数字绿色商业模式创新。

具体来看，对效率型数字绿色商业模式创新而言，绿色市场导向型企业会投入大部分人力、物力和财力对市场中的绿色信息进行研究与分析。为获取更大的竞争优势，企业往往会重点关注、迅速捕捉绿色市场中顾客对数字绿色产品的使用需求，把握市场机遇，从而达到灵活应对复杂多变的市场的效果。一方面，企业会对当前不符合市场需求的绿色资源、组合方案等进行反思，并通过对从市场捕获的全新绿色信息进行整合，以降低企业的交易成本和改善企业的生产经营流程，达到提升交易和活动过程价值的效果；另一方面，企业通过在市场获取的一手数字绿色信息吸引与之合作的交易伙伴，促使企业与合作伙伴的交易效率得到提升，对组织内外部数字绿色资源进行有效整合和优化配置，进而推动效率型数字绿色商业模式的创新。对融合型数字绿色商业模式创新而言，绿色市场导向型企业提倡平台企业聚集数字绿色商业生态系统中利益相关方，融合利用各方各类数字绿色资源，充分挖掘各类价值，使系统价值最大化，获得多方共赢发展。一方面，推动企业在数字绿色创新领域联合新的合作伙伴开展广泛数字绿色合作，不断提供数字绿色新产品或服务组合，以挖掘并满足市场及消费者需求；另一方面，绿色市场导向型企业会与合作伙伴以及整个数字绿色商业生态系统中的利益相关方共享所获取的数字绿色知识信息。该导向型企业在获得数字绿色竞争优势的同时，其他利益相关方也会紧跟企业步伐，顺应市场趋势，把握市场机遇，提升自身价值。于是，得到提升的不仅是平台企业的价值更是数字绿色商业生态系统的整体价值。因此，基于以上分析本章提出如下假设：

H5 - 2a：绿色市场导向显著正向影响效率型数字绿色商业模式创新。

H5 - 2b：绿色市场导向显著正向影响融合型数字绿色商业模式创新。

（2）数字绿色技术导向与数字绿色商业模式创新的关系。

随着人工智能、区块链、云计算、大数据等数字技术的广泛应用，基于数字技术的新的协作组织网络——数字商业生态系统（DBE）超越了传统的行业边界，推动企业依托数字技术进行实体之间的交互[662]。数字绿色技术导向是企业通过一系列的数字绿色技术研发、创新以推出数字绿色新产品占领消费者市场的一种战略行为。该导向提倡企业要不断学习，丰富现有技术知识储备，提升数字绿色技术的多样性并增强企业利用数字绿色技术的能力[663]。事实上，数字绿色技术水平是企业相对于竞争对手的核心竞争力。数字绿色技术导向不仅有助于企业更新设计数字绿色技术组合，更有利于企业完善数字绿色新产品及生产服务流程，同时可以吸收、改进和利用现有数字绿色技术创新企业活动。在商业模式创新的过程中，数字绿色技术导向能够促进企业搜寻、了解更多的技术知识，为更新和应用新数字绿色技术做充分的准备。在此过程中，企业不仅对于获取有价值的技术信息及整合到企业当中的能力被提高，而且对数字绿色创新领域内整体行业技术发展水平的了解被加深。而数字绿色商业模式创新成为其获取数字绿色技术变化带来收益的重要载体[664]。数字绿色技术导向提升了企业在动态环境中感知与关注机会的能力、逻辑推理与问题解决能力，这有助于企业从模糊环境中提取关键数字绿色信息，理性分析并做决策，最终促进商业模式创新，增加了企业获取卓越绩效的可能性。

具体来看，对效率型商业模式创新而言，企业数字绿色技术导向带来的技术变化，一方面使企业创造性实施获取交易效率的各项活动，如企业一改以往传统的价值主张、关键活动、分销渠道、盈利模式等数字绿色商业模式要素的衔接和协调模式，同时创新产业流程再造，完善内部控制并为客户提供更多数字绿色技术解决方案；另一方面，企业引进新数字绿色技术和更多地与物联网连通以及采用以数据为中心的设备和交付物，优化对内部各个环节的掌控力，实现精细化管理，改进和创新价值创造与获取过程中原有的价值链结构[665]。持续性的数字绿色技术投入和获取，企业的数字绿色数据信息得以在各个部门迅速、正确地反馈，促使企业降低交易成本及提升交易效率，以此来推动企业数字绿色创新绩效取得质的突破。对融合型数字绿色商业模式创新而言，数字绿色技术的投入和使用不仅优化了企业内部结构，帮助企业将复杂的人力资本进行有效整合以及合理地规划资金投入，打造优质数字绿色产品和与客户的优质关系，增加企业自身价值；还可以利用数字绿色技术融合多方利益相关者信息，扩充、更新、延展现有产业数字绿色生态系统。同时推进企业与组织外的利益相关者实现双向、连续以及实时的信息互动，以此带动整个数字绿色商业生态系统的价值提升。因此，基于以上分析本章提出如下假设：

H5－3a：数字绿色技术导向显著正向影响效率型数字绿色商业模式创新。

H5－3b：数字绿色技术导向显著正向影响融合型数字绿色商业模式创新。

（3）政府导向与数字绿色商业模式创新的关系。

在经济转型时期的中国，转型经济背景下的政府，在推动企业创新过程中发挥着更为突出的作用[666]。政府通过多种方式影响着中国企业的经营运作和创新实践。我国“十四五”规划提出“加快数字化发展，建设数字中国”，对建设数字经济、数字社会、数字政府，营造良好数字生态作出明确部署。政府工作报告也将“促进数字经济发展”作为重点工作，并强调“促进产业数字化转型”。在此情景下，政府导向型企业倡导与政府保持良好的关系。在这个大环境下，企业与政府保持良好的关系不仅有助于提高企业的政治合法性，树立正面、良好的企业形象，为企业带来间接支持，还可以通过政府对企业进行数字绿色创新活动提供的资金、相关税收补贴的资助，降低企业数字绿色创新活动的研发成本[667]。在数字绿色商业模式创新的过程中，企业对原有数字绿色商业模式要素进行重新筛选，去其糟粕取其精华，适时变革，以保持现有数字绿色商业模式具有核心竞争优势的独特性。由于政府导向型企业十分重视其与政府之间的关系，企业会及时关注国家对自身发展领域的态度，严格遵守国家和政府颁布的有关法律法规。因此，政府导向有助于企业认真研究国家、政府及行业的发展趋势，及时洞察到政府对行业发展的风向，并对外部复杂环境的变化做出灵活的应对[668]。

具体来看，对效率型数字绿色商业模式创新而言，政府导向能够塑造企业对于当前或潜在市场及其发展趋势的认知。通过对已有数字绿色技术、知识的利用及延伸，企业充分了解政府政策的发展动态，将政府对企业数字绿色创新活动的各项资助发挥到最大程度，以突破环境中的资源约束。因此，在遵守政府颁布的数字绿色创新活动相关政策的前提下，有助于企业规范当前交易机制和运营流程，减少政府对企业的压力以及实行创新的阻碍。从而增强企业与合作伙伴间交易效率的提升，推动效率型数字绿色商业模式创新的实现[669]。对融合型数字绿色商业模式创新而言，一方面政府导向型企业会充分利用政府对数字绿色创新的支持，通过建立各种数字绿色创新基金为企业研发提供补贴以及税收激励政策、金融政策，主导搭建产学研平台、政府采购等方式。在此过程中政府起到了中介作用，使企业能够融合多产业、多领域的数字绿色创新知识、技术等实行数字绿色创新活动的关键因素，促进企业融合型数字绿色商业模式的创新。另一方面，政府导向型企业将及时准确把握到的政府政策发展动向以及政府提供的政策优惠或机会等有效信息对企业外部环境中供应商、承包商等利益相关者进行实时分享，迅速调整企业及整个供应链企业的数字绿色创新活动，从而实现整体价值增长的效果[670]。因此，基于以上分析本章提出如下假设：

H5-4a：政府导向显著正向影响效率型数字绿色商业模式创新。

H5-4b：政府导向显著正向影响融合型数字绿色商业模式创新。

5.1.2.3　数字绿色商业模式创新的中介作用

对战略导向、商业模式创新与企业绩效的相关研究表明，数字绿色战略导向可以直接或者通过某些中介因素间接影响企业数字绿色创新绩效变化。企业数字绿色战略导向选择不仅能够为数字绿色商业模式创新实践提供方向指引，还可以成为数字绿色商业模式创新解释企业价值转化内在机理的理论基础[671]。而企业实现卓越数字绿色创新绩效的重要步骤就是数字绿色商业模式的创新。对企业而言，任何目标、计划的实现都离不开有效的行动。对企业数字绿色创新绩效的影响也是如此，数字绿色战略导向只有落实行动才会起到作用。因此，要想探讨企业间数字绿色创新绩效存在的差异就必须依赖数字绿色战略导向和数字绿色商业模式创新的有机结合，从而研究数字绿色战略导向影响企业数字绿色创新绩效机制中数字绿色商业模式创新的行为[672]。数字绿色战略导向拓宽了企业获取数字绿色信息的渠道，能帮助企业获取更丰富的数字绿色资源和支持。这些都有利于提升企业内外部对数字绿色知识、信息和技术的整合能力，为数字绿色商业模式创新提供更多可利用的资源和机会，增加数字绿色商业模式创新成功的可能性。Zott 和 Amit（2008）[673]指出不仅企业数字绿色战略选择对企业数字绿色创新绩效起到关键作用，数字绿色商业模式要素对数字绿色创新绩效也起到同样的影响，且其两者之间的匹配程度对绩效水平的高低具有重要影响。

企业战略导向与商业模式相匹配有利于企业绩效的提升。面对组织外部复杂多变的环境企业能够迅速整合组织结构，制订出有效解决方案以从容应对袭来的挑战，甚至通过匹配战略导向与商业模式的方式创造出更适合企业生存的新环境（杨卓尔和高山行，2020）[674]。其具体表现为：一方面，数字绿色商业模式创新在帮助企业研发、改善生产流程、产品及服务和顾客价值创造的过程中，为价值实现提供了应用情境，从而促进企业数字绿色创新绩效的提升。同时完善价值创造的过程能够为企业吸引更多顾客，培养更多交易关系，使企业的交易量达到质的突破。另一方面，数字绿色商业模式创新增加企业在数字绿色创新领域的议价能力[675]。在企业与数字绿色创新活动的相关合作者进行数字绿色活动交易过程中，由于企业议价能力的提升，对方很难迅速找到企业的替代者，使企业获得了主动权，从而促进了企业构建竞争壁垒和持续盈利能力[676]。因此，企业需要将企业数字绿色战略导向与数字绿色商业模式相匹配，提升经营流程效率并完善企业盈利模式，从而不断形成难以被竞争者模仿或超越的核心能力（张璐等，2020）[677]。

具体而言，一方面，效率型数字绿色商业模式创新的优势主要是通过改进优化商业生态系统架构有效降低系统内的交易成本[678]。效率型数字绿色商业模式创新思维认为降低数字绿色技术及产品的开发和交易成本、提高效率的前提是合作伙伴间数字绿色信息对称。然而由于数字绿色知识具有嵌入性和缄默性，必须建立专门机制来实现信息共享。为此，任之光和高鹏斌（2020）[679]认为效率型商业模式创新有利于通过营造信息共享环境以此降低交易成本，可以驱动创新能力的发挥。此外，提升数字绿色知识在组织内部的流动效率，也会营造良好的组织文化氛围及沟通机制，促进组织内数字绿色知识的整合、共享和创造[680]。如此一来，通过实行数字绿色“信息共享”，减少企业及其他利益相关者之间的数字绿色“信息孤岛”，降低合作伙伴间数字绿色知识的搜索成本及交易失败概率。同时，企业与外部数字绿色活动交易成本的降低不仅吸引了更多的数字绿色产品使用者与企业进行交易，提高了现有客户与企业交易频率，使企业交易总量增加[681]。而且还会增加企业在数字绿色创新领域的议价能力，使企业在交易谈判过程中取得主动权，帮助企业进行数字绿色技术和知识的外部商业化。效率型数字绿色商业模式还可以通过降低数字绿色信息不对称避免合作者的投机主义行为，提高合作双方的信任度来打破这些障碍，为企业引入新数字绿色资源、联结新的客户和打开新的绿色市场。通过提升参与者之间的数字绿色信息共享水平来降低数字绿色活动交易不确定性和复杂性，提高参与者之间的互信程度，效率型数字绿色商业模式大大降低了企业在大规模交易环境中的交易风险。当数字绿色活动交易的不确定性较高和重复频率较高时，企业会随之形成组织各项活动的关联机制，企业据此可以有效地识别、筛选和整合有利于数字绿色创新发展的外部资源，还可以利用高效率的机制迅速识别商业机会，发现新绿色市场，输出符合绿色市场需求的新数字绿色产品技术，进而达到加快数字绿色创新上市、增加数字绿色创新收入的目的。因此，杨玄酯等（2021）[682]认为效率型商业模式创新对创新绩效具有正向作用。另一方面，融合型数字绿色商业模式则强调跨边界、跨领域合作和动态创新。在商业生态系统理论的前提下，融合型数字绿色商业模式创新聚焦于以平台企业为中心形成的系统价值。融合型数字绿色商业模式创新在提高数字绿色商业生态系统中成员获利能力的同时又能开发出新价值主张，设计数字绿色活动交易新机制，带来交易方式的革命性变化，实现数字绿色商业模式创新。融合型数字绿色商业模式不仅实现了企业各自的融合，而且数字绿色商业生态系统中供应端活动、平台企业价值活动和销售端活动之间也是互相融合的。多种融合彼此影响、相互作用、协同发展、共同演化，促进数字绿色商业系统价值实现，推动数字绿色商业生态系统持续健康发展[683]。融合型数字绿色商业模式是数字绿色商业系统实现价值共赢的重要组成部分，它在获取数字绿色创新经济效益，实现社会价值等方面起到关键作用。因此，基于以上研究分析，以及绿色市场导向、数字绿色技术导向、政府导向与效率型、融合型数字绿色商业模式创新的关系研究，本章提出如下假设。

H5－5：效率型数字绿色商业模式创新显著正向影响企业数字绿色创新绩效。

H5－5a：效率型数字绿色商业模式创新在绿色市场导向和企业数字绿色创新绩效之间起中介作用。

H5－5b：效率型数字绿色商业模式创新在数字绿色技术导向和企业数字绿色创新绩效之间起中介作用。

H5－5c：效率型数字绿色商业模式创新在政府导向和企业数字绿色创新绩效之间起中介作用。

H5－6：融合型数字绿色商业模式创新显著正向影响企业数字绿色创新绩效。

H5－6a：融合型数字绿色商业模式创新在绿色市场导向和企业数字绿色创新绩效之间起中介作用。

H5－6b：融合型数字绿色商业模式创新在数字绿色技术导向和企业数字绿色创新绩效之间起中介作用。

H5－6c：融合型数字绿色商业模式创新在政府导向和企业数字绿色创新绩效之间起中介作用。

本书旨在剖析绿色市场导向、数字绿色技术导向、政府导向等不同数字绿色战略导向直接影响企业数字绿色创新绩效，或通过促进效率型和融合型数字绿色商业模式创新间接影响企业数字绿色创新绩效的作用机制，构建了如图5.2所示的理论模型。

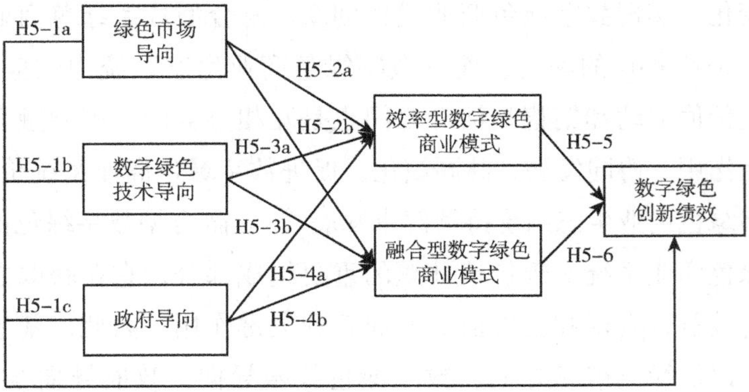

图5.2　理论模型

5.2 研究设计与结果

5.2.1 数据收集

2022年6~9月，通过实地发放、电子问卷链接、电子邮件等方式发放问卷，发放对象主要集中于北京、天津、河北、河南、浙江、安徽、黑龙江、江苏、福建等地区的企业高层管理者。研究共计向881家企业的高管发放调查问卷，回收562份，回收率63.79%。其中，由于问卷填写不完整和缺省值过多等原因对部分问卷进行了剔除，最后回收有效问卷428份，有效率76.16%。研究在问卷测量过程中进行了包括匿名测量[684]、平衡项目顺序[685]等共同方法偏差效应的程序控制（Cooper，1984），本章采用Harman的单因子检验方法（Harman's one - factor test）[686]检验数据的共同方法变异程度，未经旋转的主成分因子分析结果表明，解释总变异量62.568%，其中第一个因子可解释的总变异量为33.209%，说明不存在能解释大部分变异量的单一因子，本章数据的共同方法变异问题得到了较好控制。

本章主要按照企业年龄、产业类别、企业性质、企业规模等特征对样本数据进行了统计分析。从企业年龄来看，样本涵盖了3年以下到10年以上的不同年龄的企业；从产业类别来看，样本囊括了高新技术产业、传统制造产业、交通运输等诸多行业，其中以制造业、高新技术产业等行业分布最多，其他行业分布较为平均；从企业性质来看，国有控股企业占比64.49%；从企业规模来看，员工人数在2000人以下的占到了全部样本的50.23%。

5.2.2 研究量表

本章结合国内外广泛认可引用的量表文献与本研究情景进行量表的选

取，同时根据预测试分析对问卷题项进行修订后形成了正式的测量量表。（1）绿色市场导向主要参考 Gatignon 和 Xuereb（1997）[687]，Kumar，Subramanian 和 Yauger（1998）[688]，Gul 等（2021）[689]，Rana（2022）[690]等的相关研究，对竞争者导向、跨部门协调 2 个维度进行测量，共 5 个题项。绿色市场导向的 5 个题项分别是：企业内部共享有关竞争者战略的信息；管理人员经常讨论竞争者相对企业在绿色市场上的优势和战略；企业各部门对绿色市场中威胁企业的竞争行为反应非常迅速；各部门间经常交流与顾客交往的经验以获取绿色市场中的信息；各部门经常共同努力为绿色市场中的顾客创造价值。（2）数字绿色技术导向主要参考 Spanjol，Qualls 和 Rosa（2011）[691]，Tian（2018）[692]，Al－Henzab，Tarhini 和 Obeidat（2018）[693]，Laouti 和 Bensefiane（2021）[694]等的量表，共 5 个题项。数字绿色技术导向的题项分别是：企业积极开发数字绿色新技术；企业绿色新产品中使用先进的数字技术；企业经常尝试运用尚不成熟，有一定风险的数字绿色技术；企业经常派专业人员参观，学习其他未接触数字绿色技术讲座或会议；企业时刻关注竞争对手所采用的数字绿色技术。（3）政府导向主要参考李明超（2017）[695]，李晓冬和王龙伟（2015）[696]等的相关研究，从建立良好关系和利用政策 2 个维度进行测量，共 5 个题项。政府导向的题项分别是：企业密切关注政府发布的各项有关绿色创新和数字技术的政策；企业高层经常讨论政府政策对数字绿色产品的影响；企业通过部门协作努力让政府满意；企业注重维护自身在政府部门心中的形象；企业最大可能利用政府部门提供的政策优惠或机会。（4）数字绿色商业模式创新主要参考 Zott 和 Amit（2007）[697]设计的效率型商业模式创新量表和严国莉和王保林（2018）[698]设计的融合型商业模式创新测量量表，共 11 个题项。其中，效率型商业模式创新的题项包括：企业的商业模式可以简化和客户的交易；在交易执行过程中，企业的商业模式很少发生错误；企业的商业模式可以降低交易成本；在决策过程中，企业的商业模式可以让参与者更明智；总体上，企业的商业模式交易效率高；企业的商业模式可以快速地执行交易。融合型商业模式创新题项包括：企业充分发挥利益相关方的最大价值；企业能够融合多方信息、资源并运用；企业与不同行业进行信息、技术和资源融合；企业融合市场、消费者、合作者和供应商多方需求优化资源配置；企业融合多种技术构建全新价值创造过程。（5）企业数字绿色创新绩效主要参考张桂莲等（2014）[699]，张玉利和李乾文（2009）[700]，Yin 和 Yu（2022）[701]，Yang 等（2022）[702]开发、修正的量表，从财务绩效和成长绩效 2 个维度对企业数字绿色创新绩效进行测度，共6个题项。企业数字绿色创新绩效题项分别为：数字绿色创新产品市场份额增加；数字绿色创新产品销售额增加；企业数字绿色创新产品的生产业务增加；企业数字绿色创新产品引领同行业产业发展较高水平；企业数字绿色产品具有较好的发展前景；企业客户对数字绿色创新产品的满意度增加。（6）将企业年龄、产业类别、企业性质、企业规模作为控制变量。其中，从企业成立时起至2018 年止，计算企业年龄，划分为1 ~3 年、3 ~5 年、5 ~10 年、10 年以上，按成立年数由小到大取1 ~4 分值；产业类别主要区别高科技企业与非高科技企业，并分别编码为“1”和“0”；企业性质主要区别国有企业与非国有企业，并分别编码为“1”和“0”；取企业全职员工数的自然对数作为企业的规模。

5.2.3　研究方法

本章采用 SPSS 21.0 和 Amos 24.0 统计分析软件对数据进行统计分析，并根据分析结果得出研究结论。将样本数据代入 SPSS 21.0 软件，分别采用描述性分析、信度效度检验和回归性分析验证假设。在描述性分析中，对样本数据的基本情况进行统计，结果显示样本数据符合正态分布特征，样本数据相对稳定。信度效度检验，通过 Cronbach'α 系数确定测量结果的一致性。

5.2.4　研究结果分析

5.2.4.1　信效度分析

在检验变量间的关系之前，我们先检验数据的信效度，以确保研究结论的有效性和可靠性。本章采用 Cronbach's α 系数[703]和组合信度 C. R.

(Composite Reliability) 的方法对数据进行信度检验。由表 5.1 分析可知，量表的 Cronbach's α 系数在 0.803 以上均大于 0.7，组合信度 C.R. 均在 0.8 以上，大于基准值 0.7[704]，且删除其他任一题项都将降低一致性指数，这说明本章的研究对变量的测量具有较好的内部一致性。

本章在形成最终问卷的过程中，一方面通过对比和筛选被广泛认可和引用的量表文献，选取与本章研究内容契合的量表；另一方面联系学术界专家及企业高层管理者，对其提出的建议进行听取和采纳。与此同时，本章针对预测试阶段的信效度分析结果及反馈意见对问卷题项进行了反复修改和完善。此外，预测试阶段对各量表题项进行的探索性因子分析可知，各题项的因子载荷系数均大于 0.7，累积解释方差均大于 50%，各题项无交叉负荷问题，各量表的结构效度良好。

聚合效度方面，本章通过验证性因子分析（Confir matory Factor Analysis，CFA）并计算平均变异数提取量（Average Variance Extracted，AVE）来判断。对各潜变量进行的验证性因子分析可知，所有题项的标准化因子载荷均高于临界值 0.5，路径系数均通过了显著性检验；平均变异数析出量 AVE 值均在 0.56 以上高于临界值 0.5[705]；组合信度 C.R 均高于临界值 0.8[706]；χ^2/df、RMSEA、GFI、NFI、CFI、TLI 等拟合优度指标均达到适配标准，各量表具有良好的收敛效度且结构方程模型的拟合程度较好。此外，研究通过比较潜变量平方根（平均方差析出量 AVE 的平方根）与该潜变量和其他潜变量间的相关系数大小进行区分效度检验，分析可知前者的相关系数值均大于后者，因此各量表均具有较好的区分效度。量表的信效度检验结果如表 5.1 所示。

表 5.1　　　　信度效度分析结果（N = 428）

变量	载荷	Cronbach's α 系数	CR	AVE	KMO 值	拟合优度指标值
绿色市场导向	0.677	0.804	0.866	0.564	0.834	χ^2/df = 1.906；RMSEA = 0.046；GFI = 0.991；NFI = 0.985；CFI = 0.993；TLI = 0.985
	0.780					
	0.786					
	0.780					
	0.726					

续表

变量	载荷	Cronbach's α 系数	CR	AVE	KMO 值	拟合优度指标值
数字绿色技术导向	0.726 0.702 0.784 0.827 0.826	0.831	0.882	0.600	0.845	$\chi^2/df=1.925$；RMSEA = 0.047；GFI = 0.991；NFI = 0.987；CFI = 0.994；TLI = 0.988
政府导向	0.678 0.772 0.838 0.791 0.824	0.840	0.887	0.613	0.829	$\chi^2/df=1.302$；RMSEA = 0.027；GFI = 0.995；NFI = 0.994；CFI = 0.999；TLI = 0.996
效率型数字绿色商业模式创新	0.796 0.803 0.805 0.807 0.800 0.745	0.881	0.910	0.629	0.908	$\chi^2/df=0.670$；RMSEA = 0.000；GFI = 0.995；NFI = 0.994；CFI = 1.000；TLI = 1.004
融合型数字绿色商业模式创新	0.758 0.812 0.869 0.810 0.780	0.864	0.903	0.651	0.848	$\chi^2/df=4.837$；RMSEA = 0.095；GFI = 0.981；NFI = 0.980；CFI = 0.984；TLI = 0.961
企业数字绿色创新绩效	0.757 0.813 0.816 0.842 0.836 0.769	0.891	0.917	0.650	0.884	$\chi^2/df=2.996$；RMSEA = 0.068；GFI = 0.981；NFI = 0.982；CFI = 0.988；TLI = 0.978

注：所有载荷值均在1%水平上显著；"CR"为组合信度系数；"AVE"为平均变异数提取量。

5.2.4.2　相关分析及假设检验

本章采用多元回归方法探究数字绿色战略导向与企业数字绿色创新

绩效、数字绿色战略导向与数字绿色商业模式创新之间的关系，以及数字绿色商业模式创新对数字绿色战略导向与企业数字绿色创新绩效之间的关系是否具有中介作用。首先，对研究中的自变量、中介变量、因变量及控制变量进行描述统计及相关分析，结果如表5.2所示。从表5.2中可以看出，绿色市场导向、数字绿色技术导向、政府导向与效率型、融合型数字绿色商业模式创新以及企业数字绿色绩效间均呈现出显著的正相关关系。同时，效率型、融合型数字绿色商业模式创新与企业数字绿色创新绩效也呈现出显著的正相关关系，且在0.01水平上显著。此外，为保证回归模型分析结果的稳定性与可靠性（Oczkowski and Farrell, 1998）[707]，研究利用样本数据计算了各模型的方差膨胀因子（VIF）指数和DW值，结果表明，VIF均大于0且小于10，DW值均接近于2，且各模型的散点图均呈无序状态，因此认为变量之间不存在多重共线性、序列相关和异方差问题。

表5.2　　　　描述性统计与相关分析结果

变量	1	2	3	4	5	6
1 绿色市场导向	**0.751**					
2 数字绿色技术导向	0.463 ***	**0.775**				
3 政府导向	0.411 ***	0.477	**0.783**			
4 效率型数字绿色商业模式创新	0.402 ***	0.475 ***	0.455 ***	**0.793**		
5 融合型数字绿色商业模式创新	0.405 ***	0.391 ***	0.367 ***	0.495 ***	**0.807**	
6 企业数字绿色创新绩效	0.376 ***	0.473 ***	0.459 ***	0.489 ***	0.427 ***	**0.806**
均值	4.233	4.125	4.160	4.213	4.081	3.929
标准差	0.926	1.072	1.098	1.087	1.191	1.221

注：*** 表示在1%水平显著；对角线加粗数值为AVE值的平方根。

回归分析结果显示，绿色市场导向（$\beta=0.169$，$p<0.01$）、数字绿色技术导向（$\beta=0.315$，$p<0.01$）、政府导向（$\beta=0.294$，$p<0.01$）均对企业数字绿色创新绩效有显著正向影响，假设H5－1a、假设H5－1b、假设H5－1c得到支持；且数字绿色技术导向对企业数字绿色创新绩效影响的相关系数大于绿色市场导向和政府导向，因此数字绿色技术导向对企业数字绿色创新绩效的影响作用大于绿色市场导向和政府导向。

绿色市场导向（$\beta=0.198$，$p<0.01$）、数字绿色技术导向（$\beta=0.288$，$p<0.01$）、政府导向（$\beta=0.249$，$p<0.01$）对效率型数字绿色商业模式创新均有显著正向影响，假设 H5－2a、假设 H5－3a、假设 H5－4a 得到支持；绿色市场导向（$\beta=0.314$，$p<0.01$）、数字绿色技术导向（$\beta=0.212$，$p<0.01$）、政府导向（$\beta=0.188$，$p<0.01$）对融合型数字绿色商业模式创新有显著正向影响，假设 H5－2b、假设 H5－3b、假设 H5－4b 得到支持；效率型数字绿色商业模式创新（$\beta=0.421$，$p<0.01$）、融合型商业模式创新（$\beta=0.236$，$p<0.01$）均对企业数字绿色创新绩效有显著正向影响，假设 H5－5、假设 H5－6 得到支持。此外，市场导向对效率型数字绿色商业模式创新的影响作用（$\beta=0.198$，$p<0.01$）小于融合型数字绿色商业模式创新（$\beta=0.314$，$p<0.01$），数字绿色技术导向、政府导向对效率型数字绿色商业模式创新（$\beta=0.288$，$p<0.01$；$\beta=0.249$，$p<0.01$）的影响作用均大于融合型数字绿色商业模式创新（$\beta=0.212$，$p<0.01$；$\beta=0.188$，$p<0.01$）。

本章使用周琪等（2020）[708]的研究对数字绿色商业模式创新的中介效应进行检验，即采用逐步法（Baron & Kenny，1986）[709]对其检验，验证假设模型是否满足中介效应存在的条件：首先，验证自变量（绿色市场导向/数字绿色技术导向/政府导向）对因变量（企业数字绿色创新绩效）的作用是否显著；其次，验证自变量（绿色市场导向/数字绿色技术导向/政府导向）对中介变量（效率型/融合型数字绿色商业模式创新）的作用是否显著；再次，验证中介变量（效率型/融合型数字绿色商业模式创新）对因变量（企业数字绿色创新绩效）的作用是否显著；最后，验证当自变量和中介变量同时进入回归模型后，自变量对因变量的作用是否减少（部分中介效应），或者变得不再显著（完全中介效应）。回归分析结果参见表5.3、表5.4，综合表5.3中模型8及表5.4中模型6对以上中介效应验证步骤的分析，研究认为效率型数字绿色商业模式创新在绿色市场导向与企业数字绿色创新绩效、数字绿色技术导向与企业数字绿色创新绩效、政府导向与企业数字绿色创新绩效之间均起部分中介作用，因此假设 H5－5a、假设 H5－5b、假设 H5－5c 得到支持。融合型数字绿色商业模式创新在绿色市场导向与企业数字绿色创新绩效、数字绿色技术导向与企业数字绿色创新绩效、政府导向与企业数字绿色创新绩效之间均起部分中介作用，因此假设 H5 - 6a、假设 H5 - 6b、假设 H5 - 6c 得到支持。

表 5.3　　效率型数字绿色商业模式创新对企业数字绿色创新绩效的回归分析及中介作用

变量	企业数字绿色创新绩效		效率型数字绿色商业模式创新		企业数字绿色创新绩效			
	模型 1	模型 2	模型 3	模型 4	模型 5	模型 6	模型 7	模型 8
企业年龄	0.185***	0.147***	0.043	-0.028	0.185***	0.110**	0.161***	0.118***
企业类别	0.015	-0.067	0.173	0.143	0.015	-0.018	-0.080	-0.062
企业性质	-0.074	-0.015	-0.076	-0.015	-0.074	-0.004	-0.033	0.001
企业规模	-0.038	-0.068	0.073	0.089**	-0.038	-0.019	-0.078	-0.047
绿色市场导向	—	—	—	0.198***	—	0.169***	—	0.108**
数字绿色技术导向	—	—	—	0.288***	—	0.315***	—	0.227***
政府导向	—	—	—	0.249***	—	0.294***	—	0.218***
效率型数字绿色商业模式创新	—	0.421***	—	—	—	—	0.549***	0.305***
融合型数字绿色商业模式创新	—	0.236***	—	—	—	—		—
R^2	0.030	0.305	0.013	0.326	0.030	0.317	0.265	0.367
调整 R^2	0.020	0.295	0.004	0.315	0.020	0.306	0.257	0.355
F 值	3.230**	30.826***	1.414	29.081***	3.230**	27.852***	30.502***	30.325***
VIF	$1.001 \leq VIF \leq 1.607$							

注：(1) 表中回归系数为非标准化值；(2) *** 表示在 1% 水平显著，** 表示在 5% 水平显著。

表 5.4　　融合型数字绿色商业模式创新对企业数字绿色创新绩效的回归分析及中介作用

变量	融合型数字绿色商业模式创新		企业数字绿色创新绩效			
	模型 1	模型 2	模型 3	模型 4	模型 5	模型 6
企业年龄	0.086	0.016	0.185***	0.110**	0.148	0.106**
企业类别	0.042	0.011	0.015	-0.018	-0.003	-0.021

续表

变量	融合型数字绿色商业模式创新		企业数字绿色创新绩效			
	模型 1	模型 2	模型 3	模型 4	模型 5	模型 6
企业性质	-0.114	-0.079	-0.074	-0.004	-0.026	0.013
企业规模	-0.005	0.006	-0.038	-0.019	-0.036	-0.021
绿色市场导向	—	0.314***	—	0.169***	—	0.100
数字绿色技术导向	—	0.212***	—	0.315***	—	0.269***
政府导向	—	0.188***	—	0.294***	—	0.253***
融合型数字绿色商业模式创新	—	—	—	—	0.426	0.218***
R^2	0.009	0.240	0.030	0.317	0.201	0.351
调整 R^2	0.000	0.227	0.020	0.306	0.191	0.339
F 值	0.951	18.918***	3.230**	27.852***	21.175***	28.383***
VIF	1.001≤VIF≤1.535					

注：（1）表中回归系数为非标准化值；（2）*** 表示在 1% 水平显著，** 表示在 5% 水平显著，* 表示在 10% 水平显著。

5.3　结论与启示

5.3.1　结论

随着新一代信息技术在全球的加速普及，数字技术改变了原有产品的基本型态、新产品生产过程的方式、商业模式和组织型态，甚至颠覆了许多创新理论的基本假设[710]。在全球性低碳环保发展理念下，绿色创新已成为企业创新中的新风向，将绿色创新这一绿色理念引入企业管理中的不同层面，能实现企业物质资源的优化配置。这使企业能以充分、合理、科学且有效地利用现有资源形成最大化的价值创造能力[711]。数字绿色战略导向关乎企业经营目标、发展方向与行动计划，偏向激进还是趋于稳健是企业实现高质量发展亟待考虑的现实问题。探究企业数字绿色战略导向动机、制定适合的战略决策受到实践界与学术界的共同关注。

数字绿色战略导向下企业能根据环境的变化实施更为科学合理的策略，极大限度地提升资源配置效率和市场竞争力，但在其相关研究中仍以“战略导向—组织创新—企业绩效”范式为主。而本书围绕“企业如何通过数字绿色战略导向选择促进企业数字绿色创新绩效提升”这一基本研究命题展开论述。本章通过对“数字绿色战略导向—数字绿色商业模式创新—企业数字绿色创新绩效”这一理论框架的实证研究，明晰了数字绿色战略导向、数字绿色商业模式创新、企业数字绿色创新绩效三者之间的内在关联。因此，探讨企业通过数字绿色战略导向选择促进企业数字绿色创新绩效提升的影响显得尤为重要。为了企业更好地生存和发展，本章对数字绿色商业模式创新对数字绿色战略导向与企业数字绿色创新绩效的中介作用进行深入探讨。为明晰数字绿色战略导向、数字绿色商业模式创新、企业数字绿色创新绩效三者之间的内在关联，本章构建“数字绿色战略导向—数字绿色商业模式创新—企业数字绿色创新绩效”这一理论框架并进行实证研究。主要形成了以下三点研究结论。

第一，绿色市场导向、数字绿色技术导向、政府导向均对企业数字绿色创新绩效提升有正向影响。绿色市场导向关注对绿色市场信息的搜寻和积累。企业通过整合知识，了解市场信息，进而利用新技术、新手段开发满足顾客需求的数字绿色新产品，提高企业的竞争力，以达到提高企业数字绿色创新绩效的战略目标。数字绿色技术导向型企业则强调在数字绿色新产品的开发过程中使用高端技术。通过融合新技术多样化的资源和知识，为顾客设计更好、更新颖、功能更优质的数字绿色产品。政府导向型企业主张与政府保持良好的关系。政府为企业数字绿色创新活动提供资金、税收补贴等资助，降低了企业数字技术和数字绿色新产品的研发成本。企业需要考虑自身的发展状况、组织形式以及外部环境来进行不同数字绿色战略的选择。不同数字绿色战略导向企业应做出不同的数字绿色战略管理活动。但无论是数字绿色战略导向的哪一维度，均是旨在通过增强自身竞争优势扩大市场份额，因此在一定程度上对企业数字绿色创新绩效的提升具有促进作用。

第二，数字绿色战略导向的三个维度对数字绿色商业模式创新各维度的影响作用不同，具体表现为：

（1）绿色市场导向对效率型和融合型数字绿色商业模式创新水平均有显著影响，且对融合型数字绿色商业模式创新的影响作用更大。绿色市场导向关注对绿色市场信息的搜寻和积累。该导向激励企业更多地关注和维护现有市场，而不是将其战略重心聚焦于对全新市场的开发。因此企业绿色市场导向在对效率型和融合型数字绿色商业模式创新的影响上存在不同程度的作用差异。具体而言，绿色市场导向型企业发掘、理解并预测市场需求的能力较强。企业融合利用各方各类数字绿色资源，充分挖掘各类价值，使系统价值最大化。这有助于企业设计以提高效率、降低成本为核心的效率型数字绿色商业模式。然而融合型数字绿色商业模式创新主张开展广泛数字绿色合作，合作伙伴间进行信息共享，以挖掘并满足市场及消费者需求。与此同时，绿色市场导向推动企业会与合作伙伴以及整个数字绿色商业生态系统中的利益相关方共享所获取的数字绿色知识信息。因此，由于绿色市场导向促使企业更加聚焦于对现有市场的关注与维护，故在其进行战略重心转移和资源优化配置的过程中会更倾向于发展融合型商业模式创新，而不是效率型商业模式创新。

（2）数字绿色技术导向对效率型和融合型数字绿色商业模式创新水平均有显著影响，且对效率型数字绿色商业模式创新的影响作用更大。企业数字绿色技术导向使企业创造性实施获取交易效率的各项活动。依据数字绿色技术导向，企业能够创新产业流程再造，完善内部控制并为客户提供更多数字绿色技术解决方案。数字绿色技术导向型企业主张引进新数字绿色技术。通过引进和使用数字绿色技术优化对内部各个环节的掌控力，改进和创新价值创造与获取过程中原有的价值链结构。持续性的数字绿色技术投入和获取，企业的数字绿色数据信息得以在各个部门迅速、正确地反馈，促使企业降低交易成本及提升交易效率，以此促进效率型数字绿色商业模式创新实现。

（3）政府导向对效率型和融合型数字绿色商业模式创新水平均有显

著影响，且对效率型数字绿色商业模式创新的影响作用更大。通过对已有数字绿色技术、知识的利用及延伸，企业充分了解政府政策的发展动态，将政府对企业数字绿色创新活动的各项资助发挥到最大程度，以突破动荡环境中的资源约束。因此，在遵守政府颁布的数字绿色创新活动相关政策的前提下，有助于企业规范当前交易机制和运营流程，减少政府对企业的压力以及实行创新的阻碍，从而增强企业与合作伙伴间交易效率的提升，推动效率型数字绿色商业模式创新的实现。

第三，数字绿色战略导向对企业数字绿色创新绩效的影响能够通过效率型数字绿色商业模式创新和融合型数字绿色商业模式创新的中介作用实现。也就是说，绿色市场导向、数字绿色技术导向、政府导向等不同数字绿色战略导向均可直接影响企业数字绿色创新绩效。又或者说，不同数字绿色战略导向对企业数字绿色创新绩效的影响是通过效率型数字绿色商业模式创新和融合型数字绿色商业模式创新作用实现的。这便是数字绿色战略导向对企业数字绿色创新绩效作用机制的两条路径。其具体表现为：（1）绿色市场导向直接影响企业数字绿色创新绩效变化。这表明绿色市场导向型企业重视利用组织内部的价值理念、成员的行为规范等方式创造更多的客户价值，从而提高组织绩效。该类型企业对市场信息的捕捉更为迅速。绿色市场导向推动企业进行系统分析并调整策略，适应变化、利用变化。企业还应该通过绿色市场导向优势实现资源获取，时刻根据市场环境和企业内部环境的变化进行有机协调，从而为企业建立并维持竞争优势，以达到提高企业数字绿色创新绩效的战略目标。（2）数字绿色技术导向直接影响企业数字绿色创新绩效变化。这表明数字绿色技术导向能够促使企业在数字绿色新产品的开发过程中使用高端技术。通过技术进步为顾客带来设计更新颖、功能更优秀的产品，增强竞争优势并进一步提升绩效。同时数字绿色新技术能有效促进跨组织边界的数字技术知识流动。通过改变价值链结构帮助企业提升交易效率、增值获取潜在资源价值，进而实现企业数字绿色创新绩效提升的目标。（3）政府导向直接影响企业数字绿色创新绩效变化。这表明政府导向在数字绿色创新资源配置中发挥重要作用。政府通过制定有利于企业数字绿色创新活动的政策和创新数字绿色资源配置可以大力促进中国企业数字绿色创新能力的提升。政府导向使企业准确把握政府有关企业数字绿色创新活动政策的发展动向，了解绿色市场发展动态，并做到迅速调整企业数字绿色创新活动。这有利于在未来的创新实践中获得更好的绩效表现。

5.3.2　启示

本章以数字绿色商业模式创新为中介变量探讨其在数字绿色战略导向对企业数字绿色创新绩效影响机制中的重要作用，理论贡献主要聚焦于三个方面：第一，本章探寻了绿色市场导向、数字绿色技术导向、政府导向影响企业数字绿色创新绩效变化的不同过程，明晰了企业根据内外部环境特征进行数字绿色战略导向选择以实现卓越绩效获取的作用机制。这有助于厘清数字绿色战略导向作用于企业数字绿色创新绩效提升的内在逻辑。现有关于战略导向对企业绩效作用机制的研究结论存在分歧：部分学者指出战略导向对于提升组织绩效具有显著正向影响（高曦含和王锐，2021；Adams et al.，2019）[712][713]；但也有研究指出，在一些特定的情境下，战略导向对企业绩效的影响效果可能存在一定程度的差异。本章聚焦存在差异的 3 种数字绿色战略导向（绿色市场导向、数字绿色技术导向、政府导向），深入探寻数字绿色战略导向对数字绿色创新绩效提升过程的影响作用。研究指出，不同数字绿色战略导向下企业对内外部环境特征的判断不同，导致其对于竞争战略及资源配置与使用方式的不同选择。由此能够对数字绿色战略导向对企业数字绿色创新绩效作用机制差异结论给予理解，并为构建竞争优势的企业实践提供有益洞见。

第二，本章探讨了不同数字绿色战略导向对于不同类型数字绿色商业模式创新的影响作用。本章的贡献在于数字绿色战略导向如何与数字绿色商业模式创新过程更好契合以实现价值获取的内在机制分析，拓展了数字绿色战略导向对数字绿色商业模式创新作用机制研究的理论边界。

以往研究多聚焦于某一种特定导向（周飞等，2019）[714]或多将战略导向划分为市场导向、技术导向和创业导向等维度，探究其与商业模式创新这一构念的关系。在数字化信息迅速发展的背景下，忽视了数字技术、绿色创新等理念对战略导向和商业模式创新的影响，同时忽略了不同战略导向实现对商业模式创新不同选择的内在逻辑。本章明晰了绿色市场导向、数字绿色技术导向、政府导向3个重要数字绿色战略导向维度对效率型和融合型数字绿色商业模式创新的作用关系，厘清了不同数字绿色战略导向与数字绿色商业模式创新之间的影响差异。这为理解企业不同数字绿色战略导向下对数字绿色商业模式创新类型存在选择倾向性的创新实践提供了新的理论视角。

第三，本章的创新点在于将数字绿色商业模式创新作为中介变量引入理论研究框架中，探究不同类型数字绿色商业模式创新对绿色市场导向、数字绿色技术导向、政府导向与企业数字绿色创新绩效关系的影响作用。这使数字绿色战略导向对企业数字绿色创新绩效的作用机制研究进一步深化。本章对效率型和融合型数字绿色商业模式创新的中介效应分析，在一定程度上为后续研究深入理解数字绿色商业模式创新作为价值转化的内在机理要素提供了理论上的参考支撑。并贡献于数字绿色战略导向作用于数字绿色创新绩效变化过程研究的深化。

同时，实践启示主要聚焦于三个方面：第一，数字化将企业带入高频竞争时代。从组织的决策机制来说，一个组织的决策机制定义了这个组织的运行方案方式。这就要求企业在进行战略导向选择时，关注所处市场环境及所拥有的资源禀赋特征，只有企业快速响应需求，才能应对变化。第二，商业模式创新作为一种新的创新形态，已经引起人们普遍重视，其重要性甚至不亚于技术创新。它被认为能带来战略性的竞争优势，是新时期企业应该具备的关键能力。企业要想获得成功就必须从制定成功的商业模式开始。通过开展效率型和融合型数字绿色商业模式创新构建核心竞争力，是实现卓越价值获取的关键路径。第三，通过合理匹配企业数字绿色战略与数字绿色商业模式创新行为，获取市场竞争中的战略主动权及更优价值，从而在最大程度上提升竞争优势。

5.4　数字绿色价值共创行为、数字绿色网络嵌入与数字绿色创新绩效

在数字经济时代，基于需求端的数字绿色价值共创行为逐渐取代了基于生产端的价值创造。数字绿色经济带来的互惠互融，使离散资源能够更有效地进行市场匹配，使满足顾客价值主张的商业模式得以出现[715]。同时，由共享经济引发的平台竞争日益激烈，数字绿色市场竞争性质更加明显。商业生态系统作为数字绿色经济时代的利器，借助生态学知识隐喻描述了新时代数字绿色创新企业之间的竞争与合作方式[716]。商业生态系统将科技创新、技术研发和商业应用进行有机结合，并借助数字绿色技术实现生产生态系统和消费生态系统之间的信息交流与沟通，进而能够使数字绿色创新企业更好地进入市场、更敏捷地对市场做出反应，获取可持续竞争优势[717]。对此，企业应该更加重视对商业生态系统外部数字绿色环境的建设，满足顾客的价值主张，并注重“需求端”的数字绿色创新。在商业生态系统中，消费者个性化需求的搜索和匹配成本大大降低，来自顾客的价值主张得到了更积极的响应，长尾市场的全面渗透取代了传统市场的主导开发[718]。在数字绿色经济时代，得到顾客的支持就意味着掌握了消费生态系统的主动权。通过与用户进行沟通与交流，获取数字绿色信息数据，将消费者数据分析录入企业生产决策系统中，可以帮助企业选择更加合理的决策，更加准确高效地满足来自需求端的价值主张[719]。因此，对数字绿色价值共创行为进行研究，可以有效揭示商业生态系统涌现背后的原因，进而帮助数字绿色创新企业制订获取可持续生态优势的方案[720]。

工业经济时代，企业的注意力始终集中在生产能力上。企业仅仅关注“供给端”的生产制造，通过对技术进行研发创新、对资源进行优化分配寻求效益效率，以此来实现价值创造。因此，工业经济时代的价值创造是在企业内部产生的[721]。但是，这也导致了顾客的价值主张被忽

视，顾客的真实需求难以被满足。而在大数据背景下，由于产能过剩和顾客价值主张得到重视，数字绿色价值共创成为数字经济时代价值创造的主要形式。与产品主导逻辑下的价值单向转移不同，数字绿色价值共创遵循服务导向逻辑，更强调对需求端的响应[722]。然而，由于数字绿色商业生态系统较为复杂，因而无法根据单纯的企业与消费者之间的互动关系来解释当前数字绿色产品的竞争形势。其主要有以下两个原因：第一，数字经济时代打破了传统生产供应体系，重构价值链成为当前数字绿色商业模式的重要特征。在数字绿色创新技术的支持下，生产生态系统将各类供应商进行有机整合，向数字化绿色生产生态系统转型[723]。由于数字绿色创新主体更加多样化，因此需要多元关系互动的新实践对数字绿色商业生态优势获取依据做出更加准确的解释。第二，影响数字绿色价值共创行为的环境因素发生改变，显性和隐性知识的流动更加频繁。同时，数字绿色价值共创行为放大了制度因素的作用，数字绿色网络分裂断层引发的价值壁垒也给商业生态系统打上鲜明标签[724]。研究发现，数字绿色网络嵌入程度高低决定了数字绿色创新企业在商业生态系统中生态地位的高低，数字绿色网络分裂断层也是影响数字绿色价值共同创造发展的重要因素[725]。

虽然数字绿色价值共创强调的是多重关系互动下的价值共创，但是商业生态系统的竞争非但没有减弱，反而随着商业生态系统的迭代更新以及商业生态系统中大量企业的进入和退出变得更加激烈[726]。数字绿色商业生态系统的资源配置与科层制和市场不同，其网络组织仍然发挥着关键作用。一方面，数字绿色网络嵌入程度反映企业在商业生态系统中的位置特征。数字绿色网络嵌入程度高的企业，在数字绿色价值创造过程中能带来更丰富、更广泛的数字绿色资源。另一方面，在商业生态系统中数字绿色价值共创过程具有更加精细的分工与合作[727]。数字绿色网络分裂断层作为一种情境因素，会对数字绿色创新企业之间的合作行为产生影响[728]。本书认为，商业生态系统内数字绿色创新企业共享经验程度差异、数字绿色知识共享程度差异以及企业间的竞争形成了数字绿色网络分裂断层，数字绿色网络分裂断层也定会对数字绿色创新绩效的实现产生影响[729]。综上所述，数字绿色网络嵌入程度可能在数字绿色价值共创行为与数字绿色创新绩效之间起到中介作用，而数字绿色网络分裂断层也可能对数字绿色价值共创行为起到调节作用[730]。因此，本书根据数字绿色商业生态系统发展现状，通过对现有文献进行回顾，提出相关假设并进行实证检验，分析数字绿色价值共创行为对实现数字绿色创新绩效的影响机制[731]。

5.4.1 理论基础与研究假设

5.4.1.1 理论基础

随着政府政策的放开、行业规则发生改变、市场经济体制逐渐完善以及市场发展潜力变大，封闭式生产经营模式逐渐消失。经营主体从原来的各自为政走向合作发展，资源要素关联度提升，商业世界发生了剧烈的变化，这种环境使数字绿色价值共创成为可能[732]。不同于基于生产端的价值创造，数字绿色价值共创行为以需求端带动生产生态系统运行，其价值流动模式与传统意义上的创新合作网络相比存在很大的差异，数字绿色价值共创行为随着价值创造理论的发展而发生变化[733]。当企业具有其他企业不具备的独有资源或者较高的资源组合能力时，就意味着该企业在市场中具有核心竞争优势，企业则可以凭借其核心竞争优势来获取价值溢价[734]。目前，关于企业市场竞争优势的研究仍停留在传统产业经济背景上，由于企业价值创造的最终目的是满足客户的真实需求，因此以供给端为重点的相关价值创造理论体系并不能对商业模式日益复杂的现象做出有效解释[735]。大多数传统企业将经营失败的根本原因归咎于没有及时获取顾客的真实需求。在数字绿色经济时代，应利用大数据优势，充分发挥数字绿色产业以及数字绿色产业对实体产业的作用，建立能够快速响应市场的机制，满足需求端的真实需求，以达到企业长远发展的目标[736]。随着对供给端的研究逐渐转向对需求端的研究，深入了解顾客的价值主张、让顾客参与生产过程已成为数字绿色创新管理的重点[737]。在研究企业与客户双重互动的数字绿色价值共创行为以及数字绿色技术的作用下，传统的价值创造理论发生了翻天覆地的变化[738]。在数字绿色经济环境下，来自顾客的价值主张随着数字化商业生态系统的形成得以实现，共享优势为长尾市场带来的价值溢价已经超越了主流产品[739]。将需求端顾客的价值主张作为重点，从被动满足顾客需求转为主动开发，建立消费生态系统已成为当今市场的发展趋势。同时，建立生产生态系统以满足顾客价值主张，实现与市场的有机匹配，已成为企业新的战略趋势[740]。综合以上分析，数字绿色价值共创行为需要以生态系统的共享优势参与市场竞争，并通过共享优势获取竞争优势，通过数字绿色价值共创行为获取利润[741]。基于此，数字绿色价值共创行为需要综合新的经济时代背景进行研究，为数字经济时代中的企业转型提供新的理论支持。

目前，数字绿色价值共创行为由二元互动转变为多元互动。基于大数据时代背景以及数字化商业生态系统的帮助下，信息不对称问题得到有效解决，顾客个性化需求获得了更多的关注，丰富了价值要素，使价值互动更为频繁、价值关系更加多元化[742]。商业生态系统中的需求端与供给端的交流互动以及分工与合作的关系变得更为紧密，使商业生态系统能够快速响应需求端的顾客需求。商业生态借助大数据平台形式实现了重构，以商业生态系统为载体的数字绿色价值共创行为已经成为市场竞争的新趋势[743]。与传统的企业与顾客之间的二元关系互动的价值共创行为不同，商业生态系统中的数字绿色价值共创行为中的关系互动更加多元化，涉及的要素更多，过程也更复杂[744]。商业生态系统的在位企业在数字绿色价值创造过程中不断进行信息交换、知识交换以及资源交换，共同制订生产经营方案和实施计划，以满足顾客需求，进而获取利润[745]。同时，商业生态系统不断的更新换代，也给生态系统中的企业带来严峻挑战，需要企业不断分析内外部环境，调整资源能力，与其他在位企业共同行动，满足顾客的价值主张[746]。

在数字经济时代，数字绿色价值共创的研究变得愈发重要。企业间的数字绿色价值共创行为是打破合作壁垒、有效利用外部资源的利器。对数字绿色价值共创行为的研究从一开始的以产品主导逻辑转变为以服务为主导逻辑，价值创造由传统的封闭式走向如今的开放式，并走向商业生态系统[747]。但是现有的研究大多是通过定性研究的方法来探讨数字绿色价值共创对企业绩效的影响机制，如何在商业生态系统中进行企业数字化绿色转型，如何进行有效的数字绿色价值共创以及提高企业数字绿色创新水平，占领更高的生态位，还有待我们进行更为深入的研究[748]。

5.4.1.2　研究假设

（1）数字绿色价值共创行为与数字绿色创新绩效。

有关学者通过对商业生态系统中数字经济时代的合作方式与传统分工合作进行对比分析，提出商业生态系统中的数字绿色价值共创行为应以顾客的价值主张为重点，并以此建立了 DART 模型。DART 模型包含四个维度，即对话、获取、降低风险和透明，这也是数字绿色价值共创行为的新内涵[749]。其中，对话指商业生态系统中点对点的沟通方式，其目的是对共同问题进行讨论并制订解决问题的方案；获取指的是满足顾客需求主张必备的资源能力获取，保证数字绿色创新过程中更具备需求驱动的特征；降低风险反映的是商业生态系统中数字绿色价值共创中的风险分担机制，处于商业生态系统中的企业，一荣俱荣、一毁俱毁，因此，企业必须降低风险，以求得企业长久的生存与发展；透明强调了信息完备度与对称度。企业的数字绿色价值共创中存在大量交易，通过提高企业与企业之间的信息对称性与创新合作中的透明度，可以降低企业的交易成本[750]。

当前经济环境日新月异，商业生态系统的数字绿色创新也更加依赖与外部主体的结合来达到价值重构的目的。越来越多的企业选择嵌入外部商业生态，通过与利益相关者频繁交流互动与合作，减少设计偏差，共同制订满足顾客个性化需求的方案，使产品价值与使用价值相匹配、企业与外部商业共生发展[751]。从流程维度来看，商业生态系统的迭代更新离不开技术创新共同体、产业发展共同体和商业应用共同体的有机连接[752]。另外，商业生态系统可以快速响应数字绿色创新需求和数字绿色创新供给，能够及时进行数字绿色创新投入和快速产出[753]。数字绿色价值共创中的价值是在多个利益相关者的合作中共同创造并获取的，因此，企业进行数字绿色价值共创的过程也是企业在商业生态网络中获得生态优势的过程。在数字绿色价值共创中，对话能够帮助企业了解顾客的个性化需求，确保工作方向正确，提高资源对接效率，提升企业的数字绿色创新绩效[754]。商业生态系统作为合作的高级形态具有降低风险这一独有的市场竞争优势。商业生态系统可以迅速响应市场环境变化，及时调整数字绿色价值共创行动，以此来降低合作风险。数字绿色价值共创行为可以为企业满足客户需求的过程中提供风险缓冲，进而提升企业数字绿色创新绩效[755]。在商业生态系统中，较高的合作透明度有利于保护企业间的合作、提高生态系统的管理效率、减少机会主义行为和提升企业数字绿色创新绩效[756]。基于此，本章提出以下假设：

H5－7：数字绿色价值共创行为对企业数字绿色创新绩效具有显著正向影响。

（2）数字绿色网络嵌入与数字绿色创新绩效。

从结构和功能上看，虽然商业数字化是区别于科层制和市场的第三种资源分配方式，但是其本质并未发生变化，仍然是网络组织，但是得益于数字绿色技术，网络关系更加多元化、网络规模更庞大、互动频率更高、网络结构更加复杂[757]。商业生态系统的竞争优势表现在数字绿色网络嵌入上，网络中的数字绿色创新企业能够利用数字绿色技术快速确定自己在网络中的嵌入位置以发挥合作优势。数字绿色网络嵌入包括两个维度，分别是结构性嵌入和关系性嵌入[758]。结构性嵌入指的是企业在网络中位置特征，企业在网络中的结构性嵌入程度越强，其企业在网络中的地位就越高，产生的影响力也就越大。结构性嵌入程度强的企业在网络中发挥中介桥梁的作用，是规则的制定者。另外，结构嵌入程度强的数字绿色创新企业，更容易与其他企业合作，能够迅速响应市场需求，更容易提升数字绿色创新绩效[759]。而关系性嵌入则反映的是企业与其他合作企业间的关系强度，企业在系统中关系嵌入程度越高，那么也就意味着企业与网络中其他企业的交流互动越频繁。关系性嵌入程度高的数字绿色创新企业更易建立起合作关系，网络中的其他企业对其信任度和依赖度更高。拥有高质量的合作关系意味着合作履行能力越强，出现问题时能够一起探讨、共同解决。由此可见，关系性嵌入程度高的企业，能够有效提升企业的数字绿色创新绩效[760]。

此外，网络嵌入程度不足会影响合作效率，无法使合作达到最理想的效果，尤其当机会主义行为出现时，合作更是无法进行。然而，当网络嵌入程度过高时又会导致结构和关系僵化、惯性思维等问题[761]。但是在数字经济时代，网络嵌入逐步向数字绿色网络嵌入转型。借助于大数据下的信息共享机制，数字绿色网络嵌入可以抵消嵌入程度过高或不足所带来的消极影响，这些负面作用会在数字绿色技术的帮助下消除。在数字经济背景下，数字绿色网络嵌入正向影响企业的数字绿色创新绩效[762]。对此，本章提出假设：

H5-8：数字绿色网络嵌入对企业数字绿色创新绩效发挥显著的正向作用。

（3）数字绿色价值共创行为、数字绿色网络嵌入与数字绿色创新绩效。

企业进行数字绿色价值共创不仅可以提升企业的数字绿色创新绩效，还可以帮助企业在网络中占据核心位置，获取相关权力优势和持续竞争优势[763]。占据较高生态位的数字绿色创新企业与其他企业进行技术知识交流与合作的机会更多，更有利于企业数字绿色创新绩效的提升。对话为数字绿色网络嵌入提供可能，通过与生态系统中其他企业频繁的信息交流与沟通，与合作企业共同进行产品的研发设计，可以对顾客的价值主张做出积极响应，扩大生产经营规模，增强企业在生态系统的话语权，提高企业的生态位，进一步掌握数字绿色核心技术，最终提高结构性嵌入的程度。同时，良好的对话机制，可与合作伙伴建立紧密的联系，增加合作频率以及对彼此的信任度，遇到问题能够相互帮助，共同解决，由此提高关系嵌入程度[764]。不仅如此，商业生态系统还可以通过提高透明度来达到增强关系性嵌入的程度。透明度越高的生态系统就越容易与其他生态位的企业建立合作关系、掌握其他生态位企业相关信息、了解合作伙伴需求，越能够有效解决信息不对称等问题。透明度越高的企业占据的生态位也就越高，相关权利以及影响力也就越大，可以使其在商业生态系统中起到中介桥梁的作用。除此之外，伴随着商业生态系统的产品服务信息平台建成、风险评估以及风险规避机制确立，数字绿色网络嵌入程度进一步提高[765]。

大量企业随着商业生态系统的迭代更新进入与流出反映了数字绿色网络嵌入程度。对话机制有助于企业与其他企业建立良好关系进而促成合作关系，帮助企业在商业生态系统中占据更核心的位置。在数字绿色经济时代背景下，信息交流更加频繁，资源分配机制更加完善，这使商业生态系统能够迅速对市场变化做出积极响应，满足顾客的价值主张[766]。数字绿色价值共创行为过程中产生的摩擦伴随着风险共担机制的形成而进一步减少，商业生态系统中的要素在频繁的信息交流作用下得到进一步的整合，使其能够迅速响应利基市场的需求，以此提升企业数字绿色创新绩效[767]。综合以上分析，数字绿色网络嵌入在数字绿色价值共创行为与数字绿色创新绩效间发挥中介桥梁的作用。数字绿色创新企业只有通过网络嵌入并占据核心位置，才能掌握更多的关键信息和技术，才能获得更大的话语权，满足更大的长尾市场，提升企业的数字绿色创新绩效[768]。而数字绿色价值共创行为是数字绿色网络嵌入中活跃的因素，能够增强企业的关系性嵌入程度，建立亲密联系与合作关系，对市场变化迅速响应，获取生态优势，从而提升企业数字绿色创新绩效[769]。基于此，本章提出假设：

H5 -9：数字绿色价值共创行为对数字绿色网络嵌入具有显著的正向影响。

H5 -10：数字绿色网络嵌入在数字绿色价值共创行为与数字绿色创新绩效间起中介桥梁的作用。

（4）数字绿色网络分裂断层的调节作用。

在商业生态系统中，数字绿色网络分裂断层指企业在合作过程中，由于不同企业属性不同、分工不同以及技术知识共享程度不同而产生的内部断层倾向。在数字绿色经济时代，企业在创新合作中必须考虑到数字绿色网络分裂断层对数字绿色价值共创行为产生的影响[770]。在数字绿色网络分裂断层作用下，企业能够有效利用外部技术创新资源，与合作伙伴建立良好的信任关系与合作机制，进一步加强数字绿色价值共创行为对数字绿色网络嵌入的正向作用，实现企业数字绿色性创新绩效[771]。数字绿色网络分裂断层包括数字绿色关系分裂断层和数字绿色地位分裂断层[772]。数字绿色关系分类断层是由于网络中技术主体之间关系强度分布不均匀性而产生的潜在网络分层断裂现象，网络中关系离散程度越强，网络关系分裂断层的强度也就越高。关系分裂断层程度强的网络中会出现多个子群结构，这些子群相互信任，共享专业技术知识和创新资源，共同承担风险[773]。在子群内部，企业更容易展开数字绿色价值共创行动，数字绿色网络嵌入程度也得到进一步强化。由于关系分裂强度形成的子群，企业之间彼此信任，企业间的合作质量更高。因此，关系分裂断层程度越强的企业，数字绿色价值共创行为对数字绿色网络嵌入程度的影响越显著[774]。数字绿色地位分类断层是由于技术主体的在网络中嵌入位置相似程度不同而引起的网络分裂断层。网络分裂断层强的网络中会出现多个位置相似的子群结构，这些位置相似的子群结构之间更易建立信任关系，实现信息交流与高质量合作。因此，当地位分裂断层程度越强时，数字绿色价值共创行为对数字绿色网络嵌入程度的影响越显著。由此可见，数字绿色网络分裂断层有利于子群内部形成良好的合作关系，加强内部联系，提高数字绿色网络嵌入程度，进而使商业生态系统通过数字绿色价值共创在网络中占据关键位置。

除此之外，数字绿色网络分裂断层会对数字绿色价值共创影响数字绿色创新绩效的过程产生影响。在数字绿色网络分裂断层强的网络中，各创新主体之间相互信任，频繁交流专业技术知识，进行高质量的沟通与合作，有利于转移和吸收关键专业知识和创新资源，提高创新资源的利用率，进而实现数字绿色创新绩效。数字绿色网络分裂断层会使网络中的企业产生“危机意识”，刺激企业开展技术创新活动，培养创新能力，提升自身的数字绿色创新绩效。另外，数字绿色网络分裂断层会降低企业搜索和转移创新资源的成本，提升企业专业技术知识水平，通过子群内部企业之间的信息交流和借鉴，迅速响应市场需求，实现顾客的价值主张。由此可见，数字绿色网络分裂断层会强化数字绿色网络嵌入过程，进而影响企业数字绿色创新绩效的实现。综上所述，本章提出假设：

H5－11：数字绿色网络分裂断层在数字绿色价值共创行为与数字绿色网络嵌入之间发挥正向调节作用。

H5－12：数字绿色网络分裂断层在数字绿色价值共创行为与数字绿色创新绩效之间发挥正向调节作用。

综上所述，本部分构建的理论模型如图 5.3 所示。

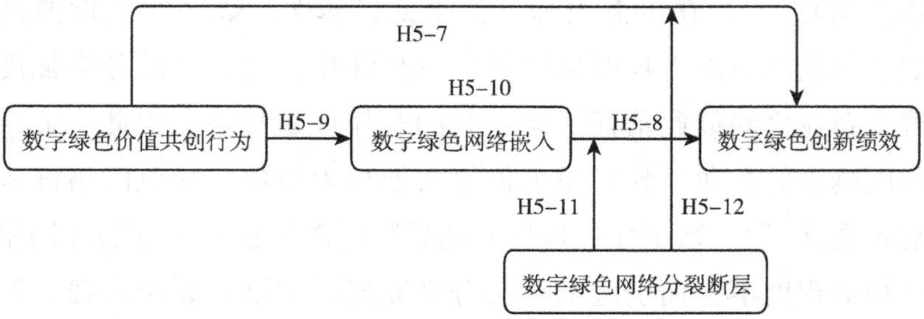

图 5.3　理论模型

5.4.2　研究设计

5.4.2.1　变量测量

在量表的设计上，本书参考现有成熟量表，对数字绿色价值共创行为、数字绿色创新绩效、数字绿色网络嵌入与数字绿色网络分裂断层四个变量采用 Likert7 级量表，以便对其更好识别。其中，1 表示非常不符合，7 表示非常符合，4 表示一般。数字绿色价值共创行为的题项设置借鉴了 DART 概念，从对话、获取、降低风险和透明四个方面进行测量[775]。本章将数字绿色网络嵌入分为关系性嵌入和结构性嵌入进行测量[776]。数字绿色网络分裂断层从关系分裂断层和地位分裂断层两个维度进行测度[777]。数字绿色创新绩效从新产品产值占销售总额比重、客户满意度、产品中数字绿色技术含量以及开发的新数字绿色产品市场占有率四个维度进行测度[778]。另外，处于初创期阶段的企业倾向于依赖数字绿色价值共创获取资源，而已经进入成熟期的企业在数字绿色价值共创中更加具有主动权，也更加容易与其他企业建立合作关系，使其他企业愿意与其一起进行价值共创。企业的性质以及规模大小影响着其经营方式与合作方式，其数字绿色资源获取方式、数字绿色信息渠道也存在较大的差距。由此可见，企业年龄、企业性质、企业规模对数字绿色网络嵌入、数字绿色创新绩效和数字绿色价值共创行为等方面产生的影响也应纳入考虑范围。因此，本章将企业年龄、企业性质和企业规模作为控制变量。

5.4.2.2　数据搜集与样本特征

本章通过发放问卷进行调查，运用 SPSS 对回收的调查问卷进行分析，建立结构方程模型检验研究假设。首先，对初步设计的问卷进行了模拟调查，随机采访了 15 名企业高管，并进行了问卷测试。根据采访结果，验证了研究的现实意义和实际操作的可能性。其次，小规模发放问卷，根据调查结果和反馈建议，调整问卷结构设计及题项语言描述，形成正式问卷。问卷调查主要采取两种方式：一种是向具有大数据行业背景的 MBA 学生发放问卷，对问卷进行质疑解答和填写；另一种是通过地方政府企业数字绿色信息数据库，从大数据及数字绿色信息技术产业相关行业中随机抽取企业样本，一对一发放问卷。另外，对试验对象设置门槛，要求被试对象具备横向合作行为（例如，研发设计、生产制造、销售服务等）或纵向合作行为（包括或者下游有合作情形），且是具备上述经验的高层管理人员，以此确保问卷的有效性。本次调查共发放 500 份调查问卷，根据追踪反馈，回收了 415 份调查问卷，回收率为 83%。对收集的问卷进行有效性筛选，最终获得 326 份有效问卷，并以此作为本章分析数据的来源。样本企业基本特征如表 5.5 所示。从表 5.5 可知，被调研的企业多为成熟企业、国有企业和大型企业，因此，样本分布情况具有代表性。

表 5.5 样本特征

统计内容		频数	百分比%	统计内容		频数	百分比%
企业年龄	3 年以下	99	30.4	企业规模	50 人以下	167	51.2
	3~5 年	116	35.6		51~100 人	77	23.6
	5~10 年	40	12.3		101~500 人	35	10.7
	10 年以上	71	21.8		501~2000 人	19	5.8
企业性质	国有企业	131	40.2		2000 人以上	28	8.6
	集体企业	155	47.5				
	私营企业	16	4.9				
	外资企业	24	7.4				

5.4.2.3 偏差检验

为避免研究样本的同源偏差，本章通过同源方法偏差和未回应者偏差进行检验。在同源方法偏差上，本章采用 Harman 单因素分析方法进行检验，运行 SPSS 软件提供的探索性因子分析程序。结果表明，未旋转的第 1 个主成分的载荷量仅是 23.41% <40%，不存在单一因素能解释大部分变异的因子，表明同源方法偏差不会造成显著影响。在未回应者偏差上，按照问卷返回排序，选取前 1/3 和后 1/3 的样本进行 t 检验，结果表明，93% 以上的观测变量不存在显著差异，表明未回应者偏差不会造成显著影响。

5.4.2.4 信度与效度检验

为了确保问卷收集的数据与理论构念的匹配程度，对样本数据进行信度和效度验证，结果如表 5.6 所示。

表 5.6 信效度分析

变量	平均值	标准差	Cronbach's α	CR	AVE	$\sqrt{AVE}$
数字绿色价值共创	5.919	0.995	0.982	0.980	0.923	0.961
数字绿色网络嵌入	4.202	1.455	0.934	0.946	0.814	0.902
数字绿色网络分裂	5.989	1.016	0.992	0.992	0.970	0.985
数字绿色创新绩效	4.072	1.858	0.973	0.973	0.900	0.949

如表 5. 6 所示，数字绿色价值共创行为、数字绿色网络嵌入、数字绿色网络分裂断层和数字绿色创新绩效的 Cronbach's α 系数表明，所有量表都具有良好的内部一致性。通过计算各变量的组合信度 CR 和平均萃取变异量 AVE 值，结果显示所有变量的 CR 值均大于 0. 7，AVE 大于 0. 5，表明测量变量具有良好的收敛效度。

采用 AMOS 对基准模型和其他竞争模型进行验证性因子分析，结果如表 5. 7 所示。

表 5. 7　验证性因子分析结果

模型	χ^2	*df*	χ^2/df	*RMSEA*	*TLI*	*CFI*	*GFI*
基准模型	282. 667	95	2. 975	0. 078	0. 975	0. 981	0. 902
单因子模型	4541. 613	104	43. 669	0. 362	0. 468	0. 539	0. 311
二因子模型	3082. 496	103	29. 927	0. 298	0. 640	0. 691	0. 447
三因子模型	1610. 610	101	15. 947	0. 214	0. 814	0. 843	0. 578
三因子模型	2123. 782	101	21. 028	0. 248	0. 750	0. 790	0. 527

由表 5. 7 可知，基准模型包括数字绿色价值共创行为、数字绿色网络嵌入、数字绿色网络分裂断层和数字绿色创新绩效四个变量，结果显示，基准模型拟合效果良好（$\chi^2 = 282.667$，df = 95，$\chi^2/\mathrm{df} = 2.975$，RMSEA = 0. 078，TLI = 0. 975，CFI = 0. 981，GFI = 0. 902），各项指标明显优于其他竞争模型，表明本章的核心变量具有良好的区分效度。

5. 5　实证研究与讨论

5. 5. 1　数据分析与假设检验

5. 5. 1. 1　描述性统计

四个变量的均值、标准差和变量之间的相关关系如表 5. 8 所示。

表 5.8　　变量的均值、标准差和相关系数

变量	平均值	标准差	1	2	3	4	5	6	7
企业年龄	2.255	1.112	1						
企业规模	1.969	1.277	0.211 **	1					
企业性质	1.794	0.840	0.017	-0.037	1				
数字绿色价值共创	5.919	0.995	0.020	0.139 *	0.033	1			
数字绿色网络嵌入	4.202	1.455	0.031	0.346 **	0.049	0.372 **	1		
数字绿色网络分裂	5.989	1.016	-0.062	0.147 **	0.080	0.749 **	0.438 **	1	
数字绿色创新绩效	4.072	1.858	-0.009	0.282 **	0.138 *	0.551 **	0.711 **	0.592 **	1

从表 5.8 中可以看出，数字绿色价值共创行为与数字绿色创新绩效之间呈显著正相关，相关系数为 0.551，数字绿色价值共创与数字绿色网络嵌入之间呈显著正相关，相关系数为 0.372，其余变量之间的相关系数详见表 5.8。结果表明，解释变量之间不存在多重共线性，可以进行下一步的回归分析。

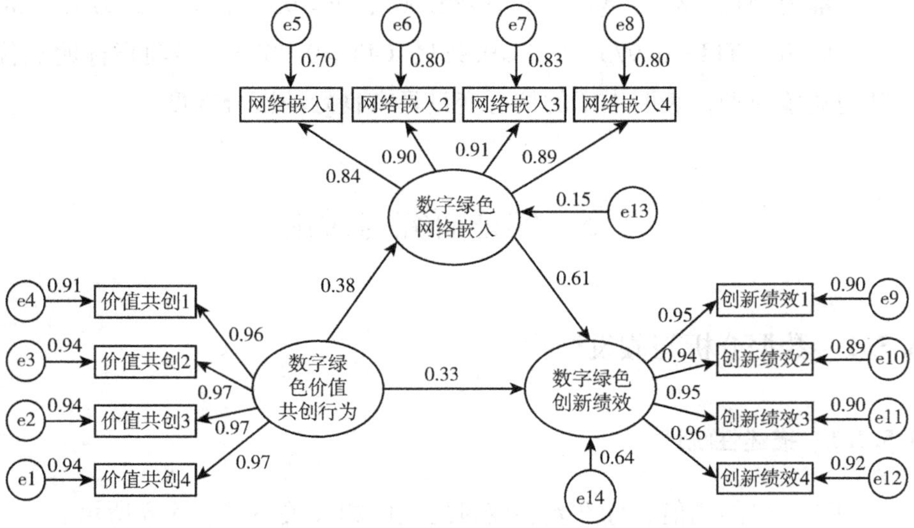

图 5.4　结构方程模型检验结果

5.5.1.2　主效应及中介效应检验

本章利用结构方程模型检验主效应和中介效应，结果如图 5.4 所示。

结构方程模型的拟合指标如下：$\chi^2 = 131.946$，df = 48，$\chi^2/df = 2.749$，RMSEA = 0.073，TLI = 0.980，CFI = 0.985，GFI = 0.936，AGFI = 0.896，NFI = 0.977，IFI = 0.985，RFI = 0.969。这些指标表明，结构方程模型的拟合度整体上较好。

由表 5.9 可知，数字绿色价值共创行为可以显著地正向影响数字绿色创新绩效（$p < 0.01$），假设 H5－7 得到验证；数字绿色网络嵌入可以显著地正向影响数字绿色创新绩效（$p < 0.05$），假设 H5－8 得到验证；数字绿色价值共创可以显著地正向影响数字绿色网络嵌入（$p < 0.01$），假设 H5－9 得到验证；数字绿色价值共创可以通过数字绿色网络嵌入进而影响数字绿色创新绩效（$p < 0.01$），即数字绿色网络嵌入在数字绿色价值共创行为与数字绿色创新绩效之间起着部分中介作用，假设 H5－10 得到验证。

表 5.9　“数字绿色价值共创行为—数字绿色网络嵌入—数字绿色创新绩效”影响模型检验结果

路径	效应	Boot S. E.	Z	p	Bias – Corrected 95% CI		Percentile 95% CI	
					Lower	Upper	Lower	Upper
数字绿色价值共创→数字绿色创新绩效	0.614	0.086	7.140	0.009	0.443	0.804	0.442	0.804
数字绿色网络嵌入→数字绿色创新绩效	0.847	0.065	13.031	0.018	0.710	0.976	0.730	0.999
数字绿色价值共创→数字绿色网络嵌入	0.526	0.075	7.013	0.004	0.406	0.709	0.382	0.693
数字绿色价值共创→数字绿色网络嵌入→数字绿色创新绩效	0.445	0.063	7.063	0.009	0.308	0.587	0.306	0.585

5.5.1.3 调节效应检验

为了消除共线性的影响，在对自变量和调节变量进行标准化处理后，通过 SPSS 执行 PROCESS 3.2 程序检验调节效应。引入数字绿色网络分裂断层与数字绿色价值共创的交乘项检验数字绿色网络分裂断层对数字绿色价值共创与数字绿色网络嵌入关系的调节作用，检验结果如表 5.10 所示。

表 5.10　数字绿色网络分裂断层对数字绿色价值共创行为与数字绿色网络嵌入的调节作用

变量类型	效应	Boot S. E.	t	p	LLCI	ULCI
常数	3.263	0.231	14.147	0.000	2.810	3.717
企业年龄	-0.003	0.063	-0.049	0.961	-0.126	0.120
企业规模	0.307	0.055	5.583	0.000	0.199	0.416
企业性质	0.045	0.081	0.555	0.579	-0.114	0.204
数字绿色价值共创	0.071	0.103	0.691	0.490	-0.132	0.275
数字绿色网络分裂	0.647	0.109	5.922	0.000	0.432	0.862
数字绿色价值共创×数字绿色网络分裂	0.345	0.080	4.321	0.000	0.188	0.503

从表 5.10 中可以看出，在控制了企业年龄、企业性质和企业规模等变量后，数字绿色网络分裂与数字绿色价值共创的交互项对网络嵌入的回归系数显著（$\beta=0.345$，$p<0.001$）。在 0.001 显著性水平上的置信区间为［0.188，0.503］，置信区间不包含 0，表明数字绿色网络分裂对数字绿色价值共创与数字绿色网络嵌入的调节作用显著，假设 H5－11 通过检验。

为了消除共线性的影响，在对自变量和调节变量进行标准化处理后，通过 SPSS 执行 PROCESS 3.2 程序检验调节效应。引入数字绿色网络分裂断层与数字绿色价值共创的交乘项检验数字绿色网络分裂断层对数字绿色价值共创与数字绿色创新绩效关系的调节作用，检验结果如表 5.11 所示。

表 5.11　　数字绿色网络分裂断层对数字绿色价值共创行为与数字绿色创新绩效的调节作用

变量类型	效应	Boot S. E.	t	p	LLCI	ULCI
常数	2.660	0.237	11.202	0.000	2.193	3.127
企业年龄	-0.032	0.064	-0.501	0.617	-0.159	0.095
企业规模	0.246	0.057	4.344	0.000	0.135	0.358
企业性质	0.222	0.083	2.669	0.008	0.058	0.385
数字绿色价值共创	0.338	0.107	3.172	0.002	0.128	0.547
数字绿色网络分裂	1.077	0.112	9.580	0.000	0.856	1.299
数字绿色价值共创×数字绿色网络分裂	0.800	0.082	9.722	0.000	0.638	0.962

从表5.11中可以看出，在控制了企业年龄、企业性质和企业规模等变量后，数字绿色网络分裂断层与数字绿色价值共创的交互项对数字绿色创新绩效的回归系数显著（$\beta = 0.800$，$p < 0.001$）。在0.001显著性水平上的置信区间为［0.638，0.962］，置信区间不包含0，表明数字绿色网络分裂断层对数字绿色价值共创与数字绿色创新绩效关系的调节作用显著，假设H5-12通过检验。

5.5.2　结论与启示

5.5.2.1　结论

本部分从数字绿色价值共创理论和数字绿色网络嵌入理论角度出发，实证检验了数字绿色价值共创行为与数字绿色创新绩效之间的关系。

首先，本部分验证了数字绿色价值共创对数字绿色企业创新绩效具有显著的正向影响。数字绿色价值共创借助数字技术，建立跨组织边界对话机制和资源获取渠道，实施风险联合防控，实现信息对称，发挥资源匹配的效率优势，进一步提升了数字绿色创新的绩效。研究结果反映了当今商业生态环境下数字绿色创新企业的合作行为模式，丰富了企业创新管理理论，为数字绿色创新企业建立战略合作关系提供了理论指导。

其次，本部分证实数字绿色网络嵌入在数字绿色价值共创行为和数字绿色创新绩效之间起着中介桥梁的作用，且数字绿色网络嵌入对数字绿色创新绩效具有积极的正向影响。借助于数字绿色价值共创行为，企业可以很好地融入商业生态系统中。企业可以通过数字绿色价值共创在商业生态系统中获得更高的生态位。数字绿色网络嵌入程度高的企业在商业生态系统中占据较高的生态地位，这些企业的辐射范围更广，进而有利于扩大数字绿色创新企业的利基市场，提高数字绿色创新绩效。与传统的网络嵌入理论不同，过度嵌入的"副作用"借助网络扩张被削弱，数字绿色商业生态系统的开放性消除了过度嵌入的负面影响。由此可见，在数字绿色经济时代，数字绿色网络嵌入对数字绿色创新绩效具有显著的正向影响。

最后，数字绿色网络分裂断层在数字绿色价值共创行为和数字绿色创新绩效之间起着正向调节作用，在数字绿色价值共创与数字绿色网络嵌入也发挥着正向调节的作用。数字绿色网络分裂断层使商业生态系统形成多个子群，在这些子群内部，企业之间相互信任且更容易展开高质量的合作，实现信息交流，加强内部联系，提高数字绿色网络嵌入程度。另外，数字绿色网络分裂断层强的商业生态系统中容易使企业产生"危机意识"，激励数字绿色企业进行创新活动，提升数字绿色创新能力。因此，数字绿色网络分裂断层在数字绿色价值共创行为与数字绿色网络嵌入之间以及数字绿色价值共创行为与数字绿色创新绩效之间均发挥正向调节作用。

5.5.2.2 启示

本部分研究结果为企业开展数字绿色创新活动、建立数字绿色商业生态系统提供了重要的管理启示。

第一，企业应优化商业生态系统，实施数字绿色价值共创战略。企业可以通过提升在商业生态系统中的数字绿色网络嵌入程度来达到以数字绿色价值共创行为提升数字绿色创新绩效的目标。企业可以通过在商业生态系统中获取较高的生态地位来提升企业的数字绿色创新绩效。通过实施开放战略，对商业生态系统的结构进行优化。通过开放数字绿色创新关键技术，扩大合作范围，提高交流沟通频率，实现信息对称。借助于开放规则界面，建立透明制度规则，保证商业生态系统中的数字绿色创新企业在市场竞争中的公平性。

第二，构建面向顾客价值主张的商业生态系统。竞争全球化和新兴技术的蓬勃发展压缩了传统价值创造的空间，以往传统竞争手段并不能帮助企业获取竞争优势。数字绿色创新企业需要建立面向顾客价值主张的商业生态系统，通过商业生态系统将互相竞争的企业转化为命运共同体，共同实现需求端的价值主张。此外，数字绿色创新企业应改变价值取向，构建一个以需求推动科技研究、产业发展和数字绿色创新商业应用的生态系统。形成贯通式数字化绿色创新链条，汇聚各方价值主张，建立基于数字绿色创新价值共创行为的信息资源循环机制和价值流动机制。只有这样，商业生态系统才能实现迭代更新。对于数字绿色企业的创新战略，应建立面向数字绿色创新商业生态的技术投资，借助于应用程序接口为各个平台提供数据，实现数据共享。与供应商一同建立数字化绿色创新生产生态系统，运用大数据对用户消费的数字痕迹进行追踪和分析，与用户共同建立关于产品或服务的数字绿色价值共创机制，从而完善消费生态系统，进一步完成商业生态系统的创新迭代，提升企业的数字绿色创新绩效。

第三，数字绿色创新企业应正确认识网络分层断裂现象，充分利用数字绿色网络分层断裂带来的优势。在数字绿色网络分裂断层的作用下，商业生态系统中形成多个子群结构，这些子群结构内部的数字绿色创新企业相互信任，彼此合作。因此，数字绿色创新企业应充分利用这一优势，与子群结构内的其他企业建立高质量合作机制、信息沟通渠道。开展技术交流活动，与其他企业共同面对顾客的价值主张，推动商业生态系统的数字绿色创新发展以及企业自身突破性数字绿色创新能力的提升。

5.6　本章小结

本章通过 SPSS 21.0 和 Amos 24.0 统计分析软件对数据进行统计分析，采用多元回归实证检验了数字绿色战略导向对企业数字绿色创新绩效以及数字绿色商业模式创新的中介作用过程。与此同时，本章提出制造企业在数字绿色创新实践过程中应依据自身环境优化匹配数字绿色战略导向这一结论。同时，本章根据数字绿色商业生态系统发展现状，通过对现有文献进行回顾，提出数字绿色网络嵌入程度在数字绿色价值共创行为与数字绿色创新绩效之间的中介作用和数字绿色网络分裂断层对数字绿色价值共创行为的调节作用等假设并进行实证检验，分析数字绿色价值共创行为对实现数字绿色创新绩效的影响机制。

第6章

基于互惠理论的制造企业合作数字绿色创新的绩效评价及分析

评判制造业数字绿色创新发展效果是实现“双碳”目标和促进数字经济发展的关键机制。本章依据五大新发展理念，设立了绿色发展、创新驱动、数字经济、高效竞争、风险控制5个维度层，构建了制造业数字绿色创新发展评价指标体系。基于区域资源禀赋，本章运用FAHP－熵权模型分别对不同地区设立组合权重，综合评价京津冀制造业数字绿色创新发展效果并分析了政府环境规制政策（命令型规制、市场型规制、自愿行动型、公众参与型）对制造企业合作绿色技术创新系统协同演化的影响。具体如图6.1所示。

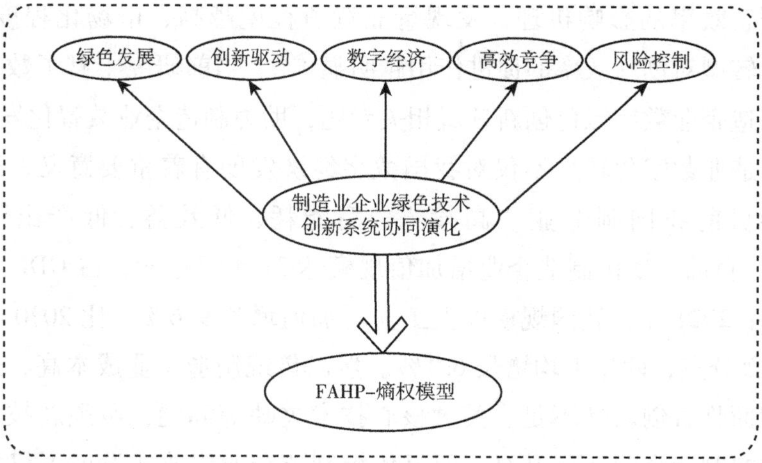

图6.1　制造企业合作绿色技术创新系统协同演化的分析框架

6.1 基于互惠理论的制造企业合作数字绿色创新发展相关概述

作为新一轮科技革命的重要载体和生产要素，数字化不断为产业发展带来新契机，为缩小地区发展差异带来新机遇。数字化以人工智能、大数据为基础，逐渐融入创新、协调、绿色、开放、共享五大新发展理念，助力制造企业数字转型和绿色升级，实现制造业高质量发展[779]。《中华人民共和国国民经济和社会发展第十四个五年规划和2035年远景目标纲要》对加快绿色化和数字化发展作出战略部署。然而，目前我国正处于数字绿色创新的探索之中，如何合理高效地实现制造企业数字绿色创新，将对我国数字经济发展起到重要的战略意义。现有学者运用熵值法探讨数字产业化和产业数字化耦合度及其对制造企业高质量发展的作用，认为数字化、产业化均对制造业发展有明显的促进作用，增加创新投入和提升人均创利有助于推动制造业高质量发展[780]。也有学者研究数字贸易对长三角制造业高质量发展的影响机制，发现数字贸易通过技术创新间接促进制造业高质量发展[781]。还有学者探讨数字化转型对制造企业创新效率的影响机理，发现行业竞争程度越高、市场化程度越低，数字化转型对创新效率的促进作用越明显[782]。当前研究丰富了数字化转型和制造企业数字绿色创新领域相关专题，助力制造企业数智化发展。

制造业数字化转型不仅对我国数字经济发展有着重要意义，还将有效改善目前我国制造业“高投入、高能耗、低效益、低产出”的局面[783]。目前，我国制造企业增加值规模达31.4万亿元，占GDP比重达27.4%；2021年，我国规模以上工业增加值增长9.6%，比2020年提高6.8个百分点，两年平均增长6.1%。然而传统制造企业成本高、效率低且长期面临着创新性不足、关键核心技术欠缺等问题，亟须新技术、新方式加快制造企业转型升级。而且传统制造企业粗放式发展不仅危害环境安全，更是阻碍着我国制造业持续性发展。随着“双碳”目标的提出，制造企业绿色化发展目标进一步明确。该目标提出到2025年中国单位工业增加值二氧化碳排放降低18%，重点行业主要污染物排放强度降低10%，规模以上工业单位增加值能耗降低13.5%等一系列目标。国家“十四五”规划指出要深入实施智能制造和绿色制造工程，加快制造企业数字绿色创新发展，助力制造企业实现持续性发展目标。以智能化、数字化为代表的数字技术将为制造企业绿色发展带来革命性的变化，不少学者对此进行了研究，如理论探讨数字绿色创新过程，认为这个过程是一个能够带来新的数字绿色产品、生产过程改进、组织模式变革及数字绿色商业模式的创建和改变等，并显著改善环境的过程[784]；基于资源视角分析了数字化对企业绿色创新质量和数量的影响及异质性特征，认为绿色创新质量在数字化对企业价值的影响中起到了显著的中间传导作用[785]；分析工业大数据对制造企业绿色发展影响的空间溢出效应、传导机制和区域差异，认为工业应用指数、产业结构优化影响着制造业绿色发展[786]；研究大数据能力对制造企业绿色竞争力的影响，认为大数据战略规划能力和大数据分析能力对制造企业绿色竞争力具有显著积极作用[787]；以数字化转型为背景对我国制造企业高质量发展水平进行测度分析，认为制造业高质量发展更加注重企业的数字水平与智能程度的提升[788]。当前研究丰富了数字化转型和制造企业绿色发展领域相关专题，助力制造企业数智化和绿色化协同发展。

数字化为制造企业绿色发展注入新能量，衡量这一能量的效果并强化制造企业数字绿色创新发展的能效是制造企业高质量演化与升级的重要机制。然而当前研究仍存在以下不足：（1）评价对象方面，目前评价对象主要涉及制造企业转型、高质量发展、制造企业绿色发展等，仍有三个方面可以被完善。第一，部分学者仅进行了理论上的研究，并未从实证角度研究制造企业数字绿色创新发展，对于制造企业转型升级的具体策略而言，缺乏数据支撑[784]；第二，多数学者研究总体产业发展，并未单独地对制造企业数字绿色转型升级提出针对性建议[781]；第三，支撑京津冀地区制造企业数字绿色创新发展的研究甚少，大多针对全国地区，对于京津冀而言借鉴意义并不大[779]。由此将理论联系实际，采用数据与实证结合方式更具说服力，并且有助于京津冀制造企业制定相同标准和规范，增强协同发展程度。(2) 评价方法方面，部分学者采用熵权法客观确定数字经济水平评价指标权重，客观权重需要依赖足够的样本数据，难以反映各种指标与评价目标相符的重要程度[782]；也有学者运用AHP-综合模糊模型评判制造企业持续创新能力，这易受到人为主观因素影响[789]。如何才能进行全方位衡量并测度出科学的综合水平，需要一种主客观权重相结合的方法，以降低人为因素的不确定性影响。(3) 评价体系方面，不同学者采用了不同的划分方式，如评价体系被划为创新、绿色、开放、共享、高效和风险控制等六个维度，来探索具有中国特色的制造业高质量发展路径[790]；将其划分为环境规制、经济水平、创新投入、创新组织、创新产出和创新扩散6个准则层[791]；根据制造业高质量发展内涵、国家出台的制造业发展政策规划，分为经济效益、产品质量、创新能力、智能程度、数字水平、绿色发展6个一级指标[788]。区域制造企业数字绿色创新发展评价体系的划分应尽可能保证评价体系的公平性和科学性，来高度反映区域制造企业数字绿色创新发展状态。

为解决上述问题，一方面，本书以区域制造企业数字绿色创新发展为评价对象，考虑指标设立的科学性和可获得性，建立区域制造企业数字绿色创新发展评价指标体系；另一方面，针对京津冀制造企业发展水平状况的不同，利用FAHP-熵权法分别对京津冀制造企业数字绿色创新发展指标设立主客观组合权重，简化评价方法，降低单一权重影响。在此基础上，本书运用改进模糊综合分析法，综合评价京津冀制造企业数字绿色创新发展状态。本书不仅为京津冀制造企业数字绿色创新发展及区域协同发展提供实践指引，而且对高效促进区域制造企业数字转型和绿色升级意义重大。

6.2 制造企业数字绿色创新发展评价体系

6.2.1 指标体系构建原则

建立科学全方位的评估体系是测度制造企业数字绿色创新发展水平

的关键，需要满足科学合理、区域可比的要求。为此，构建区域制造企业数字绿色创新发展评价体系，应遵循以下五个原则。

（1）系统性原则。总体数据反映区域制造企业数字绿色创新发展水平，需要系统性指标体系。一方面，指标间应具有一定的理论联系，选取的指标不仅是评价单一的某个方面，而是全方位、多角度的评判；另一方面，指标的选取应能够实现整体与局部的统一、宏观与微观之间的有效结合，系统性反映区域制造企业数字绿色创新发展水平[790]。

（2）科学性原则。指标的选取应遵循理论事实，符合科学的理论要义，能够多角度、全方面地反映区域制造业数字绿色创新发展情况[792]。一方面，指标所反映的数字绿色信息应该是全方位且迅速、准确的，能够为体系评价提供数据基础，进而做出准确公平的评价；另一方面，指标选取的目的性应明确，针对需要测度的方向，选取特定的指标，反映事物的自然发展现象，有利于论证事实。

（3）可测性原则。指标选取首要考虑数据的可测性，明确数据的来源以及各年数据的可得性。由于年度跨越较大，个别指标的统计口径和表示方法有所不同[793]。对于差距较大的数据，选择适当放弃，用可以测得的数据来进行相应替换，对评价体系的影响降到最低，准确无误地测度区域制造企业数字绿色创新发展水平。对于部分年限缺失的数据，采用插值法或类推法将其补充完整，以保证所有年度数据均可测。

（4）稳定性原则。数据是影响评价结果的直接关键因素，其选取还需要保证足够的稳定性[790,793]。横向层面，各年度数据应不被特殊情况所影响，均在符合常理的情况下，按照一定的预期态势发展，波动较大且无法做出合理性分析的数据应及时摒弃；纵向层面，常年变化不大且接近相同的指标数据，对于评价体系而言意义不大，需要选择更换数据单位或找寻可以替代的数据指标。

（5）可比性原则。在纵向可测同时，还需要做到横向可比，以此来评价各个地区制造业数字绿色创新发展状况[793]。这需要将数据、指标、体系融合统一。数据选择需要遵循可比性原则，为体系评价提供有效的数据支撑；指标选取能够反映个别方向的实际发展水平，说明目前区域制造企业数字绿色创新发展的问题所在；体系构建需要各指标的实际含义和统计口径应保持一致，避免由于数据单位不统一等带来的人为性误差。

6.2.2 指标体系框架构建

为科学全方位评判区域制造企业数字绿色创新发展状况，本书构建了包括绿色发展、创新驱动、数字经济、高效竞争、风险控制五个方面的指标体系。经合理调研、对比分析，保证数据的系统性、科学性、可比性、稳定性、可测性原则，选取18个指标作为数据来源，建立了区域制造企业数字绿色创新发展评价指标体系，如图6.2所示。

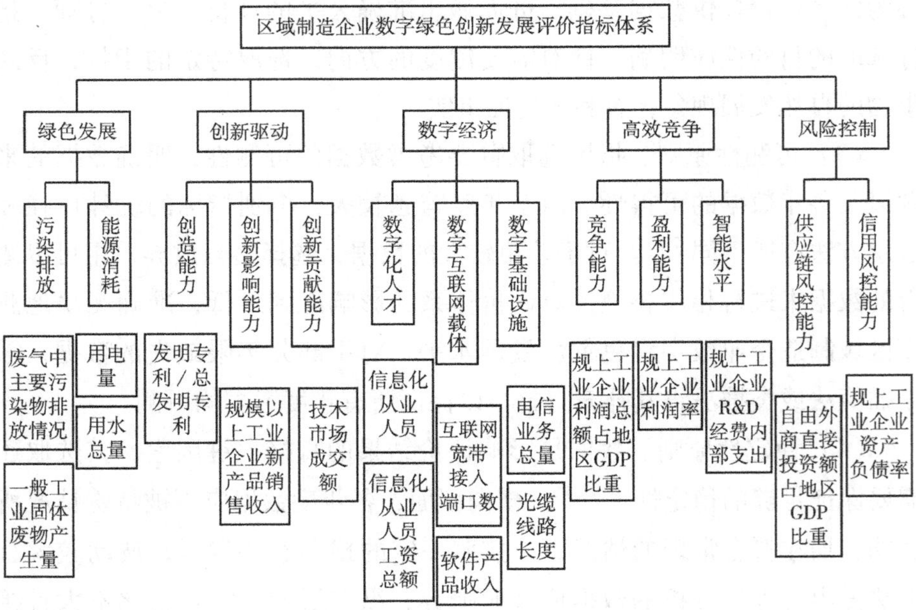

图6.2 区域制造企业数字绿色创新发展评价指标体系

6.2.2.1 绿色发展类指标

“双碳”目标是党中央对推动我国经济社会实现可持续发展的深思熟虑而作出的重大战略决策。“双碳”目标要求区域应积极应对全球变暖带来的气候异常、冰川融化等不良现象，降低碳排放量，抵消自身产生的二氧化碳等温室气体，实现相对零排放[794]。为积极响应国家政策，制造企业绿色低碳发展尤为重要。因此，本书选取了污染排放和能源消耗两个角度进行具体评价。

（1）污染排放水平。制造企业要实现绿色低碳发展必须控制污染排放。本书选取了废气中主要污染物排放情况以及一般工业固体废物产生量两个关键指标，来评价制造企业产生污染的具体状况。两个指标对于地区制造企业绿色低碳发展来说呈现负面影响，废气中主要污染排放量越多，一般工业固体废物产生量越多，制造企业绿色可持续发展水平越差。制造业通过使用新技术、新方法来减少污染排放量以及废物产生量，来有效缓解制造业的污染问题，助推“双碳”目标实现[795]。

（2）能源消耗水平。区域资源是有一定限度的，过度的开采、消耗会使环境不堪重负。实现区域制造业绿色低碳发展，势必要减少传统能源消耗，积极采用新能源[796]。本书选取了规模以上工业企业用电量及用水总量，通过分析制造企业资源消耗来评价其绿色创新发展水平。对于制造企业而言，用电量、用水量越多，意味着资源消耗越多，对绿色发展呈现负影响。因此，如何降低能源消耗，实现绿色增长同样也是制造企业目前面临的重要难题之一。

6.2.2.2　创新驱动类指标

创新、协调、绿色、开放、共享五大新发展理念丰富和发展了中国特色社会主义理论。创新作为五大新发展理念之首，是引领我国发展的重要核心，将创新贯穿到国家经济社会发展的各个方面。对制造企业而言，创新将为其注入源源不断的发展活力。因此，本书从创造能力、创新影响能力以及创新贡献能力三个方面，评判制造企业创新驱动效果。

（1）创造能力水平。创造能力指制造企业创造新产品及新技术的能力。发明与实用新型和外观设计构成我国专利法所保护的对象。本书选取了发明专利作为评价制造企业创造能力的标准。《专利审查指南》指出，技术方案是指对要解决的技术问题所采取的利用了自然规律的技术手段的集合。发明必须是技术方案，而且必须是新的技术方案。新的技术方案对实现制造企业创新战略有着重要意义，能够占领市场空白，对创造能力起正向推动作用[797]。

（2）创新影响能力水平。制造企业研发新产品、新技术应符合社会需求，创新影响能力水平的分析能够具体说明制造企业创新驱动水平。本书选取了规模以上工业企业新产品销售收入，作为评价区域制造企业创新影响能力的重要指标。只有通过产品销售收入、分析市场需求情况，才能够判断该创新产品是否对于制造企业呈现正向影响。收入直接反映于销售数量，数量反映市场需求，进而得出结论。

（3）创新贡献能力水平。技术市场成交额主要反映区域要素市场的活跃程度及创新配置效率，是衡量科技成果转化效果的重要指标[798]。技术市场成交额越多，创新配置效率越高，科技成果转化程度越好，区域内创新贡献能力水平越高。实现制造企业创新驱动发展需要高程度的科技成果转化来促进推动。

6.2.2.3 数字经济类指标

“十四五”时期，我国数字经济逐步转向深化应用、规范发展、普惠共享的新阶段。《“十四五”数字经济发展规划》提出要协同推进数字产业化和产业数字化，赋能传统产业转型升级，培育新产业新业态新模式。对于传统制造企业来说，数字经济的发展将促进我国制造企业数字化转型升级，实现制造企业可持续发展。本书将从数字化人才、数字互联网载体以及数字基础设施三个方面对区域制造企业数字经济发展水平作出评价。

（1）数字化人才水平。数字经济发展依赖于数字化人才，新活力的注入不断促进制造企业数字化转型升级。分析信息化从业人员数量以及信息化人员工资总额，有利于掌握制造企业数字化人才状况及发展态势。信息化从业人员数量越多，数字经济提升空间越大，有助于实现转型升级；信息化人员工资总额越高，市场导向呈现良好态势，将会吸引优秀的数字化人才[779]。

（2）数字互联网载体水平。自工业互联网创新发展战略深入实施以来，习近平总书记多次对工业互联网发展作出重要指示，工业互联网已连续五年在政府工作报告中被明确为重点发展的任务之一，互联网与产业融合成为实现数字经济发展的重要途径之一[799]。对于互联网载体，联网宽带接入端口数以及软件产品的收入代表着目前互联网发展情况及普及程度。

（3）数字基础设施水平。信息、通信等作为数字经济的先导产业，其发展尤为重要，关乎着我国未来数字经济发展的持续性。数字经济发展需要数据、技术、资源相融合的基础设施建设，来作为支撑新一代信息技术与工业制造业深度融合的“新基建”[800]。电信业务总量及光缆线路长度都能够表明目前我国数字互联网发展的基础水平，为实现进一步数字化发展打下良好基础。

6.2.2.4 高效竞争类指标

高效竞争水平用来表明制造企业在地区以及行业中的竞争能力[801]。本书中规模以上制造企业利润总额占 GDP 比重、规上工业企业利润率以及规上工业企业 R&D 经费内部支出的测度，来表明制造企业的竞争能力、盈利能力以及智能水平。

（1）竞争能力水平。制造企业的竞争能力是决定其在市场占比的关键因素之一，竞争能力越强，越可占据高比例的市场份额，从而实现产品销售以及利润增长[802]。因此，本书选取了规模以上工业企业利润总额占地区 GDP 比重，来反映工业企业利润对于地区经济所产生的影响。这可以被用来判断工业企业是否具有强竞争力，说明其未来的发展态势。制造企业利润占地区 GDP 的比重越大，竞争能力越强。

（2）盈利能力水平。制造企业持续性发展的基础是能够获取足够的利润，来扩大生产和获取更多的利益，盈利能力是保障其高效竞争的基础之一[790][793]。对于企业盈利能力的测度，本书选取了规模以上工业企业利润率作为判断依据。规模以上工业企业利润率越高，盈利能力越强，未来在市场中获取的竞争地位越高。

（3）智能水平。数字智能化势不可挡，对制造企业未来发展具有强大的推动作用，在区域制造企业转型升级中极其重要。本书选取了规模以上工业企业 R&D 经费内部支出作为判断依据，评判制造企业在智能水平的投入数量。制造企业智能研发投入越多，未来可能达到的智能化水平将会越高[803]。

6.2.2.5 风险控制类指标

制造企业对其他企业来说具备一定的共性，需要进行有效的风险控制以应对未来可能会发生的各类风险[804]。对于评价制造企业的风险控制水平而言，本书将其分为供应链风控能力和信用风控能力两个方面。采用自由外商直接投资额占地区 GDP 的比重以及规上工业企业资产负债率两个指标的测度，来进行风险控制水平的分析。

（1）供应链风控能力水平。随着疫情、能源危机、地缘政治等的影响不断蔓延，科学有效的风险控制能够及时应对突如其来的外部风险[805]。本书选取了自由外商直接投资额占比来测度区域制造企业供应链风控能力水平，自由外商直接投资额占比越高，企业未来能够合理支配的自有资金越多，企业供应链风险控制能力越强。

（2）信用风控能力水平。信用风险是风险管理中极为重要的一个方面[806]，资产负债率是负债总额与资产总额的比例关系，表示公司总资产中有多少是通过负债筹集的。该指标是一项衡量公司利用债权人资金进行经营活动能力的指标，也反映债权人发放贷款的安全程度，即其对应企业的信用风控能力。

6.3 研究方法

6.3.1 FAHP－熵权法

熵权法依托于客观分析，FAHP 层次分析法利用主观分析对体系进行定量描述。主客观权重的相融合能够有效避免人为主观因素对于体系的影响和由于客观数据所带来的统计误差[807]。本书采用 FAHP - 熵权法主客观相结合的方式确定指标权重，计算步骤如下。

第一步：利用熵权法确定客观权重。

（1）计算第 i 个指标值占第 k 年指标值的比重：

$$X_{ki} = x_{ki} / \sum_{k=1}^{m} x_{ki} \tag{6-1}$$

（2）计算第 i 个指标的信息熵 E_i：

$$E_i = -\frac{1}{\ln m} \sum_{k=1}^{m} x_{ki} \ln x_{ki} \tag{6-2}$$

（3）计算第 i 个指标信息冗余度 D_i：

$$D_i = 1 - E_i \tag{6-3}$$

（4）计算第 i 个指标权重，记为 W'：

$$W' = D_i / \sum_{i=1}^{n} D_i \tag{6-4}$$

第二步：利用 FAHP 层次分析法确定主观权重。

（1）构建体系层次分析结构，并依次进行比重计算。

（2）建立模糊判断矩阵 U：

$$U = \begin{bmatrix} U_{11} & \cdots & U_{1n} \\ \vdots & & \vdots \\ U_{n1} & \cdots & U_{nn} \end{bmatrix} \tag{6-5}$$

（3）计算各指标主观权重，这里记为 W''。计算矩阵 U 的最大特征值和特征向量确定权重：

$$UW = \lambda_{\max} W \tag{6-6}$$

$$W'' = \frac{\sqrt[n]{\prod_{j=1}^{n} U_{ij}}}{\sum_{i=1}^{n} \sqrt[n]{\prod_{j=1}^{n} U_{ij}}} \tag{6-7}$$

（4）检验一致性。若 $CR < 0.1$，则通过一致性检验，否则将重新构建判断矩阵：

$$CR = CI/RI \tag{6-8}$$

$$CI = \frac{1}{n-1}(\lambda_{\max} - n) \tag{6-9}$$

第三步：计算指标主客观组合权重。

$$W_i = \frac{(W_i' \cdot W_i'')^{0.5}}{\prod\limits^{n} (W_i' \cdot W_i'')^{0.5}} \tag{6-10}$$

6.3.2 模糊综合评价法

本方法是基于 FAHP - 熵权法而建立的综合评价法，该方法可用于多因素指标对体系做出整体判断，能够科学全面有效解地评价区域制造企业数字绿色创新发展水平，操作易行、结果清晰[808]。

第一步：本书选择了改进模糊综合评判模型，将所有指标分成成本型、效益型、适中型三种类型，并进行以下隶属度矩阵的构建。

（1）成本型（越小越优型）：

$$r_{ij} = \frac{\max x_{ij} - x_{ij}}{\max x_{ij} - \min x_{ij}} \tag{6-11}$$

（2）效益型（越大越优型）：

$$r_{ij} = \frac{x_{ij} - \max x_{ij}}{\max x_{ij} - \min x_{ij}} \tag{6-12}$$

（3）适中型（越接近某一标准值越优型）：

$$r_{ij} = 1 - \frac{|x_{ij} - u_i|}{\max |x_{ij} - u_i|} \tag{6-13}$$

第二步：根据以上法则，将数据转化为相应的隶属度矩阵。

$$R = \begin{bmatrix} r_{11} & r_{12} & \cdots & r_{1m} \\ r_{21} & r_{22} & \cdots & r_{2m} \\ \vdots & \vdots & \ddots & \vdots \\ r_{n1} & r_{n2} & \cdots & r_{nm} \end{bmatrix} = (r_{ij})_{n\times m} \tag{6-14}$$

在基于 FAHP - 熵权法综合评价中引入模糊判断矩阵的一个模糊子集

A，称为权重集，$A = \{a_1, a_2, \cdots, a_i, \cdots, a_m\}(i = 1,2,\cdots,m)$，其中 $a_i \geqslant 0$，表示第 i 个因素的权重，满足 $\sum_{i=1}^{n} W_i = 1$。本书中 a_i 为变权后的数值，即 $a_i = w_i$。

第三步：运用 FAHP - 熵权权重将各因素在各层级上的隶属度进行集成，得到被评价对象对模糊子集的隶属度。设 B 为模糊评价集，令 $B = A \circ R$，得到综合评判结果：

$$B = A \circ R = (a_1, a_2, \cdots, a_j, \cdots, a_n) \circ \begin{bmatrix} r_{11} & r_{12} & \cdots & r_{1n} \\ r_{21} & r_{22} & \cdots & r_{2n} \\ \vdots & \vdots & \ddots & \vdots \\ r_{m1} & r_{m2} & \cdots & r_{mn} \end{bmatrix} = [b_1, b_2, \cdots, b_n] \tag{6-15}$$

6.4　实证研究

为有效测度和分析京津冀制造企业数字绿色创新发展的历史演变情况，本书选取了 2011 ~ 2020 年京津冀制造企业面板数据进行研究。样本数据主要源自国家统计局官网发布的《中国统计年鉴（2012 ~ 2021 年）》，以及京津冀历年的统计年鉴和经济发展报告等。

6.4.1　组合权重结果

6.4.1.1　层次体系构建

本书将京津冀制造企业数字绿色创新发展分成绿色发展、创新驱动、数字经济、高效竞争以及风险控制五个维度层，以及 13 个要素层和 18 个指标层次，注明不同指标对于体系而言呈现负向影响或正向影响，如表 6.1 所示。

表 6.1　　京津冀制造企业数字绿色创新发展评价指标体系

维度层	要素层	指标层	属性
绿色发展（U_1）	污染排放（V_1）	1. 废气中主要污染物排放情况（二氧化硫）（X_1）	负向
		2. 一般工业固体废物产生量（X_2）	负向
	能源消耗（V_2）	3. 用电量（X_3）	负向
		4. 用水总量（X_4）	负向
创新驱动（U_2）	创造能力（V_3）	5. 发明专利/总发明专利（X_5）	正向
	创新影响能力（V_4）	6. 规模以上工业企业新产品销售收入（X_6）	正向
	创新贡献能力（V_5）	7. 技术市场成交额（X_7）	正向
数字经济（U_3）	数字化人才（V_6）	8. 信息化从业人员（X_8）	正向
		9. 信息化从业人员工资总额（X_9）	正向
	数字互联网载体（V_7）	10. 互联网宽带接入端口数（X_{10}）	正向
		11. 软件产品收入（X_{11}）	正向
	数字基础设施（V_8）	12. 电信业务总量（X_{12}）	正向
		13 光缆线路长度（X_{13}）	正向
高效竞争（U_4）	竞争能力（V_9）	14. 规上工业企业利润总额占地区 GDP 比重（X_{14}）	正向
	盈利能力（V_{10}）	15. 规上工业企业利润率（X_{15}）	正向
	智能水平（V_{11}）	16. 规上工业企业 R&D 经费内部支出（X_{16}）	正向
风险控制（U_5）	供应链风控能力（V_{12}）	17. 外商直接投资额占地区 GDP 比重（X_{17}）	正向
	信用风控能力（V_{13}）	18. 规上工业企业资产负债率（X_{18}）	负向

6.4.1.2　指标权重确定

本书利用 FAHP－熵权法进行组合权重测算，通过主观权重和客观权重的相结合，避免由于人为主观因素所带来的误差影响。由于京津冀制造企业数字绿色创新发展水平存在一定差距，本书将北京、天津、河北的指标层次权重分别确权。首先利用熵权法分别测度三个地区评价指标权重，FAHP 层次分析法测度京津冀制造企业数字绿色创新发展指标总权重，依次结合形成新的指标组合权重。表 6.2 为北京制造企业数字绿色创新发展评价指标的组合权重。

表 6.2　　北京制造企业数字绿色创新发展评价指标的组合权重

维度层	维度层权重	要素层	指标层	指标权重 1	指标权重 2
绿色发展	0.228	污染排放	1. 废气中主要污染物排放情况（二氧化硫）	0.325	0.074
			2. 一般工业固体废物产生量	0.261	0.060
		能源消耗	3. 用电量	0.212	0.048
			4. 用水总量	0.202	0.046
创新驱动	0.161	创造能力	5. 发明专利/总发明专利	0.255	0.041
		创新影响能力	6. 规模以上工业企业新产品销售收入	0.406	0.065
		创新贡献能力	7. 技术市场成交额	0.339	0.055
数字经济	0.331	数字化人才	8. 信息化从业人员	0.160	0.053
			9. 信息化从业人员工资总额	0.128	0.042
		数字互联网载体	10. 互联网宽带接入端口数	0.153	0.051
			11. 软件产品收入	0.200	0.066
		数字基础设施	12. 电信业务总量	0.253	0.084
			13. 光缆线路长度	0.106	0.035
高效竞争	0.147	竞争能力	14. 规上工业企业利润总额占地区 GDP 比重	0.320	0.047
		盈利能力	15. 规上工业企业利润率	0.417	0.061
		智能水平	16. 规上工业企业 R&D 经费内部支出	0.263	0.039
风险控制	0.134	供应链风控能力	17. 外商直接投资额占地区 GDP 比重	0.535	0.071
		信用风控能力	18. 规上工业企业资产负债率	0.465	0.062

6.4.2　一级模糊综合评价

本书根据研究方法中的评价模型，分别建立一级单因素评判矩阵，依据组合权重得出一级综合评价结果。以北京制造企业数字绿色创新发展评价指标的维度层（U_1）为例进行运算。

（1）建立一级单因素评判矩阵，根据式（6－14）得出单因素评判矩阵为：

$$R_{v1}=\begin{bmatrix}0.000 & 0.043 & 0.113 & 0.198 & 0.278 & 0.673 & 0.970 & 0.810 & 0.999 & 1.000\\ 0.000 & 0.030 & 0.115 & 0.148 & 0.586 & 0.699 & 0.596 & 0.608 & 0.742 & 1.000\\ 1.000 & 0.847 & 0.735 & 0.665 & 0.620 & 0.423 & 0.288 & 0.070 & 0.000 & 0.076\\ 0.983 & 1.000 & 0.914 & 0.724 & 0.604 & 0.500 & 0.379 & 0.414 & 0.000 & 0.190\end{bmatrix}。$$

（2）由式（6-10）计算得出组合权重 W_{U1}：W_{U1} =（0.325，0.261，0.212，0.202）。

（3）根据组合权重计算得出北京制造企业数字绿色创新发展的绿色发展维度层（U_1）的评价结果：A_{U1} =（0.410，0.403，0.407，0.390，0.496，0.592，0.609，0.520，0.519，0.641）。

（4）同理，北京制造企业数字绿色创新发展的创新驱动、数字经济、高效竞争、风险控制维度层计算结果如下：

A_{U2} =（0.033，0.106，0.237，0.370，0.256，0.453，0.531，0.654，0.883，0.960）；

A_{U3} =（0.000，0.091，0.165，0.215，0.353，0.389，0.514，0.688，0.836，1.000）；

A_{U4} =（0.123，0.219，0.141，0.339，0.535，0.409，0.653，0.385，0.563，0.610）；

A_{U5} =（0.635，0.383，0.343，0.552，0.400，0.359，0.443，0.323，0.505，0.454）。

6.4.3 二级模糊综合评价

（1）根据一级模糊综合评价结果，得到北京制造企业数字绿色创新发展二级模糊评价矩阵：

$$R_A=\begin{bmatrix}A_{U1}\\A_{U2}\\A_{U3}\\A_{U4}\\A_{U5}\end{bmatrix}=\begin{bmatrix}0.410&0.403&0.407&0.390&0.496&0.592&0.609&0.520&0.519&0.641\\0.033&0.106&0.237&0.370&0.256&0.453&0.531&0.654&0.883&0.960\\0.000&0.091&0.165&0.215&0.353&0.389&0.514&0.688&0.836&1.000\\0.123&0.219&0.141&0.339&0.535&0.409&0.653&0.385&0.563&0.610\\0.635&0.383&0.343&0.552&0.400&0.359&0.443&0.323&0.505&0.454\end{bmatrix}。$$

（2）进行二级模糊综合评价，由式（6－10）计算得出北京制造企业数字绿色创新发展指标的组合权重 W_A：W_A =（0.228，0.161，0.331，0.147，0.134）。

（3）根据组合权重 W_A 计算得出北京制造企业数字绿色创新发展水平的评价结果 A_1：

A_1 =（0.202，0.222，0.252，0.343，0.403，0.445，0.549，0.551，0.687，0.782）。

同理可得天津、河北制造企业数字绿色创新发展水平的评价结果 A_2、A_3：

A_2 =（0.234，0.301，0.423，0.457，0.473，0.480，0.402，0.451，0.510，0.639）；

A_3 =（0.128，0.168，0.265，0.305，0.354，0.478，0.487，0.549，0.719，0.820）。

（4）根据二级模糊综合评价结果，得到北京制造企业数字绿色创新发展的总体模糊矩阵：

$$R=\begin{bmatrix}A_1\\A_2\\A_3\end{bmatrix}=\begin{bmatrix}0.202&0.222&0.252&0.343&0.403\\0.234&0.301&0.423&0.457&0.473\\0.128&0.168&0.265&0.305&0.354\end{bmatrix}$$

$$\left.\begin{matrix} 0.445 & 0.549 & 0.551 & 0.687 & 0.782 \\ 0.480 & 0.402 & 0.451 & 0.510 & 0.639 \\ 0.478 & 0.487 & 0.549 & 0.719 & 0.820 \end{matrix}\right]。$$

（5）本书认为制造企业数字绿色创新发展对于北京、天津、河北来说同等重要，对此取相同比重进行模糊综合评价，得到总体评价结果 A：

$A=$（0.188，0.230，0.313，0.368，0.410，0.467，0.480，0.517，0.639，0.747）。

6.5 结果与讨论

6.5.1 影响因素结果分析

如图 6.3 所示，北京制造企业数字绿色创新发展影响因素主要是废气中主要污染物排放情况、一般工业固体废物产生量、规模以上工业企业新产品销售收入、软件产品收入、电信业务总量、规上工业企业利润率、外商直接投资额占比、规上工业企业资产负债率。其中关键因素是废气中主要污染物排放情况、电信业务总量以及外商直接投资额占比。从要素层看，污染排放、数字基础设施、供应链风控能力是影响北京制造企业数字绿色创新发展的核心因素。这说明“双碳”目标、数字经济、供应链韧性的相对重要程度呈强势上升趋势，越来越成为影响和制约北京制造企业数字绿色创新发展的关键因素。其原因可能是：一方面，北京空气质量改善成效显著，2022 年北京以“国际大都市清洁空气与气候行动——减污降碳，协同增效”为主题，聚焦“双碳”行动，共同探讨大气污染物和温室气体排放协同控制，引导和助力制造企业绿色和数字转型升级；另一方面，北京 2021 年数字经济增加值达 1.63 万亿元，占地区生产总值的 40.4%，数字经济的发展不再局限于依赖光缆长度或入网端口数，而更加强调这些数字技术产品所带来的经济效益。随着疫情、能源危机、地缘政治等的影响不断蔓延，北京作为我国政治、经济、文化的中心，其供应链风控能力的重要性程度正在被提高，这也是相关领域专家所关注的和重视的。

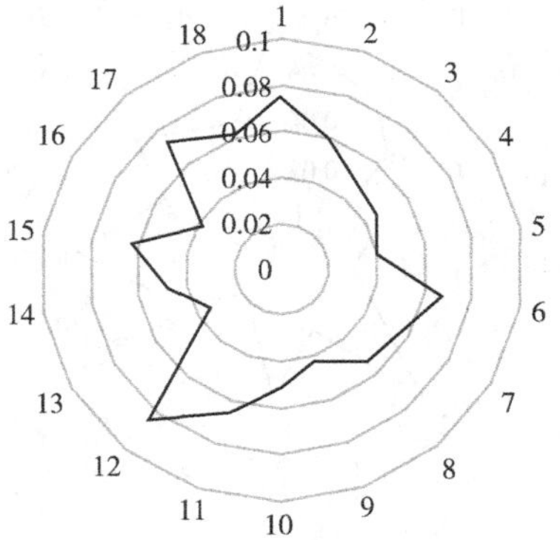

图 6.3　北京制造企业数字绿色创新发展指标权重雷达图

如图 6.4 所示，天津制造企业数字绿色创新发展影响因素主要是废气中主要污染物排放情况、用水总量、规模以上工业企业新产品销售收入、技术市场成交额、互联网宽带接入端口数、电信业务总量、外商直接投资额占比、规上工业企业资产负债率。其中关键因素是废气中主要污染物排放情况、规模以上工业企业新产品销售收入、互联网宽带接入端口数、电信业务总量。从要素层看，污染排放、创新影响能力、数字互联网载体、数字基础设施是影响天津制造企业数字绿色创新发展的核心因素。这说明“双碳”目标、科技成果转化、数字经济的相对重要程度呈强势上升趋势，越来越成为影响和制约天津制造企业数字绿色创新发展的关键因素。其原因可能是：一方面，天津以能源、产业、运输和布局结构优化调整为关键举措，加大了制造企业污染物减排改造力度，从而推动环境空气质量持续改善，形成良性循环；另一方面，天津数字经济占 GDP 比重的目标是到 2023 年不低于 55%，与北京相比，天津互联网宽带接入端口数占北京约 60%，天津数字经济的发展需要兼顾入网端口数和电信业务总量两个方面。2022 年天津加快科技成果转移转化，在政府工作报告提出要加强科技金融的支撑作用，设置概念验证资金，实现“投早、投小、投科技”等富有针对性和突破性的举措。这将有助于打通科技成果转化的

“最后一公里”，天津相关领域专家也重点关注和重视这一方面。

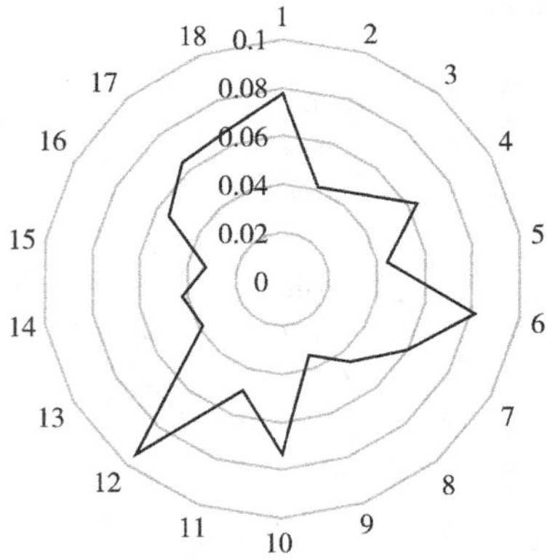

图 6.4　天津制造企业数字绿色创新发展指标权重雷达图

如图 6.5 所示，河北制造企业数字绿色创新发展影响因素主要是废气中主要污染物排放情况、规模以上工业企业新产品销售收入、技术市场成交额、软件产品收入、电信业务总量、外商直接投资额占比、规上工业企业资产负债率。其中关键因素是废气中主要污染物排放情况、技术市场成交额、电信业务总量、规上工业企业资产负债率。从要素层来看，污染排放、创新贡献能力、数字基础设施、信用风控能力是影响河北制造企业数字绿色创新发展的核心因素。这说明“双碳”目标、数字经济、科技创新环境、供应链韧性的相对重要程度呈强势上升趋势，越来越成为影响和制约河北制造企业数字绿色创新发展的关键因素。其原因可能是：一方面，尽管 2014～2022 年河北空气质量优良天数由 149 天增加到 269 天，但是河北省碳排放量呈现先降后升的态势，制造企业减污降碳的协同效应趋弱，引起了京津冀相关部门的重视；另一方面，2021 年河北数字经济占 GDP 比重为 33.4% 左右，尽管数字经济的发展应该兼顾光缆长度或入网端口数和电信业务总量，但是河北传统产业比重较大，把产业数字化摆在重要位置，逐渐加快传统优势产业的企业数字化转型，着力提升地区制造企业集群的数字化水平，提高电信业务总量。近五年，河北综合科技创新水平指数上升到 2021 年的第 18 位，在改善地方科研基础条件和优化科技创新环境方面构建了功能完备的技术转化平台、成果交易平台，极大地推动了一大批科技成果向现实生产力转化。同样，随着疫情、能源危机、地缘政治等的影响不断蔓延，河北 2021 年规上工业企业资产负债率为 60.9%，制造企业信用风控能力的重要性程度正在被提高。

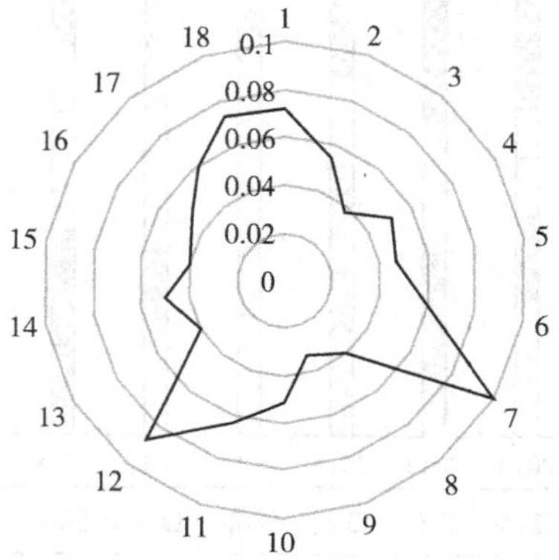

图 6.5　河北制造企业数字绿色创新发展指标权重雷达图

综上所述，共性方面，污染排放和数字基础设施是影响京津冀制造企业数字绿色创新发展的核心因素；异质方面，供应链风控能力、创新影响能力和数字互联网载体、创新贡献能力和信用风控能力分别是北京、天津、河北制造企业数字绿色创新发展的核心因素。

6.5.2　一级模糊综合评价结果分析

如图 6.6 所示，2011～2020 年北京制造企业数字绿色创新发展五个方面占比逐渐呈现高度协调融合态势。其中，绿色发展和风险控制方面的占比呈现下降态势，创新驱动、数字经济、高效竞争方面的占比呈现上升态势。这说明北京制造企业数字绿色创新发展不再是绿色发展和风险控制两面大的局面，而是逐渐走向数字绿色创新高度生态化发展的新局面。这个局面充分体现了创新驱动发展战略的实施效果，2020 年北京制造企业在创新驱动和数字经济方面的效果逐渐凸显，这两方面已经形成了北京制造企业数字绿色创新发展的中坚力量。值得关注的是，高效竞争的比重变化不大，原因可能是北京制造企业数字绿色创新所带来的利润具有滞后效应，短期这种效应集中体现在数字经济方面，长期随着数字经济的累积，高效竞争能力会快速提高。

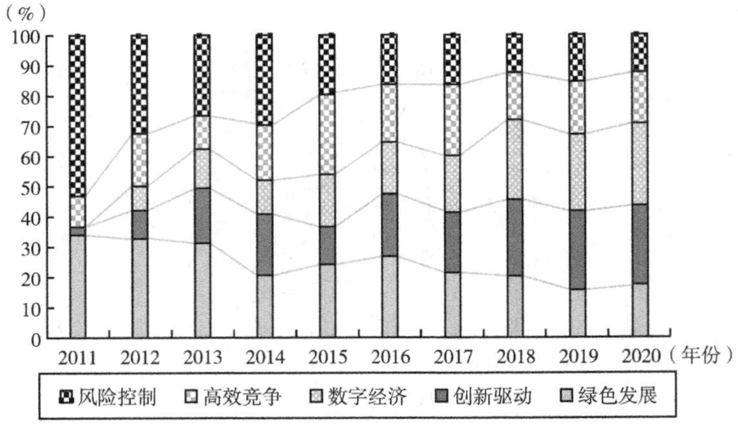

图 6.6　北京制造企业数字绿色创新发展水平占比

如图 6.7 所示，与北京相比，2011～2020 年天津制造企业数字绿色创新发展五个方面占比逐渐呈现中度协调融合态势。其中，绿色发展和高效竞争方面的占比呈现下降趋势，创新驱动占比呈现先上升后下降态势，数字经济占比呈现扩大态势，高效竞争占比则呈现平稳态势。这说明天津制造企业数字绿色创新发展不再是绿色发展、高效竞争和风险控制三面大的局面，而是逐渐走向以数字经济为主导，绿色发展、创新驱动、风险控制协同的数字绿色创新生态化发展的新局面。天津数字化综合发展水平位居全国第七。其中，数字基础设施建设水平位居全国第五，数字技术创新水平位居全国第五，网络安全水平位居全国第三，数字化发展环境建设水平位居全国第三。这个局面充分体现了天津制造企业数字化发展的效果。2020 年天津制造企业在数字经济方面的效果逐渐凸显，这方面已经形成了天津制造企业数字绿色创新发展的核心力量。值得关注的是，高效竞争的比重呈现下降趋势，这亟待引起重视。其原因可能是天津过度关注地区制造企业数字创新，忽视制造企业数字绿色创新所带来的利润；此外，这个利润滞后效应的特征，使天津制造企业高效竞争能力呈现下降趋势。

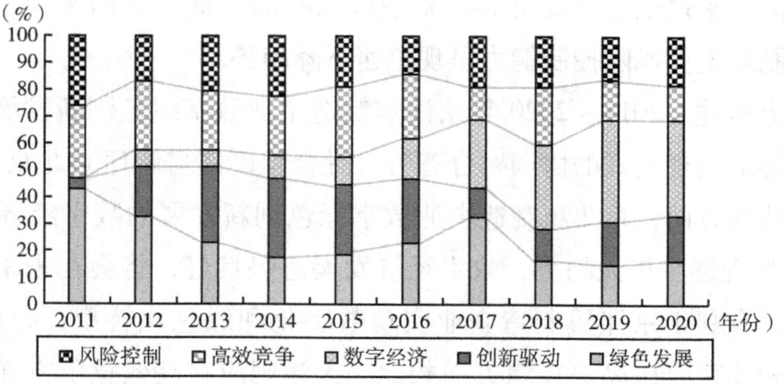

图 6.7　天津制造企业数字绿色创新发展水平占比

如图 6.8 所示，与北京和天津相比，2011～2020 年河北制造企业数字绿色创新发展五个方面占比逐渐呈现低度协调融合态势。其中，风险控制占比呈现下降趋势，绿色发展占比呈现先上升后下降态势，数字经济和创新驱动方面的占比呈现扩大态势，高效竞争占比则呈现平稳态势。这说明河北制造企业数字绿色创新发展不再是绿色发展、高效竞争和风险控制三面大的局面，而是逐渐走向以绿色发展、创新驱动、数字经济高效竞争协同的数字绿色创新生态化发展的新局面。值得关注的是，风险控制的比重呈现急速下降趋势，这亟待引起重视。其原因可能是河北制造企业创新能力与产业规模体量不匹配，头部制造企业和高端高值产

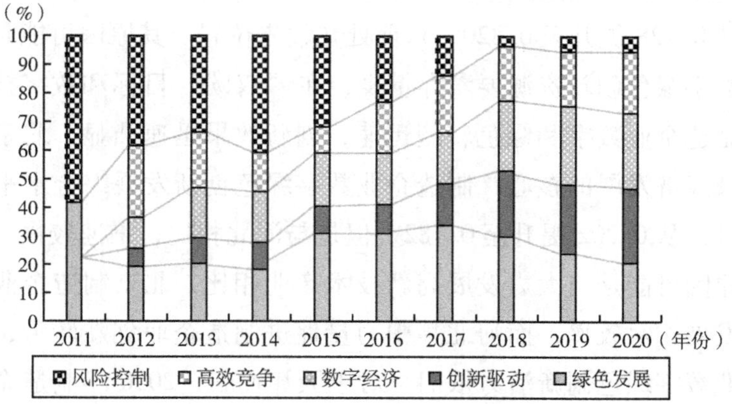

图 6.8　河北制造企业数字绿色创新发展水平占比

品少，传统比较优势减弱，新生产要素集聚能力不足，低端无效供给过剩与中高端有效供给不足并存，营业收入利润率低于全国平均水平，这使河北制造企业风险控制能力呈现急速下降趋势。

综上所述，2011～2020年京津冀制造企业数字绿色创新发展五个方面占比逐渐呈现良好的协调融合态势。融合程度优劣顺序是北京、天津、河北。共性方面，京津冀制造企业数字绿色创新发展的数字经济2011～2020年呈现逐步扩大趋势，数字经济发展态势良好，将会在未来不断持续增加，有利于京津冀制造企业实现数字化和绿色化转型；异质方面，与河北和北京应在风险控制方面相比，天津则应在高效竞争方面增强制造企业数字绿色创新发展能效。而且北京和河北制造企业数字绿色创新发展的创新驱动发展占比增加明显，天津在2017年有所回落，但仍在稳步增长。

6.5.3　二级模糊综合评价结果分析

为有效直观地分析京津冀制造企业总体数字绿色创新发展情况，本书绘制了2011～2020年京津冀制造企业数字绿色创新发展综合演变趋势分析图（见图6.9）。由图6.9可知，2011～2020年京津冀制造企业数字绿色创新发展综合水平呈现稳步上升态势，说明京津冀总体数字绿色发展态势良好。河北制造企业数字绿色创新发展综合水平增速最快、后来居上，从0.128提升至0.820，目前处在领先位置。其原因可能是河北制造企业数字绿色创新资源要素存量少，在“双碳”目标和数字技术的驱动下，制造企业数字和绿色转型迅速，创新效果迅速凸显。北京作为京津冀区域经济发展的核心，制造企业数字绿色创新发展综合水平虽仍在稳步上升，从0.202提升至0.782，但是与河北相比，增速较慢、增值较低。其原因可能是与大力发展高新技术产业相比，北京制造企业数字绿色创新发展相对较慢，而河北集中力量促进制造企业创新转型，这使其制造企业数字绿色创新活力依旧。对于天津而言，2020年制造企业数字绿色创新发展综合水平仅为0.639，其制造企业发展态势不够乐观。其原因可能是目前天津制造企业虽已处在转型阶段，但在高新技术有限的条件下，工业战略性新兴产业并未凸显其作为制造企业数字绿色发展的主引擎效果，制造企业新动能培育不足。总体来看，北京和河北制造企业数字绿色创新发展水平处在京津冀平均水平之上，而天津制造企业数字绿色创新发展水平较低。趋势发生转变的转折点处在 2016 年，在此之后天津制造企业数字绿色创新发展水平明显降低，而北京和河北仍处在上升状态。其可能原因是为提升外商投资质量，2016 年国家发改委、商务部发布了《外商投资产业指导目录》2016 版，这对北京和河北制造企业领域影响较小，但对天津影响较大。与 2015 年相比，2016 年天津电信业务量和外商直接投资额占比均突减了 1/3，其他方面变化不大，这也就导致 2016 年天津制造企业数字绿色创新发展评分突降。随后天津在这些方面不断优化和提升，近四年天津制造企业数字绿色创新发展走向正轨。

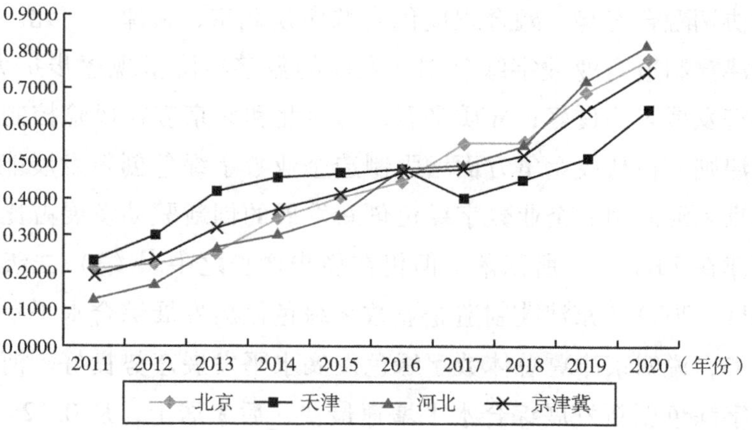

图 6.9　2011～2020 年京津冀制造企业数字绿色创新发展综合演变趋势

6.6　结论及建议

本书选取绿色发展、创新驱动、数字经济、高效竞争、风险控制 5 个一级指标构成维度层，下设 13 个二级指标作为要素层以及 18 个变量作为指标层，建立制造企业数字绿色创新发展评价指标体系。针对不同地区资源禀赋，本书建立 FAHP－熵权模型分别对不同地区设立主客观权重，简化评价方法，降低单一权重影响。最后基于 2011～2020 年面板数据，运用改进模糊综合分析法对京津冀制造企业数字绿色创新发展进行综合评价。结果如下：（1）影响因素方面。共性来看，污染排放和数字基础设施是影响京津冀制造企业数字绿色创新发展的核心因素；异质来看，供应链风控能力、创新影响能力和数字互联网载体、创新贡献能力和信用风控能力分别是影响北京、天津、河北制造企业数字绿色创新发展的核心因素。河北制造企业数字绿色创新发展指标的权重最为波动，比例分布不均匀，北京最为平稳，其次是天津，京津冀制造企业数字绿色创新发展指标的权重仍然存在协调性差现象。（2）一级层维度方面。2011～2020 年京津冀制造企业数字绿色创新发展五个方面占比逐渐呈现良好的协调融合态势。融合程度优劣顺序是北京、天津、河北。共性来看，京津冀制造企业数字绿色创新发展的数字经济呈现逐步扩大趋势，数字经济发展态势良好；异质来看，与河北和北京应在风险控制方面相比，天津则应在高效竞争方面增强制造企业数字绿色创新发展能效。此外，北京和河北制造企业数字绿色创新发展的创新驱动发展占比增加明显，天津在 2017 年有所回落，但仍在稳步增长之中。（3）二级维度方面。2011～2020 年京津冀制造企业数字绿色创新发展综合水平呈现稳步上升态势，说明京津冀总体数字绿色发展水平发展态势良好。河北制造企业数字绿色创新发展综合水平增速最快、后来居上，从 0.128 提升至 0.820，目前处在领先位置。北京制造企业数字绿色创新发展综合水平虽仍在稳步上升，从 0.202 提升至 0.782，但是对于河北省而言，增速较慢、增值较低。对于天津而言，2020 年制造企业数字绿色创新发展综合水平仅为 0.639，其制造企业发展态势不够乐观。总体来看，北京和河北制造企业数字绿色创新发展水平处在京津冀平均水平之上，而天津地区数字绿色创新发展水平较低。

基于以上论述，本书认为北京应重点关注废气中主要污染物排放情况、电信业务总量以及外商直接投资额占比等方面。天津应重点关注废气中主要污染物排放情况、规模以上工业企业新产品销售收入、互联网宽带接入端口数、电信业务总量等方面。河北应重点关注废气中主要污染物排放情况、技术市场成交额、电信业务总量、规上工业企业资产负债率等方面。

具体来看，当前随着疫情、能源危机、地缘政治等的影响不断蔓延，北京应在供应链风控和信用风控方面强化制造企业数字绿色创新的风险控制，注重统筹短期效果和长期目标，激发市场主体活力，从财税、金融、信贷、保供、稳价等方面助企纾困。天津应在竞争能力、盈利能力、智能水平方面强化制造企业数字绿色创新的竞争力，前瞻布局一批数字经济领域重点项目的同时，推动企业数字技术创新、数字应用转化、数字平台赋能，继续丰富数字化应用场景，提升制造企业盈利能力和水平。河北一方面应支持雄安片区、正定片区、曹妃甸片区等自由贸易试验区，大力发展数字经济、生物医药、高端装备制造等产业，优化外商投资服务，更大力度吸引和利用外资；另一方面，要支持制造企业专注细分市场，突出主业，深耕细作，形成一批发展前景好、市场占有率高、拥有自主知识产权的单项冠军企业、产品，提升制造企业资产水平。

总体来看，第一，加强数字经济建设。数字经济发展在制造企业数字绿色创新发展中占据最高比例，是促进京津冀制造企业数字绿色创新发展的重要因素之一。数字经济发展仍须极度重视数字经济与传统制造企业融合，为其注入新的活力。为此，加强数字经济建设，改善传统产业技术落后、能耗大、效率低等问题，对于促进制造企业数字绿色创新发展有着极其重要的作用。第二，增强风险控制水平。在全球形势变化莫测的形势下，兼顾制造企业数字绿色创新发展速度和效果的同时，更需要增强风险把控意识。京津冀制造企业需要发展关键核心技术，不能过度依赖、受制于他人。此外，应加强风险监管，准确评估供应链以及运营风险，并及时进行有针对性的战略调整。第三，发挥地区引领作用。数字绿色创新不能仅仅只在局部发展，需要进行全方位的深化改造，优势地区积极发挥引领作用，促进整体协同化发展。北京地区发挥自身创新引领带动作用，河北地区加快传统制造企业转型升级，天津地区积极探索发展新动能，合力促进京津冀地区创新协同一体化发展。第四，促进京津冀地区协同发展。加强京津冀地区技术、产业一体化可持续协同建设，重塑区域制造企业绿色化和数字化体系。如设立京津冀制造企业数字绿色创新发展专项基金，建立公平合理的成本分担机制，在京津冀数字绿色发展共同体的框架下平衡好京津冀协同制造企业经济发展和减污降碳的关系。

以上结果表明，本书的研究不仅有助于准确评价地区指标重要性，还可以精准分析地区指标年度变化以及区域制造企业绿色发展情况，而且对评价制造企业数字绿色创新发展状况以及揭示制造企业数字绿色创新发展现存问题有着重要作用，具有一定的科学性、系统性。

6.7 本章小结

本章选取绿色发展、创新驱动、数字经济、高效竞争、风险控制 5 个一级指标构成维度层，建立具有理论价值和实践意义的制造企业数字绿色创新发展评价指标体系。设计了 FAHP－熵权法主客观相结合的方式、模糊综合评价模型综合评价京津冀制造业数字绿色创新发展效果并分析了政府环境规制政策（命令型规制、市场型规制、自愿行动型、公众参与型）对制造企业合作绿色技术创新系统协同演化的影响。

| 第 7 章 |

基于互惠理论的制造企业合作数字绿色创新过程的动态机制研究

随着制造企业供应链与数字技术的深度融合，制造企业集成供应链的数字化绿色化创新化发展成为制造企业创造和开拓新市场的重要路径。虽然制造企业积极朝着制造企业集成供应链方向发展，但是制造企业集成供应链在进行数字绿色创新活动中仍面临许多难题。因此必须对制造企业集成供应链的数字绿色创新机制进行研究，探索企业间数字绿色创新系统动态演进规律。本章揭示了在集成供应链环境特征的影响下，集成的制造企业供应链进行数字绿色创新活动中数字化集成度、绿色知识协同能力与数字绿色创新绩效之间的作用机制，并设计制造企业合作绿色技术创新绩效评价指标体系和构建有效的评价模型。具体如图 7.1 所示。

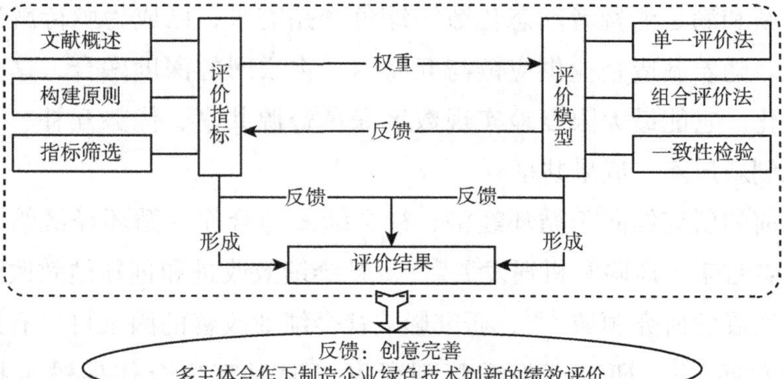

图 7.1　制造企业合作绿色技术创新绩效评价的分析框架

7.1 基于互惠理论的制造企业合作数字绿色创新过程相关概述

近年来，随着经济持续快速发展，资源与环境压力日益加大，人们越加重视经济和环境的协调可持续发展[809]。而传统的制造企业供应链管理往往只考虑供应链上的企业利益最大化，不考虑使用产品的废弃物和排放物如何处理、回收和再利用等[810]。这样的做法不利于节约资源和环境保护，在此情况下，制造企业供应链逐渐向绿色化转型[811]。同时，随着人工智能、区块链、物联网等新技术的应用，数字化在提升绿色供应链效率、降低企业数字绿色创新成本的同时，也为企业制定整体产业发展战略提供了更为优化的决策依据。进入数字化时代，作为经济产业的重要支柱，制造企业也开始积极推进数字化转型，以数字化供应链为突破口，推动供应链的双边客户转型升级[812]。随着绿色转型和数字转型的推进，一方面，由于合作环境的复杂性，制造企业间数字绿色创新的不稳定性增强，数字绿色创新的广度和深度受到了较大影响[813]；另一方面，在需求动态化的环境下，研发和制定出个性化、多样化的产品已成为制造企业供应链企业面临的难题[814]。因此，如何促进制造企业间数字绿色创新和满足消费者动态化数字绿色产品需求，已成为亟待解决的重要问题。随着制造企业供应链与互联网、物联网的深度融合，这种关系不断强化。它能最大限度地实现数字绿色资源共享、优势互补、共担数字绿色创新风险、成果共享。

之前的研究偏向于循环经济、社会绩效与合作。循环经济给各种利益相关者带来了风险和机遇发展[815]。社会绩效改进和创新绩效改进是一个迅速发展的研究领域[816]，研究影响社会绩效改善的因素可以有效促进企业的发展[817]，研究者发现管理者可以通过客户合作促进可持续创新[818]。同时，绿色思维和创造性过程也很重要[819]。在此基础上，越来越多的学者致力于制造企业数字绿色供应链发展。目前，制造企业供应链间数字绿色创新已成为专家学者研究的热点，国内外研究文献中包括较多数字绿色研发[820][821]、数字绿色联盟等概念[822][823]。在研究领域方面，主要集中在供应链企业间数字绿色创新的能力评价及提升[824][825][826]、数字绿色创新的知识溢出效应[827]、数字绿色创新伙伴选择[828][829]、知识管理视角[830][831]等领域。在研究范围方面，数字绿色创新主要集中在以产业、学校、科研机构等相互配合的产学研合作方面[832][833]。对制造企业集成供应链间的数字绿色创新研究较少，对制造企业集成供应链间数字绿色创新机制与动态演化的研究则更少。制造企业供应链间也逐渐进行数字绿色创新活动。四川华西集采电子商务有限公司是一家专业从事以建筑全产业供应链服务为主的产业互联网平台公司，也是中国最早的建筑供应链管理公司之一。公司依托华西集团稳定的采购需求和优质可靠的数字绿色供应商资源、整合绿色供应链资源，打造集电子化招投标、在线交易、物流监管、资金结算、融资服务、库存管理等多维度数字供应链业务为一体的专注于制造企业物资采购领域的电子商务平台，实现信息流、资金流、商流、物流的“四流合一”。“建造云”为建筑数字供应链平台。平台通过构建“一网三库多系统”数字绿色技术架构。其中，“一网”指建筑数字供应链网站；“三库”指数字绿色供求信息库、供应商管理库和价格指数库；“多系统”指数字绿色寻源系统、履约系统、库存管理系统、财务支撑系统、电子发票系统、移动协同应用系统、大数据分析系统、绿色供应链融资服务系统等业务支撑系统。这些贯通制造企业供应链全链条，并以数字绿色平台技术为支撑，联合用户共建行业数字生态，促进绿色供应链发展。因此，在这种情况下，对制造企业集成供应链间数字绿色创新动态机制进行研究，弥补上述研究不足，从而优化制造企业供应链管理，提升企业数字绿色创新效率，对推进制造企业供应链创新发展具有重要现实意义。

本书在运用层次回归法和结构方程模型实证研究制造业集成数字绿色供应链企业间数字绿色创新静态机制的基础上，借鉴复杂系统理论中的B－Z反应模型，构建三维Logistic动态分析模型，通过该模型探索制造业集成数字绿色供应链企业间数字绿色创新系统动态演进规律。本书将尝试完善制造业供应链企业间数字绿色创新系统方法论，揭示在集成供应链环境特征的影响下，集成的制造业供应链企业间进行数字绿色创新活动中数字化集成度、绿色知识协同能力与数字绿色创新绩效之间的作用机制，为提高制造业集成供应链企业间数字绿色创新绩效提供方向策略。

7.2 基于互惠理论的制造企业合作数字绿色创新过程机制分析

制造业供应链管理是一种以制造业相关产品为核心，通过物流、信息流、资金流将整个制造业供应链的供应商、装配商、分销商、用户连成一个整体的管理模式[834]。制造业集成供应链是制造业供应链管理的核心和最终发展阶段[835]。制造业集成供应链共同对制造企业内、外部活动流程管理，通过高效的产品流、服务流、信息流、资金流、决策流将整个制造业供应链的供应源和需求源连成一个整体，进而最大限度地为客户创造最大化的价值[836]。由此来看，集成已经突破有限的、短期的合作关系，各制造企业在信息资源共享的基础上，通过同步化、共享化、集成化的计划和控制系统共同促进整个制造业供应链高效、有序运转[837]。制造业集成数字绿色供应链是制造企业内部集成数字绿色创新的不断深化和外延不断拓展，由内部集成到外集成、由局部集成到整体集成的优化过程，实现了制造业产业链各种数字绿色资源整合和管理模式的优化。因此，制造业集成供应链是一种建立在相互信赖基础上的比较稳定、持久的制造企业间数字绿色合作关系。它通过供应商协同、数字绿色生产技术协同、数字绿色产品需求协同将企业联系在一起，为制造业集成供应链企业间数字绿色创新奠定了组织基础，通过产品流、服务流、信息流、资金流、决策流进行整合和优化，通过数字绿色技术转移流动，消除业务流程中的非增值作业，为制造业集成供应链企业间数字绿色创新奠定了业务基础。本书构建了制造业集成数字绿色供应链结构模型，如图 7.2 所示。

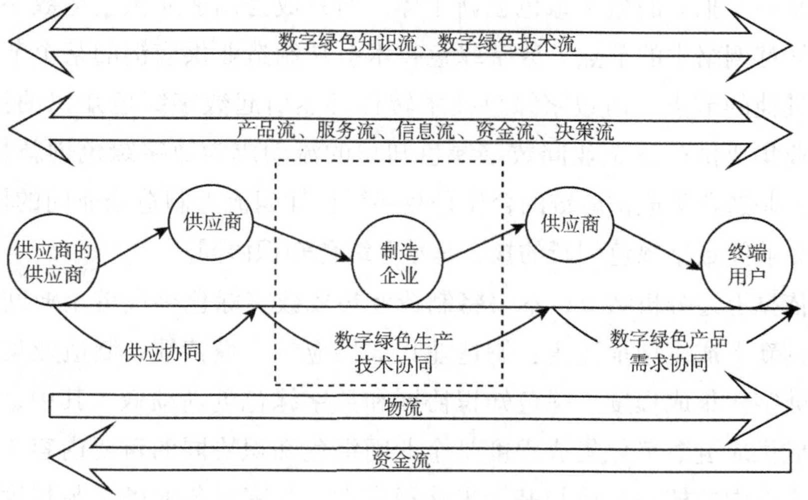

图 7.2　制造业集成数字绿色供应链结构模型

在制造业集成数字绿色供应链关系下，制造企业间通过产品流、服务流、信息流、资金流、决策流、数字绿色知识流及数字绿色技术流形成一种战略合作关系，能够实现数字绿色信息共享和数字绿色资源互补[838]。但是，在复杂多变的数字绿色市场环境下，制造业产品生命周期逐渐的缩短、科技创新风险的加大加剧了大多数制造企业无法独自进行数字绿色技术研发活动，制造企业间的数字绿色创新成为数字绿色技术创新的必然选择。制造企业与供应商的集成有助于制造企业共享供应商的数字绿色研发能力，降低制造企业的数字绿色研发投入，增强双方数字绿色产品设计和工艺设计的协调程度，从而加速数字绿色创新进程[839]。制造业集成供应链有助于各制造企业间的数字绿色知识传递，通过数字绿色知识传递，使各制造企业能更合理、有效地将数字绿色资源、研发生产与市场需求关联起来。数字绿色知识链是由制造企业供应商、客户、竞争对手在内的与数字绿色知识链有关联的跨组织联合体[840]。制造业供应链协同是制造企业间数字绿色信息分享、目标一致、数字绿色知识共享和知识创造等互相连接的组成部分，各个方面彼此相关、共变，通过降低数字绿色创新活动成本，提高资源效率，进而提升制造企业数字绿色创新能力[841]。由此看来，在制造业集成供应链中，各制造企业已不再是一个独立的数字绿色创新主体，而是成为制造业供应链数字绿色技术转移网络中的节点，数字绿色技术会从制造业供应链的某个节点转移到其他的节点，而数字绿色技术转移必然引起数字绿色知识的流动，制造业集成供应链企业间数字绿色知识的流动成为数字绿色创新核心。这样，制造业集成供应链的合作是数字绿色知识流上制造企业间的协同，制造企业间数字绿色创新的核心是数字绿色知识协同。

依据上述分析结果，本书将制造业集成数字绿色供应链企业间数字绿色创新形成机理描述为：制造业集成供应链环境特征、制造业集成供应链数字化集成程度、绿色知识协同和数字绿色创新绩效。其中，制造业集成供应链数字化集成程度是企业间绿色知识协同的重要内容。制造业供应链中的核心企业与基于采购稳定性、数字绿色业务参与程度、生产、销售等方面的供应商集成和基于数字绿色市场与客户对数字绿色产品需求、生产、销售等方面的客户集成共同实现制造业供应链集成。制造业供应链的数字化网络能力、数字化关系质量、韧性的环境特征有助于制造业供应链的主体集成，是促进制造业供应链主体集成演化的动力和支撑。制造企业间数字绿色知识流动形成了数字绿色知识链，通过协同效应形成机理，制造业供应链企业间产品流、服务流、信息流、资金流、决策流、数字绿色知识流及数字绿色技术流的协同在知识链中主要表现为绿色知识协同。通过数字绿色知识共享、知识吸收、知识创新实现制造业集成供应链企业间绿色知识协同。因此，通过制造业集成供应链环境特征、制造业集成供应链数字化集成程度、绿色知识协同实现制造业集成供应链企业间数字绿色创新。数字绿色创新效应主要从数字绿色创新绩效方面进行衡量。制造业集成供应链企业间数字绿色创新形成机理是一个动态、复杂过程。制造业集成供应链企业间数字绿色创新突出了制造企业间知识从无序走向有序，由差异转变为协调一致，从而实现“1+1>2”的非线性作用。同时，制造业集成供应链企业间数字绿色创新的形成有助于制造企业间的数字绿色知识流动与制造企业知识创新，也受制造业供应链环境的多样性、流、非线性相互作用等特征的影响。造成制造业集成供应链企业间的交互合作，在制造企业间数字绿色信息资源的共用性、互补性以及集成程度等方面有着特殊的作用机制。本书构建了制造业集成供应链企业间数字绿色创新形成机理概念模型如图 7.3 所示。

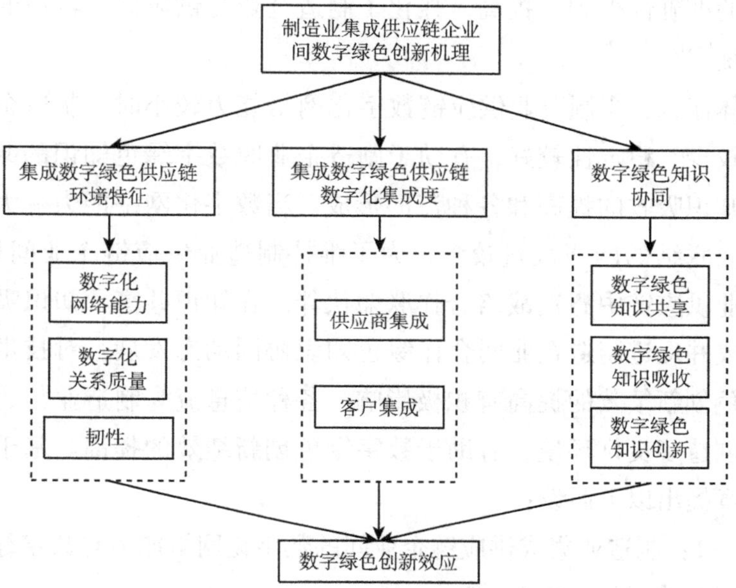

图 7.3　制造业集成供应链企业间数字绿色创新作用机理理论模型

7.3　研究假设

数字化网络能力越大，制造企业间网络关系越多，在网络关系中嵌入的资源越多，企业间的数字绿色知识资源越丰富，有助于制造企业之间数字绿色知识交流。数字化网络能力有助于企业从外部获取关键数字绿色知识，从而提升数字绿色创新绩效。开放、合作对数字绿色创新绩效的提升有显著作用，但是在合作过程中必须重视数字绿色知识的搜索、应用[842][843]。制造企业拥有较多合作伙伴有助于制造企业从外部获取数字绿色资源，对内外部数字绿色资源的认识更加丰富。合作伙伴越多，数字绿色资源的认识越丰富，对合作伙伴评估的机会越多。这在一定程度上增加了战略合作联盟伙伴选择评估次数。同时，在一定的数字化关系质量基础上，制造企业间产品流、服务流、信息流、资金流、决策流不断渗透。这使核心制造企业与供应商、客户间获取关键性数字绿色知识资源的准确性得到了提高，强化了制造企业与供应商、客户的数字化集成程度[844]。

具体而言，当制造业供应链数字化网络能力较小时，制造企业间网络数量较少，稳定性较好，有助于制造企业间数字绿色知识的共享、数字绿色知识吸收的提高和各种流的形成。当数字化网络能力变大时，制造企业间联结的网络数量较多，为了维持制造业供应链企业间稳定性，从制造业供应链中甄选战略合作联盟伙伴。在知识共享、知识吸收基础上，形成并促进制造企业间合作绿色知识协同动态发展。对技术提升和数字绿色创新绩效的提高有积极影响。各种信息流为制造业集成供应链的形成创造了良好环境，有助于数字绿色创新绩效的提高。基于以上分析，本章提出以下假设：

H7－1：制造业集成供应链企业间的数字化网络能力与数字绿色知识协同之间存在正相关关系。

H7－2：制造业集成供应链企业间的数字化网络能力与制造业集成供应链数字化集成度之间存在正相关关系。

H7－3：制造业集成供应链企业间的数字化网络能力与数字绿色创新绩效之间存在正相关关系。

制造业供应链数字化关系质量是在数字化贸易行为中形成的，它满足制造业供应链伙伴需求的适宜程度及制造业供应链伙伴对未来行为选择的依赖程度[845]。制造业供应链数字化关系质量分为服务、交流、承诺、满意、信任、合作六个方面。对于制造业供应链数字化关系质量，可以选用交流、合作、氛围、信任、适应性五个方面衡量数字化关系质量。数字化关系质量不仅包括在关系的行为因素中，而且涉及环境和应变因素[846]。因此，制造业供应链数字化关系质量维度包括两个方面：数字化关系发生过程和数字化关系交互环境。前者包括运用数字技术进行沟通、信任、合作以及冲突的解决，后者则运用数字技术对环境的适应性以及调节制造企业间关系氛围。这两个方面为制造业供应链中采购稳定性、业务参与程度、生产、销售等方面创造了良好的环境，对供应商、客户制造业供应链的数字化集成有一定的推动作用。关于数字化关系质量中数字绿色知识管理方面，制造企业数字化关系质量、关系稳定性对制造企业数字绿色知识获取、提升制造企业的数字绿色创新能力及数字绿色创新绩效有积极的作用。当数字绿色知识很复杂时，较强关系对数字绿色知识的吸收能力有积极影响，弱关系下对制造企业吸收能力的培育更为有利。关系治理对制造业供应链绿色知识协同战略层面的作用显著，较高的外部契约关系不利于绿色知识协同的实现。较强数字绿色创新网络关系和较高吸收能力均有助于提升制造企业数字绿色创新绩效。强数字化网络关系对吸收能力有积极影响，对提升制造企业数字绿色创新绩效有显著作用，吸收能力在两者间起不完全中介作用。制造企业管理者积极投资数字化关系质量能有效提升产品数字绿色创新绩效[847]。提高制造业供应链企业间的数字化关系质量是数字绿色创新能力提升的主要因素，对制造业供应商的数字化关系质量有效管理，对制造企业数字绿色创新能力的提升有积极影响。制造企业间网络关系的建设有助于制造企业数字绿色创新能力的提高。数字绿色新产品研发与顾客关系管理交互对数字绿色创新优势提升具有重要作用。

基于以上分析，本章提出以下假设：

H7－4：制造业集成供应链数字化关系质量与绿色知识协同之间存在正相关关系。

H7－5：制造业集成供应链数字化关系质量与制造业集成供应链数字化集成度之间存在正相关关系。

H7－6：制造业集成供应链数字化关系质量与数字绿色创新绩效之间存在正相关关系。

制造业供应链韧性是制造企业及其所在制造业供应链伙伴能够对潜在需求和风险做出快速、准确的决策，以达到快速满足客户需求的效果。制造企业利用制造业供应链韧性通过高效的数字绿色知识流动、数字绿色知识共享、数字绿色知识创造有助于提升制造企业数字绿色知识绩效。

制造业供应链数字绿色知识共享对制造企业绩效有直接影响。环境动态性能够正向显著调节制造业供应链韧性与企业绩效的关系。制造业供应链韧性实现有助于制造业供应链企业间数字绿色知识共享。制造企业能够通过制造业供应链中产品流、服务流、信息流、资金流、决策流及时掌握市场需求信息及数字绿色技术发展动态。快速响应有利于制造业集成供应链的形成。制造业供应链韧性通过对信息流、物流和资金流的控制，强化制造企业间的协作，这种做法在制造业供应链管理实践中具有重要作用。

基于以上分析，本章提出以下假设：

H7－7：制造业集成供应链韧性与绿色知识协同之间存在正相关关系。

H7－8：制造业集成供应链韧性与制造业集成供应链数字化集成度之间存在正相关关系。

H7－9：制造业集成供应链韧性与数字绿色创新绩效之间存在正相关关系。

制造业集成供应链绿色知识协同是由外部化向内生化转变的过程，制造业供应链只是提供了外部绿色知识共享平台，制造企业需要具备一定的吸收能力和整合能力才能有效利用所获取的绿色知识。制造业供应链企业间绿色知识共享促使制造企业决策更加科学、合理、有效，进而提升制造企业绩效[848]。绿色知识共享、绿色知识协同能够提升制造业供应链中所有成员的绩效，而且对整个制造业供应链绩效的提升非常显著。在数字绿色知识共享的情况下，制造企业对所获取的数字绿色知识、数字绿色信息等资源甄选、吸收、整合是决定数字绿色创新绩效提升程度的关键因素。较高的制造企业数字绿色知识吸收能力能够提升制造企业数字绿色创新绩效，为制造企业带来竞争优势。绿色知识整合、绿色知识创新能够弥补吸收能力的缺失[849]。绿色知识创新是一个在制造业供应链企业间持续的绿色知识共享、转移、获取、整合、应用等绿色知识协同非线性影响下，探索出新的规律或创造出新的绿色知识，以此实现制造业供应链企业间绿色知识协同和知识转化耦合的过程。在数字绿色知识吸收、整合过程中，数字绿色知识资源以客户需求为导向，在更高层次上的提炼和创造，进而提升制造业供应链的整体竞争优势。制造业供应链企业间绿色知识协同，可以降低绿色技术创新成本，能够使制造企业获得卓越绩效[850]。本地制造业供应链和超本地制造业供应链数字绿色知识协同均有助于提高制造企业数字绿色创新绩效。在本地制造业供应链数字绿色知识协同中，隐性数字绿色知识协同的提升效果更佳。在超本地制造业供应链数字绿色知识协同中，显性数字绿色知识协同的效果更佳。数字绿色知识创新是制造业供应链数字绿色知识协同的最终阶段，也是数字绿色知识协同的最高境界。

制造业供应链数字化集成可以被分为供应商数字化集成、客户数字化集成和内部数字化集成。制造业供应链数字化集成促进制造业供应链伙伴信息、资源整合与协调，制造企业间战略合作，以及管理组织内和跨组织流程的契合。三种数字化集成在成本、质量、订货和韧性方面能够提高企业经营业绩。供应商数字化集成有助于制造企业共享供应商的数字绿色创新能力，降低制造企业数字绿色创新投入，增强双方产品和工艺设计的协调程度，加快数字绿色创新进程。制造业供应链合作促进数字绿色知识和技术的共享，有利于提高制造企业数字绿色创新的投入产出效益，提高制造企业数字绿色创新绩效。基于以上分析，本章提出以下假设：

H7 - 10：制造企业集成供应链数字绿色知识协同与数字绿色创新绩效之间存在正相关关系。

H7 - 11：制造企业集成供应链数字化集成度与数字绿色创新绩效之间存在正相关关系。

H7 - 12：制造企业集成供应链数字绿色知识协同与制造企业集成供应链数字化集成度之间存在正相关关系。

依据复杂系统科学理论中的耗散结构理论，复杂系统必须具备系统开放性、远离平衡态、非线性相互作用、起伏变化4种特征，才能形成有活力的耗散结构[851]。基于上述文献分析，制造业集成供应链企业间数字绿色创新系统是一个具有开放性、非线性相互作用、自组织性、起伏变化的复杂系统。系统中，产品流、服务流、信息流、资金流、决策流、数字绿色知识流及技术流是实现制造企业间数字绿色创新的本质。数字绿色知识共享、数字绿色知识吸收、数字绿色知识创新成为影响数字绿色创新绩效的关键环节。外部网络环境特征影响着制造业集成供应链企业间数字绿色创新系统。制造业集成供应链数字化网络能力为制造企业供应链数字化集成提供了良好的平台。制造企业供应链数字化关系质量为数字化集成过程中合作伙伴选择创造了机会。制造企业集成供应链韧性从信息资源共享、市场反应等方面推动了制造企业集成供应链。制造业集成供应链企业间数字绿色创新系统具有一定的动态性特征。为了深入分析制造业集成供应链企业间数字绿色创新过程各个网络环境的影响力度，本书构建了数字绿色创新机制理论研究框架，如图 7.4 所示。

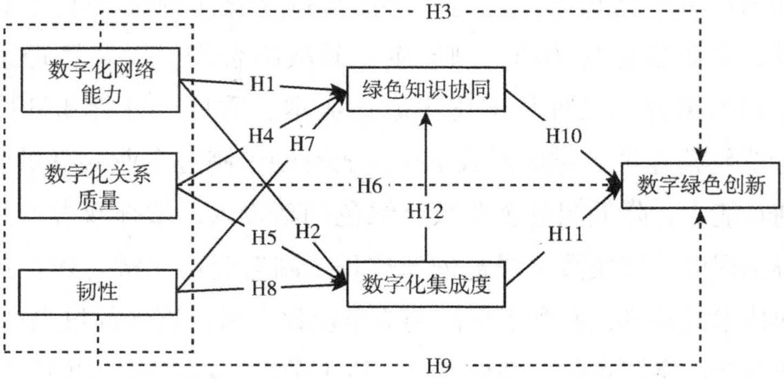

图 7.4　制造业集成供应链企业间数字绿色创新机制的研究框架

7.4　研究设计

7.4.1　样本与数据来源

为获得有效的研究数据，问卷调查对象均为制造业供应链中的企业。研究在制造业供应链企业和其相互信赖的，比较稳定、持久的制造业供应链战略联盟伙伴及销售商、客户中进行调查。调查实施中，对制造业供应链企业有以下要求：第一，制造业供应链企业属于数字绿色技术创新发展的制造企业，近 4 年与制造业供应链战略联盟伙伴实施过或正在进行数字绿色新产品开发项目。第二，制造业供应链企业在过去 4 年内至少组织 3 次以上的制造企业与销售商及客户之间数字绿色新产品开发相关的交流活动。为进行有效的配对，同时对上述集成的制造业供应链战略联盟伙伴以及销售商及客户进行问卷调查。在问卷调查中，将问卷填写者限定为企业中高级管理人员，包括制造企业数字绿色新产品创新研发经理、数字绿色新产品开发部门经理以及数字绿色产品设计师。结合研究问题准确性和可操作性，本书选择北京、上海、天津、黑龙江、广东、河北、河南、山东、江苏、浙江、安徽等省市作为主要调研地点。在说明研究目的情况下，通过电子版和网络版两种形式进行调查问卷发放，每隔一周回收一次。经过 5 个多月的调查，团队共发放 600 份问卷，回收 386 份，回收率为 64.33%。剔除数据不全和明显错误的问卷，最终获取 275 份有效问卷，问卷有效率为 71.24%。

7.4.2　变量与测量

在对制造业供应链企业间合作作用机理和相关研究文献综述的基础上，本书梳理了制造业集成供应链企业间数字绿色创新研究的相关自变量、中间变量和因变量等指标体系，如表 7.1 所示。为从源头保证数据质量，在正式调查之前，采用相关研究文献的实证研究指标及领域内主要学者的测量指标，制定预调查问卷。在浙江工业大学和苏州大学工商管理硕士学员中发放了 100 份问卷，回收 78 份，问卷中也没有出现能力假设、数字绿色创新绩效的题名等情况。这样的做法防止回答者获取研究的因果关系暗示，降低被调查者主观性程度。同时邀请制造业集成供应链研究相关领域内的专家及制造企业高级管理者根据测试结果对调查问卷进行了修改，最后形成正式问卷。变量测量均采用 Likert 七级量表的形式予以反映，评价等级中数字 1 ~7 分别代表问卷中所陈述的事实判断“完全不符合”“比较不符合”“稍微不符合”“一般”“稍微符合”“比较符合”“完全符合”。

表 7.1　　　　　　　　　　　变量说明与来源

变量类型	潜变量名称	变量测量要素	文献出处
自变量	制造企业集成供应链环境特征	数字化网络能力	[852]
		数字化关系质量	[853]
		韧性	[854]
中间变量	制造企业集成供应链数字化集成度	供应商数字化集成	[855]
		客户数字化集成	[856]
	数字绿色知识协同	数字绿色知识共享	[857]
		数字绿色知识吸收	[858]
		数字绿色知识创新	[859]
因变量	数字绿色创新绩效	数字绿色新产品开发情况及数字绿色新产品说明、数字绿色新产品相关数据库及知识库、数字绿色新市场开拓	[860] [861] [862] [863]

7.4.3　偏差检验

为避免研究样本的同源偏差，本书通过同源方法偏差和未回应者偏差对研究进行数据检验。在同源方法偏差上，本书采用 Harman 单因素分析方法进行检验，运行 SPSS 软件提供的探索性因子分析（EFA）程序。结果表明，未旋转的第一个主成分的载荷量仅是 18.35%，不存在单一因素能解释大部分变异的因子，表明同源方法偏差不会造成显著影响。在未回应者偏差上，本书按照问卷返回时间排序，分别选取前 1/3 和后 1/3 的样本进行 t 检验。结果表明，89.37% 以上的观测变量不存在显著差异，表明未回应者偏差不会造成显著影响。

7.5　数字绿色创新静态机制分析

7.5.1　信度和效度检验

本书信度和效度检验的方式如下：第一，对每个变量进行 Cronbach

alpha 系数检验，以此评估样本数据内部一致性；第二，通过计算 CR 值方法检验样本数据的组合信度；第三，采用 KMO 值和巴特利特球体方法检验样本数据的构思效度；第四，研究问卷是经过相关文献研究结果总结、修正的，内容能够有效反映变量信息，量表具有较高的内容效度。因此，运用 SPSS 20.0 检验结果如表 7.2 所示。

表 7.2　　　　信度和效度检验结果

<table>
<tr><th>检验项目</th><th>变量</th><th>Cronbach alpha</th><th>CR</th><th>KMO value</th><th>Bartlett 球体检验</th></tr>
<tr><td rowspan="3">制造企业供应链环境特征</td><td>数字化网络能力</td><td>0.817</td><td>0.892</td><td>0.726</td><td>显著</td></tr>
<tr><td>数字化关系质量</td><td>0.719</td><td>0.801</td><td>0.803</td><td>显著</td></tr>
<tr><td>韧性</td><td>0.728</td><td>0.809</td><td>0.812</td><td>显著</td></tr>
<tr><td rowspan="2">制造企业供应链数字化集成度</td><td>客户数字化集成</td><td rowspan="2">0.789</td><td rowspan="2">0.835</td><td rowspan="2">0.784</td><td rowspan="2">显著</td></tr>
<tr><td>供应商数字化集成</td></tr>
<tr><td rowspan="3">数字绿色知识协同</td><td>数字绿色知识共享</td><td rowspan="3">0.737</td><td rowspan="3">0.806</td><td rowspan="3">0.759</td><td rowspan="3">显著</td></tr>
<tr><td>数字绿色知识吸收</td></tr>
<tr><td>数字绿色知识创新</td></tr>
<tr><td rowspan="4">数字绿色创新绩效</td><td>数字绿色新产品开发情况</td><td rowspan="4">0.754</td><td rowspan="4">0.829</td><td rowspan="4">0.811</td><td rowspan="4">显著</td></tr>
<tr><td>数字绿色新产品说明</td></tr>
<tr><td>数字绿色新产品相关库</td></tr>
<tr><td>数字绿色新产品市场开拓</td></tr>
</table>

由表 7.2 可以看出，所有变量的 Cronbach alpha 系数取值从 0.719 到 0.817，均高于一般建议的 0.7，表明样本数据内在一致性信度较高。组成信度 0.7 是可接受的门槛，表中各变量的 CR 值从 0.801 到 0.892，均高于一般建议的 0.8，表明样本数据组合信度较高。因子分析的结果显示，所有因子的 KMO 值（0.726 ~ 0.812）均大于 0.7，巴特利特球体检验结果均显著，适合做因子分析，表明样本数据具有合适的构思效度。

7.5.2　相关分析与多重共线性诊断

本书运用 SPSS 20.0 对各变量的均值、标准差和 Spearman 相关系数进行分析，结果如表 7.3 所示。由表中相关系数可以看出，变量之间存在一定的相关性，相关系数由 0.273 到 0.532 不等。表 7.3 中对角线为方差膨胀因子 VIF（1.122 ~ 1.394）均小于 10，多重共线性问题并不严重，满足假设检验要求。

表 7.3　　主要变量的描述性统计、相关系数矩阵和方差膨胀因子

变量	均值	标准差	数字化网络能力	数字化关系质量	韧性	数字化集成度	数字绿色知识协同	数字绿色创新绩效
数字化网络能力	4.314	1.023	1.263					
数字化关系质量	4.298	0.967	0.356**	1.394				
韧性	4.395	1.033	0.273**	0.406**	1.125			
数字化集成度	4.452	0.981	0.321**	0.387**	0.532**	1.267		
数字绿色知识协同	4.395	0.915	0.275*	0.391**	0.487**	0.407**	1.122	
数字绿色创新绩效	4.406	1.105	0.292**	0.425**	0.395**	0.358**	0.364**	—

注：**、* 分别表示 $p < 0.01$、$p < 0.05$ 水平下显著。对角线上数值为方差膨胀因子，“—”表示无。

7.5.3 回归分析

本书回归分析中建立 4 个回归方程如下：制造企业集成供应链环境特征中的数字化网络能力、数字化关系质量、韧性与数字绿色创新绩效之间的关系；制造企业集成供应链数字化集成度、数字绿色知识协同与数字绿色创新绩效之间的关系；制造企业集成供应链环境特征与制造企业集成供应链数字化集成度之间的关系；制造企业集成供应链环境特征、制造企业集成供应链数字化集成度与数字绿色知识协同之间的关系，回归结果如表 7.4 所示。从表中可以看出，各回归模型 F 检验显著，方差膨胀因子均小于 10，表明各回归模型总体效果较好，不存在多重共线性问题。

表 7.4　　　　回归结果

方程	自变量	因变量	Beta 值	T 值	Sig. 值	F 值	VIF 值
1	常数	数字绿色创新绩效		3.896	0.000	18.624	
	数字化网络能力		0.135	1.682	0.097		1.138
	数字化关系质量		0.426	4.263	0.000		1.125
	韧性		0.224	1.625	0.102		1.117
2	常数	数字绿色创新绩效		2.989	0.001	32.791	
	数字化集成度		0.492	4.856	0.000		1.116
	数字绿色知识协同		0.263	2.902	0.008		1.128
3	常数	制造企业集成供应链数字化集成度		5.986	0.000	24.672	
	数字化网络能力		0.156	2.106	0.034		1.134
	数字化关系质量		0.374	3.869	0.000		1.158
	韧性		0.306	4.724	0.000		1.129
4	常数	数字绿色知识协同		4.983	0.000	16.985	
	数字化网络能力		0.186	1.038	0.297		1.173
	数字化关系质量		0.201	2.627	0.010		1.251
	韧性		0.298	4.258	0.000		1.212
	数字化集成度		0.177	2.186	0.022		1.357

7.5.4　结构方程模型分析

考虑到结构方程式模型的多元回归、通径分析等数据分析优势，本书运用 AMOS 统计分析软件制造企业集成供应链企业间数字绿色创新机制进行实证研究，对样本数据进行结构方程分析。首先初步模型拟合，通过修正方法对模型进行修正，修正后的全模型拟合程度指标如表 7.5 所示。

表 7.5　结构方程模型拟合程度指标

拟合指标	χ^2/df	GFI	AGFI	RMSEA	NFI	IFI	TLI	CFI
指标值	2.132	0.989	0.942	0.069	0.964	0.982	0.924	0.961

由表 7.5 可以看出，卡方值与自由度的比值 χ^2/df 为 2.132，小于一般建议值 3，拟合度较好。拟合优度指数 GFI 为 0.989，大于一般建议值 0.9，说明模型拟合较好。调整的拟合优度指数 AGFI 为 0.942，大于 0.9，模型拟合程度好。近似误差的均方根 RMSEA 为 0.069，小于一般建议值 0.08，适配合理区间。相对拟合指数 NFI 为 0.964，大于 0.9。递增拟合指数 IFI 为 0.982，越接近 1，说明模型拟合越好。Tucker – Lewis 指数 TLI 为 0.935，大于 0.9，拟合程度好。比较拟合指数 CFI 大于 0.9，模型拟合程度更好。上述分析表明，模型拟合程度较好。

根据样本数据，运用 AMOS 统计软件对前面提出的制造业集成供应链企业间数字绿色创新的概念模型和相关假设进行验证，以确定包含本章提出的各种假设关系的最终结构方程模型如图 7.5 所示。所有参数的标准化估计值适中，C. R. 检验值基本大于 1.98，参数估计标准差均大于零，模型基本拟合较好。

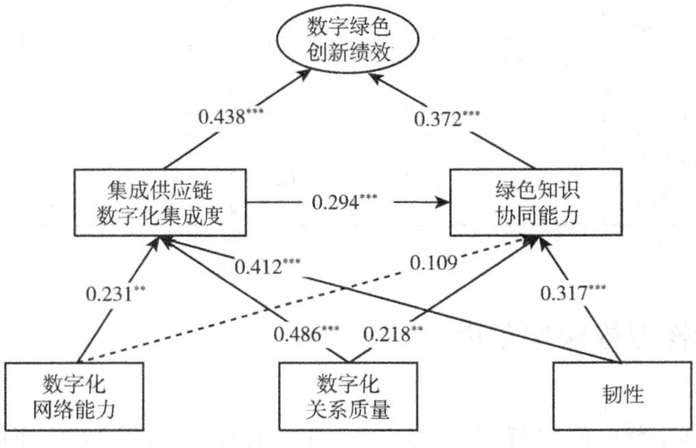

图 7.5　数字绿色创新的内部机理研究模型拟合结果

7.5.5　实证结果的讨论

实证结果表明：第一，制造企业集成供应链数字化集成度和制造业集成供应链企业间数字绿色知识协同能力均有利于制造业集成供应链企业间数字绿色创新绩效的提升，制造企业集成供应链数字化集成度和数字绿色知识协同能力是促进数字绿色创新绩效的中间变量，制造企业集成供应链数字化集成度对于数字绿色创新绩效的影响效果更为明显（0.438 > 0.372），它是影响制造业集成供应链企业间数字绿色创新绩效的主导因素，这个原因可能在于制造企业集成供应链形成初期，各种数字绿色资源共享短期内有助于数字绿色创新绩效快速提升，就长期而言，制造企业更需要知识的数字绿色创新，此原因将在动态机制中检验。第二，制造企业集成供应链数字化网络能力对制造企业集成供应链数字化集成度有显著影响，而对数字绿色知识协同能力的作用不显著，假设 H7 – 1 未验证通过。其主要原因可能是制造企业集成供应链数字化网络能力较大，有利于甄选优秀的合作伙伴，促进制造企业供应链集成。而在此过程中，制造企业花费较多时间和在一定程度上对伙伴的依赖，制约了自身的数字绿色知识共享、数字绿色知识吸收及数字绿色知识创新，不利于数字绿色知识协同能力提升。也可能是制造企业自身的数字绿色知识共享、吸收及数字绿色创新能力不足，制约了制造企业间开放式数字绿色学习的广度、深度和交互性。第三，制造企业集成供应链数字化关系质量对制造企业集成供应链数字化集成度和制造业集成供应链企业间数字绿色知识协同能力同时影响，对制造企业集成供应链数字化集成度的影响程度高于数字绿色知识协同能力。这说明样本制造业供应链企业间数字化关系质量还未达到促使制造企业间数字绿色知识大规模流动，较高的数字化关系质量促进制造企业供应链集成，有利于制造企业集成供应链的形成。第四，制造企业集成供应链韧性能有效促进制造企业集成供应链数字化集成度和制造业集成供应链企业间数字绿色知识协同能力提升，而对数字绿色创新绩效的作用不显著，假设 H7 – 9 未通过验证。

其主要原因可能是制造企业集成供应链企业间进行合作在一定程度上增强了制造企业对伙伴数字绿色资源依赖，而对伙伴的贡献度降低，深入合作受到制约。也可能是制造企业利用制造企业集成供应链韧性需要高效的制造企业间学习才能影响数字绿色创新绩效。

7.6 数字绿色创新动态机制分析

7.6.1 变量与参数

B－Z 反应系统是典型的具有自组织特征的系统，而制造业集成供应链企业间数字绿色创新与此类似，也是具有典型的自组织特性的非正式组织。所以本书构建以制造企业集成供应链数字化集成度、数字绿色知识协同和数字绿色创新绩效为主体的制造业集成供应链企业间数字绿色创新动态演化系统，需要确定三种要素状态变量之间的相互作用系数，即调整参数。依据制造业集成供应链企业间数字绿色创新静态机制的研究结果，确定对应的状态变量与参数，如表 7.6 所示。Logistic 方程表示如下：定义 x_1、x_2、x_3 表示制造业集成供应链企业间数字绿色创新过程中数字绿色知识协同状态、制造企业集成供应链数字化集成度状态、数字绿色创新绩效水平 3 个状态变量。$\frac{dx_i}{dt}(i=1,2,3)$ 是状态变量随时间变化的变化率。α、β、γ 分别是数字绿色知识协同状态 x_1、制造企业集成供应链数字化集成度状态 x_2、数字绿色创新绩效水平 x_3 的调整参数。考虑到制造企业集成供应链数字化关系质量直接影响制造企业供应链集成过程，系统运行过程受制造企业供应链服务、交流、承诺、满意、信任、合作影响，因此选取制造企业集成供应链数字化关系质量作为外部控制变量。定义 δ 是控制变量，即制造企业集成供应链数字化关系质量环境对系统协同支持能力的综合效应，因而 δ 是 x_1、x_2、x_3 这三个状态变量的共同控制变量。

表7.6　变量与参数

变量	变量名称	变量解释
状态变量1	数字绿色知识协同状态	描述制造企业集成供应链数字绿色知识协同能力，反映数字绿色知识协同能力对数字绿色创新绩效的影响大小
状态变量2	制造企业集成供应链数字化集成度状态	描述制造企业集成供应链集成程度，反映制造企业集成供应链集成程度对数字绿色创新绩效的影响大小
状态变量3	数字绿色创新绩效水平	描述制造业集成供应链企业间数字绿色创新状态，反映制造企业间数字绿色创新的成效
控制变量	制造企业集成供应链数字化关系质量	描述制造企业集成供应链数字化关系质量环境对系统协同支持能力的综合效应
调整参数1	数字绿色知识协同能力水平指数	衡量制造企业集成供应链数字绿色知识协同能力水平，通过数字绿色知识共享、数字绿色知识吸收和数字绿色知识创新测量获得
调整参数2	制造企业集成供应链数字化集成度水平指数	衡量制造企业集成供应链数字化集成度水平，通过与供应商数字化集成、客户数字化集成测量获得
调整参数3	数字绿色创新绩效水平指数	衡量数字绿色创新绩效水平，通过数字绿色新产品相关情况获得

7.6.2　模型构建

借鉴张铁男基于B－Z反应的企业系统协同演化分析模型，构建数字绿色知识协同、制造企业集成供应链数字化集成度、数字绿色创新绩效的三维方程组[864]。

第一，制造企业数字绿色知识协同能力动态演化方程。在制造企业供应链集成初期，制造业供应链企业间具有一定的数字绿色创新需求，以产品流、服务流、信息流、资金流、决策流为主。制造企业集成供应链数字化集成度正向影响企业数字绿色知识协同能力。随着数字化集成度的增强，制造企业数字绿色知识协同能力不断提升，而对于制造企业集成供应链数字化集成度又受到制造企业集成供应链数字化关系质量的影响。因此，在制造企业集成供应链数字化关系质量δ影响下，状态变量 x_1 的 Logistic 演化方程为：

$$\frac{1}{\alpha}\frac{dx_1}{dt} = \delta x_1 + \delta\frac{\beta}{\alpha}x_2 + \gamma x_1 x_3 \tag{7-1}$$

其中，δx_1 表示在控制变量制造企业集成供应链数字化关系质量 δ 影响下 x_1 自身影响因子。$\delta\frac{\beta}{\alpha}x_2$ 表示在数字化关系质量 δ 作用下，x_2 对 x_1 的影响因子，即数字化集成度促进了数字绿色知识协同能力的提升。δ 反映制造企业集成供应链数字化关系质量对 x_1 的影响。$\gamma x_1 x_3$ 表示 x_1 对 x_3 的影响。制造企业数字绿色创新绩效会随着数字绿色知识协同能力的提升而增加，其受到数字化关系质量影响较弱。

第二，制造企业集成供应链数字化集成度动态演化方程。在制造企业供应链集成初期，制造企业供应链集成对数字绿色知识协同能力和数字绿色创新绩效的提高具有显著作用。随着制造企业供应链达到一定数字化集成程度，制造企业间合作达到一定的深度和广度，制约了数字绿色知识异质性发展和数字绿色知识创新，数字化集成度所带来的边际收益出现递减情况。因此，在制造企业集成供应链数字化关系质量 δ 影响下，状态变量 x_2 的 Logistic 演化方程为：

$$\frac{1}{\beta}\frac{dx_2}{dt} = -\delta x_2 - \alpha\delta x_1 x_2 + \frac{\gamma}{\beta}x_3 \tag{7-2}$$

其中，$-\delta x_2$ 表示在 δ 影响下 x_2 自身影响因子。$-\alpha\delta x_1 x_2$ 表示 x_1 对 x_2 的影响因子。制造企业存在对绿色知识协同能力与数字化集成度的提升“两难”抉择，绿色知识协同能力提升依赖于制造企业集成供应链数字化集成度，而后其对数字化集成产生一定的排挤作用。$\frac{\gamma}{\beta}x_3$ 表示 x_3 对 x_2 的影响。制造企业数字绿色创新绩效的提升能够增加与供应商、客户联系的频率，提高制造企业集成供应链数字化集成度。

第三，数字绿色创新绩效动态演化方程。制造企业集成供应链企业数字绿色创新绩效的提升，一方面，受到企业自身吸收能力的影响；另一方面，也受到制造企业集成供应链数字化关系质量及制造企业间合作情况影响。制造企业集成供应链数字化集成度较高有利于制造业供应链企业间数字绿色创新。因此，在制造企业集成供应链数字化关系质量δ影响下，状态变量x_3的Logistic演化方程为：

$$\frac{1}{\gamma}\frac{dx_3}{dt}=\varphi_1 x_3+\varphi_2\delta\frac{\alpha}{\gamma}x_1+\varphi_3\delta\frac{\beta}{\gamma}x_2 \tag{7-3}$$

其中，$\varphi_1 x_3$表示数字绿色创新绩效自身影响因子，φ_1为常数，制造业集成供应链企业间合作内生动力促进数字绿色创新绩效提升。$\varphi_2\delta\frac{\alpha}{\gamma}x_1$和$\varphi_3\delta\frac{\alpha}{\gamma}x_2$分别为在制造企业集成供应链数字化关系质量作用下，绿色知识协同能力和制造企业集成供应链数字化集成度对数字绿色创新绩效产生积极影响。φ_2和φ_3为常数，通常大于1。本书假设$\varphi_1=1$表示在无外界因素的作用下，数字绿色创新绩效能保持持续稳态提升。$\varphi_2=\varphi_3=2$表示绿色知识协同能力、制造企业集成供应链数字化集成度的协同能够倍增数字绿色创新绩效。

综上所述，基于B－Z反应的由绿色知识协同能力、制造企业集成供应链数字化集成度和数字绿色创新绩效共同构成系统动态演化模型为：

$$\begin{cases}\dfrac{dx_1}{dt}=\alpha\delta x_1+\beta\delta x_2+\alpha\gamma x_1 x_3\\ \dfrac{dx_2}{dt}=-\beta\delta x_2-\alpha\beta\delta x_1 x_2+\gamma x_3\\ \dfrac{dx_3}{dt}=\gamma x_3+2\alpha\delta x_1+2\beta\delta x_2\end{cases} \tag{7-4}$$

7.6.3　模型稳定性分析

系统从混乱到有序的演化过程中，需要经过一定的涨落，最终使系统突破稳定性的条件，实现序参量下的自组织。本书利用线性稳定性原理对系统动态演化模型进行稳定性分析，拟扰动项为：

$$\begin{cases} p_1 = p_1^0 + \mu_1 \\ p_2 = p_2^0 + \mu_2 \\ p_3 = p_3^0 + \mu_3 \end{cases} \tag{7-5}$$

其中，μ_1、μ_2、μ_3 为定态解的微小扰动。假设 $p_1^0 = p_2^0 = p_3^0 = 0$，则通过线性化处理后，可得新的动态演化方程：

$$\begin{cases} \dfrac{dx_1}{dt} = \alpha\delta x_1 + \beta\delta x_2 \\ \dfrac{dx_2}{dt} = -\beta\delta x_2 + \gamma x_3 \\ \dfrac{dx_3}{dt} = \gamma x_3 + 2\alpha\delta x_1 + 2\beta\delta x_2 \end{cases} \tag{7-6}$$

根据矢量形式 $\dfrac{dX}{dt} = VX$ 可得：

$$V = \begin{bmatrix} \alpha\delta & \beta\delta & 0 \\ 0 & -\beta\delta & \gamma \\ 2\alpha\delta & 2\beta\delta & \gamma \end{bmatrix} \tag{7-7}$$

则满足非零解的条件为 $V - \lambda I = 0$，即：

$$\begin{vmatrix} \alpha\delta - \lambda & \beta\delta & 0 \\ 0 & -\beta\delta - \lambda & \gamma \\ 2\alpha\delta & 2\beta\delta & \gamma - \lambda \end{vmatrix} = 0 \tag{7-8}$$

解方程可得：

$$\lambda^3 + (\beta\delta - \alpha\delta - \gamma)\lambda^2 + (\alpha\gamma\delta - 3\beta\gamma\delta - \alpha\beta\delta^2)\lambda + \alpha\beta\gamma\delta^2 = 0 \tag{7-9}$$

根据胡维茨判别法，线性系统稳定的充要条件为：第一，特征方程所有系数全部为正；第二，胡维茨行列式及其主子行列式的值全部为正。由于不满足方程中所有特征根均为负实部条件，故构建的制造业集成供应链企业间数字绿色创新系统无法满足稳态条件，不存在系统阈值。以下将运用 Matlab 仿真分析调整控制变量 δ 的系统演化趋势。

7.6.4　仿真分析

本书针对上述构建的制造业集成供应链企业间数字绿色创新协同演化方程进行仿真分析，设初始状态为 $X_0 = [x_1, x_2, x_3]$。x_1、x_2、x_3 分别代表制造企业集成供应链协同度、制造企业集成供应链数字化集成度、数字绿色创新绩效的初始情况。本书对制造企业集成供应链环境特征中制造企业集成供应链数字化关系质量进行区分。令 $\delta = 0.1$ 反映制造企业集成供应链数字化关系质量对制造业集成供应链企业间数字绿色创新支持性较弱，企业间数字绿色创新处于不确定状态。令 $\delta = 1$ 反映数字化关系质量对制造企业集成供应链中采购稳定性、业务参与程度、生产、销售等方面创造了良好的环境，对制造企业集成供应链集成有一定的推动作用，通过增强制造企业间沟通、信任、合作、冲突的解决，环境的适应性及关系氛围促进了制造业集成供应链企业间数字绿色创新。基于动态机制研究分析，为考察制造企业集成供应链协同度对数字绿色创新绩效长期作用机制，本书针对制造业集成供应链企业间数字绿色创新过程中3种不同情况进行研究，分别为以下几点：第一，将制造企业集成供应链协同度设定为较弱状态，数字化集成度设定为较强状态，考虑到数字绿色创新绩效的时滞性，将数字绿色创新绩效设为较弱状态；第二，将制造企业集成供应链协同度和数字化集成度均设定为较强状态，考虑到数字绿色创新绩效的时滞性，将数字绿色创新绩效设为较弱状态；第三，基于静态机制研究结果，考察样本制造业集成供应链企业间数字绿色创新与数字化关系质量作用情况。

在第一种状态下，仿真初始状态为 $X_0 = [0,1,0]$，通过制造企业集成供应链数字化关系质量较低环境下 $\delta = 0.1$ 的仿真结果如图7.6所示；通过制造企业集成供应链数字化关系质量较低环境下 $\delta = 1$ 的仿真结果如图7.7所示。

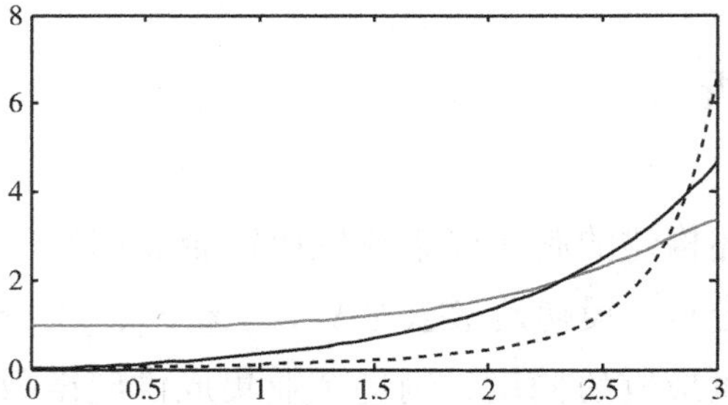

图 7.6　$\delta=0.1$ 无绿色知识协同能力情况下演化趋势

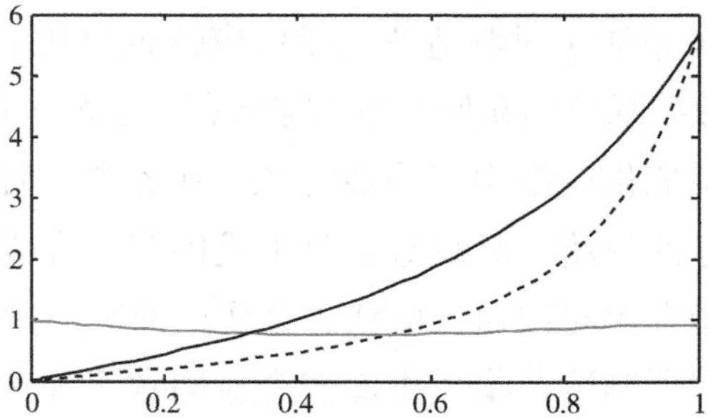

图 7.7　$\delta=1$ 无绿色知识协同能力情况下演化趋势

由图 7.6 可以看出，在制造企业集成供应链协同度较低情况下，单纯依赖制造企业集成供应链数字化集成度促进数字绿色创新绩效提升效果并不明显，数字绿色创新绩效增长缓慢，总体较差。当 $t=1$ 时，数字绿色创新绩效不到 0.5；当 $t=2.5$ 时，三者处于胶着状态，随着数字化集成度的提升，制造企业集成供应链协同度获得了较大提高。这结果表明，在制造企业集成供应链数字化关系质量较低环境下，企业间需要较长时间调整才能够促进制造业集成供应链企业间数字绿色创新。

由图 7.7 可以看出，在制造企业集成供应链绿色知识协同度较低情况下，较高制造企业集成供应链数字化关系质量具有一定的促进数字绿色创新绩效提升的作用，但是制造业集成供应链企业间数字绿色创新绩效总体一般。当 $t=1$ 时，数字绿色创新绩效超过了 5，大于 $\delta=0.1$ 无制造企业集成供应链绿色知识协同度情况下同一情况的 0.5，但是效果不容乐观。这结果表明，在制造企业集成供应链数字化关系质量较高环境下，制造企业集成供应链协同度和数字绿色创新绩效迅速增加，随着情况的发展，制造企业集成供应链数字化集成度出现了先降低后上升的现象，也说明了当前制造企业集成供应链数字化集成度水平一般。

在第二种状态下，仿真初始状态为 $X_0 = [1,1,0]$，通过制造企业集成供应链数字化关系质量较低环境下 $\delta = 0.1$ 的仿真结果如图 7.8 所示；通过制造企业集成供应链数字化关系质量较低环境下 $\delta = 1$ 的仿真结果如图 7.9 所示。

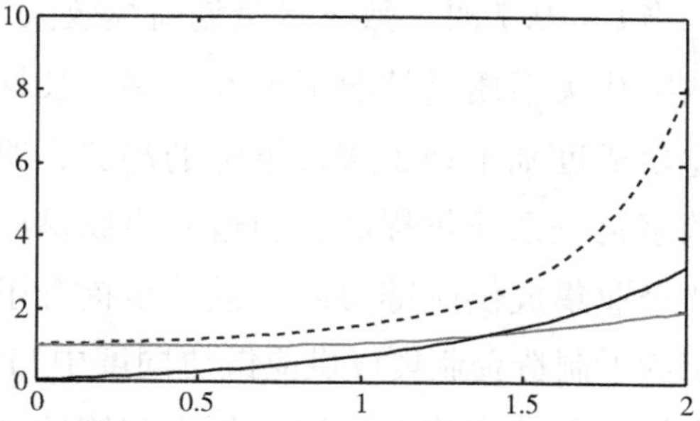

图 7.8　δ =0.1 情况下三要素演化趋势

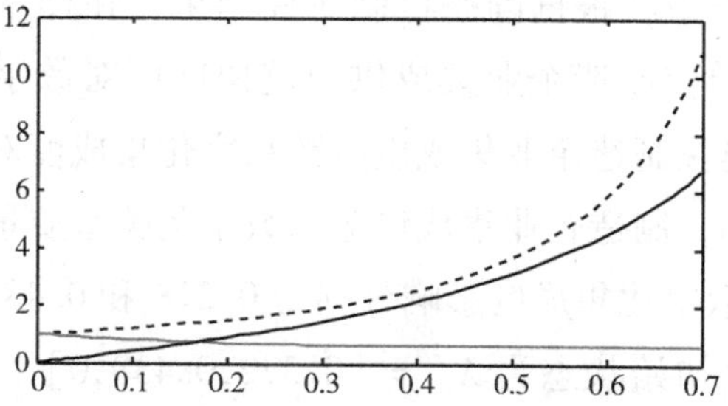

图 7.9　δ =1 情况下三要素演化趋势

由图 7.8 可以看出，在制造企业集成供应链数字化关系质量较低情况下，当 $t=2$ 时，数字绿色创新绩效大于 3，高于图 7.6 中 $t=2$ 情况下的数字绿色创新绩效，制造企业集成供应链协同度提高并与数字化集成度的协同促进了数字绿色创新绩效的快速提升，同时数字化集成度也随着逐渐提高。在数字化关系质量较低情况下，数字绿色创新绩效随着制造企业集成供应链集成中信息流、技术流的增加而提高，实现这些信息协同、激励协同、数字绿色知识协同对数字绿色创新绩效的促进。长期看来，制造企业集成供应链协同度和数字绿色创新绩效的提高促进了数字化集成度缓慢提升；数字绿色创新绩效的快速提高促进了企业加大创新投入，有利于提升制造企业集成供应链协同度，实现三要素共同演进趋势。

由图 7.9 可以看出，在制造企业集成供应链数字化关系质量较高情况下，制造企业集成供应链协同度、数字绿色创新绩效呈现与较低制造企业集成供应链数字化关系质量相同的变化趋势，且数字绿色创新绩效出现了快速提升，当 $t = 0.7$ 时，数字绿色创新绩效大于6，是较低制造企业集成供应链数字化关系质量情况下的 6 倍多。长期来看，制造企业集成供应链数字化集成度则出现了缓慢下降的趋势，原因在于随着制造企业集成供应链数字化关系质量提高，制造业集成供应链企业间数字绿色创新增加，制造企业集成供应链协同度进一步提升了数字绿色创新绩效，而这样严重制约了制造企业集成供应链协同度中知识异质性的产生，制造企业间的数字绿色创新合作激励因此而受到制约，导致制造企业集成供应链数字化集成度出现了缓慢下降情况。

在第三种状态下，根据静态机制研究结果，在样本制造企业数字绿色创新条件下，单位制造企业集成供应链协同度对数字绿色创新绩效的影响为 0.372，单位制造企业集成供应链数字化集成度对数字绿色创新绩效的影响为 0.438，制造企业集成供应链数字化关系质量对制造企业集成供应链协同度和数字化集成度影响分别为 0.218 和 0.486，取两者平均值为 0.352。则仿真初始状态为 $X_0 = [0.372, 0.438, 0]$，制造企业集成供应链数字化关系质量 $\delta = 0.352$ 的仿真结果如图 7.10 所示。

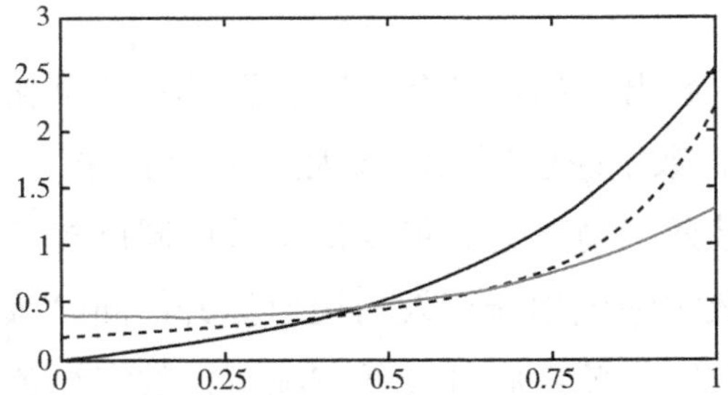

图 7.10　基于实证结果与 $\delta = 0.352$ 情况下三要素演化趋势

由图 7.10 可以看出，样本制造业集成供应链企业间数字绿色创新绩效处于相对较低的水平，当 $t = 0.5$ 时，数字绿色创新绩效大于 0.5，数字绿色创新绩效开始出现快速增长；当 $t = 0.75$ 时，数字绿色创新绩效已经超过 1；当 $t = 1$ 时，数字绿色创新绩效超过了 2.5。制造企业集成供应链协同度、制造企业集成供应链数字化集成度、数字绿色创新绩效随时间演进具有高度相关性。样本制造业集成供应链企业间数字绿色创新处于制造企业供应链集成初期，数字化集成度呈逐渐上升趋势，演化趋势稳定。

7.7 结论与启示

7.7.1 结论

本书通过制造业集成供应链企业有效调查样本数据运用 SPSS 和 AOM 软件对制造业集成供应链企业间数字绿色创新静态机制进行了研究，在此基础上，引入复杂系统理论中 B－Z 三维分析模型，运用 Matlab 软件仿真研究了制造业集成供应链企业间数字绿色创新动态演进机制。研究主要结论如下。

（1）制造业集成供应链企业间数字绿色创新静态机制研究结论如下：第一，制造企业集成供应链数字化集成度和制造业集成供应链企业间数字绿色知识协同能力对制造业集成供应链企业间数字绿色创新绩效有积极影响，制造业集成供应链数字化集成度和数字绿色知识协同能力是促进数字绿色创新绩效的中间变量，制造企业集成供应链数字化集成度对于数字绿色创新绩效的影响效果更为明显（0.438 >0.372）。第二，制造企业集成供应链数字化网络能力对制造企业集成供应链数字化集成度有显著影响，而对数字绿色知识协同能力的作用不显著，说明制造企业集成供应链数字化网络能力较大的企业需要防止对伙伴的依赖，不断提高企业数字知识共享能力、吸收能力及数字绿色知识创新能力，从而提升数字绿色知识协同能力，增强制造企业间开放式学习的广度、深度和交互性。第三，制造企业集成供应链数字化关系质量对制造企业集成供应链数字化集成度和制造业集成供应链企业间数字绿色知识协同能力同时影响，对制造企业集成供应链数字化集成度的影响程度高于数字绿色知识协同能力，说明样本制造业供应链企业间数字化关系质量还未达到促使企业间数字绿色知识大规模流动，较高的数字化关系质量促进制造企业供应链集成，有利于制造企业集成供应链的形成。第四，制造企业集成供应链韧性能有效促进制造企业集成供应链数字化集成度和制造业集成供应链企业间数字绿色知识协同能力提升，而对数字绿色创新绩效的作用不显著。这启示企业管理者一方面要防止对伙伴信息资源依赖，增加对伙伴的贡献度，促进深入合作；另一方面，企业需要利用制造企业供应链的快速、准确的决策和高效的数字绿色知识流动、数字绿色知识共享、数字绿色知识创造提高自身高效的学习能力。

（2）在静态机制研究基础上，制造业集成供应链企业间数字绿色创新动态机制研究结论如下：第一，在制造业集成供应链企业数字绿色知识协同能力较低情况下，单纯依赖制造企业集成供应链数字化集成度促进数字绿色创新绩效提升效果并不明显，总体较差，企业间需要较长时间调整才能够促进制造业集成供应链企业间数字绿色创新；而较高的制造企业集成供应链数字化关系质量具有一定的促进数字绿色创新绩效提升的作用。第二，在制造企业集成供应链数字化关系质量较低情况下，数字绿色知识协同能力提高并与数字化集成度的协同促进数字绿色创新绩效的快速提升，原因在于数字绿色创新绩效随着制造企业供应链集成中信息流、技术流的增加而提高，实现这些信息资源与数字绿色知识协同能力对数字绿色创新绩效的促进；长期来看，数字绿色知识协同能力和数字绿色创新绩效的提高促进数字化集成度缓慢提升。较高的制造企业集成供应链数字化关系质量对数字绿色创新绩效作用更加显著，是低数字化关系质量的 6 倍多。第三，在较高制造企业集成供应链数字化关系质量情况下，长期来看，制造企业集成供应链数字化集成度具有缓慢下降的趋势，原因在于随着制造企业集成供应链数字化关系质量提高，制造企业集成供应链企业间数字绿色创新增加，数字绿色知识协同进一步提升了数字绿色创新绩效，而这样严重制约了数字绿色知识异质性的产生，企业间的合作因此而受到制约，导致制造企业集成供应链数字化集成度出现了缓慢下降情况，也是对制造业集成供应链企业间数字绿色创新系统不稳定的支持。这启示企业管理者，在制造企业集成供应链成熟阶段，企业应防止制造业集成供应链间企业数字绿色知识固化，应积极探索与制造企业集成供应链外的具有数字绿色知识异质性的企业合作，以促进企业的数字绿色知识创新。第四，样本制造业集成供应链企业间数字绿色创新绩效处于相对较低的水平，制造企业集成供应链数字化集成度、数字绿色知识协同能力、数字绿色创新绩效随时间演进具有高度相关性，样本制造业集成供应链企业间数字绿色创新处于制造企业供应链集成初期，数字化集成度呈逐渐上升趋势，演化趋势稳定。

7.7.2　启示

本章的研究揭示在集成供应链环境特征影响下，制造业集成供应链企业间数字绿色创新中数字化集成度、数字绿色知识协同能力与数字绿色创新绩效之间的作用机制，具有一定的理论意义和实践意义。本章的研究具有重要的理论意义。相对于之前单一的研究方法，创新性地结合静态机制和动态分析模型进行分析，在运用层次回归法和结构方程模型实证研究制造业集成供应链企业间数字绿色创新静态机制。在静态机制的基础上，本章的研究借鉴复杂系统理论中的 B－Z 反应模型，构建三维 Logistic 动态分析模型，通过该模型探索制造业集成供应链企业间数字绿色创新系统动态演进规律。本章的研究具有重要的实践意义。本章尝试完善制造业供应链企业间数字绿色创新系统方法论，为提高制造业集成供应链企业间数字绿色创新绩效提供方向策略。

7.8　本章小结

本章首先研究了集成供应链环境特征的影响下，制造业集成供应链进行数字绿色创新活动中数字化集成度、绿色知识协同能力与数字绿色创新绩效之间的作用机制问题。本章根据绿色技术创新绩效评价的相关文献，依据指标特点和设计原则，从环境特征、数字化集成度和数字绿色知识协同三个维度研究制造业集成供应链与制造业数字绿色创新绩效的复杂影响过程。然后，利用回归分析、结构方程和仿真模型对假设进行验证。

| 第8章 |

基于互惠理论的制造企业合作数字绿色创新发展的对策与建议

本章将在第2章构建的基于互惠理论的制造企业合作数字绿色创新过程及演化的理论模型和第3章到第7章对基于互惠理论的制造企业合作数字绿色创新发展启动阶段、开发阶段、应用阶段和数字绿色创新绩效评价指标体系与系统动态协同演化分别分析的基础上，提出制造企业合作数字绿色创新发展的对策与建议。

8.1 强化制造企业合作数字绿色创新选择及氛围

8.1.1 优化制造企业合作数字绿色投资项目选择

企业层面可以提供以下对策建议，以帮助制造企业有效选择数字绿色创新项目。

（1）定义企业自身的数字绿色目标和战略：制造企业需要准确确定自身的目标和战略，以确保选择的数字绿色创新项目与其目标和战略一致。制造企业可以考虑制订企业数字化、环境保护、创新管理等方面的目标，并将它们融入企业数字绿色战略中。（2）评估数字绿色创新目的可行性和影响：制造企业应该合理评估可供选择的数字绿色创新项目的可行性和影响力，以确保被选择的数字绿色创新项目能够产生预期的效益，并且不会对制造企业的生产和业务造成不利影响。(3) 确定数字绿色创新项目的重要性和优先级：制造企业需要确定数字绿色创新项目的重要性和优先级，以确保资源和精力被合理分配。制造企业可以考虑将数字绿色创新项目纳入其战略规划中，并根据项目的重要性和优先级进行排序。(4) 选择合适的技术和解决方案：制造企业需要选择合适的技术和解决方案，以确保数字绿色创新项目能够产生最大的效益。制造企业可以寻求专业的技术和解决方案的提供商的帮助，以便选择最适合自己的技术和解决方案。(5) 对数字绿色创新项目进行风险评估和管理：制造企业需要对数字绿色创新项目进行风险评估和管理，以确保数字绿色创新项目在实施过程中能够避免或减少风险。制造企业可以开展风险评估和管理培训，提高员工的风险意识，确保数字绿色创新项目的顺利实施。(6) 确定项目的监控和评估指标：制造企业需要确定数字绿色创新项目的监控和评估指标，以确保数字绿色创新项目能够按计划实施，并产生预期的效益。制造企业可以根据自身实际情况制订监控和评估计划，并设定相应的指标和评估标准。

政府层面可以提供以下对策建议，以帮助制造企业有效选择数字绿色创新项目。

(1) 制定政策和法规：政府可以制定支持数字绿色创新的政策和法规，鼓励制造企业进行数字绿色创新，从而促进制造业有效选择数字绿色创新项目。这包括提供可持续发展的政策和经济激励措施，为企业提供技术、金融和知识支持。(2) 建立数字绿色创新平台：政府可以建立数字绿色创新平台，为制造企业提供技术、人才、信息和合作机会，从而促进制造业有效选择数字绿色创新项目。这包括建立数字绿色创新研究中心、技术转移中心和创新孵化器等。(3) 加强技术创新和转化：政府可以加强数字绿色技术的研发和转化，提高数字绿色创新的可行性和应用性，从而帮助制造企业有效选择数字绿色创新项目。这包括加大数字绿色技术研发的投入，促进技术成果转化和产业化，推动数字绿色技术的应用和推广等。(4) 推动合作和交流：政府可以推动制造企业之间的合作和交流，提高数字绿色创新的整体水平和效益，从而帮助制造企业有效选择数字绿色创新项目。这包括建立数字绿色创新联盟、组织数字绿色创新论坛和展览会等，促进制造企业之间的技术交流和合作。（5）建立数字绿色创新评价体系：政府可以建立数字绿色创新评价体系，为制造企业提供选择数字绿色创新项目的评估和监测服务，促进数字绿色创新的健康发展。这包括建立数字绿色创新项目的评价标准、监测指标和报告机制等。

综上所述，制造企业可以通过定义企业自身的数字绿色目标和战略、评估数字绿色创新项目的可行性和影响、确定项目的重要性和优先级、选择合适的技术和解决方案、对数字绿色创新项目进行风险评估和管理、确定项目的监控和评估指标等对策来促进制造企业有效选择数字绿色创新项目。政府可以通过制定政策和法规、建立数字绿色创新平台、加强技术创新和转化、推动合作和交流、建立数字绿色创新评价体系等对策，促进制造企业选择数字绿色创新项目的有效性和成功性。

8.1.2　完善制造企业数字绿色创新中学研合作伙伴选择过程

选择合理的评价方法和构建全面综合的评价指标体系是制造企业数字绿色创新中学研合作伙伴选择过程的关键环节。制造企业通过与适宜的学研伙伴开展数字绿色创新合作能有效降低能耗成本、提升数字绿色创新水平、提高数字绿色新产品开发的成功率。但是，在实际运行中，数字绿色创新合作失败的情况经常出现，导致合作失败的一个重要原因就是选择了不合适的合作伙伴。由于合作双方之间的信息不对称，彼此间了解不够，关于对方的数字绿色创新资源禀赋情况不能完全掌握；此外，采用不恰当的合作伙伴选择方法，无法使主体间数字绿色创新资源嵌入和融合，降低合作效率和弱化合作目标，会出现合作失败的情况。因此，异质性数字绿色创新资源在合作创新中具有重要作用。

（1）充分考虑异质性数字绿色创新资源在多主体合作数字绿色创新的作用。①制造企业应在对潜在合作对象的搜寻工作上加以努力，增加搜寻途径，并提高搜寻工作的管理水平。在市场上，很难找到能够与自身数字绿色创新资源具有互补性的学研机构，因为合作对象之间存在严重的信息不对称，会导致合作者很难对一些新出现的数字绿色技术作出正确的价值评估。因此，可以通过提高信息公开度、提升学研机构选择精准性的方式来改变这种不利局面。此外，制造企业应对企业的组织机构进行调整，对潜在合作对象加强信息搜寻与分析工作。②提高合作匹配的针对性与多样性。一是选择与自身资源拥有和匹配方面的合作级别和模式，加强绿色 R&D 能力的制造企业应选择共建科研机构、共同开发等合作模式，提高合作效益和效果。二是提高合作对象的多样性。制造企业缺乏的数字绿色创新资源广泛分布于其他主体，一个主体难以拥有所有的数字绿色创新资源，为此制造企业应广泛开展合作，同时需要斟酌预估合作的质量和效果，实现有效的多样合作；而与数字绿色用户合作会客观把握市场的需求，提高为用户服务的水平；与科研机构、高校合作能让制造企业了解国际领先数字绿色技术与知识，提高数字绿色产品的竞争力。③提高合作资源的融合水平。制造企业将异质性数字绿色资源组合在一起对于其发挥互补作用效果不明显，应注重数字绿色资源整合、融合与治理，减少冗余数字绿色资源，充分发挥重要数字绿色资源的作用，此外，还应增强合作人员之间的沟通，尽量减少数字绿色知识转移惰性，提高合作资源的知识转移与吸收能力。

（2）重视数字绿色创新能力、信任与沟通程度、兼容性水平等关键因素。①制造企业应选择与其数字绿色创新所需创新水平、技术结构、组织架构、创新氛围等相匹配的合作伙伴。一是制造企业要对科研院所和大学提供的技术进行认真研究和鉴定；二是制造企业应建立有助于其数字绿色创新项目学研合作伙伴选择的评价指标体系，在选择评价指标时，应综合衡量大学和科研院所的合作实力，包括其数字绿色创新水平、数字绿色资源禀赋、数字绿色技术结构和创新文化等因素；三是制造企业应重视合作伙伴以往的合作记录，优先选择在信誉和合作实力方面较强的学研机构。此外，数字绿色合作给大学和科研院所带来的利益也应考虑到，尽量使合作取得双赢的效果。②设计相应的动态监督机制。在合作数字绿色创新过程中，制造企业应从大学和科研院所方面获得数字绿色知识和技术，并将数字绿色知识技术化、产品化和市场化，假如制造企业寻找数字绿色创新资源时，学研方只将其显性数字绿色知识转移给制造企业，而将隐性数字绿色知识保留，这样数字绿色合作创新将很难进行。同时，如果制造企业在数字绿色技术合作创新的过程中，学研方不履行约定进行进一步研发与设计，对合作数字绿色创新会产生不利影响。因此，在签订合同时，制造企业必须按照学研方的特点，建立动态监督机制对大学和科研院所的合作行为进行监督和约束。制造企业要与学研方保持紧密沟通，对大学和科研院所执行合同的情况进行不断交流，对于未来的改进方向及时制订方案。对于合作伙伴出现违背合同约定行为的情况，应及早发现并及时采取措施，保证合作数字绿色创新的正常运行。因此，在构建评价指标体系过程中，数字绿色创新能力（数字绿色知识创造水平、数字绿色转化能力、数字绿色创新研发能力、数字绿色信息集成能力）、信任与沟通程度（合作意愿、学研机构声誉、过去的合作经验、利益分配的共识程度）、兼容性水平（技术兼容性、战略目标兼容性、创新文化兼容性和管理理念兼容性）应合理纳入理论框架，这些因素对制造企业选择数字绿色创新学研合作伙伴选择具有重要的参考价值。

8.1.3　增强制造企业合作数字绿色创新氛围

培育制造企业合作数字绿色创新的互惠合作氛围非常重要，这种氛围是制造企业与高校和科研机构对企业合作数字绿色创新状况的共同感知，反映了企业与高校和科研机构对于合作数字绿色创新的整体态度，也影响着两类数字绿色创新主体在合作数字绿色创新过程中的行为选择。这种氛围会为两类数字绿色创新主体营造自由宽松、学术气氛浓厚、宽容失败的创新环境，它会潜移默化地影响两类数字绿色创新主体的科研人员，调动他们创新的积极性，鼓励他们敢于冒险、刻苦钻研、勇于创新的精神，是一种软性的理智约束。

（1）要营造开放交流合作的环境氛围，因为数字绿色创新中科技前沿的重大突破多来自交叉学科和边缘学科，所以要努力创造条件让两类数字绿色创新主体中不同领域的科研人员可以经常自由讨论、相互启发，促进思想的交流碰撞，以激发彼此的灵感，开拓创新思路。大力支持跨地区和跨国界的数字绿色创新项目的合作研究，特别是高层次的国际科研合作项目，充分利用全球前沿的科技资源，提高我国制造企业的数字绿色创新能力。

（2）要培育互惠合作文化，从声誉方面建立明确的激励和惩罚管理机制。互惠强调的是合作、协调和无私，互惠合作文化的培育要结合具体的文化平台，要充分发挥两类数字绿色创新主体的主动性，对成员的互惠性行为进行规范性的引导，通过影响数字绿色创新主体成员的价值取向，逐渐将心理认同内化为主体文化，使企业合作数字绿色创新总体的目标追求转化为各主体成员的自觉行为，有效提高双方的合作效率，以产生协同的效果。此外，声誉是数字绿色创新主体以往所有行为和结果的综合体现，是主体行为得到社会认可，并获得资源和机会以完成价值创造的能力。声誉需要长期的积累和维持，它是主体成员是否彼此合作的重要衡量标准，良好的声誉是两类数字绿色创新主体成员进行高效合作及持续合作的前提。声誉效应也是两类数字绿色创新主体成员合作的重要激励机制，声誉好的主体成员会考虑到长期利益，故其维持自身声誉的积极性较高，因此会付出高的努力水平以促进合作；而声誉不好的主体成员只会考虑到短期利益，故其维持自身声誉的积极性较低，因此采取机会主义行为的可能性更大。两类数字绿色创新主体应该通过声誉效应来激励成员为了维护自身声誉而付出高的努力水平，同时实施明确的激励和惩罚管理机制，对于付出高努力水平的成员进行奖励，对于采取机会主义行为的成员进行惩罚。

8.2 提高制造企业合作数字绿色知识创造能力

8.2.1 促进制造企业合作数字绿色利用式知识创造

优化产学研合作下制造企业数字绿色创新的知识创造环境，需要考虑其中的环境关键影响因素和合理的合作模式。

（1）数字绿色创新的政府支持是一种长期激励机制，可以促进产学研合作下制造企业数字绿色知识创造。政府应创造公正有序的创新环境和氛围，保证市场在数字绿色创新资源配置中的决定性作用，减少政府的干预，但是政府可以设置数字绿色项目，鼓励和支持产学研间的数字绿色合作和交流。通过微信、网络等新型媒体形式，制造企业应提高对数字绿色创新战略实施的宣传力度，增加制造企业数字绿色创新的正外部性，建立产学研数字绿色创新合作网络平台，克服制造企业数字绿色创新的人才、技术和知识流动困难。提高数字绿色金融系统的服务水平，重视创新资金在数字绿色创新合作过程中的关键性作用，特别是在制造企业数字绿色创新战略实施的初期，通过数字绿色融资和数字绿色信贷等方式，推动制造企业数字绿色创新能力的提升。注重数字绿色知识产权保护，在大学、科研院所和制造企业不断进行数字绿色知识产权宣传教育等活动，提高数字绿色知识产权保护意识，鼓励制造企业和个体利用专利、商标以及行业标准等形式进行知识产权保护，并促进制造企业利用知识产权战略实现数字绿色开发及其商业化。此外，提高对环保的重视程度，激励制造企业在产品整个生命周期进行数字绿色开发、生产和销售，切断污染环境的源头。

（2）提高制造企业管理者对数字绿色知识创造的重视程度。一方面，创造优越的数字绿色创新环境。利用环境政策强制性特点，同时也要考虑制造企业的承受能力，合理制定政策强度，从政策方面约束制造企业的数字绿色知识创造的行为；同时，也要善于利用数字绿色税收优惠、数字绿色采购等经济激励措施，鼓励制造企业积极进行数字绿色知识创造活动；促进数字绿色消费导向，让数字绿色成为新产品的一大特色，使数字绿色和产品不断得到宣传和使用，借助政府、用户、产品竞争者等外部压力推动企业管理者对数字绿色知识创造的重视。另一方面，提升管理者自身数字绿色文化修养。管理者将数字绿色发展当作自己的责任，并和员工达成数字绿色发展的共识，利用参加网络培训、讲座等途径提高管理者对数字绿色知识共享、转移及创造的支持，提升制造企业实施数字绿色知识创造的内在动力和综合水平。

（3）合作方式的选择要满足合作双方长远发展战略。制造企业与大学和科研院所在数字绿色创新的价值观方面不太一致[301]，其利益最大化的目标和长远发展的战略也存在一定的差异。制造企业在选择合作数字绿色创新合作方式时，一方面要实现制造企业利润最大化的目标和可持续发展的战略目标；另一方面也要顾及大学和科研院所的利益，有利于大学和科研院所不断开展数字绿色创新的开发研究工作。制造企业与大学和科研院所的合作数字绿色创新要基于平等互惠的原则上进行，双方处于同等地位，拥有相同的权利和义务，同时保护双方的利益，才能实现共赢，否则容易导致合作双方合作前的错误选择行为和合约履行中的背信行为。双方通过合作实现双赢，才有助于合作数字绿色创新更顺利有效地开展。同时，制造企业选择合作方式之后，应构建合适的监督机制和风险管理机制，防止合作数字绿色创新过程中制造企业与学研机构合作关系破裂。

8.2.2 促进制造企业合作数字绿色探索式知识创造

针对高校与科研机构的数字绿色创新成果与制造企业数字绿色创新需求不匹配问题，完善产学研用合作下制造企业数字绿色知识技术化服务体系是解决此问题的关键所在。

（1）构建嵌入式数字绿色知识服务体系，完善产学研数字绿色创新项目库。嵌入式数字绿色知识服务能够为用户送上知识互动、思想交流、个体定制等优质且不受时空影响的数字绿色服务。大学、科研院所数字绿色成果商业化是完成数字绿色创新活动非常重要的一步，创建嵌入式数字绿色创新知识服务科研团队，可以让大学、科研院所真正了解制造企业的切实所需，满足数字绿色创新供给和需求相匹配的要求，成立数字绿色创新项目库。为实现此目的，可以从三个方面进行努力：一是提高综合数字绿色分析能力，大学、科研院所利用大数据、云计算等跨学科数字绿色不断提升科研人员的综合分析能力；二是创建平等互利互信的合作数字绿色创新氛围，只有在平等互利互信的基础上，合作双方才能开诚布公，交流合作创新的想法与思路，减少合作创新过程中的风险与摩擦，提高合作成功的概率；三是采用嵌入式数字绿色创新人才培养方式，制造企业与大学、科研院所签订协议联合培养基础理论与实践均擅长的综合人才，提高产学研联盟中人员的交流频率与交流深度，减小产学研数字绿色知识距离，增强大学、科研院所的数字绿色基础研究能力。

（2）通过线上线下互补的方式解决公共信息平台不完善的难题，创建综合立体的数字绿色创新信息共享与互助平台以达到为制造企业数字绿色创新服务的目的。①线上服务平台方面。增强制造企业与材料供应商、顾客之间的相互密切联系，通过线上销售平台的用户评价、网络社交平台紧密跟踪顾客的需求信息，并且为制造企业建立网络档案，及时发布宣传制造企业数字绿色创新模范案例、优良标准、相关法律法规，以及制造企业的需求和发展趋势。完善线上服务管理系统的功能，增强服务管理系统线上推广交流功能，通过大数据等先进技术实时发起和跟踪制造企业以及利益相关者的需求，为顾客提供个性化、标准化的数字绿色创新服务。线上服务平台在处理不受时空限制寻找最优合作对象、及时了解最新政策趋势等方面具有重要优势。②线下服务平台方面。凭借现有服务实体与技术部门，不断增强线下数字绿色创新服务平台的数字绿色融资、评价预测、信息咨询和标准制定等数字绿色服务水平。线下服务平台能够提供专业、系统、综合的智力服务，推动数字绿色创新与市场的紧密融合，大幅提高制造企业数字绿色创新效益与效果。

（3）针对那些没有将数字绿色知识技术化的供给者或需求者。在宏观层面，国家和地方政府应采取适当的法规和政策，加强学研机构与制造企业之间的合作。学研机构可以根据制造企业的需要，创造出易于转让的数字绿色知识，制造企业也可以获得自己感兴趣的数字绿色知识。在微观层面，数字绿色知识的供给者和数字绿色的需求者应该更好地理解其他各方的意愿要素，供给者应该提供更多实用的数字绿色知识；需求者应当对数字绿色新产品开发提出技术要求。此外，建立更加便捷的数字绿色知识技术化平台，减少数字绿色知识的供给者和数字绿色的需求者之间的壁垒，有助于促进制造企业数字绿色发展。

8.3 完善制造企业合作数字绿色创新绩效形成机制

8.3.1 优化制造企业合作数字绿色商业模式创新

数字绿色产品市场化是支持制造企业合作开展数字绿色创新活动的可持续发展关键过程，没有有效的市场化就不能满足持续性的数字绿色创新活动的要求，不能进一步调整现有数字绿色创新过程，甚至表现为现有数字绿色创新的失败。积极销售数字绿色产品是市场化的开端，将数字绿色新产品推向市场就需要与制造企业现有和未来潜力客户合作，通过客户合作关系实现数字绿色产品的前期市场销售。在与客户合作过程中，一方面制造企业需要制订与客户合作的合理规划和方案，应基于互惠文化给予客户特殊的关注与支持，与客户在资金、产品等方面协商沟通，使合作过程无缝衔接；另一方面制造企业需要结合现有数字绿色产品的特点，合理定位产品所在价值链位置，有针对性地分析产品所面对终端消费者的需求，通过这些需求选择匹配、合理客户。

在与客户合作下制造企业数字绿色产品销售的过程中，数字绿色产品水平、数字绿色商业运营能力、可持续合作潜力和数字绿色能力是影响销售过程的重要因素。高水平的数字绿色商业运营不仅有助于减少运营过程中的碳排放，而且可以增强以制造企业为核心的数字绿色供应链管理集中程度。强烈的合作意向和长期的合作是数字绿色产品销售的基础，可持续合作潜力能够降低数字绿色产品成本，制造企业获得更多的数字绿色产品销售收益。数字绿色能力是评价数字绿色供应商是否满足数字绿色客户要求的指标[64]，对制造企业可持续发展目标的实现越来越重要。此外，数字绿色客户的时间偏好对制造企业绿色技术产品销售也有重要影响。因此，制造企业需要重点关注数字绿色产品水平、数字绿色商业运营能力、可持续合作潜力和数字绿色能力这些关键因素，同时这种关注应是持续的，这也符合数字绿色客户的时间度偏好，制造企业需要一直保持着较高的数字绿色产品销售能力。

8.3.2　促进制造企业合作数字绿色价值共创

随着公民环保意识的增强，数字绿色产品越来越受到消费者的重视。一方面，在绿色化浪潮下，消费者对产品的节能环保性能要求将越来越高；另一方面，在需求动态化的环境下，研发和制定出个性化、多样化的绿色新产品已成为供应链企业面临的难题。外部数字绿色供应链集成有助于制造企业整合内外部数字绿色资源，通过与数字绿色供应商和数字绿色客户合作，提高绿色新产品开发速度和质量，实现数字绿色新产品开发的个性化、多样化特征，满足数字绿色消费者动态化需求。如何有效通过外部数字绿色供应链集成增强数字绿色新产品开发速度和质量，提高数字绿色产品化水平是当前制造企业迫切需要解决的问题。

（1）积极与外部数字绿色供应链集成并建立长期战略合作伙伴关系，加强数字绿色新产品开发信息系统建设。这不仅可以使信息共享有效实现并且使数字绿色原材料的采购成本和数字绿色新产品生产成本以及交易成本得到最大化的降低，而且可以优化数字绿色新产品开发资源配置，从而提高制造企业和外部集成数字绿色供应链的整体竞争优势，显著提高制造企业数字绿色新产品开发速度和质量。在这个过程中，制造企业与外部数字绿色供应链集成产生的知识螺旋效应不可被忽视。知识螺旋帮助制造企业依托既有知识，融合数字绿色供应商和数字绿色客户的知识，进而追求数字绿色新产品开发所需的目标知识。这有利于减缓数字绿色新产品开发知识落差或跨域数字绿色新产品开发知识鸿沟，提高数字绿色新产品开发的速度和质量。

制造企业应长远布局数字绿色创新的发展战略，将数字绿色新产品开发置于战略顶端，各项制度应积极支持开发数字绿色新产品。同时制造企业应将知识管理嵌入数字绿色新产品开发中，通过数字绿色知识资源的共享、优化、整合、配置等方式，实现数字绿色知识创造，促进数字绿色新产品开发。此外，制造企业应把握行业内数字绿色供应商和数字绿色客户的活动情况，及时调整数字绿色新产品开发策略。一方面，制造企业应积极培养与数字绿色供应商和数字绿色客户之间的互惠关系，将这些主体纳入一个具有理性、互惠环境的共同体中，制定促进知识共享的促进措施；另一方面，制造企业应制定针对性奖惩激励机制，与数字绿色供应商和数字绿色客户互惠互利、协同合作，同时应注意对自身知识产权的保护。此外，政府应关注数字绿色消费者和数字绿色供应链的环保诉求，进而影响制造企业数字绿色创新决策。

（2）提高数字绿色知识管理在数字绿色新产品开发中的地位。数字绿色知识管理的目的在于让既有知识通过社会化、外在化、联结化和内在化方式追求数字绿色新产品开发所需的目标知识，从而减缓知识落差或跨域知识鸿沟，提高数字绿色新产品开发的速度和质量。共同化为制造企业数字绿色新产品开发创意的产生提供帮助；外在化则可以激励数字绿色供应商和数字绿色客户提出创意；联结化为整合来自数字绿色供应商和数字绿色客户创意的转移提供帮助；内在化可以激励制造企业通过“干中学”等方式发现问题并提出新的数字绿色新产品开发创意。因此，制造企业应增强数字绿色新产品开发方面的知识管理程度，熟记知识螺旋对数字绿色新产品开发速度和质量的中介推动作用。制造企业应在数字绿色新产品开发团队中建立知识型、学习型文化组织，促进跨部门间的知识共享和整合；应尽量将来自数字绿色供应商和数字绿色客户的隐性知识显性化，实现自有知识和外部知识的融合，为数字绿色新知识的创造提供重要的支持。就员工个体而言，制造企业应通过团队建设、奖惩制度、技能培训等方式加强员工知识管理水平，提高员工数字绿色知识创造水平。

（3）增强高管环保意识，营造数字绿色转型氛围。第一，高层管理者在数字绿色新产品开发中不应急于求成，要注重数字绿色新产品开发质量；第二，应将数字绿色环保理念置于战略高度，并将其真正融入制造企业的数字绿色新产品开发中，提高数字绿色新产品开发质量；第三，政府应积极引导社会环保意识体系的建立，营造良好的数字绿色理念和数字绿色氛围，开拓数字绿色产品新市场；第四，政策制定者应与制造企业高管建立关系纽带，通过组织制造企业家培训班、行业协会等方式定期向高管传递环境保护信息，提高高管环保意识。

8.4　增强制造企业合作数字绿色动态能力

8.4.1　推动制造企业合作集成数字绿色供应链间融合

（1）加强数字绿色创新系统主体之间的合作。制造企业通过产学研合作的方式进行数字绿色创新，一方面可以充分发挥自身资金的作用，实现 R&D 投入的边际效用最大化；另一方面，学研机构的基础研究，包括理论研究和部分应用研究可以促进制造企业数字绿色新产品的研发，并产生明显的数字绿色和知识的溢出效应。因此，对于整个数字绿色创新系统来说，各创新主体需要发挥自身的作用，尤其是制造企业需要优化数字绿色资源配置，积极促进系统内创新主体的合作，加大绿色 R&D 的投入，在保证各创新主体资源分配合理的情况下，提升自身的数字绿色创新能力。数字绿色创新产学研联盟是一种很好的产学研合作创新模式，在数字绿色创新联盟中，企业为学研机构提供资金的支持，学研机构实现自身数字绿色创新成果的转化，从而实现基础研究与应用研究的结合，创造更高的经济效益。同时，政府可以提供政策上的支持，如相关政策法规的制定和完善、基础设施的建设等，而中介机构也可以提供绿色金融支持、数字绿色转移等方面服务，进而发挥数字绿色创新政策对制造企业合作数字绿色创新实践的促进效应。

（2）推动数字绿色创新系统主体之间的资源共享。政府通过出台重大的科技政策，制定科研基础设施管理条例惠及产学研各数字绿色创新主体，鼓励产学研各主体合作创新、协同创新，实现知识共享、技术交流、资源优化配置，从而促进数字绿色创新的实施。制造企业应通过建立数字绿色创新管理信息系统，推进数字绿色创新计划（专项）信息的互联互通，实现系统集成，使高校及科研院所及时了解制造企业的数字绿色创新需求。高校和科研院所应该完善数字绿色创新成果数据库，及时公布自身的创新成果。除此之外，政府要建立配套的数字绿色创新人才机制，鼓励产学研之间的人才相互交流、相互沟通、互相学习，实现知识和技术的流动以及资源的共享。

8.4.2 完善制造企业数字绿色创新的政府支持体系

（1）构建以市场为导向、以制造企业为主体、官产学研用结合的科技服务体系，为绿色科技创新提供全过程、全方位、全链条的高效、优质服务。在现有信息技术的支持下，结合互联网、物联网、智能制造等信息技术，强化数字绿色转移平台的建设，增加制造企业与其他数字绿色创新主体间联系程度和频率，使多主体间实现相互协同、相互促进。建立健全网络化、远程化的制造企业数字绿色合作体系，通过市场反馈数字绿色信息，供应商反馈数字绿色产品信息，实现两者信息与自有信息的融合，进而实现数字绿色产品的开发。在这个过程中，需要对数字绿色资源进行有效配置，推动制造企业整合有效的绿色资源，高效、准确地生产满足市场消费者的绿色产品，动态化、信息化针对性生产，同时建立健全多主体合作信息网络，实现信息及时传递。

（2）充分发挥作为绿色创新重要组成部分社会资本的重要作用。引导更多的社会资本支持制造企业绿色创新，如基础研发机构的建设、创新公共平台的建设、R&D 以及绿色成果的转化等，当然也离不开政府引导下的金融机构（绿色基金、绿色保险和融资风险）的支持，共同推动制造企业绿色创新的发展。严格执行制造企业所得税优惠管理方案，落实制造企业所得税减免、固定资产加速折旧、绿色研发费用税前加计扣除、创业投资和数字绿色转让税收减免和税收优惠等激励绿色创新的税收政策。积极发展各种绿色金融服务，建立为制造企业提供一体化数字绿色创新服务的专业机构，建立和完善绿色信贷融资风险补偿和共担机制，深化制造企业与银行、保险、担保等金融机构合作，保障数字绿色创新顺利实施，激发数字绿色创新活力，推出适合制造企业绿色发展的系列产品。制定金融服务绿色创新人才政策，设立服务绿色创新人才特色金融机构，开辟金融支持绿色创新人才一系列绿色通道。

（3）建立健全绿色知识产权管理体系。这就要求促进制造企业绿色知识产权的创造、运用、保护和管理能力，强化制造企业运用绿色知识产权发展潜力，提升制造企业绿色产品市场的综合实力。鼓励制造企业积极地与专业的知识产权机构进行合作，共同制订知识产权发展规划，研究重点核心数字绿色的知识产权演化路线，寻找绿色创新的技术关联性和产业关联性，帮助绿色制造企业做好绿色专利保护工作，构建绿色专利长久发展的宏观布局和微观管理。建立健全绿色制造产业知识产权服务体系，支持绿色知识产权保护平台建设，增强专业的绿色知识产权支持部门的服务水平，在绿色知识产权方面为制造企业提供理论支持和实践指导，在信息建设、风险管理、产权商业化等方面促进绿色知识产权合理、有效的运行。

8.5　改进制造企业合作数字绿色创新绩效评价机制

8.5.1　完善制造企业数字绿色创新绩效评价过程

在开展制造企业合作数字绿色创新绩效评价活动时，需要确定评价主体，不同的评价主体有不同的评价结果倾向。由于主观评价，可能导致虚化评价结果情况。为此，引入第三方数字绿色创新绩效评价机制是结合主观评价和客观评价的重要方式。制造企业合作数字绿色创新绩效评价的时机应符合数字绿色创新项目的实施过程，一般应在数字绿色创新项目实施前、实施中、实施后进行数字绿色创新绩效评价，以实现动态变化分析，优化制造企业合作数字绿色创新活动。除上述情况外，在突破关键数字绿色技术问题后应及时实施评价活动。

为充分、合理地反映制造企业合作数字绿色创新绩效，在数字绿色创新绩效评价时，第三方评价主体应充分完善数字绿色创新绩效评价过程。第一，制造企业合作数字绿色创新绩效评价前，第三方评价主体应该充分了解影响制造企业合作数字绿色创新绩效的相关因素，如制造企业和政府部门的态度、其他参与主体的积极性、绿色产品市场需求波动等因素，设计完善可行的制造企业合作数字绿色创新绩效评价计划，选取的评价方法能够有效真实地反映制造企业合作数字绿色创新绩效。第二，在制造企业合作数字绿色创新绩效评价过程中，依据数字绿色创新情况，不断优化评价指标和方法，保障制造企业合作数字绿色创新绩效评价结果的可靠性。第三，第三方评价主体应依托制造企业合作数字绿色创新绩效评价前获取的信息通过开展专家讨论会活动等形式对评价结果进行分项和综合分析，为制造企业和政府部门提供有价值的决策依据。

8.5.2 改进制造企业数字绿色创新绩效评价反馈机制

（1）多主体合作下的制造企业绿色创新绩效评价需要动态的、及时的、激励的反馈。在多主体参与下的制造企业数字绿色创新过程中，针对各个阶段的主要任务进行有效的反馈，绿色创新项目研发团队接收到反馈后，会及时处理，作用于下一阶段，使整个数字绿色创新项目能够不断完善与改进。而在整个绩效反馈的过程中，需要保持公正性，公正性是绿色创新绩效评价的核心，而激励性恰恰是公正性的基础，与绿色创新项目研发团队人员的利益息息相关。有效的绩效反馈有利于促进绿色创新参与者熟悉真实情况，让参与成员间形成良好的沟通方式，通过有效连接合作实现对绿色创新项目成员的激励作用。多主体合作下的制造企业数字绿色创新绩效反馈需要体现动态性、及时性和激励性的特征。①绿色创新绩效的反馈是一个反复的、经常性的行为，在项目进行的过程中，一旦发现问题要及时通知绿色项目团队负责人，并进行调整和改进。严禁在整个绿色创新项目结束或者所有绩效评价完成后才进行反馈。②绿色创新绩效的反馈不应局限于成果后反馈，应具有动态性的反馈，且反馈方式要丰富多样，将语言反馈和反馈激励有效结合，根据绿色创新项目过程的具体情况选择最适合的反馈方式，起到激励项目成员的作用。③绿色创新绩效的反馈要突出重点，奖罚分明。在创新绩效评价与反馈的过程中以表扬或者奖励的方式激励绩效好的成员，对于绩效较差的成员，给予更多的鼓励，协助他们找到绩效不好的原因，并帮助其解决问题。④绿色创新的绩效反馈是一个多主体参与、多主体反馈的综合过程。因此，在绿色创新绩效反馈的过程中，应该鼓励其他支持性组织积极参与。

（2）制造企业数字绿色创新绩效反馈机制是项目考核者（绿色创新项目的总负责人）在整个绿色创新过程中针对数字绿色创新过程绩效和结果绩效，在项目成员的行为、绿色创新实施规划等方面进行优化的过程。绿色创新绩效反馈机制的实现包括：①完善绿色创新绩效评价过程。多主体合作下的绿色制造企业技术创新绩效结果需要通过阶段性的报告分析绿色创新过程中存在的问题，并同时进行阶段性的优化和改进，以此实现绿色创新绩效的各个阶段绩效评价及综合评价，保障评价的可靠性和准确性。在进行具体的绩效评价过程中，绿色创新项目负责人协同自己的团队成员，充分了解影响绿色创新绩效的因素，并制订和实施绿色创新绩效评价计划，使用合理的评价方法和评价体系，全面地、科学地反映绿色创新绩效结果。②基于绿色创新项目推进情况，选择匹配的绿色创新绩效反馈方式，主要分为语言方式、暗示方式和奖惩方式。其中，语言方式是指考核者以语言的方式对绿色创新项目成员的绩效进行反馈，如书面方式或口头方式；暗示方式是指考核者以一种含蓄、间接的方式给项目成员的一种绩效反馈；而奖惩方式则是一种奖罚分明的形式。上述方式各有优缺点，考核者在具体的绿色创新项目绩效评价中应该采取结合的方式进行绿色创新绩效反馈。

8.6　本章小结

本章提出了促进制造企业合作数字绿色创新发展的对策与建议，从制造企业合作数字绿色创新过程及演化中知识创造机制、技术转化能力、产品推广策略、绩效评价机制、系统协同效应五个方面提出了具体的对策与建议。知识创造机制方面，需要完善学研合作伙伴选择过程，优化绿色知识创造环境；技术转化能力方面，需要完善绿色知识技术化服务体系，提高数字绿色产品化能力；产品推广策略方面，需要优化数字绿色产品的销售过程和推广环境；绩效评价机制方面，需要完善数字绿色创新绩效评价过程和改进绩效反馈机制；系统协同效应方面，需要增强数字绿色创新系统的动力，建立制造企业主导多主体协同机制及完善政府支持体系。

结　论

在梳理和总结国内外关于数字创新、绿色创新、多主体合作创新、创新价值链、互惠合作等相关研究的基础上，本书基于系统理论和数字创新价值链理论构建了制造企业数字绿色创新过程及其动态机制的理论模型，并深入探讨了该模型的输入、处理、输出、反馈、升级过程，以此开展制造企业合作数字绿色创新的启动阶段、开发阶段、应用阶段、评价阶段的过程机理，揭示制造企业合作数字绿色创新过程的动态机制的具体研究和论证。运用组合时间赋权法、场理论决策法、互惠博弈法、问卷调查与结构方程模型、三维 Logistic 模型等研究工具，从数字绿色选择及氛围、数字绿色知识创造、数字绿色商业模式、数字绿色创新绩效评价、系统协同动态机制方面对制造企业数字绿色创新过程及其动态机制的关键问题进行系统论述。依据研究结果提出促进制造企业数字绿色创新发展的对策与建议。本书的主要结论如下。

（1）通过对基于互惠理论的制造企业合作数字绿色创新过程及其动态机制的理论研究，得到了以下结论：①制造企业合作数字绿色创新过程是制造企业以实现经济效益、生态效益和社会效益最大化为目的，通过与其他主体合作，整合资源创造数字绿色知识，运用数字绿色技术转化方式实现数字绿色产品商业化，并实现数字绿色创新绩效的过程。制造企业数字绿色创新过程包括启动、开发、应用、评价。②从过程及演化角度，制造企业合作数字绿色创新动态机制是在一定动力因素的驱动下，随着时间层面的推移和空间层面的持续扩展，其在空间、功能、动力等各方面相互作用、动态协同、互动发展，进而产生数字绿色创新的持续性过程。

（2）通过对基于互惠理论的制造企业合作数字绿色创新的启动阶段的研究，得到了以下结论：①制造企业在选择数字绿色创新投资项目活动中应重点关注外部支撑体系、商业化预期、数字绿色项目运作能力和数字绿色项目运作资源四大方面；互惠互信、数字绿色技术互补、数字绿色技术叠加能够反映学术研究机构数字绿色创新潜力，对制造企业选择数字绿色创新学研合作伙伴具有重要的参考价值。②在直接互惠机制下，当两类数字绿色创新主体的科研人员付出搜集和分析对方的信息成本小于选择辨别合作策略与不合作策略的预期支付之差，且该差值为正时，或选择辨别合作策略的科研人员和选择不合作策略的科研人员共存时，制造企业合作型数字绿色创新氛围可以形成；在间接互惠机制下，当创新合作获得的奖励以及内在激励大于合作创新成本时，制造企业合作型数字绿色创新氛围可以形成。

（3）通过对基于互惠理论的制造企业合作数字绿色创新的开发阶段的研究，得到了以下结论：①科学型数字绿色知识搜寻对利用式数字绿色知识创造有正向影响；市场型数字绿色知识搜寻对双元数字绿色知识创造有正向影响，且对利用式数字绿色知识创造的促进作用更强；供应链型数字绿色知识搜寻仅对探索式数字绿色知识创造有正向影响。②科学型数字绿色知识搜寻与利用式数字绿色知识创造间的关系受到复杂性认知（正向）的调节作用，而其与探索式数字绿色知识创造间的关系不受认知评价任何维度的调节效应影响；市场型数字绿色知识搜寻与利用式数字绿色知识创造间的关系受复杂性认知负向调节影响，而其与探索式数字绿色知识创造间的关系不受认知评价任何维度的调节效应影响；供应链型知识搜寻与探索式数字绿色知识创造间的关系同时受到风险性认知（负向）和复杂性认知（负向）的调节作用。

（4）通过对基于互惠理论的制造企业合作数字绿色创新的应用阶段的研究，得到了以下结论：①数字绿色战略导向对企业数字绿色创新绩效的影响能够通过效率型数字绿色商业模式创新和融合型数字绿色商业模式创新的中介作用实现；绿色市场导向对融合型数字绿色商业模式创新的影响作用更大，数字绿色技术导向、政府导向对效率型数字绿色商业模式创新的影响作用更大。②数字绿色价值共创对数字绿色企业创新绩效具有显著的正向影响，数字绿色网络嵌入在数字绿色价值共创行为和数字绿色创新绩效之间起着中介作用，且数字绿色网络嵌入对数字绿色创新绩效具有积极的正向影响；数字绿色网络分裂断层在数字绿色价值共创行为和数字绿色创新绩效之间起着正向调节作用，在数字绿色价值共创与数字绿色网络嵌入也发挥着正向调节的作用。

（5）通过对制造企业合作数字绿色创新绩效的评价及分析，得到了以下结论：①制造企业合作数字绿色创新绩效评价体系应依据五大新发展理念，从绿色发展、创新驱动、数字经济、高效竞争、风险控制 5 个方面建立，这能够体现短期目标和长期目标之间的平衡，企业主导绩效和多主体合作绩效等方面内容。②绩效评价方法可应用主客观方法融合技术，基于区域资源禀赋，运用 FAHP－熵权模型分别对不同地区制造企业评价指标设立组合权重，运用改进模糊综合分析法，综合评价制造企业数字绿色创新发展状态。

（6）通过对基于互惠理论的制造企业合作数字绿色创新过程动态机制的研究，得到了以下结论：①制造企业集成供应链数字化集成度和制造业集成供应链企业间数字绿色知识协同能力对制造业集成供应链企业间数字绿色创新绩效有积极影响，前者对于数字绿色创新绩效的影响效果更为明显；制造企业集成供应链数字化网络能力对制造企业集成供应链数字化集成度有显著影响，而对数字绿色知识协同能力的作用不显著。②制造企业集成供应链数字化关系质量对制造企业集成供应链数字化集成度和制造业集成供应链企业间数字绿色知识协同能力同时影响，对制造企业集成供应链数字化集成度的影响程度高于数字绿色知识协同能力；制造企业集成供应链韧性能有效促进制造企业集成供应链数字化集成度和制造业集成供应链企业间数字绿色知识协同能力提升，而对数字绿色创新绩效的作用不显著。③在制造业集成供应链企业数字绿色知识协同能力较低情况下，单纯依赖制造企业集成供应链数字化集成度促进数字绿色创新绩效提升效果并不明显；在制造企业集成供应链数字化关系质量较低情况下，数字绿色知识协同能力提高并与数字化集成度的协同促进数字绿色创新绩效的快速提升；在较高制造企业集成供应链数字化关系质量情况下，长期来看，制造企业集成供应链数字化集成度具有缓慢下降的趋势。

（7）针对如何促进制造企业合作绿色技术创新发展的问题，提出了以下对策与建议：①制造企业合作数字绿色创新选择及氛围方面，需要优化制造企业合作数字绿色投资项目选择，完善制造企业数字绿色创新中学研合作伙伴选择过程，增强制造企业合作数字绿色创新氛围；②制造企业合作数字绿色知识创造能力方面，需要促进制造企业合作数字绿色利用式知识创造，促进制造企业合作数字绿色探索式知识创造；③制造企业合作数字绿色创新绩效形成机制方面，需要优化制造企业合作数字绿色商业模式创新，促进制造企业合作数字绿色价值共创；④制造企业合作数字绿色创新绩效评价机制方面，需要完善制造企业数字绿色创新绩效评价过程，改进制造企业数字绿色创新绩效评价反馈机制；⑤制造企业合作数字绿色动态能力方面，需要推动制造企业合作集成数字绿色供应链间融合，完善制造企业数字绿色创新的政府支持体系。

由于个人能力及研究时间有限，本书在研究过程中，仍然存在一些不足之处：①本书在对开发阶段、应用阶段的研究局限于理论模型的实证研究，与案例等实践结合紧密性程度不高，后续研究会运用多案例研究方法进一步促使理论模型与实践结合。②在本书的分析中，建立了制造企业数字绿色创新绩效评价指标体系及评价模型，只进行了行业视角简单的应用研究，后续研究将基于广泛的制造企业大样本数据进行进一步验证和分析，并完善评价指标体系及评价模型。

参考文献

［1］王旭，褚旭．中国制造业绿色技术创新与融资契约选择［J］．科学学研究，2019，37（2）：351－361．

［2］李小青，何玮萱，李子彪，等．制造企业数字化创新能力影响因素识别及评价［J］．科技管理研究，2022，42（16）：1－10．

［3］Lee J，Berente N. Digital innovation and the division of innovative labor：Digital controls in the automotive industry［J］．Organization Science，2012，23（5）：1428－1447．

［4］Jahanmir S F，Silva G M，Gomes P J，et al. Determinants of users' continuance intention toward digital innovations：Are late adopters different?［J］．Journal of Business Research，2020，115：225－233．

［5］Yoo Y，Boland J R J，Lyytinen K，et al. Organizing for innovation in the digitized world［J］．Organization Science，2012，23（5）：1398－1408．

［6］Hensen A H R，Dong J Q. Hierarchical business value of information technology：Toward a digital innovation value chain［J］．Information & Management，2020，57（4）：103209．

［7］Yoo Y，Henfridsson O，Lyytinen K. Research commentary—the new organizing logic of digital innovation：An agenda for information systems research［J］．Information Systems Research，2010，21（4）：724－735．

［8］Fichman R G，Dos Santos B L，Zheng Z E. Digital innovation as a fundamental and powerful concept in the information systems curriculum［J］．MIS Quarterly，2014，38（2）：329－353．

［9］Nambisan S，Lyytinen K，Majchrzak A，et al. Digital innovation management: Reinventing innovation management research in a digital world [J]. MIS Quarterly, 2017, 41 (1): 223 – 238.

[10] Ciriello R F, Richter A, Schwabe G. Digital innovation [J]. Business & Information Systems Engineering, 2018, 60 (6): 563 – 569.

[11] Forman C, van Zeebroeck N. Digital technology adoption and knowledge flows within firms: Can the internet overcome geographic and technological distance? [J]. Research Policy, 2018, 48 (8): 1 – 16.

[12] Nylén D, Holmström J. Digital innovation in context: Exploring serendipitous and unbounded digital innovation at the church of Sweden [J]. Information Technology & People, 2019, 32 (3): 696 – 714.

[13] Augustsson N P, Nilsson A, Holmström J, et al. Managing digital infrastructures: Negotiating control and drift in service provisioning [J]. International Journal of Business Information Systems, 2019, 30 (1): 51 – 78.

[14] Beltagui A, Rosli A, Candi M. Exaptation in a digital innovation ecosystem: The disruptive impacts of 3D printing [J]. Research policy, 2020, 49 (1): 103833.

[15] Helfat C E, Raubitschek R S. Dynamic and integrative capabilities for profiting from innovation in digital platform – based ecosystems [J]. Research Policy, 2018, 47 (8): 1391 – 1399.

[16] Miric M, Boudreau K J, Jeppesen L B. Protecting their digital assets: The use of formal & informal appropriability strategies by app developers [J]. Research Policy, 2019, 48 (8): 103738.

[17] Desouza K C, Dombrowski C, Awazu Y, et al. Crafting organizational innovation Processes [J]. Innovation, 2009, 11 (1): 6 – 33.

[18] Kohli R, Melville N P. Digital innovation: A review and synthesis [J]. Information Systems Journal, 2019, 21 (5): 200 – 223.

[19] Antonopoulou K, Begkos C. Strategizing for digital innovations: Value propositions for transcending market boundaries [J]. Technological Forecasting and Social Change, 2020, 156: 120042.

[20] Yeow A, Soh C, Hansen R. Aligning with new digital strategy: A dynamic capabilities approach [J]. Journal of Strategic Information Systems, 2018, 27 (1): 43 -58.

[21] Porter M E, Heppelmann J E. How smart, connected products are transforming competition [J]. Harvard Business Review, 2014, 92 (11): 64 -88.

[22] Teece D J. Profiting from innovation in the digital economy: Enabling technologies, standards, and licensing models in the wireless world [J]. Research Policy, 2018, 47 (8): 1367 -1387.

[23] 余维臻，刘娜. 政府如何在数字创新中扮演好角色 [J]. 科学学研究, 2021, 39 (1): 139 -148.

[24] Looy A V. A quantitative and qualitative study of the link between business process management and digital innovation [J]. Information & Management, 2021, 58 (2): 103413.

[25] Ferreira J J, Fernandes C I, Ferreira F A. To be or not to be digital, that is the question: Firm innovation and performance [J]. Journal of Business Research, 2019, 101 (1): 583 -590.

[26] 王海花，杜梅. 数字技术、员工参与与企业创新绩效 [J]. 研究与发展管理, 2021, 33 (1): 138 -148.

[27] Saldanha T, Mithas S, Krishnan M S. Digital innovation, customer involvement, information technology, relational information processing capability, analytical information processing capability, business value of IT [J]. MIS Quarterly, 2017, 41 (1): 367 -396.

[28] James D G. Imidacloprid increases egg production in amblyseius victoriensis (Acari: Phytoseiidae) [J]. Experimental & Applied Acarology, 1997, 21 (2): 75 -82.

[29] Pedro Conceição, Manuel V. Heitor, Pedro S. Vieira. Are environmental concerns drivers of innovation? Interpreting Portuguese innovation data to foster environmental foresight [J]. Technological Forecasting & Social

Change, 2004, 73 (3): 266 – 276.

[30] Van de Werf F, Ardissino D, Betriu A, et al. Management of acute myocardial infarction in patients presenting with ST – segment elevation [J]. European Heart Journal, 2003, 24 (1): 28 – 66.

[31] Hellström T. Dimensions of environmentally sustainable innovation: The structure of eco – innovation concepts [J]. Sustainable Development, 2007, 15 (3): 148 – 159.

[32] Spiers H J, Maguire E A. The dynamic nature of cognition during way finding [J]. Journal of Environmental Psychology, 2008, 28 (3): 232 – 249.

[33] Karakaya E, Hidalgo A, Nuur C. Diffusion of eco – innovations: A review [J]. Renewable and Sustainable Energy Reviews, 2014, 33 (2): 392 – 399.

[34] Zarębska J, Michalska M. Ecological innovations as a chance for sustainable development – directions and obstacles in their implementation [J]. Management, 2016, 20 (2): 49 – 64.

[35] Oltra V, Saint Jean M. Sectoral systems of environmental innovation: An application to the French automotive industry [J]. Technological Forecasting and Social Change, 2009, 76 (4): 567 – 583.

[36] Lin C P, Tseng J M. Green technology for improving process manufacturing design and storage management of organic peroxide [J]. Chemical Engineering Journal, 2012, 180: 284 – 292.

[37] Aguilera – Caracuel J, Ortiz – de – Mandojana N. Green innovation and financial performance: An institutional approach [J]. Organization and Environment, 2013, 26 (4): 365 – 385.

[38] Weber M, Driessen P P J, Runhaar H A C. Evaluating environmental policy instruments mixes: A methodology illustrated by noise policy in the Netherlands [J]. Journal of Environmental Planning and Management, 2014, 57 (9): 1381 – 1397.

[39] Horbach J, Rammer C, Rennings K. Determinants of eco - innovations by type of environmental impact—The role of regulatory push pull, technology push and market pull [J]. Ecological Economics, 2012, 78: 112 - 122.

[40] Cleff T, Rennings K. Determinants of environmental product and process innovation [J]. European Environment, 1999, 9 (5): 191 - 201.

[41] Brunnermeier S B, Cohen M A. Determinants of environmental innovation in US manufacturing industries [J]. Journal of Environmental Economics and Management, 2003, 45 (2): 278 - 293.

[42] Ziegler A, Rennings K. Determinants of environmental innovations in Germany: Do organizational measures matter? [J]. Centre for European Economic Research Discussion Paper 2004, No. 04 - 030.

[43] De Vries F P, Withagen C. Innovation and environmental stringency: The case of sulfur dioxide abatement [J]. Center Discussion Paper Series No. 2005 - 18.

[44] Hamamoto, M. Environmental regulation and the productivity of Japanese manufacturing industries [J]. Resource and Energy Economics, 2006, 28 (4): 299 - 312.

[45] Rehfeld K M, Rennings K, Ziegler A. Integrated product policy and environmental product innovations: An empirical analysis [J]. Ecological Economics, 2007, 61 (1): 91 - 100.

[46] Wagner M. Empirical influence of environmental management on innovation: Evidence from Europe [J]. Ecological Economics, 2008, 66 (2 - 3): 392 - 402.

[47] Demirel P, Kesidou E. Stimulating different types of eco - innovation in the U. K.: Government policies and firm motivations [J]. Ecological Economics, 2011, 70 (8): 1546 - 1557.

[48] Ustaoğlu M, Yıldız B. Innovative green technology in Turkey: Electric vehicles' future and forecasting market share [J]. Procedia - Social and Behavioral Sciences, 2012, 41: 139 - 146.

[49] Eaton D. Technology and innovation for a green economy [J]. Review of European, Comparative and International Environmental Law, 2013, 22 (1): 62-67.

[50] Meltzer J. A carbon tax as a driver of green technology innovation and the implications for international trade [J]. Energy Law Journal, 2014, 35: 45.

[51] El-Kassar A N, Singh S K. Green innovation and organizational performance: The influence of big data and the moderating role of management commitment and HR practices [J]. Technological Forecasting and Social Change, 2019, 144: 483-498.

[52] Fernando Y, Jabbour C J C, Wah W X. Pursuing green growth in technology firms through the connections between environmental innovation and sustainable business performance: Does service capability matter? [J]. Resources, Conservation and Recycling, 2019, 141: 8-20.

[53] Xie X M, Huo J G, Zou H L. Green process innovation, green product innovation, and corporate financial performance: A content analysis method [J]. Journal of Business Research, 2019, 101: 697-706.

[54] Fujii H, Managi S. Decomposition analysis of sustainable green technology inventions in China [J]. Technological Forecasting and Social Change, 2019, 139: 10-16.

[55] Lanoie P, Laurent-Lucchetti J, Johnstone N, et al. Environmental policy, innovation and performance: New insights on the Porter hypothesis [J]. Journal of Economics and Management Strategy, 2011, 20 (3): 803-842.

[56] Wong C W Y, Lai K, Shang K C, et al. Green operations and the moderating role of environmental management capability of suppliers on manufacturing firm performance [J]. International Journal of Production Economics, 2012, 140 (1): 283-294.

[57] Wong S K S. Environmental requirements, knowledge sharing and green innovation: Empirical evidence from the electronics industry in China

[J]. Business Strategy and the Environment, 2013, 22 (5): 321 - 338.

[58] Ghisetti C, Rennings K. Environmental innovations and profitability: How does it pay to be green? An empirical analysis on the German innovation survey [J]. Journal of Cleaner production, 2014, 75: 106 - 117.

[59] Ren Y J, Wang C X. Research on the regional difference and spatial effect of green innovation efficiency of industrial enterprises in China [J]. Revista Ibérica de Sistemas e Tecnologias de Informação, 2016 (E10): 373 - 384.

[60] Guo X F, Yang H T. A combination of EFG - SBM and a temporally - piecewise adaptive algorithm to solve viscoelastic problems [J]. Engineering Analysis with Boundary Elements, 2016, 67: 43 - 52.

[61] Liu J, Liu H, Yao X L, et al. Evaluating the sustainability impact of consolidation policy in China's coal mining industry: A data envelopment analysis [J]. Journal of Cleaner Production, 2016, 112: 2969 - 2976.

[62] Wang W X, Yu B, Yan X, et al. Estimation of innovation's green performance: A range - adjusted measure approach to assess the unified efficiency of China's manufacturing industry [J]. Journal of Cleaner Production, 2017, 149: 919 - 924.

[63] Rumanti A A, Samadhi T M A A, Wiratmadja I I, et al. Conceptual model of green innovation toward knowledge sharing and open innovation in Indonesian SME [C]. 2017 4th International Conference on Industrial Engineering and Applications (ICIEA). IEEE, 2017: 182 - 186.

[64] Govindan K, Rajendran S, Sarkis J, et al. Multi - criteria decision making approaches for green supplier evaluation and selection: A literature review [J]. Journal of Cleaner Production, 2015, 98: 66 - 83.

[65] Sun L Y, Miao C L, Yang L. Ecological - economic efficiency evaluation of green technology innovation in strategic emerging industries based on entropy weighted TOPSIS method [J]. Ecological Indicators, 2017, 73: 554 - 558.

[66] Guo Y Y, Xia X N, Zhang S, et al. Environmental regulation,

government R&D funding and green technology innovation: Evidence from China provincial data [J]. Sustainability, 2018, 10 (4): 940.

[67] Lin S, Sun J, Marinova D, et al. Evaluation of the green technology innovation efficiency of China's manufacturing industries: DEA window analysis with ideal window width [J]. Technology Analysis and Strategic Management, 2018, 30 (10): 1166 – 1181.

[68] Lee H S, Choi Y. Environmental performance evaluation of the Korean manufacturing industry based on sequential DEA [J]. Sustainability, 2019, 11 (3): 874.

[69] Koebel C T, McCoy A P, Sanderford A R, et al. Diffusion of green building technologies in new housing construction [J]. Energy and Buildings, 2015, 97: 175 – 185.

[70] Seyfang G, Longhurst N. What influences the diffusion of grassroots innovations for sustainability? Investigating community currency niches [J]. Technology Analysis and Strategic Management, 2016, 28 (1): 1 – 23.

[71] Halila F, Tell J, Hoveskog M, et al. The diffusion of green innovation technology in the construction industry: European passive house knowledge transfer to China [J]. Progress in Industrial Ecology, 2017, 11 (2): 164 – 181.

[72] D'Orazio P, Valente M. The role of finance in environmental innovation diffusion: An evolutionary modeling approach [J]. Journal of Economic Behavior and Organization, 2019, 162: 417 – 439.

[73] Huang S K, Kuo L, Chou K L. The impacts of government policies on green utilization diffusion and social benefits – A case study of electric motorcycles in Taiwan [J]. Energy Policy, 2018, 119: 473 – 486.

[74] Saunila M, Ukko J, Rantala T. Sustainability as a driver of green innovation investment and exploitation [J]. Journal of Cleaner Production, 2018, 179: 631 – 641.

[75] Clausen J, Fichter K. The diffusion of environmental product and

service innovations: Driving and inhibiting factors [J]. Environmental Innovation and Societal Transitions, 2019, 31 (6): 64 – 95.

[76] Carayannis E G, Alexander J, Ioannidis A. Leveraging knowledge, learning, and innovation in forming strategic government – university – industry (GUI) R&D partnerships in the U. S., Germany, and France [J]. Technovation, 2000, 20 (9): 477 – 488.

[77] Oughton C, Landabaso M, Morgan K. The regional innovation paradox: Innovation policy and industrial policy [J]. Journal of Technology Transfer, 2002, 27 (1): 97 – 110.

[78] Bekkers R, Freitas I M B. Analysing knowledge transfer channels between universities and industry: To what degree do sectors also matter? [J]. Research policy, 2008, 37 (10): 1837 – 1853.

[79] Seo D, Hwang H D. The impact of EU's R&D focused policy on the innovation edge of mobile industry [J]. Procedia – Social and Behavioral Sciences, 2012, 62: 595 – 601.

[80] Hewitt – Dundas N. The role of proximity in university – business cooperation for innovation [J]. Journal of Technology Transfer, 2013, 38 (2): 93 – 115.

[81] Ruan Y, Hang C C, Wang Y M. Government's role in disruptive innovation and industry emergence: The case of the electric bike in China [J]. Technovation, 2014, 34 (12): 785 – 796.

[82] Bellucci A, Pennacchio L. University knowledge and firm innovation: Evidence from European countries [J]. Journal of Technology Transfer, 2016, 41 (4): 730 – 752.

[83] Jones J, de Zubielqui G C. Doing well by doing good: A study of university – industry interactions, innovationess and firm performance in sustainability – oriented Australian SMEs [J]. Technological Forecasting and Social Change, 2017, 123: 262 – 270.

[84] Li J, Fang H, Fang S, et al. Investigation of the relationship

among university - research institute - industry innovations using a coupling coordination degree model [J]. Sustainability, 2018, 10 (6): 1954.

[85] Xu J, Hou Q M, Niu C Y, et al. Process optimization of the university – industry – research collaborative innovation from the perspective of knowledge management [J]. Cognitive Systems Research, 2018, 52: 995 – 1003.

[86] Tang Y L, Motohashi K, Hu X, et al. University – industry interaction and product innovation performance of Guang Dong manufacturing firms: The roles of regional proximity and research quality of universities [J]. Journal of Technology Transfer, 2019: 1 – 41.

[87] Salavisa I, Sousa C, Fontes M. Topologies of innovation networks in knowledge intensive sectors: Sectoral differences in the access to knowledge and complementary assets through formal and informal ties [J]. Technovation, 2012, 32 (6): 380 – 399.

[88] Christian R. Østergaard. Knowledge flows through social networks in a cluster inter firm versus university – industry contacts [J]. Structural Change and Economic Dynamics, 2009, 20 (3): 196 – 210.

[89] Lewrick M, Omar M, Williams Jr R L. Market orientation and innovators' success: An exploration of the influence of customer and competitor orientation [J]. Journal of Technology Management and Innovation, 2011, 6 (3): 48 – 62.

[90] Brettel M, Oswald M, Flatten T. Alignment of market orientation and innovation as a success factor: A five – country study [J]. Technology Analysis and Strategic Management, 2012, 24 (2): 151 – 165.

[91] Bao Y C, Chen X Y, Zhou K Z. External learning, market dynamics, and radical innovation: Evidence from China's high – tech firms [J]. Journal of Business Research, 2012, 65 (8): 1226 – 1233.

[92] Vick T E, Nagano M S, Popadiuk S. Information culture and its influences in knowledge creation: Evidence from university teams engaged in collaborative innovation projects [J]. International Journal of Information Man-

agement, 2015, 35 (3): 292 - 298.

[93] Luo S L, Du Y Y, Liu P, et al. A study on co - evolutionary dynamics of knowledge diffusion and social network structure [J]. Expert Systems with Applications, 2015, 42 (7): 3619 - 3633.

[94] Kang D, Song B, Yoon B, et al. Diffusion pattern analysis for social networking sites using small - world network multiple influence model [J]. Technological Forecasting and Social Change, 2015, 95: 73 - 86.

[95] Wu A H, Wang Z, Chen S. Impact of specific investments, governance mechanisms and behaviors on the performance of cooperative innovation projects [J]. International Journal of Project Management, 2017, 35 (3): 504 - 515.

[96] Wang T, Yang J J, Zhang F. The effects of organizational controls on innovation modes: An ambidexterity perspective [J]. Journal of Management and Organization, 2018 (6): 1 - 25.

[97] Wei F, Chan W. The cooperative stability evolutionary game analysis of the military - civilian collaborative innovation for China's satellite industry [J]. Mathematical Problems in Engineering, 2019, Article ID 3938716, 17 pages.

[98] Marshall J J, Vredenburg H. An empirical study of factors influencing innovation implementation in industrial sales organizations [J]. Journal of the Academy of Marketing Science, 1992, 20 (3): 205 - 215.

[99] Cloutier L M, Boehlje M D. Strategic options and value decay in technology introduction under uncertainty: A system dynamics perspective on dynamic product competition the forum of the international food and agribusiness management association [M]. Chicago, IL, 2000.

[100] Timmers P. Building effective public R&D programs [C]. Portland International Conference on Management of Engineering and Technology, 2002.

[101] Sen N. Innovation chain and CSIR [J]. Current Science, 2003, 85 (5): 570 - 574.

[102] Bamfield P. The innovation chain, research and development management in the chemical and pharmaceutical industry (Second Edition) [M]. Blackwell, 2004.

[103] Omta S W F O, Van Kooten O, Pannekoek L. Critical success factors for entrepreneurial innovation in the Dutch glasshouse industry [C]. Annual World Food and Agribusiness Forum, Symposium and Case Conference, 2005, 15: 25-28.

[104] Malerba F. Innovation and the dynamics and evolutionof industries: Progress and challenges [J]. International Journal of Industrial Organization, 2007, 25 (4): 675-699.

[105] Porter M E, Claas V D L. Toward a new conception of the environment-competitiveness relationship [J]. Journal of Economic Perspectives, 1995, 9 (4): 97-118.

[106] Gereffi G. International trade and industrial upgrading in the apparel commodity chain [J]. Journal of International Economics, 1999, 48 (1): 37-70.

[107] Humphrey J, Schmitz H. Governance and upgrading: Linking industrial cluster and global value chain research [J]. IDS Working Paper 120, Bright on: Institute of Development Studies, 2000.

[108] Kaplinsky R, Morrism. A handbook for value chain research [M]. IDRC, 2001.

[109] Andrea M, Carlo P, Roberta R. Global value chains and technological capabilities: A framework to study learning and innovation in developing countries [J]. Oxford Development Studies, 2008, 36 (1): 39-58.

[110] Hansen M T, Birkinshaw J. The innovation value chain [J]. Harvard Business Review, 2007, 85 (6): 121.

[111] Love J H, Roper S, Du J. The innovation value chain [J]. Journal of Product Innovation Management, 2006, 29 (5): 839-860.

[112] Muñoz R A, Parrilli M D. The innovation value chain (IVC): Is-

sues of efficiency and effectiveness within the Basque Country [C]. Paper to be presented at 6th International Conference, 2009.

[113] Porter M E, Kramer M R. The big idea: Creating shared value, rethinking capitalism [J]. Harvard Business Review, 2011, 89 (1/2): 62-77.

[114] Salimi T, Lehner J P, Epstein R S, et al. A framework for pharmaceutical value-based innovations [J]. Journal of Comparative Effectiveness Research, 2012, 1 (1s): 3-7.

[115] Everett S, Robinsone R. Value innovation: New entrants and chain restructuring in Australia's export coal chains [J]. Journal of International Logistics and Trade, 2012, 10 (3): 3-17.

[116] Chen X F, Liu Z Y, Zhu Q Y. Performance evaluation of China's high-tech innovation process: Analysis based on the innovation value chain [J]. Technovation, 2018, 74-75 (6-7): 42-53.

[117] Malinowski B. Ethnology and the study of society [J]. Economica, 1922 (6): 208-219.

[118] Nowak M A, Sigmund K. Evolution of indirect reciprocity by image scoring [J]. Nature, 1998, 393 (6685): 573-577.

[119] Cochard F, Gallo J L, Georgantzis N, et al. Social preferences across different populations: Meta-analyses on the ultimatum game and dictator game [J]. Journal of Behavioral and Experimental Economics, 2021, 90 (2): 101613.

[120] Drouvelis M, Powdthavee N, et al. Are happier people less judgmental of other people's selfish behaviors? Experimental survey evidence from trust and gift exchange games [J]. Journal of Behavioral and Experimental Economics, 2015, 58: 111-123.

[121] Ginsberg A G, Fu F. Evolution of cooperation in public goods games with stochastic opting-out [J]. Games, 2019, 10 (1): 1.

[122] Tanimoto J, Sagara H. Relationship between dilemma occurrence

and the existence of a weakly dominant strategy in a two - player symmetric game [J]. BioSystems, 2007, 90 (1): 105 - 114.

[123] 谢洪明，任艳艳，陈盈，等. 网络互惠程度与企业管理创新关系研究—基于学习能力和成员集聚度的视角 [J]. 科研管理，2014，35 (1): 90 - 97.

[124] 汤龙升，宗晓蕾，杨剑，等. 基于创新生态理论的合芜蚌创新生态系统构建研究 [J]. 河北农业大学学报（社会科学版），2021，23 (4): 120 - 128.

[125] Etzkowitz H. The triple helix: University - industry - government innovation in action [M]. Routledge, 2008.

[126] Mesny A, Mailhot C. The difficult search for compromises in a Canadian industry - university research partnership [J]. Canadian Journal of Sociology, 2007, 32 (2): 203 - 226.

[127] Shachar J, Zuscovitch E. Learning patterns within a technological network: Perspectives in industrial organization [M]. Springer, Dordrecht, 1990.

[128] Santoro M D, Chakrabarti A K. Firm size and technology centrality in industry - university interactions [J]. Research policy, 2002, 31 (7): 1163 - 1180.

[129] Casey Jr J J. Developing harmonious university - industry partnerships [J]. Dayton Law Review, 2004, 30: 245.

[130] Mora - Valentin E M, Montoro - Sanchez A, Guerras - Martin L A. Determining factors in the success of R&D cooperative agreements between firms and research organizations [J]. Research Policy, 2004, 33 (1): 17 - 40.

[131] Rasmussen E, Moen Ø, Gulbrandsen M. Initiatives to promote commercialization of university knowledge [J]. Technovation, 2006, 26 (4): 518 - 533.

[132] Perkmann M, Tartari V, Mc Kelvey M, et al. Academic engagement and commercialisation: A review of the literature on university - industry

relations [J]. Research Policy, 2013, 42 (2): 423 - 442.

[133] Zeng Z B, Li Yan, Zhu W X. Partner selection with a due date constraint in virtual enterprises [J]. Applied Mathematics and Computation, 2006, 175 (2): 1353 - 1365.

[134] Paul E. Bierly III, Scott Gallagher. Explaining alliance partner selection: Fit, trust and strategic expediency [J]. Long Range Planning, 2007, 40 (2): 134 - 153.

[135] Wu W Y, Shih H A, Chan H C. The analytic network process for partner selection criteria in strategic alliances [J]. Expert Systems with Applications, 2009, 36 (3): 4646 - 4653.

[136] Ye F, Li Y N. Group multi - attribute decision model to partner selection in the formation of virtual enterprise under incomplete information [J]. Expert Systems with Applications, 2009, 36 (5): 9350 - 9357.

[137] Liou J J H, Tzeng G H, Tsai C Y, et al. A hybrid ANP model in fuzzy environments for strategic alliance partner selection in the airline industry [J]. Applied Soft Computing, 2011, 11 (4): 3515 - 3524.

[138] Schmitt R W. Conflict or synergy: University - industry research relations [J]. Accountability in Research, 2011 (5) : 251 - 254.

[139] Sparrowe R T, Liden R C, Wayne S J, et al. Social networks and the performance of individuals and groups [J]. Academy of Management Journal, 2001, 44 (2): 316 - 325.

[140] Perez M P, Súnchez A M. The development of university spin - offs: Early dynamics of technology transfer and networking [J]. Technovation, 2003, 23 (10): 823 - 831.

[141] Powell W W, White D R, Koput K W, et al. Network dynamics and field evolution: The growth of interorganizational collaboration in the life sciences [J]. American Journal of Sociology, 2005, 110 (4): 1132 - 1205.

[142] Kim T Y, Oh H, Swaminathan A. Framing interorganizational network change: A network inertia perspective [J]. Academy of Management

Review, 2006, 31 (3): 704 -720.

[143] Hermans F, Van Apeldoorn D, Stuiver M, et al. Niches and networks: Explaining network evolution through niche formation processes [J]. Research Policy, 2013, 42 (3): 613 -623.

[144] Acemoglu D, Aghion P, Bursztyn L, et al. The environment and directed technical change [J]. American Economic Review, 2012, 102 (1): 131 -166.

[145] Tanimoto J. Goevolutionary, coexisting learning and teaching agents model for prisoner's dilemma games enhancing cooperation with assortative heterogeneous networks [J]. Physica A: Statistical Mechanics & Its Applications, 2013, 392 (13): 2955 -2964.

[146] Sarmento E D M, Nunes A. Entrepreneurship, job creation, and growth in fast - growing firms in Portugal: Is there a international role for policy? [M]. International Studies in Entrepreneurship, 2015.

[147] D'Aspremont C, Jacquemin A. Cooperative and noncooperative R&D in duopoly with spillovers [J]. American Economic Review, 1988, 78 (5): 1133 -1137.

[148] Bayona C, García - Marco T, Huerta E. Firms' motivations for cooperative R&D: An empirical analysis of Spanish firms [J]. Research Policy, 2001, 30 (8): 1289 -1307.

[149] Albino V, Carbonara N, Giannoccaro I. Innovation in industrial districts: An agent - based simulation model [J]. International Journal of Product Economics, 2006, 10 (4): 30 -45.

[150] Okamuro H. Determinants of successful R&D cooperation in Japanese small businesses: The impact of organizational and contractual characteristics [J]. Research Policy, 2007, 36 (10): 1529 -1544.

[151] Kalaignanam K, Shankar V, Varadarajan R. Asymmetric new product development alliances: Win - win or winlose partnerships? [J]. Management Science, 2007, 53 (3): 357 -374.

[152] Amir R, Jin J Y, Troege M. On additive spillovers and returns to scale in R&D [J]. International Journal of Industrial Organization, 2008, 26 (3): 695 – 703.

[153] Ding X H, Huang R H. Effects of knowledge spillover on inter – organization resource sharing decision in collaborative knowledge creation [J]. European Journal of Operational Research, 2010, 201 (3): 949 – 959.

[154] Wang Y Y, Ren H, Ji F R. Cooperative innovation evolutionary game analysis of industrialized building supply chain [J]. Applied Mechanics and Materials, 2018, 878: 213 – 218.

[155] Song B, Jin P H, Zhao L J. Incentive mechanism of R&D firms' collaborative innovation based on organisational ambidexterity [J]. Discrete Dynamics in Nature and Society, 2019, Article ID 6750123, 9 pages.

[156] 唐松，伍旭川，祝佳．数字金融与企业技术创新——结构特征、机制识别与金融监管下的效应差异 [J]. 管理世界，2020 (05): 52 – 66, 9.

[157] 万佳彧，周勤，肖义．数字金融、融资约束与企业创新 [J]. 经济评论，2020 (01): 71 – 83.

[158] 雷倩茹，邵博，申君宜．制造业数字化绿色创新生态与经济效益影响因素研究 [J]. 科技与管理，2021 (02): 81 – 90.

[159] 秦建群，赵晶晶，刘超．数字经济与制造业高质量发展——基于政府创新偏好调节效应的研究 [J]. 西南民族大学学报（人文社会科学版），2022, 43 (10): 104 – 115.

[160] 柳毅，赵轩，杨伟．数字经济对传统制造业产业链创新链融合的影响——基于中国省域经验的实证研究 [J]. 浙江社会科学，2023 (03): 4 – 14, 156.

[161] 陈华斌．试论绿色创新及其激励机制 [J]. 软科学，1999, 13 (3): 43 – 44.

[162] 曹建东，彭福扬，贺团涛．国家创新战略的生态化评价指标体系研究 [J]. 科技进步与对策，2008, 25 (5): 114 – 116.

[163] 杜传忠，刘忠京. 基于创新生态系统的我国国家创新体系的构建 [J]. 科学管理研究，2015，33 (4)：6 -9.

[164] 程华，廖中举. 中国区域环境创新绩效评价与研究 [J]. 中国环境科学，2011，31 (3)：522 -528.

[165] 李虹，张希源. 区域生态创新协同度及其影响因素研究 [J]. 中国人口·资源与环境，2016，26 (6)：43 -51.

[166] 杨庆义. 绿色创新是西部区域创新的战略选择 [J]. 重庆大学学报（社会科学版），2002，9 (1)：35 - 37.

[167] 海萍，向刚，高忠仕，等. 中国制造业绿色创新的环境效益向企业经济效益转换的制度条件初探 [J]. 科研管理，2005，26 (2)：46 -49.

[168] 刘薇. 国内外绿色创新与发展研究动态综述 [J]. 中国环境管理干部学院学报，2012，22 (5)：17 -20.

[169] 李斌，曹万林. 环境规制对我国循环经济绩效的影响研究——基于生态创新的视角 [J]. 中国软科学，2017 (6)：140 -154.

[170] 马媛，侯贵生，尹华. 企业绿色创新驱动因素研究——基于资源型企业的实证 [J]. 科学学与科学技术管理，2016 (4)：98 -105.

[171] 毕克新，王禹涵，杨朝均. 创新资源投入对绿色创新系统绿色创新能力的影响——基于制造业 FDI 流入视角的实证研究 [J]. 中国软科学，2014 (3)：153 -166.

[172] 黄志斌，张涛. 企业绿色技术创新及其阻碍因素析解 [J]. 自然辩证法研究，2018，34 (8)：131 -135.

[173] 贾军，张伟. 绿色技术创新中路径依赖及环境规制影响分析 [J]. 科学学与科学技术管理，2014 (5)：44 -52.

[174] 毕克新，申楠. 制造业绿色创新系统知识溢出的传导机制 [J]. 学术交流，2016 (4)：122 -128.

[175] 于方. 基于生命周期的企业绿色创新过程及评价研究 [D]. 北京化工大学，2012.

[176] 李昆. 绿色技术创新的平台效应研究——以新能源汽车技术

创新及商业化为例［J］. 外国经济与管理，2017，39（11）：31-44.

［177］王晨筱，周洋，陆露，等. 颠覆性创新四阶段扩散过程模型——基于液晶电视机与山寨手机案例［J］. 科技进步与对策，2018，35（22）：7-13.

［178］李云，施琴芬，于娱. 知识视角下的颠覆式创新过程分析［J］. 科技管理研究，2018，38（13）：17-22.

［179］田红娜，侯畅. 基于 MLP 的绿色技术创新过程管理研究［J］. 科技进步与对策，2019，36（9）：1-9.

［180］鲍萌萌，武建龙. 新兴产业颠覆性创新过程研究——基于创新生态系统视角［J］. 科技与管理，2019，21（1）：8-13.

［181］华锦阳. 制造业低碳技术创新的动力源探究及其政策涵义［J］. 科研管理，2011，32（6）：42-48.

［182］姚洪心，吴伊婷. 绿色补贴、技术溢出与生态倾销［J］. 管理科学学报，2018，21（10）：47-60.

［183］王旭，褚旭，王非. 绿色技术创新与企业融资契约最优动态配置——基于高科技制造业上市公司面板数据的实证研究［J］. 研究与发展管理，2018，30（6）：12-22.

［184］李香菊，贺娜. 地区竞争下环境税对企业绿色技术创新的影响研究［J］. 中国人口·资源与环境，2018，28（9）：73-81.

［185］贾军，魏洁云，王悦. 环境规制对中国 OFDI 的绿色技术创新影响差异分析——基于异质性东道国视角［J］. 研究与发展管理，2017，29（6）：81-90

［186］李广培，李艳歌，全佳敏. 环境规制、R&D 投入与企业绿色技术创新能力［J］. 科学学与科学技术管理，2018，39（11）：61-73.

［187］王锋正，姜涛，郭晓川. 政府质量、环境规制与企业绿色技术创新［J］. 科研管理，2018，39（1）：26-33.

［188］董直庆，王辉. 环境规制的“本地—邻地”绿色技术进步效应［J］. 中国工业经济 2019（1）：100-118.

［189］邝嫦娥，路江林. 环境规制对绿色技术创新的影响研究——

来自湖南省的证据 [J]. 经济经纬, 2019, 36 (2): 126-132.

[190] 李婉红, 毕克新, 孙冰. 环境规制强度对污染密集行业绿色技术创新的影响研究——基于2003-2010年面板数据的实证检验 [J]. 研究与发展管理, 2013, 25 (6): 72-81.

[191] 李婉红, 毕克新, 曹霞. 环境规制工具对制造企业绿色技术创新的影响——以造纸及纸制品企业为例 [J]. 系统工程, 2013 (10): 112-122.

[192] 沈能, 周晶晶. 技术异质性视角下的我国绿色创新效率及关键因素作用机制研究: 基于Hybrid DEA和结构化方程模型 [J]. 管理工程学报, 2018, 32 (4): 46-53.

[193] 吴超, 杨树旺, 唐鹏程, 等. 中国重污染行业绿色创新效率提升模式构建 [J]. 中国人口·资源与环境, 2018, 28 (5): 40-48.

[194] 张渝, 王娟茹. 主观规范对绿色技术创新行为的影响研究 [J]. 软科学, 2018, 32 (2): 93-95.

[195] 王娟茹, 张渝. 环境规制、绿色技术创新意愿与绿色技术创新行为 [J]. 科学学研究, 2018, 36 (2): 352-360.

[196] 许士春. 环境规制对企业绿色技术创新的影响 [J]. 科研管理, 2012 (6): 67-74.

[197] 伍格致, 游达明. 环境规制对技术创新与绿色全要素生产率的影响机制: 基于财政分权的调节作用 [J]. 管理工程学报, 2019, 33 (1): 37-50.

[198] 李巧华, 唐明凤. 企业绿色创新: 市场导向抑或政策导向 [J]. 财经科学, 2014 (2): 70-78.

[199] 雷善玉, 王焕冉, 张淑慧. 环保企业绿色技术创新的动力机制——基于扎根理论的探索研究 [J]. 管理案例研究与评论, 2014, 7 (4): 283-296.

[200] 杨东, 柴慧敏. 企业绿色技术创新的驱动因素及其绩效影响研究综述 [J]. 中国人口·资源与环境, 2015 (S2): 132-136.

[201] 杨朝均, 呼若青, 杨红娟. 绿色工艺创新模式选择的影响因

素研究——基于30个省份工业的实证分析［J］. 生态经济，2018，34（9）：50－55.

［202］周晶淼，赵宇哲，武春友，等. 绿色增长下的导向性技术创新选择研究［J］. 管理科学学报，2018，21（10）：61－73.

［203］侯建，陈恒. 中国高专利密集度制造业技术创新绿色转型绩效及驱动因素研究［J］. 管理评论，2018，30（4）：59－69.

［204］黄奇，苗建军，李敬银，等. 基于绿色增长的工业企业技术创新效率空间外溢效应研究［J］. 经济体制改革，2015（4）：109－115.

［205］李婉红. 中国省域工业绿色技术创新产出的时空演化及影响因素：基于30个省域数据的实证研究［J］. 管理工程学报，2017，31（2）：9－19.

［206］孟凡生，韩冰. 绿色低碳视角下技术创新影响因素研究——基于GT－PP－PLS法的实证［J］. 科技进步与对策，2017，34（4）：7－13.

［207］岳鸿飞，徐颖，吴璘. 技术创新方式选择与中国工业绿色转型的实证分析［J］. 中国人口·资源与环境，2017，27（12）：196－206.

［208］石博，田红娜. 基于生态位态势的家电制造业绿色工艺创新路径选择研究［J］. 管理评论，2018，30（2）：83－93.

［209］何枫，祝丽云，马栋栋，等. 中国钢铁企业绿色技术效率研究［J］. 中国工业经济，2015（7）：84－98.

［210］隋俊，毕克新，杨朝均，等. 跨国公司技术转移对我国制造业绿色创新系统绿色创新绩效的影响机理研究［J］. 中国软科学，2015（1）：118－129.

［211］刘雯，徐嘉祺. 战略新兴产业绿色技术创新的影响因素分析［J］. 生态经济，2018，34（11）：116－119.

［212］钱丽，王文平，肖仁桥. 共享投入关联视角下中国区域工业企业绿色创新效率差异研究［J］. 中国人口·资源与环境，2018，28（5）：27－39.

［213］殷宝庆，肖文，刘洋. 绿色研发投入与"中国制造"在全球价值链的攀升［J］. 科学学研究，2018，36（8）：1395－1403，1504.

[214] 王锋正，陈方圆．董事会治理、环境规制与绿色技术创新——基于我国重污染行业上市公司的实证检验 [J]. 科学学研究，2018，36 (2)：361－369.

[215] 张江雪，朱磊．基于绿色增长的我国各地区工业企业技术创新效率研究 [J]. 数量经济技术经济研究，2012 (2)：113－125.

[216] 钱丽，肖仁桥，陈忠卫．我国工业企业绿色技术创新效率及其区域差异研究——基于共同前沿理论和DEA模型 [J]. 经济理论与经济管理，2015，35 (1)：26－43.

[217] 罗良文，梁圣蓉．中国区域工业企业绿色技术创新效率及因素分解 [J]. 中国人口·资源与环境，2016，26 (9)：149－157.

[218] 韩孺眉，刘艳春．我国工业企业绿色技术创新效率评价研究 [J]. 技术经济与管理研究，2017 (5)：53－57.

[219] 肖仁桥，丁娟．我国企业绿色创新效率及其空间溢出效应——基于两阶段价值链视角 [J]. 山西财经大学学报，2017，39 (12)：45－58.

[220] 聂名华，齐昊．对外直接投资能否提升中国工业绿色创新效率?：基于创新价值链与空间关联的视角 [J]. 世界经济研究，2019 (2)：111－122，137.

[221] 朱永跃，马志强，陈永清．企业绿色技术创新环境的多级模糊综合评价 [J]. 科技进步与对策，2010，27 (9)：102－105.

[222] 毕克新，杨朝均，黄平．中国绿色工艺创新绩效的地区差异及影响因素研究 [J]. 中国工业经济，2013 (10)：57－69.

[223] 陈兴红．基于AHP－标准离差的企业绿色度可拓学评价模型及实证研究 [J]. 科研管理，2014，35 (11)：109－117.

[224] 孙群英，曹玉昆．基于可拓关联度的企业绿色技术创新能力评价 [J]. 科技管理研究，2016，36 (21)：62－67.

[225] 王海龙，连晓宇，林德明．绿色技术创新效率对区域绿色增长绩效的影响实证分析 [J]. 科学学与科学技术管理，2016，37 (6)：80－87.

[226] 孙振清，陈文倩，兰梓睿．基于熵权 TOPSIS 法的区域绿色创新能力研究［J］．企业经济，2019，38（2）：20－26.

[227] 曹柬，吴晓波，周根贵，等．制造企业绿色产品创新与扩散过程中的博弈分析［J］．系统工程学报，2012，27（5）：617－625.

[228] 张静进，黄宝荣，王毅，等．绿色技术扩散的典型商业模式、案例及启示［J］．工业技术经济，2015，34（2）：77－85.

[229] 刘朋，周可迪，延建林，等．促进绿色制造技术扩散的政策模式创新研究［J］．中国工程科学，2016，18（4）：101－108.

[230] 杨国忠，虢琴．基于多智能体模型的绿色技术创新扩散影响因素研究［J］．工业技术经济，2017（8）：43－50.

[231] 方竺乾．基于供应链视角的绿色技术创新扩散机制研究［J］．生态经济，2018，34（6）：63－67.

[232] 黄晓霞，丁荣贵，于双阳，等．多主体协同创新项目治理网络构建——基于欧盟第七框架计划的分析［J］．科学学与科学技术管理，2015，36（12）：98－108.

[233] 宗楠，孙育红．新常态下绿色技术创新的制度保障探析［J］．东北师大学报（哲学社会科学版），2018（5）：106－110.

[234] 张江雪，张力小，李丁．绿色技术创新：制度障碍与政策体系［J］．中国行政管理，2018（2）：153－155.

[235] 李斌，韩菁．市场导向、多主体协同与创新扩散：基于复杂网络的动态仿真［J］．运筹与管理，2019（2）：67－73，117.

[236] 陈劲．国家绿色技术创新系统的构建与分析［J］．科学学研究，1999（3）：37－41.

[237] 李平．论绿色技术创新主体系统［J］．科学学研究，2005，23（3）：414－418.

[238] 郑晖智．环境规制下的企业绿色技术创新与扩散动力研究［J］．科学管理研究，2016，34（5）：77－80.

[239] 张浩，汪明月，霍国庆，等．绿色消费视角的政企合作绿色技术创新动态决策［J］．数学的实践与认识，2018，48（22）：85－96.

[240] 王海军，成佳．多主体介入的产学研用协同创新网络研究——技术绩效和协调机制视角 [J]．华东经济管理，2017，31 (6)：174 – 179.

[241] 郭继东，杨月巧，马志超．企业绿色技术创新激励机制研究 [J]．科技管理研究，2018，38 (20)：249 – 252.

[242] 吴卫红，陈高翔，张爱美．“政产学研用资”多元主体协同创新三三螺旋模式及机理 [J]．中国科技论坛，2018 (5)：1 – 10.

[243] 周超．协同创新仿真模型与创新激励政策——基于多主体动态交互 [J]．技术经济与管理研究，2019 (1)：40 – 44.

[244] 焦俊，李垣．基于联盟的企业绿色战略导向与绿色创新 [J]．研究与发展管理，2011，23 (1)：84 – 89.

[245] 宿丽霞．企业间绿色技术合作的影响因素：基于供应链角度 [J]．中国人口·资源与环境，2013，23 (6)：151 – 156.

[246] 张红琪，鲁若愚．多主体参与的服务创新影响机制实证研究 [J]．科研管理，2014，35 (4)：103 – 110.

[247] 游达明，杨晓辉，朱桂菊．多主体参与下企业技术创新模式动态选择研究 [J]．中国管理科学，2015 (3)：151 – 158.

[248] 余菲菲．联盟组合构建对企业绿色创新行为的影响机制——基于绿色开发商的案例启示 [J]．科学学与科学技术管理，2015，36 (5)：13 – 23.

[249] 王磊，惠施敏．国际产能合作视角下的中国工业绿色转型研究 [J]．生态经济，2019，35 (2)：53 – 60.

[250] 杨烨，谢建国．创新扶持、环境规制与企业技术减排 [J]．财经科学，2019 (2)：91 – 105.

[251] 蔡坚．产业创新链的内涵和价值实现的机理分析 [J]．技术经济与管理研究，2009 (6)：53 – 553.

[252] 尹安．在供应链视角下分析从创新链到创新集群 [J]．价值工程，2009，28 (1)：64 – 67.

[253] 屠建飞，冯志敏．基于技术创新链的行业技术创新平台 [J].

科技与管理，2010（1）：37－39.

［254］林淼，苏竣．技术链、产业链和技术创新链：理论分析与政策含义［J］．科学学研究，2001（4）：28－31.

［255］朱瑞博．“十二五”时期上海高技术产业发展：创新链与产业链融合战略研究［J］．上海经济研究，2010（7）：94－106.

［256］王宏起，李力，王珊珊．设计与技术双重驱动下的新兴产业创新链重构研究［J］．科技进步与对策，2014（4）：40－45.

［257］汤超颖，刘洋，王天辉．创新链与产业链结合的有效组织方式——以大科学工程为例［J］．科学学与科学技术管理，2012，33（10）：116－120.

［258］原长弘，孙会娟．政产学研用协同与高校知识创新链效率［J］．科研管理，2013，34（4）：60－67.

［259］胡耀辉．产业技术创新链：我国企业从模仿到自主创新的路径突破——以高端装备制造企业为例［J］．科技进步与对策，2013，30（9）：66－69.

［260］付丙海，谢富纪，韩雨卿．创新链资源整合、双元性创新与创新绩效：基于长三角新创企业的实证研究［J］．中国软科学，2015（12）：176－186.

［261］刘文澜．中关村生物医药产业创新链布局与对策研究［J］．科研管理，2016（s1）：673－681.

［262］郑彦宁，浦墨，刘志辉．基于产业创新链的产业共性技术识别基本理论探讨［J］．情报理论与实践，2016，39（9）：53－58.

［263］段庆锋，潘小换，蒋保建．面向产业创新链的技术策略选择模型构建及实证研究［J］．科技管理研究，2013，30（20）：20－24.

［264］张辉．全球价值链理论与我国产业发展研究［J］．中国工业经济，2004（5）：38－46.

［265］段文娟，聂鸣，张雄．全球价值链下产业集群升级的风险研究［J］．科技进步与对策，2007，24（11）：154－158.

［266］黄永春，郑江淮，杨以文，等．全球价值链视角下长三角出

口导向型产业集群的升级路径研究 [J]. 科技进步与对策, 2012, 29 (17): 45-50.

[267] 肖仁桥, 王宗军, 钱丽. 我国不同性质企业技术创新效率及其影响因素研究: 基于两阶段价值链的视角 [J]. 管理工程学报, 2015, 29 (2): 190-201.

[268] 邱国栋, 郭蓉娜, 刁玉柱. 中国进入全球价值链的“苹果皮”路线研究 [J]. 中国软科学, 2016 (1): 46-58.

[269] 张杰, 郑文平. 全球价值链下中国本土企业的创新效应 [J]. 经济研究, 2017, 52 (3): 151-165.

[270] 康宇航, 高昕. 价值链重构视角的互联网家装企业商业模式创新分析——家装e站与齐家网案例研究 [J]. 管理案例研究与评论, 2018, 11 (4): 368-379.

[271] 姜超. 中国不同行业全球价值链位置对创新效率的影响 [J]. 科技进步与对策, 2018, 35 (11): 69-76.

[272] 宋曼祺, 徐一旻, 吕伟, 等. 政用产学研战略联盟知识价值链的研究 [J]. 软科学, 2018 (2): 96-100.

[273] 吕越, 陈帅, 盛斌. 嵌入全球价值链会导致中国制造的“低端锁定”吗? [J]. 管理世界, 2018, 34 (8): 11-29.

[274] 蔡坚. 产业创新链的内涵与价值实现的机理分析 [J]. 技术经济与管理研究, 2009 (6): 53-55.

[275] 常爱华, 王希良, 梁经纬, 等. 价值链、创新链与创新服务链——基于服务视角的科技中介系统的理论框架 [J]. 科学管理研究, 2011 (2): 30-34.

[276] 曾祥炎, 刘友金. 基于价值创新链的协同创新: 三阶段演化及其作用 [J]. 科技进步与对策, 2013, 30 (20): 20-24.

[277] 刘勇, 菅利荣, 赵焕焕. 基于双重努力的产学研协同创新价值链利润分配模型 [J]. 研究与发展管理, 2015, 27 (1): 24-34.

[278] 余泳泽. 中国区域创新活动的“协同效应”与“挤占效应”——基于创新价值链视角的研究 [J]. 中国工业经济, 2015 (10):

37－52.

[279] 余泳泽，张先轸. 要素禀赋、适宜性创新模式选择与全要素生产率提升 [J]. 管理世界，2015 (9)：13－31.

[280] 王吉发，敖海燕，陈航. 基于创新链的科技服务业链式结构及价值实现机理研究 [J]. 科技进步与对策，2015 (15)：59－63.

[281] 洪银兴. 科技创新阶段及其创新价值链分析 [J]. 经济学家，2017 (4)：5－12.

[282] 李新宁. 创新价值链构建的战略路径与发展逻辑 [J]. 技术经济与管理研究，2018 (1)：24－30.

[283] 韩姣杰，周国华，李延来. 基于互惠和利他偏好的项目团队多主体合作行为 [J]. 系统管理学报，2014，23 (04)：545－553.

[284] 张同建，王敏，陈永清，等. 我国产学研互惠性协同微观机理研究 [J]. 技术经济，2021，40 (07)：122－130.

[285] 张凤华，张德鹏，陈春峰. 考虑互惠公平的创新顾客激励契约研究 [J]. 运筹与管理，2022，31 (08)：189－194.

[286] 尹士. 基于互惠理论的制造企业合作数字绿色创新：研究现状、分析框架与研究方法 [J]. 河北农业大学学报（社会科学版），2022，24 (03)：21－31.

[287] 袭著燕，李星洲，迟考勋. 金融介入的政产学研用技术协同创新模式构建研究 [J]. 科技进步与对策，2012 (22)：19－25.

[288] 杜兰英，陈鑫. 政产学研用协同创新机理与模式研究——以中小企业为例 [J]. 科技进步与对策，2012 (22)：103－107.

[289] 王凯，邹晓东. 美国大学技术商业化组织模式创新的经验与启示——以“概念证明中心”为例 [J]. 科学学研究，2014，32 (11)：1754－1760.

[290] 张省，唐嵩，龙冬. 产学研用协同创新供需匹配机制的理论框架——基于扎根理论的多案例研究 [J]. 软科学，2017，31 (11)：61－65.

[291] 王海军，成佳，邹日菘. 产学研用协同创新的知识转移协调

机制研究 [J]. 科学学研究，2018，36 (7)：1274 - 1283.

[292] 王海军，温兴琦. 资源依赖与模块化交叉调节下的产学研用协同创新研究 [J]. 科研管理，2018，39 (4)：21 - 31.

[293] 王海军，冯军政. 生态型产学研用协同创新网络构建与机制研究——模块化视角 [J]. 软科学，2017，31 (9)：35 - 39.

[294] 王志强，闫温乐. 从"科学推动"到"技术商业化"——美国研究型大学 - 产业部门合作创新机制的形成 [J]. 高等工程教育研究，2014 (1)：108 - 112.

[295] 辜胜阻，吴华君，吴沁沁，等. 创新驱动与核心技术突破是高质量发展的基石 [J]. 中国软科学，2018 (10)：9 - 18

[296] 王进富，魏珍，刘江南，等. 以企业为主体的产学研战略联盟研发伙伴选择影响因素研究——基于 3C 理论视角 [J]. 预测，2013 (4)：70 - 74.

[297] 李柏洲，罗小芳. 企业原始创新中学研合作伙伴的选择——基于影响因素及其作用路径视角的分析 [J]. 科学学研究，2013，31 (3)：437 - 445.

[298] 曹霞，刘国巍，付向梅. 基于偏好和动态直觉的产学研合作伙伴选择群决策分析 [J]. 运筹与管理，2013，22 (4)：33 - 41.

[299] 张裕稳，吴洁，李鹏，等. 创新能力视角下基于双边匹配的产学研合作伙伴选择 [J]. 江苏科技大学学报 (自然科学版)，2015，29 (5)：488 - 495.

[300] 曹霞，宋琪. 基于企业 QFD 和改进 VIKOR 法的产学研合作伙伴选择研究 [J]. 科技管理研究，2016 (8)：91 - 97.

[301] 曹霞，于娟. 联盟伙伴视角下产学研联盟稳定性提升路径——理论框架与实证分析 [J]. 科学学研究，2016，34 (10)：1522 - 1531.

[302] 徐雷，李晓红，杨卫华. 产学研协同创新项目绩效影响机制研究——基于伙伴选择视角 [J]. 科技管理研究，2018，38 (6)：202 - 208.

[303] 蒋华林."联结":加州大学圣迭戈分校的技术商业化模式[J]. 社会科学家, 2015 (11): 119-123.

[304] 查国防. 方法与路径:专利商业化运营的风险评估体系研究[J]. 河南科技, 2017 (14): 22-27.

[305] 曹霞, 刘国巍. 基于博弈论和多主体仿真的产学研合作创新网络演化[J]. 系统管理学报, 2014, 23 (1): 21-29.

[306] 曹霞, 张路蓬. 企业绿色技术创新扩散的演化博弈分析[J]. 中国人口·资源与环境, 2015, 25 (7): 68-76.

[307] 曹霞, 张路蓬. 环境规制下企业绿色技术创新的演化博弈分析——基于利益相关者视角[J]. 系统工程, 2017, 35 (2): 103-108.

[308] 杨国忠, 刘希. 政产学合作绿色技术创新的演化博弈分析[J]. 工业技术经济, 2017, 36 (1): 132-140.

[309] 张倩, 姚平. 波特假说框架下环境规制对企业技术创新路径及动态演化的影响[J]. 工业技术经济, 2018, 37 (8): 52-59.

[310] 张娟, 耿弘, 徐功文, 等. 环境规制对绿色技术创新的影响研究[J]. 中国人口·资源与环境, 2019, 29 (1): 168-176.

[311] 戚湧, 王明阳. 绿色金融政策驱动下的企业技术创新博弈研究[J]. 工业技术经济, 2019, 38 (1): 3-10.

[312] 段楠楠, 徐福缘, 倪明. 考虑知识溢出效应的绿色技术创新企业关系演化分析[J]. 科技管理研究, 2016, 36 (20): 157-163.

[313] 毕克新, 付珊娜, 田莹莹. 低碳背景下我国制造业绿色创新系统演化过程:创新系统功能视角[J]. 科技进步与对策, 2016, 33 (19): 61-68.

[314] 杨朝均, 呼若青. 我国工业绿色创新系统协同演进规律研究[J]. 科技进步与对策, 2017, 34 (12): 49-54.

[315] 王旭, 杨有德. 企业绿色技术创新的动态演进:资源捕获还是价值创造[J]. 财经科学, 2018 (12): 53-66.

[316] 王伟, 张卓. 创新补贴、失败补偿对企业绿色创新策略选择的影响[J]. 软科学, 2019, 33 (2): 86-92.

[317] Zhou, M., Hu, T. Analysis of carbon emission status under the carbon neutral target in China for Earth's atmospheric balance [J]. In IOP Conference Series: Earth and Environmental Science, 2021.

[318] He, R., Zhou, M., Liu, J., & Yang, Q. Female directors and carbon information disclosure: Evidence from China [J]. Discrete Dynamics in Nature and Society, 2021.

[319] Hao, J., Chen, L., & Zhang, N. A statistical review of considerations on the implementation path of China's "double carbon" goal [J]. Sustainability, 2022, 14 (18): 11274.

[320] Rababah, H. E., Ghazali, A., & Mohd Isa, M. H. Building integrated photovoltaic (BIPV) in Southeast Asian countries: Review of effects and challenges [J]. Sustainability, 2021, 13 (23): 12952.

[321] Awuku, S. A., Bennadji, A., Muhammad - Sukki, F., & Sellami, N. (2021). Myth or gold? The power of aesthetics in the adoption of building integrated photovoltaics (BIPVs) [J]. Energy Nexus, 2021, 4: 100021.

[322] Elgendy, N., Elragal, A., & Päivärinta, T. DECAS: A modern data - driven decision theory for big data and analytics [J]. Journal of Decision Systems, 2022, 31 (4): 337 - 373.

[323] Yu, H. F., Hasanuzzaman, M., Rahim, N. A., Amin, N., & Nor Adzman, N. Global challenges and prospects of photovoltaic materials disposal and recycling: A comprehensive review [J]. Sustainability, 2022, 14 (14): 8567.

[324] Singh, D., Chaudhary, R., & Karthick, A. Review on the progress of building - applied/integrated photovoltaic system [J]. Environmental Science and Pollution Research, 2021, 28 (35): 47689 - 47724.

[325] Andros, S. Scenario analysis of the expected integral economic effect from an innovative project [J]. 2021: 1735209643.

[326] Aleskerova, Y., & Fedoryshyna, L. Analysis of investment ac-

tivities of enterprises of Ukraine [J]. Publishing House "Baltija Publishing", 2018.

[327] 李岩. 国有企业项目投资财务内控管理现状及解决对策 [J]. 商场现代化, 2022 (18): 147 - 149.

[328] Çoban, V. Solar energy plant project selection with AHP decision - making method based on hesitant fuzzy linguistic evaluation [J]. Complex & Intelligent Systems, 2020, 6 (3): 507 - 529.

[329] 樊珂. 高新技术产业项目投资决策研究——基于 AHP - 模糊综合评价法视角 [J]. 财会通讯, 2017 (11): 7 - 10.

[330] 叶凌寒. 福建自贸区背景下 TOPSIS 模型在中小企业投资决策中的应用 [J]. 环渤海经济瞭望, 2017 (07): 133 - 135.

[331] 张识宇, 苏雯璟. 基于 G1 - 熵值 - TOPSIS 的新能源汽车风险投资项目评价 [J]. 世界科技研究与发展, 2018 (02): 172 - 181.

[332] 吴凤平, 金姗姗, 尤敏. 基于交叉熵的区间直觉模糊多属性企业技术创新项目决策 [J]. 科技管理研究, 2017 (18): 1 - 6.

[333] 刘娲. 企业投资项目经济效益评价指标的动态运用研究 [J]. 中国集体经济, 2020 (22): 26 - 27.

[334] Matovic, I. M. PESTEL analysis of external environment as a success factor of startup business [J]. ConScienS, 2020: 96.

[335] Bruijl, D., & Gerard, H. T. The relevance of Porter's five forces in today's innovative and changing business environment [J]. Available at SSRN, 2018: 3192207.

[336] Wernerfelt, B. A resource - based view of the firm [J]. Strategic management journal, 1984, 5 (2): 171 - 180.

[337] Chen, H., Li, L., & Chen, Y. Explore success factors that impact artificial intelligence adoption on telecom industry in China [J]. Journal of Management Analytics, 2021, 8 (1): 36 - 68.

[338] Zhang, W., Zhang, M., Wu, S., & Liu, F. (2021). A complex path model for low - carbon sustainable development of enterprise

based on system dynamics [J]. Journal of Cleaner Production, 2021, 321: 128934.

[339] Rossi, S. Monetary policy support for a green new deal. In visions and strategies for a sustainable economy [J]. Palgrave Macmillan, Cham, 2022.

[340] Jankowska, B., Di Maria, E., & Cygler, J. (2021). Do clusters matter for foreign subsidiaries in the Era of industry 4.0? The case of the aviation valley in Poland [J]. European research on management and business economics, 2021, 27 (2): 100150.

[341] Ciriello, R. F., Richter, A., & Schwabe, G. Digital innovation [J]. Business & Information Systems Engineering, 2018, 60 (6): 563-569.

[342] Bashir, M. F., Ma, B., Shahzad, L., Liu, B., & Ruan, Q. China's quest for economic dominance and energy consumption: Can Asian economies provide natural resources for the success of One Belt One Road? [J]. Managerial and Decision Economics, 2021, 42 (3): 570-587.

[343] Ronaghi, M. H. A blockchain maturity model in agricultural supply chain [J]. Information Processing in Agriculture, 2021, 8 (3): 398-408.

[344] Tang, C., Liu, X., & Zhou, D. Financial market resilience and financial development: A global perspective [J]. Journal of International Financial Markets, Institutions and Money, 2022, 80: 101650.

[345] Huang, W. Discussion on the Reform and Development of the International Protection System of Intellectual Property, 2021.

[346] Cheah, S. L. Y., & Yuen-Ping, H. O. Commercialization performance of outbound open innovation projects in public research organizations: The roles of innovation potential and organizational capabilities [J]. Industrial Marketing Management, 2021, 94: 229-241.

[347] Rahimi, M., Hafezalkotob, A., Asian, S., & Martínez, L. Environmental policy making in supply chains under ambiguity and competition: A fuzzy Stackelberg game approach [J]. Sustainability, 2021, 13

(4): 2367.

[348] Meng, Q., Li, M., Liu, W., Li, Z., & Zhang, J. Pricing policies of dual - channel green supply chain: Considering government subsidies and consumers' dual preferences [J]. Sustainable Production and Consumption, 2021, 26: 1021 - 1030.

[349] Dzwigol, H., Trushkina, N., Kvilinskyi, O. S., & Kvilinskyi, O. S. The organizational and economic mechanism of implementing the concept of green logistics, 2021.

[350] Wang, H., Cui, H., & Zhao, Q. Effect of green technology innovation on green total factor productivity in China: Evidence from spatial durbin model analysis [J]. Journal of Cleaner Production, 2021, 288: 125624.

[351] Ginting, Y. M., Sinaga, A. M. R., & Nainggolan, R. D. Analysis the influence of digital marketing, product differentiation, customer value, service quality to purchase decision and repurchase intention of millenial generation at shopee online shop [J]. SEIKO: Journal of Management & Business, 2022, 4 (3): 134 - 153.

[352] Krestel, R., Chikkamath, R., Hewel, C., & Risch, J. A survey on deep learning for patent analysis [J]. World Patent Information, 2021, 65: 102035.

[353] Bondarenko, S., Halachenko, O., Shmorgun, L., Volokhova, I., Khomutenko, A., & Krainov, V. The effectiveness of network systems in providing project maturity of public management [J]. TEM Journal, 2021, 10 (1): 358 - 367.

[354] Yang, T., Yi, X., Lu, S., Johansson, K. H., & Chai, T. Intelligent manufacturing for the process industry driven by industrial artificial intelligence [J]. Engineering, 2021, 7 (9): 1224 - 1230.

[355] Shah, S. M. A., Jiang, Y., Wu, H., Ahmed, Z., Ullah, I., & Adebayo, T. S. Linking green human resource practices and environmen-

tal economics performance: the role of green economic organizational culture and green psychological climate [J]. International Journal of Environmental Research and Public Health, 2021, 18 (20): 10953.

[356] Krishen, A. S., Dwivedi, Y. K., Bindu, N., & Kumar, K. S. A broad overview of interactive digital marketing: A bibliometric network analysis [J]. Journal of Business Research, 2021, 131: 183-195.

[357] Lee, C. C., Qin, S., & Li, Y. Does industrial robot application promote green technology innovation in the manufacturing industry? [J]. Technological Forecasting and Social Change, 2022, 183: 121893.

[358] Li, M., & Gao, G. Coordination of supply chain cost sharing contract considering green R&D investment and marketing efforts under low carbon background [J]. International Core Journal of Engineering, 2022, 8 (3): 281-294.

[359] Hwang, J. T., Kim, B. K., & Jeong, E. S. Patent value and survival of patents [J]. Journal of Open Innovation: Technology, Market, and Complexity, 2021, 7 (2): 119.

[360] Rashid, M. I. A., Ismail, S., Mohamed, Z., & Arof, K. Z. M. Project resources management: Selecting contractor for public construction projects in Malaysia [J]. Project Management Practices: The Malaysian Insights and Trends, 2021: 28-33.

[361] Pan, C., Abbas, J., Álvarez-Otero, S., Khan, H., & Cai, C. Interplay between corporate social responsibility and organizational green culture and their role in employees' responsible behavior towards the environment and society [J]. Journal of Cleaner Production, 2022, 366: 132878.

[362] Li, J., Saide, S., Ismail, M. N., & Indrajit, R. E. Exploring IT/IS proactive and knowledge transfer on enterprise digital business transformation (EDBT): a technology-knowledge perspective [J]. Journal of Enterprise Information Management, 2021.

[363] Siagian, A. O., Wijoyo, H., & Cahyono, Y. The effect of debt to asset ratio, return on equity, and current ratio on stock prices of pharmaceutical companies listed on the Indonesia stock exchange 2016 – 2019 Period [J]. In Journal of World Conference (JWC), 2021.

[364] Williamson, A. N.. Correlation of inventory turnover ratio and operating profit margin among smes in the U. S. retail industry [D]. Doctoral dissertation, Capella University, 2022.

[365] Yanto, E., Christy, I., & Cakranegara, P. A. The influences of return on asset, return on equity, net profit margin, debt equity ratio and current ratio toward stock price [J]. International Journal of Science, Technology & Management, 2021, 2 (1): 300 – 312.

[366] Sitompul, S., Ichsan, R. N., & Nasution, L. The influence of exchange rate, inflation, for the results of the development assets of islamic Banks, 2021.

[367] Atanassov K T. Intuitionistic fuzzy sets [J]. Fuzzy Sets and Systems, 1986, 20 (1): 87 – 96.

[368] Chen S M, Tan J M. Handling multicriteria fuzzy decision – making problems based on vague set theory [J]. Fuzzy Sets & Systems, 1994, 67 (2): 163 – 172.

[369] Xu Z S. Intuitionistic preference relations and their application in group decision making [J]. 2007, 177 (11): 2363 – 2379.

[370] Xu Z S. Approaches to multiple attribute group decision making based on intuitionistic fuzzy power aggregation operators [J]. Knowledge – Based Systems, 2011, 24 (6): 749 – 760.

[371] Xu Z H, R. R. Yager. Some geometric aggregation operators based on intuitionistic fuzzy sets [J]. International Journal of General Systems, 2006, 35 (4): 417 – 433.

[372] Yu X, Xu Z S. Prioritized intuitionistic fuzzy aggregation operators [J]. IEEE Transactions on Fuzzy Systems, 2007, 15 (6): 1179 – 1187.

[373] Xu Z S, Yager R R. . Dynamic intuitionistic fuzzy multi – attribute decison making [J]. International Journal of Approximate Reasoning, 2008, 48 (1): 246 –262.

[374] Xu Z S. Intuitionistic preference relations and their application in group decision making [J]. 2007, 177 (11): 2363 –2379.

[375] 高明美，孙涛，赵天燕，等．基于区间直觉模糊熵和时间熵的动态多属性模糊决策 [J]. 模糊系统与数学，2016，30 (4): 31 –41.

[376] 郭亚军．综合评价理论、方法及应用 [M]. 北京：科学出版社，2007.

[377] 陈伟，杨早立，周文，等．基于时间度的动态直觉模糊多属性妥协决策 [J]. 运筹与管理，2016，25 (2): 83 –89.

[378] Xia M, Xu Z. Generalized point operators for aggregating intuitionistic fuzzy information [J]. International Journal of Intelligent Systems, 2010, 25 (11): 1061 –1080.

[379] 周利梅，李卓文，王莹莹．制造业高质量发展的理论逻辑与政策建议——学习“晋江经验”新启示 [J]. 福建工程学院学报，2022，20 (05): 456 –461.

[380] 付保宗．聚力赋能确保制造业高质量发展行稳致远 [J]. 新型工业化，2023，13 (03): 16 –21.

[381] 杨小星，赵晓冬．浅谈制造业绿色发展 [J]. 中国战略新兴产业，2018，164 (32): 37.

[382] 卢小龙．制造业可持续发展的绿色路径研究 [J]. 时代农机，2018，45 (09): 128.

[383]《新时代的中国绿色发展》白皮书发布阐述中国绿色发展核心理念 [J]. 上海节能，2023 (02): 108.

[384] 隋斌，董姗姗，孟海波，等．农业工程科技创新推进农业绿色发展 [J]. 农业工程学报，2020，36 (2): 1 –6.

[385] 韩树宇．以数字技术赋能制造业绿色化转型 [N]. 中国社会科学报，2022 –09 –29 (008).

[386] 李柏洲，罗小芳．企业原始创新中学研合作伙伴的选择——基于影响因素及其作用路径视角的分析［J］．科学学研究，2013（03）：437－445.

[387] 李军，朱先奇，王丽霞．集群企业协同创新伙伴选择研究——基于知识能力的评价指标体系和改进的 ELMAN 神经网络模型［J］．预测，2020（05）：23－29.

[388] 李柏洲，尹士．数字化转型背景下 ICT 企业生态伙伴选择研究——基于前景理论和场理论［J］．管理评论，2020（05），65－179.

[389] 李柏洲，尹士，罗小芳．基于双重组合赋权的战略联盟生态伙伴选择场模型——以数字化转型为背景［J］．工业工程与管理，2020（03）：137－152.

[390] 李小康，郭栩东．基于威慑视角下的旅游供应链合作伙伴选择策略研究［J］．中国市场，2021（15）：74－76.

[391] 张新香．虚拟企业合作伙伴选择三阶段模型及方法研究［J］．管理评论，2011，23（3）：107－111.

[392] 田俊峰，王闫杰．虚拟企业伙伴选择的信任场模型［J］．系统工程理论与实践，2014，34（12）：3250－3259.

[393] 王发明，刘丹．产业技术创新联盟中焦点企业合作共生伙伴选择研究［J］．科学学研究，2016，34（2）：246－252.

[394] 赵龙凯，陈康．国有还是非国有？——基于文化的合资伙伴选择［J］．管理世界，2017（1）：112－127.

[395] 李柏洲，高硕．企业合作型原始创新互惠共生伙伴选择研究［J］．哈尔滨工程大学学报，2019（07）：1367－1374.

[396] 郑景丽，龙勇．知识保护能力对联盟伙伴关系选择的影响——基于不同联盟动机的分析［J］．科研管理，2016，37（4）：102－109.

[397] 王道平，韦小彦，方放．基于技术标准特征的标准研发联盟合作伙伴选择研究［J］．科研管理，2015，36（1）：81－89.

[398] 王海军．面向开放式协同创新的合作伙伴能力评价研究［J］.

科学学研究，2017，35（11）：1726－1736.

［399］袁华，刘耘，钱宇，等．基于合作网络的虚拟企业伙伴选择研究［J］．管理工程学报，2016，30（1）：80－87.

［400］陈伟，王秀锋，李金秋，李明秋．产学研协同创新合作伙伴动态选择模型［J］．哈尔滨工程大学学报，2020（11）：1727－1734.

［401］李柏洲，尹士，罗小芳．集成供应链企业合作创新伙伴动态选择研究［J］．工业工程与管理，2018，23（3）：123－131.

［402］党兴华，王幼林．技术创新网络中核心企业合作伙伴选择过程研究［J］．科学与科学技术管理，2007（01）：139－144.

［403］关志民，杜丽敏．企业选择学研合作伙伴的多目标数学规划方法［J］．中国软科学，2007（06）：86－91，101.

［404］周向红，李丹萍，成鹏飞，等．面向云制造协同创新伙伴选择的多源异构 VIKOR 群决策方法［J］．计算机集成制造系统，2020（2）：1－15.

［405］桂黄宝，赵付民．基于模糊层次分析法（FAHP）的合作技术创新伙伴选择研究［J］．科学学与科学技术管，2007（09）：50－54.

［406］冯博，樊治平．基于协同效应的知识创新团队伙伴选择方法［J］．管理学报，2012（02）：258－261.

［407］柳毅，赵轩，杨伟．数字经济对传统制造业产业链创新链融合的影响——基于中国省域经验的实证研究［J］．浙江社会科学，2023（03）：4－14，156.

［408］秦建群，赵晶晶，刘超．数字经济与制造业高质量发展——基于政府创新偏好调节效应的研究［J］．西南民族大学学报（人文社会科学版），2022，43（10）：104－115.

［409］潘涛，王丽华，郭芳辰．数字经济背景下我国区域创新能力评价——基于科技服务业与先进制造业协同视角［J］．工业技术经济，2022，41（11）：42－47.

［410］翟金芝，赵希男．“互联网＋”时代基于 Markov 链的企业战略联盟生态圈合作伙伴选择分析［J］．技术经济，2016，35（9）：66－71.

[411] 唐松，伍旭川，祝佳．数字金融与企业技术创新——结构特征、机制识别与金融监管下的效应差异［J］．管理世界，2020（05）：52－66，9.

[412] 万佳彧，周勤，肖义．数字金融、融资约束与企业创新［J］．经济评论，2020（01）：71－83.

[413] HUANG J W，LI Y H. Green innovation and performance：the view of organizational capability and social reciprocity［J］．Journal of Business Ethics，2017，145（2）：1－16.

[414] 王晓萍，翁夏燕，周海波．“双碳”目标下制造业绿色创新发展——多元主体协同驱动视角［J］．价值工程，2023，42（04）：4－7.

[415] 李杰，赵燕．“双碳”目标下高技术制造业的区域绿色创新溢出效应［J］．科技管理研究，2023，43（03）：223－233.

[416] 罗志红，陶晶．装备制造业绿色创新效率及影响因素分析——来自224家上市企业的数据［J/OL］．中南林业科技大学学报（社会科学版），2023（01）：28－38［2023－03－22］.

[417] 翟华云，刘易斯．数字金融发展、融资约束与企业绿色创新关系研究［J］．科技进步与对策，2021（17）：116－124.

[418] 李海霞，周慧慧，赵琳瑞．制造业数字化创新对绿色创新绩效的影响：基于吸收能力的调节效应研究［J］．科技与管理，2021（03）：41－52.

[419] 岳丽荣，邵博，申君宜．工业互联网对绿色创新绩效的影响——基于制造业的实证研究［J］．科技与管理，2020（03）：28－36.

[420] 王春英，陈宏民．制造企业进行数字化转型的动因和路径研究——基于上海电气集团的案例分析［J/OL］．当代经济管理：1－8［2023－03－22］.

[421] 谢雄标，吴越，严良．数字化背景下企业绿色发展路径及政策建议［J］．生态经济，2015（11）：88－91.

[422] 尹飞霄．数字金融对区域绿色创新效率影响的空间计量分析［J］．技术经济与管理研究，2020（11）：74－79.

［423］余得生，杨礼华．数字金融对企业绿色创新的影响研究——基于区域异质性的视角［J］．征信，2021（10）：72－79.

［424］雷倩茹，邵博，申君宜．制造业数字化绿色创新生态与经济效益影响因素研究［J］．科技与管理，2021（02）：81－90.

［425］张莉，王慧敏．绿色供应链合作伙伴信用评价的 ANN 模型及应用［J］．工业技术经济，2006（05）：66－68，87.

［426］张平，吴春旭．绿色供应链管理中合作伙伴的评价与选择［J］．价值工程，2005（02）：44－46.

［427］王忠伟，刘建银．基于绿色供应链管理的制造商与供应商战略合作伙伴关系研究［J］．管理纵横，2016（01）：73－77.

［428］徐晓燕．制造型企业供应链合作伙伴选择问题及方法研究［J］．中国科学技术大学学报，2002（4）：505－511.

［429］马祖军．基于遗传算法的供应链联盟伙伴选择［J］．系统工程理论与实践，2003（9）：81－84.

［430］周向红，李丹萍，成鹏飞，等．面向云制造协同创新伙伴选择的多源异构 VIKOR 群决策方法［J］．计算机集成制造系统，2020（2）：1－15.

［431］Kang Yanfang，Nie Guihua，Chen Donglin，Fu Min. Cloud service provider partner selection based on genetic algorithm［J］．Applicati on Research of Computers，2015，32（1）：26－29.

［432］Yue Zhang，Fei Tao，Yuanjun Laili，etal. Green partnerselection in virtual enter prise based on Pareto genetical－gorithms［J］．The International Journal of Advanced Manufacturing Technology，2013，67（9－12）：2019－2125.

［433］李柏洲，尹士．数字化转型背景下 ICT 企业生态伙伴选择研究——基于前景理论和场理论［J］．管理评论，2020（05）：65－179.

［434］Zhang Shu－shan，Guo Kun，Sun Yi. Study on the integrated evaluation method for collaborative scienceand technology innovation partners in global supply chain system［J］．China Soft Science，2014（5）：164－172.

[435] 马文聪，叶阳平，徐梦丹，等．“两情相悦”还是“门当户对”产学研合作伙伴匹配性及其对知识共享和合作绩效的影响机制[J]．南开管理评论，2018，21（6）：95 - 106.

[436] 李柏洲，罗小芳．企业原始创新中学研合作伙伴的选择——基于影响因素及其作用路径视角的分析[J]．科学学研究，2013（03）：437 - 445.

[437] 陈伟，王秀锋，李金秋，等．产学研协同创新合作伙伴动态选择模型[J]．哈尔滨工程大学学报，2020（11）：1727 - 1734.

[438] 方威，王丽丽．基于生态位理论的企业战略伙伴选择[J]．科学学与科学技术管理，2010，31（3）：124 - 127.

[439] 谷丽丽，高学东，武森．基于准则分类的伙伴供应商认证选择综合方法[J]．北京科技大学学报，2008（11）：1322 - 1327.

[440] Niu S H, Ong S K, Nee A Y C. An enhanced ant colony optimiser for multi - attribute partner selection in virtual enterprises [J]. International Journal of Production Research, 2012, 50 (8): 18.

[441] Dao S D, Abhary K, Marian R. Optimisation of partner selection and collaborative transportation scheduling in virtual enterprises using GA [J]. Expert Systems with Applications, 2014, 41 (15): 6701 - 6717.

[442] Huang B, Bai L, Roy A, et al. A multi - criterion partner selection problem for virtual manufacturing enterprises under uncertainty [J]. International Journal of Production Economics, 2017, 196: 68 - 81.

[443] Chen Youling, Huang Dian, Zhang Yueyuan, Zhao Jinpeng. Evaluation and selection for knowledge resources in cloud manufacturing environment [J]. Journal of Northeastern University (Natural Science), 2018, 39 (8): 1169 - 1174.

[444] Wang Xiaoxin, Yan Yan, Ye Jinfu. Multi - level merit evaluation selected by enterprise cooperation and innovation partners [J]. Journal of Northeastern University (Natural Science), 2008, 25 (7): 65 - 67.

[445] Yu Jintian, Hu Chunhua. Study on partner selection of synergy in-

novation in technology alliance [J]. Scientific Management Research, 2015 (1): 13 – 16.

[446] Yang Jie, Li Dengfeng. Selection method of cooperative innovation partners with dependent attributes and fuzzy information [J]. Operations Research and Management Science, 2016, 25 (5): 53 – 58.

[447] Zhu Xuechun, Chen Wanming, Yin Hongxing. Research on collaborative innovation partner selection for enterprises based on principal component projection and CRITIC method [J]. Forum on Science and Technology in China, 2014 (11): 97 – 102.

[448] 党兴华，王幼林．技术创新网络中核心企业合作伙伴选择过程研究 [J]．科学与科学技术管理，2007 (01): 139 – 144.

[449] 关志民，杜丽敏．企业选择学研合作伙伴的多目标数学规划方法 [J]．中国软科学，2007 (06): 86 – 91，101.

[450] 桂黄宝，赵付民．基于模糊层次分析法（FAHP）的合作技术创新伙伴选择研究 [J]．科学学与科学技术管，2007 (09): 50 – 54.

[451] 冯博，樊治平．基于协同效应的知识创新团队伙伴选择方法 [J]．管理学报，2012 (02): 258 – 261.

[452] 刘吉成，鲍红焉．基于 Gale – Shapley 算法的风储供应链合作伙伴双向选择研究 [J]．电力经济，2021 (07): 58 – 65.

[453] 曹霞，刘国巍，付向梅．基于偏好和动态直觉的产学研合作伙伴选择群决策分析 [J]．运筹与管理，2013，22 (4): 33 – 41.

[454] 邵明晖，吴彪，张路蓬．创新合作伙伴的 SVM – TOPSIS 优选决策分析 [J]．哈尔滨工程大学学报，2018，39 (1): 179 – 186.

[455] 王小华，张莹，胡大成．数字金融赋能农业农村高质量发展：典型案例、现实困境及机制创新研究 [J]．江南大学学报（人文社会科学版），2021 (03): 18 – 32.

[456] 田俊峰，王闫杰．虚拟企业伙伴选择的信任场模型 [J]．系统工程理论与实践，2014，34 (12): 3250 – 3259.

[457] Ye F. An extended TOPSIS method with interval – valued intuition-

istic fuzzy numbers for virtual enterprise partner selection [J]. Expert Systems with Applications, 2010, 37 (10): 7050 - 7055.

[458] Tao F, Qiao K, Zhang L, et al. GA - BHTR: An improved genetic algorithm for partner selection in virtual manufacturing [J]. International Journal of Production Research, 2012, 50 (8): 2079 - 2100.

[459] Amid A, Ghodsypour S H, O Brien C. Fuzzy multiobjective linear model for supplier selection in a supply chain [J]. International Journal of Production Economics, 2010, 104 (2): 394 - 407.

[460] Opricovic S. Multicriteria optimization of civil engineering systems [Z]. Faculty of Civil Engineering, Belgrade, 1998.

[461] Opricovic S, Tzeng G H. Compromise solution by MCDM methods: A comparative analysis of VIKOR and TOPSIS [J]. European Journal of Operational Research, 2004, 156 (2): 445 - 455.

[462] Zhang Min, Xiao Renbin. Partner selection of virtual enterprises in view of multi - attribute group decision - making [J]. Journal of South China University of Technology (Natural Science Edition), 2011, 39 (1): 124 - 128.

[463] Yao Shengbao. Study on the integrated fuzzy decision method for partner selection of industrial technology innovation alliance [J]. Science and Technology Management Research, 2017, 37 (1): 194 - 200.

[464] Shi Yin, Baizhou Li. Academic research institutes - construction enterprises linkages for the development of urban green building: Selecting management of green building technologies innovation partner [J]. Sustainable Cities and Society, 2019: 6 - 7.

[465] 陈晓红，阳熹. 一种基于三角模糊数的多属性群决策方法[J]. 系统工程与电子技术，2008，30 (2): 278 - 282.

[466] 王坚强，孙腾，陈晓红. 基于前景理论的信息不完全的模糊多准则决策方法 [J]. 控制与决策，2009，24 (8): 1198 - 1202.

[467] 章穗，张梅，迟国泰. 基于熵权法的科学技术评价模型及其实证研究 [J]. 管理学报，2010，7 (1): 34 - 42.

[468] 马云东，胡明东．改进的AHP法及其在多目标决策中的应用[J]．系统工程理论与实践，1997，17（6）：41－45.

[469] 田俊峰，王闫杰．虚拟企业伙伴选择的信任场模型［J］．系统工程理论与实践，2014，34（12）：3250－3259.

[470] Wang，Q. E.，Lai，W.，Ding，M.，& Qiu，Q. Research on cooperative behavior of green technology innovation in construction enterprises based on evolutionary game [J]. Buildings，2022，12（1）：19.

[471] 黄少安，韦倩．合作行为与合作经济学：一个理论分析框架．经济理论与经济管理，2011（02）：5－16.

[472] Shubbak，M. H. Advances in solar photovoltaics：Technology review and patent trends [J]. Renewable and Sustainable Energy Reviews，2019，115：109383.

[473] Opitz，T.，& Schwaiger，C. Reciprocal preferences in matching markets [J]. Max Planck Institute for Innovation & Competition Research Paper，2023：（23－06）.

[474] Rao，S.，Pan，Y.，He，J.，& Shangguan，X. Digital finance and corporate green innovation：Quantity or quality？[J]. Environmental Science and Pollution Research，2022，29（37）：56772－56791.

[475] Mariani，L.，Trivellato，B.，Martini，M.，& Marafioti，E. Achieving sustainable development goals through collaborative innovation：Evidence from four European initiatives [J]. Journal of Business Ethics，2022，180（4）：1075－1095.

[476] Fang，Z.，Razzaq，A.，Mohsin，M.，& Irfan，M. Spatial spillovers and threshold effects of internet development and entrepreneurship on green innovation efficiency in China [J]. Technology in Society，2022，68：101844.

[477] Wang，L.，Long，Y.，& Li，C. Research on the impact mechanism of heterogeneous environmental regulation on enterprise green technology innovation [J]. Journal of Environmental Management，2022，322：116127.

[478] Barczak, G., Hopp, C., Kaminski, J., Piller, F., & Pruschak, G. How open is innovation research? - An empirical analysis of data sharing among innovation scholars [J]. Industry and Innovation, 2022, 29 (2): 186 - 218.

[479] Vivona, R., Demircioglu, M. A., & Audretsch, D. B. The costs of collaborative innovation [J]. The Journal of Technology Transfer, 2022: 1 - 27.

[480] Dufwenberg, M., Gneezy, U., Güth, W., & Van Damme, E. Direct vs indirect reciprocity: an experiment [J]. Homo oeconomicus, 2001, 18 (1): 19 - 30.

[481] Hilbe, C., Chatterjee, K., & Nowak, M. A. Partners and rivals in direct reciprocity [J]. Nature human behaviour, 2018, 2 (7): 469 - 477.

[482] Nowak, M. A., & Sigmund, K. Evolution of indirect reciprocity [J]. Nature, 2005, 437 (7063): 1291 - 1298.

[483] Lee, S., Murase, Y., & Baek, S. K. A second - order perturbation theory for the continuous model of indirect reciprocity [J]. arXiv preprint arXiv: 2022, 2203.03920.

[484] Van Veelen, M., García, J., Rand, D. G., & Nowak, M. A. Direct reciprocity in structured populations [J]. Proceedings of the National Academy of Sciences, 2012, 109 (25): 9929 - 9934.

[485] Leimgruber, K. L. The developmental emergence of direct reciprocity and its influence on prosocial behavior [J]. Current Opinion in Psychology, 2018, 20: 122 - 126.

[486] Santos, F. P., Pacheco, J. M., & Santos, F. C. The complexity of human cooperation under indirect reciprocity [J]. Philosophical Transactions of the Royal Society B, 2021, 376 (1838): 20200291.

[487] Okada, I. A review of theoretical studies on indirect reciprocity [J]. Games, 2020, 11 (3): 27.

[488] 余菲菲，王丽婷．数字技术赋能我国制造企业技术创新路径

研究．科研管理 2022（4）：11－19.

［489］郭莉，纪首群．能源企业异质性对绿色创新能力的影响——基于空间溢出视角［J］．资源开发与市场，2022.

［490］姚星，陈灵杉，张永忠．碳交易机制与企业绿色创新：基于三重差分模型［J］．科研管理，2022.

［491］程聪，缪泽锋，严璐璐，等．数字技术可供性与企业数字创新价值关系研究［J］．科学学研究，2022.

［492］周慧慧，李海霞，赵琳瑞．制造业数字化转型对绿色创新绩效的影响研究——数字化水平的调节作用［J］．科技与管理，2021（1），33－43.

［493］许宪春，张美慧．中国数字经济规模测算研究——基于国际比较的视角．中国工业经济，2020（5）：23－41.

［494］Zhou，J.，Li，P.，Zhou，Y.，Wang，B.，Zang，J.，Meng，L. Toward new－generation intelligent manufacturing［J］. Engineering，2018，4（1）：11－20.

［495］蒋建勋，唐宇晨，李晓静．双碳背景下数字金融赋能新能源企业绿色创新：基于融资约束视角［J］．当代经济管理，2022：1－19.

［496］韦施威，杜金岷，潘爽．数字经济如何促进绿色创新？——来自中国城市的经验证据［J］．财经论丛，2022.

［497］李海霞，周慧慧，赵琳瑞．制造业数字化创新对绿色创新绩效的影响：基于吸收能力的调节效应研究［J］．科技与管理，2021（03）：41－52.

［498］余传鹏，林春培，张振刚，等．专业化知识搜寻、管理创新与企业绩效：认知评价的调节作用［J］．管理世界，2020（01）：146－166，240.

［499］杨慧军，杨建君．领导风格、组织承诺与技术创新模式的关系研究［J］．科学学与科学技术管理，2016（01）：152－161.

［500］Guo，Y.，Xia，X.，Zhang，S.，& Zhang，D. Environmental regulation，government R&D funding and green technology innovation：Evidence from China provincial data [J]. Sustainability, 2018, 10 (4): 940.

[501] Wicki, S., & Hansen, E. G. Green technology innovation: Anatomy of exploration processes from a learning perspective [J]. Business Strategy and the Environment, 2019, 28 (6): 970-988.

[502] 万华, 艾洁, 黄前峰. 包容性创新、绿色创新与生态文明 [J]. 统计与决策, 2021 (23): 169-173.

[503] Meirun, T., Mihardjo, L. W., Haseeb, M., Khan, S. A. R., & Jermsittiparsert, K. The dynamics effect of green technology innovation on economic growth and CO_2 emission in Singapore: new evidence from bootstrap ARDL approach [J]. Environmental Science and Pollution Research, 2021, 28 (4): 4184-4194.

[504] 苏敬勤, 林海芬. 引进型管理创新过程机制研究 [J]. 科学学与科学技术管理, 2010 (1): 34-41.

[505] Xu, X. L., Shen, T., Zhang, X., & Chen, H. H. The role of innovation investment and executive incentive on financial sustainability in tech-capital-labor intensive energy company: Moderate effect [J]. Energy Reports, 2020, 6: 2667-2675.

[506] 朱镇, 赵晶. 企业电子商务采纳的战略决策行为: 基于社会认知理论的研究 [J]. 南开管理评论, 2011 (3): 151-160.

[507] Jin Nam Choi, Sun Young Sung, Kyungmook Lee, Dong-Sung Cho. Balancing cognition and emotion: Innovation implementation as a function of cognitive appraisal and emotional reactions toward innovation [J]. Journal of Organizational Behavior, 2011, 32 (1): 107-124.

[508] 刘传俊, 杨琪, 张倍元. 碳中和下能源企业履责绩效研究——基于模糊集定性比较分析 (FsQCA) [J]. 科技与经济, 2022 (2): 6-10.

[509] Anser, M. K., Yousaf, Z., Awan, U., Nassani, A. A., Qazi Abro, M. M., & Zaman, K. Identifying the carbon emissions damage to international tourism: Turn a blind eye [J]. Sustainability, 2020, 12 (5): 1937.

[510] Yin, S., Zhang, N., & Li, B. Enhancing the competitiveness of

multi - agent cooperation for green manufacturing in China: An empirical study of the measure of green technology innovation capabilities and their influencing factors [J]. Sustainable Production and Consumption, 2020, 23: 63 -76.

[511] Sun, Y., Li, L., Shi, H., & Chong, D. The transformation and upgrade of China's manufacturing industry in Industry 4.0 era [J]. Systems Research and Behavioral Science, 2020, 37 (4): 734 -740.

[512] March, J. G. Exploration and exploitation in organizational learning [J]. Organization Science, 1991, 2 (1): 71 -87.

[513] 吴翠花，王玉辰，张毅丹．基于企业管理视角下的惰性知识激活与知识创造过程的关系 [J]. 商场现代化，2017 (22): 83 -85.

[514] 董小英，胡燕妮，曹珅珅．数字经济时代的知识管理：挑战与趋势 [J]. 图书情报工作，2019 (1): 60 -64.

[515] Magnier - Watanabe, R., & Benton, C. Management innovation and firm performance: The mediating effects of tacit and explicit knowledge [J]. Knowledge Management Research & Practice, 2017, 15 (3): 325 -335.

[516] 杨建君，邓程，赵宇馨，等．效果逻辑、知识搜寻与新产品开发优势 [J]. 科学学研究，2021 (5): 1 -13.

[517] Katila, Riitta, Ahuja, Gautam. Something old, something new: A longitudinal study of search behavior and new product introduction [J]. Academy of Management Journal, 2002, 45 (6): 1183 - 1194.

[518] Keld Laursen and Ammon Salter. Open for Innovation: The role of openness in explaining innovation performance among U. K. manufacturing firms [J]. Strategic Management Journal, 2006, 27 (2): 131 - 150.

[519] Nambisan, Satish. Digital entrepreneurship: Toward a digital technology perspective of entrepreneurship [J]. Entrepreneurship Theory and Practice, 2016, 41 (6): 1029 - 1055.

[520] Clausen, J., & Fichter, K. The diffusion of environmental product and service innovations: Driving and inhibiting factors [J]. Environmen-

tal Innovation and Societal Transitions, 2019, 31: 64 - 95.

[521] 李春发，卢娜娜，李冬冬，等．企业绿色创新：政府规制、信息披露及投资策略演化［J］．科学学研究，2021（1）：180 - 192.

[522] 游达明，欧阳乐茜．环境规制对工业企业绿色创新效率的影响——基于空间杜宾模型的实证分析［J］．改革，2020（5）：122 - 138.

[523] 张娟，耿弘，徐功文，陈健．环境规制对绿色技术创新的影响研究［J］．中国人口·资源与环境，2019（1）：168 - 176.

[524] 原毅军，陈喆．环境规制、绿色技术创新与中国制造业转型升级［J］．科学学研究，2019（10）：1902 - 1911.

[525] Saunila, M., Ukko, J., & Rantala, T. Sustainability as a driver of green innovation investment and exploitation [J]. Journal of Cleaner Production, 2018, 179: 631 - 641.

[526] Horbach, J., Rammer, C., & Rennings, K. Determinants of eco - innovations by type of environmental impact—The role of regulatory push/pull, technology push and market pull [J]. Ecological Economics, 2012, 78: 112 - 122.

[527] Lewrick, M., Omar, M., & Williams Jr, R. L. Market orientation and innovators' success: An exploration of the influence of customer and competitor orientation [J]. Journal of Technology Management & Innovation, 2011, 6 (3): 48 - 62.

[528] Brettel, M., Friederichsen, N., Keller, M., & Rosenberg, M. How virtualization, decentralization and network building change the manufacturing landscape: An industry 4.0 perspective [J]. Forma Mente, 2017, 12.

[529] Dinerstein, E., Vynne, C., Sala, E., Joshi, A. R., Fernando, S., Lovejoy, T. E., & Wikramanayake, E. A global deal for nature: Guiding principles, milestones, and targets [J]. Science Advances, 2019, 5 (4).

[530] 汪明月，李颖明．建立产学研金介协同机制 构建市场导向的

绿色技术创新体系［N］. 科技日报，2020，005.

［531］ Singh，S. K.，El – Kassar，A. N.，& Abdul Khalek，E.（2019，July）. Perceived organizational support and self – leadership：Role of psychological empowerment. In Academy of Management Proceedings（Vol. 2019，No. 1，p. 19246）. Briarcliff Manor，NY 10510：Academy of Management.

［532］ Sofka，W.，& Grimpe，C. Specialized search and innovation performance -evidence across Europe［J］. R & d Management，2010，40（3）：310 – 323.

［533］ Wolfgang Sofka. Christoph Grimpe specialized search and innovation performance – evidence across Europe，2010，40（3）：310 – 323.

［534］ Lazarus，R. S.，& Folkman，S. Transactional theory and research on emotions and coping［J］. European Journal of Personality，1987，1（3）：141 – 169.

［535］ Osiyevskyy，O.，& Dewald，J. Explorative versus exploitative business model change：The cognitive antecedents of firm-level responses to disruptive innovation［J］. Strategic Entrepreneurship Journal，2015，9（1）：58 – 78.

［536］ Mohsin，A. K. M.，Hossain，S. F. A.，Tushar，H.，Iqbal，M. M.，& Hossain，A. Differential game model and coordination model for green supply chain based on green technology research and development［J］. Heliyon，2021，7（8）：e07811.

［537］ 余红剑，何平，金慧. 企业知识创造国内研究综述［J］. 宁波职业技术学院学报，2017（4）：105 – 108.

［538］ 郭炳南，王宇，张浩. 数字经济、绿色技术创新与产业结构升级——来自中国282个城市的经验证据［J］. 兰州学刊，2021（11）：1 – 20.

［539］ Ode，E.，& Ayavoo，R. The mediating role of knowledge application in the relationship between knowledge management practices and firm innovation [J]. Journal of Innovation & Knowledge, 2020, 5 (3): 210-218.

[540] Raisch, S., & Birkinshaw, J. Organizational ambidexterity: Antecedents, outcomes, and moderators [J]. Journal of management, 2008, 34 (3): 375-409.

[541] David, Albert. Understanding the invention phase of management innovation: A design theory perspective [J]. European Management Review, 2019 (6): 383-398.

[542] Colombo, M. G., Foss, N. J., Lyngsie, J., & Lamastra, C. R. What drives the delegation of innovation decisions? The roles of firm innovation strategy and the nature of external knowledge [J]. Research Policy, 2021, 50 (1): 104134.

[543] 赵新燕. 科技创新背景下高校创新型人才培养 [J]. 人才资源开发, 2021 (21): 18-19.

[544] Rapanta, C., Botturi, L., Goodyear, P., Guàrdia, L., & Koole, M. Online university teaching during and after the Covid-19 crisis: Refocusing teacher presence and learning activity [J]. Postdigital Science and education, 2020, 2 (3): 923-945.

[545] Fabiæ, M. G., Zekiæ, Z., & Samarzija, L. Implementation of management innovation - a precondition for the development of local government effectiveness: evidence from Croatia [J]. Administratie si Management Public, 2016 (27): 7.

[546] Gandhi, R., Veeraraghavan, R., Toyama, K., & Ramprasad, V. (2007, December). Digital green: Participatory video for agricultural extension. In 2007 International conference on information and communication technologies and development (pp. 1-10). IEEE.

[547] Karahanna, E., & Preston, D. S. The effect of social capital of the relationship between the CIO and top management team on firm performance [J]. Journal of Management Information Systems, 2013, 30 (1): 15-56.

[548] 李柏洲, 王丹. 专利密集型企业原始创新知识搜寻作用机理

[J]. 科学学研究.

[549] 冯立杰，李倩倩，王金凤，等. 知识搜寻对企业技术创新流程的影响——关系联结强度的调节效应 [J]. 科技进步与对策.

[550] Li, K., Kim, D. J., Lang, K. R., Kauffman, R. J., & Naldi, M. (2020). How should we understand the digital economy in Asia? Critical assessment and research agenda [J]. Electronic commerce research and applications, 2020, 44: 101004.

[551] 覃大嘉，施怡，钱箴. 数字驱动下多元时间知识创造的海洋模型：概念、内涵与理论验证 [J]. 管理评论，2022 (2): 126－141.

[552] Nieto, M. J., & Santamaría, L. The importance of diverse collaborative networks for the novelty of product innovation [J]. Technovation, 2007, 27 (6－7): 367－377.

[553] Vidé, B., Marty, J., Ravat, F., & Chevalier, M. (2021, July). Designing a Business View of Enterprise Data: An approach based on a Decentralised Enterprise Knowledge Graph. In 25th International Database Engineering & Applications Symposium (pp. 184－193).

[554] 肖丁丁，朱桂龙. 跨界搜寻对组织双元能力影响的实证研究——基于创新能力结构视角 [J]. 科学学研究，2016 (7): 1076－1085.

[555] Neutzling, D. M., Land, A., Seuring, S., & do Nascimento, L. F. M. Linking sustainability－oriented innovation to supply chain relationship integration [J]. Journal of Cleaner Production, 2018, 172: 3448－3458.

[556] 肖静华，谢康，吴瑶，等. 从面向合作伙伴到面向消费者的供应链转型——电商企业供应链双案例研究 [J]. 管理世界，2015 (4): 137－154, 188.

[557] Lii, P., & Kuo, F. I. Innovation－oriented supply chain integration for combined competitiveness and firm performance [J]. International Journal of Production Economics, 2016, 174: 142－155.

[558] 许亮，陆双双. 供应链中企业合作伙伴的选择分析 [J]. 江苏商论，2017 (1): 74－77.

[559] 叶英平，卢艳秋，肖艳红．基于网络嵌入的知识创新模型构建［J］．图书情报工作，2017（7）：102－110.

[560] Henfridsson, O., Nandhakumar, J., Scarbrough, H., & Panourgias, N. Recombination in the open－ended value landscape of digital innovation [J]. Information and Organization, 2018, 28 (2): 89－100.

[561] Kamoche, K. N. Managing people in turbulent economic times: A knowledge－creation and appropriation perspective [J]. Asia Pacific Journal of Human Resources, 2006, 44 (1): 25－45.

[562] Kline, S. J., & Rosenberg, N. An overview of innovation. Studies on science and the innovation process: Selected works of Nathan Rosenberg, 2010: 173－203.

[563] Kiss, A. N., Libaers, D., Barr, P. S., Wang, T., & Zachary, M. A. CEO cognitive flexibility, information search, and organizational ambidexterity [J]. Strategic Management Journal, 2020, 41 (12): 2200－2233.

[564] Yamao, S., Cieri, H. D., & Hutchings, K. Transferring subsidiary knowledge to global headquarters: Subsidiary senior executives' perceptions of the role of HR configurations in the development of knowledge stocks. Human Resource Management: Published in Cooperation with the School of Business Administration, The University of Michigan and in alliance with the Society of Human Resources Management, 2009, 48 (4): 531－554.

[565] 叶江峰，陈珊，郝斌．知识搜寻如何影响企业创新绩效？——研究述评与展望［J］．外国经济与管理，2020（3）：17－34.

[566] Shen, H., Lan, F., Xiong, H., Lv, J., & Jian, J. Does top management Team's academic experience promote corporate innovation? Evidence from China [J]. Economic Modelling, 2020, 89: 464－475.

[567] 于飞，苏彩云，徐正丽．研发模式、知识距离对企业绿色创新的影响［J］．科技管理研究，2021（13）：203－210.

[568] Kim, C., & Park, J. H. Explorative search for a high － impact

innovation: the role of technological status in the global pharmaceutical industry [J]. R&D Management, 2013, 43 (4): 394 -406.

[569] Chang, C. H. The influence of corporate environmental ethics on competitive advantage: The mediation role of green innovation [J]. Journal of Business Ethics, 2011, 104 (3): 361 -370.

[570] 何郁冰，梁斐．产学研合作中企业知识搜索的影响因素及其作用机制研究 [J]. 科学学与科学技术管理，2017 (3): 12 -22.

[571] Roehrich, J. K., Davies, A., Frederiksen, L., & Sergeeeva, N. Management innovation in complex products and systems: The case of integrated project teams [J]. Industrial Marketing Management, 79: 84 -93.

[572] Hernández - Espallardo, M., Sánchez - Pérez, M., & Segovia - López, C. (2011). Exploitation - and exploration - based innovations: The role of knowledge in inter - firm relationships with distributors [J]. Technovation, 2019, 31 (5 -6): 203 -215.

[573] Gibbs, R. A., Rogers, J., Katze, M. G., Bumgarner, R., Weinstock, G. M., Mardis, E. R., & Smith, D. G. Evolutionary and biomedical insights from the rhesus macaque genome [J]. science, 2007, 316 (5822): 222 -234.

[574] Heidenreich, S., Kraemer, T., & Handrich, M. Satisfied and unwilling: Exploring cognitive and situational resistance to innovations [J]. Journal of Business Research, 2016, 69 (7): 2440 -2447.

[575] Awan, U., Nauman, S., & Sroufe, R. Exploring the effect of buyer engagement on green product innovation: Empirical evidence from manufacturers [J]. Business Strategy and the Environment, 2021, 30 (1): 463 -477.

[576] 芮正云，罗瑾琏．企业创新搜寻策略的作用机理及其平衡——一个中国情境下的分析框架与经验证据 [J]. 科学学研究，2016 (5): 771 -780.

[577] 周文强，顾新，杨雪．多维知识搜寻平衡对突破性技术形成

的影响机制研究［J］. 软科学，2021（10）：55－60.

［578］李柏洲，王丹. 专利密集型企业原始创新知识搜寻作用机理［J］. 科学学研究.

［579］胡谍，佘茂艳，杨雪. 企业外部知识搜寻多维结构与创新质量关系研究［J］. 科技进步与对策，2022（4）：121－130.

［580］黄淑芳. 基于跨学科合作的团队异质性与高校原始性创新绩效的关系研究［D］. 杭州：浙江大学，2016.

［581］高山行，李炎炎. 生物医药企业政治行为与原始性创新：知识管理的中介作用［J］. 科学学与科学技术管理，2018（7）：24－36.

［582］Abbas, J., & Sağsan, M. Impact of knowledge management practices on green innovation and corporate sustainable development: A structural analysis［J］. Journal of Cleaner Production, 2019, 229: 611－620.

［583］Von Krogh, G. Artificial intelligence in organizations: New opportunities for phenomenon－based theorizing［J］. Academy of Management Discoveries, 2018.

［584］Huynh, T. L. D., Hille, E., & Nasir, M. A. Diversification in the age of the 4th industrial revolution: The role of artificial intelligence, green bonds and cryptocurrencies［J］. Technological Forecasting and Social Change, 2020, 159: 120188.

［585］Carmeli, A., & Azeroual, B. How relational capital and knowledge combination capability enhance the performance of work units in a high technology industry［J］. Strategic Entrepreneurship Journal, 2009, 3（1）: 85－103.

［586］李云健，张振刚，李莉，等. 管理者认知、开放式创新与企业成长——两职合一的调节作用［J］. 科技进步与对策，2021（8）：86－93.

［587］张旭，张婕，樊耘. 基于认知评价角度的奖励与创新绩效关系研究——情感状态与认知资源的调节作用［J］. 南开管理评论，2017（5）：144－154.

［588］Ge, D., Fellay, J., Thompson, A. J., Simon, J. S., Shianna, K. V., Urban, T. J., & Goldstein, D. B. Genetic variation in IL28B predicts hepatitis C treatment - induced viral clearance [J]. Nature, 2009, 461 (7262): 399 - 401.

[589] 苗旺，赵炳新. 认知视角的中小企业技术创新能力评价研究 [J]. 现代管理科学, 2011 (4): 19 - 21.

[590] 余传鹏，林春培，张振刚，等. 专业化知识搜寻、管理创新与企业绩效：认知评价的调节作用 [J]. 管理世界, 2020 (1): 146 - 166, 240.

[591] 张吉昌，龙静. 数字化转型、动态能力与企业创新绩效——来自高新技术上市企业的经验证据 [J]. 经济与管理, 2022.

[592] Bagla, R. K., & Sancheti, V. Gaps in customer satisfaction with digital wallets: Challenge for sustainability [J]. Journal of Management Development, 2018.

[593] Zouari, G., & Abdelhedi, M. Customer satisfaction in the digital era: Evidence from Islamic banking [J]. Journal of Innovation and Entrepreneurship, 2021, 10 (1): 1 - 18.

[594] Smith, M. L., & Glass, G. V. Meta - analysis of psychotherapy outcome studies [J]. American Psychologist, 1977, 32 (9): 752.

[595] 彭晓霞. Meta - 分析的方法学局限性及其适用领域 [J]. 协和医学杂志, 2017 (6): 381 - 386.

[596] Byrne, F. P., Jin, S., Paggiola, G., Petchey, T. H., Clark, J. H., Farmer, T. J., & Sherwood, J. Tools and techniques for solvent selection: Green solvent selection guides [J]. Sustainable Chemical Processes, 2016, 4 (1): 1 - 24.

[597] 朱宏城，田甜. 微观视角下居民消费碳排放结构及影响因素研究——基于 PLS - SEM 模型的实证分析 [J]. 干旱区资源与环境, 2022 (1): 59 - 65.

[598] Kraus, S., Ribeiro - Soriano, D., & Schüssler, M. Fuzzy - set qualitative comparative analysis (fsQCA) in entrepreneurship and innovation re-

search - the rise of a method [J]. International Entrepreneurship and Management Journal, 2018, 14 (1): 15-33.

[599] Vis, B. The comparative advantages of fsQCA and regression analysis for moderately large-N analyses [J]. Sociological Methods & Research, 2012, 41 (1): 168-198.

[600] 刘璇，张明亲，张腾月．跨组织合作网络对高校科技创新的影响——基于FsQCA方法的“双一流”建设高校的实证[J]．中国高校科技，2022 (Z1) 2022: 62-66.

[601] Bagozzi, R. P., & Yi, Y. On the evaluation of structural equation models [J]. Journal of the Academy of Marketing Science, 1988, 16 (1): 74-94.

[602] Kline, R. B. Principles and practice of structural equation modeling [J]. Guilford Publications, 2015.

[603] Awan, U., Kraslawski, A., & Huiskonen, J. The impact of relational governance on performance improvement in export manufacturing firms [J]. Journal of Industrial Engineering and Management, 2018, 11 (3): 349-370.

[604] Anderson, J. C., & Gerbing, D. W. Structural equation modeling in practice: A review and recommended two-step approach [J]. Psychological bulletin, 1988, 103 (3): 411.

[605] Yoo, Y., Henfridsson, O., & Lyytinen, K. Research commentary—the new organizing logic of digital innovation: An agenda for information systems research [J]. Information systems research, 2010, 21 (4): 724-735.

[606] Nambisan, S., Lyytinen, K., Majchrzak, A., & Song, M. Digital Innovation Management: Reinventing innovation management research in a digital world [J]. MIS Quarterly, 2017, 41 (1).

[607] Schneider, C. Q., & Wagemann, C. Set-theoretic methods for the social sciences: A guide to qualitative comparative analysis [M]. Cam-

bridge University Press, 2012.

[608] 杜运周，贾良定. 组态视角与定性比较分析（QCA）：管理学研究的一条新道路 [J]. 管理世界，2017 (6)：155 - 167.

[609] Rihoux, B., & Ragin, C. C. Configurational comparative methods: Qualitative comparative analysis (QCA) and related techniques [J]. Sage Publications, 2008 (9): 679 - 706.

[610] Berg - Schlosser, D., De Meur, G., Rihoux, B., & Ragin, C. C. Qualitative comparative analysis (QCA) as an approach. Configurational comparative methods: Qualitative comparative analysis (QCA) and related techniques, 2009, 1: 18.

[611] 周阳，鲁若愚，张立锴. 数字技术创业企业的网络联结、TMT 团队特征与企业成长：基于 fsQCA 分析 [J]. 技术经济，2022 (3)：61 - 70.

[612] Awan, U., Kanwal, N., Alawi, S., Huiskonen, J., & Dahanayake, A. Artificial intelligence for supply chain success in the era of data analytics. In The Fourth Industrial Revolution: Implementation of Artificial Intelligence for Growing Business Success (pp. 3 - 21). Springer, Cham, 2021.

[613] Awan, U. Industrial ecology in support of sustainable development goals. In Responsible consumption and production (pp. 370 - 380). Cham: Springer International Publishing, 2020.

[614] Von Krogh, G. Care in knowledge creation [J]. California Management Review, 1998, 40 (3): 133 - 153.

[615] SAVCHENKOV, A. V. Training of workers and specialists relevant to the requirements of high - tech industries in the context of networking cooperation of regional educational institutions and enterprises [J]. Revista ESPACIOS, 2017, 38 (40).

[616] Demircioglu, M. A., & Audretsch, D. B. Conditions for innovation in public sector organizations [J]. Research Policy, 2017, 46 (9):

1681-1691.

[617] Wang, R., Mirza, N., Vasbieva, D. G., Abbas, Q., & Xiong, D. The nexus of carbon emissions, financial development, renewable energy consumption, and technological innovation: What should be the priorities in light of COP 21 Agreements? [J]. Journal of Environmental Management, 2020, 271: 111027.

[618] Kibbeling, M., Van Der Bij, H., & Van Weele, A. Market orientation and innovativeness in supply chains: Supplier's impact on customer satisfaction [J]. Journal of Product Innovation Management, 2013, 30 (3): 500-515.

[619] 刘洋，董久钰，魏江．数字创新管理：理论框架与未来研究[J]．管理世界，2020 (7): 198-217, 219.

[620] March, J. G. Exploration and exploitation in organizational learning [J]. Organization Science, 1991, 2 (1): 71-87.

[621] Li, F. The digital transformation of business models in the creative industries: A holistic framework and emerging trends [J]. Technovation, 2020, 92: 102012.

[622] 周飞，沙振权，孙锐．市场导向、资源拼凑与商业模式创新的关系研究 [J]．科研管理，2019 (1): 113-120.

[623] 田庆锋，张银银，马蓬蓬，等．企业战略导向、组织学习对商业模式创新的影响研究 [J]．科技管理研究，2018 (20): 15-23.

[624] 周琪，苏敬勤，长青，等．战略导向对企业绩效的作用机制研究：商业模式创新视角 [J]．科学学与科学技术管理，2020 (10): 74-92.

[625] Markides, C., & Sosa, L. Pioneering and first mover advantages: The importance of business models [J]. Long Range Planning, 2013, 46 (4-5): 325-334.

[626] Venkatraman, N. Strategic orientation of business enterprises: The construct, dimensionality, and measurement [J]. Management Science,

1989, 35 (8): 942 -962.

[627] 张凌宇, 王搏. 冗余资源、战略导向与企业绩效关系研究 [J]. 预测, 2021 (2): 61 -67.

[628] 韩晨, 谢言, 高山行. 多重战略导向与企业创新绩效: 一个被调节的中介效应模型 [J]. 管理工程学报, 2020 (6): 29 -37.

[629] Anees - ur - Rehman, M., & Johnston, W. J. How multiple strategic orientations impact brand equity of B2B SMEs [J]. Journal of Strategic Marketing, 2019, 27 (8): 730 -750.

[630] Shih, T. Y. Determinants of enterprises radical innovation and performance: Insights into strategic orientation of cultural and creative enterprises [J]. Sustainability, 2018, 10 (6): 1871.

[631] Hernάndez - Linares, R., Kellermanns, F. W., & López - Fernάndez, M. C. Dynamic capabilities and SME performance: The moderating effect of market orientation [J]. Journal of Small Business Management, 2021, 59 (1): 162 -195.

[632] Yu, Q., Yen, D. A., Barnes, B. R., & Huang, Y. A. Enhancing firm performance through internal market orientation and employee organizational commitment [J]. The International Journal of Human Resource Management, 2019, 30 (6): 964 -987.

[633] Al - Henzab, J., Tarhini, A., & Obeidat, B. Y. The associations among market orientation, technology orientation, entrepreneurial orientation and organizational performance [J]. Benchmarking: An International Journal, 2018.

[634] Habib, M. A., Bao, Y., & Ilmudeen, A. The impact of green entrepreneurial orientation, market orientation and green supply chain management practices on sustainable firm performance [J]. Cogent Business & Management, 2020, 7 (1): 1743616.

[635] 黎朝红, 祝志勇. 环境动态性对企业绩效的作用机制研究——基于技术导向的中介效应 [J]. 贵州财经大学学报, 2020 (5): 73 -79.

[636] Wang, K. L., Zhao, B., Ding, L. L., & Miao, Z. Government intervention, market development, and pollution emission efficiency: Evidence from China [J]. Science of the Total Environment, 2021, 757: 143738.

[637] Abell, D. F. Competing today while preparing for tomorrow [J]. MIT Sloan Management Review, 1999, 40 (3): 73.

[638] 周琪，苏敬勤，长青，等. 战略导向对企业绩效的作用机制研究：商业模式创新视角 [J]. 科学学与科学技术管理，2020 (10): 74-92.

[639] 周桂凤. 零售企业战略导向、供应链敏感性与经营绩效相关性研究 [J]. 商业经济研究，2021 (3): 112-114.

[640] 韩晨，高山行. 员工导向提升原始性创新的机制研究 [J]. 科研管理，2022 (5): 131-140.

[641] 刘雅兰，赵玉萍，梁家密. 复合战略对企业绩效影响的研究综述——市场导向和创业导向融合背景下 [J]. 中国集体经济，2022 (19): 61-63.

[642] TALAK, M. N., & ABDULHUSSEIN, R. H. Product orientation of sixthgrade teachers in Middle school [J]. Journal of Positive School Psychology, 2022: 5269-5282.

[643] Ardito, L., Raby, S., Albino, V., & Bertoldi, B. The duality of digital and environmental orientations in the context of SMEs: Implications for innovation performance [J]. Journal of Business Research, 2021, 123: 44-56.

[644] 李颖，赵文红，杨特. 创业者先前经验、战略导向与创业企业商业模式创新关系研究 [J]. 管理学报，2021 (7): 1022-1031, 1106.

[645] Hai, G., & Jiaping, H. Open innovation and the growth of startups in the digital economy: The mediating effect of business model innovation [J]. Management Review, 2019, 31 (6): 186.

[646] Zhou, K. Z., Yim, C. K., & Tse, D. K. The effects of strategic orientations on technology-and market-based breakthrough innovations [J].

Journal of Marketing, 2005, 69 (2): 42 - 60.

[647] 李晓冬, 王龙伟. 市场导向、政府导向对中国企业创新驱动的比较研究 [J]. 管理科学, 2015 (6): 1 - 11.

[648] MUAFI, M. A nexus among strategic orientation, social network, knowledge sharing, organizational innovation, and MSMEs performance [J]. The Journal of Asian Finance, Economics and Business, 2020, 7 (6): 327 - 338.

[649] 韩晨, 谢言, 高山行. 多重战略导向与企业创新绩效: 一个被调节的中介效应模型 [J]. 管理工程学报, 2020 (6): 29 - 37.

[650] Valos, M. J., Mavondo, F. T., & Nyadzayo, M. W. How do alternative strategic orientations influence social media performance? [J]. Journal of Strategic Marketing, 2019, 27 (1): 1 - 20.

[651] 汤新慧, 邢小强, 周平录. 商业模式创新: 研究现状与展望 [J]. 研究与发展管理, 2022.

[652] Vaska, S., Massaro, M., Bagarotto, E. M., & Dal Mas, F. The digital transformation of business model innovation: A structured literature review [J]. Frontiers in Psychology, 2021: 3557.

[653] Clausen, T. H., & Rasmussen, E. Parallel business models and the innovativeness of research - based spin - off ventures [J]. The Journal of Technology Transfer, 2013, 38 (6): 836 - 849.

[654] 方奇凤, 向永胜. 商业模式创新的动因、路径与类型: 理论回顾与整合分析框架 [J]. 企业经济, 2022 (10): 76 - 84.

[655] 陈亚光, 吴月燕, 杨智. 商业模式创新对财务绩效的影响: 一个整合模型 [J]. 中国科技论坛, 2017 (3): 156 - 162.

[656] 严国莉, 王保林. 基于商业生态系统的融合型商业模式创新研究——以欧冶云商为例 [J]. 科技管理研究, 2018 (7): 215 - 224.

[657] 庞长伟, 李垣, 段光. 整合能力与企业绩效: 商业模式创新的中介作用 [J]. 管理科学, 2015 (5): 31 - 41.

[658] 薛宪方, 吕晓颖, 郭晗. 战略导向、商业模式创新与科技型

新创企业绩效的关系［J］. 浙江理工大学学报（社会科学版），2022（3）：277－286.

［659］Slater，S. F.，Mohr，J. J.，& Sengupta，S. Radical product innovation capability：Literature review，synthesis，and illustrative research propositions［J］. Journal of Product Innovation Management，2014，31（3）：552－566.

［660］Valos，M. J.，Mavondo，F. T.，& Nyadzayo，M. W. How do alternative strategic orientations influence social media performance？［J］. Journal of Strategic Marketing，2019，27（1）：1－20.

［661］谢卫红，刘晨露，李忠顺，等. 数字商业生态系统：知识结构及热点分析［J］. 科技管理研究，2022（9）：203－214.

［662］Xu，Z.，Zayed，T.，& Niu，Y. Comparative analysis of modular construction practices in mainland China，Hong Kong and Singapore［J］. Journal of Cleaner Production，2020，245：118861.

［663］Snihur，Y.，& Wiklund，J. Searching for innovation：Product，process，and business model innovations and search behavior in established firms［J］. Long Range Planning，2019，52（3）：305－325.

［664］Lv，C.，Shao，C.，& Lee，C. C. Green technology innovation and financial development：Do environmental regulation and innovation output matter？［J］. Energy Economics，2021，98：105237.

［665］李晓冬，王龙伟. 市场导向、政府导向对中国企业创新驱动的比较研究［J］. 管理科学，2015（6）：1－11.

［666］Dou，Q.，& Gao，X. The double－edged role of the digital economy in firm green innovation：Micro－evidence from Chinese manufacturing industry［J］. Environmental Science and Pollution Research，2022：1－19.

［667］Indriastuti，M.，& Fuad，K.（2020，July）. Impact of covid－19 on digital transformation and sustainability in small and medium enterprises（smes）：A conceptual framework. In Conference on Complex，Intelligent，and Software Intensive Systems（pp. 471－476）. Springer，Cham.

[668] 徐青．政府支持、商业模式创新与企业创新绩效 [J]．福建论坛（人文社会科学版），2019 (6)：74-85.

[669] Pappas, I. O., Mikalef, P., Giannakos, M. N., Krogstie, J., & Lekakos, G. Big data and business analytics ecosystems: Paving the way towards digital transformation and sustainable societies [J]. Information Systems and e-Business Management, 2018, 16 (3): 479-491.

[670] Yin, S., Dong, T., Li, B., & Gao, S. Developing a Conceptual Partner Selection Framework: Digital Green Innovation Management of Prefabricated Construction Enterprises for Sustainable Urban Development [J]. Buildings, 2022, 12 (6): 721.

[671] 李颖，赵文红，杨特．创业者先前经验、战略导向与创业企业商业模式创新关系研究 [J]．管理学报，2021 (7)：1022-1031，1106.

[672] Zott, C., & Amit, R. The fit between product market strategy and business model: Implications for firm performance [J]. Strategic Management Journal, 2008, 29 (1): 1-26.

[673] 杨卓尔，高山行．战略柔性在分维度企业家导向与原始性创新的中介作用 [J]．管理评论，2020 (3)：136-151.

[674] Höse, K., Süß, A., & Götze, U. Sustainability-Related Strategic Evaluation of Business Models [J]. Sustainability, 2022, 14 (12): 7285.

[675] Beisheim, M., & Langner, C. Lean Startup as a Tool for Digital Business Model Innovation: Enablers and Barriers for Established Companies, 2021.

[676] 张璐，梁丽娜，苏敬勤，等．破茧成蝶：创业企业如何突破能力的刚性束缚实现进阶？[J]．管理世界，2020 (6)：189-201，253.

[677] Lee, C. C., Langdo, J., Hwang, D., Marques, V., & Hwang, P. Impacts of distributors and group purchasing organizations on hospital efficiency and profitability: A bilateral data envelopment analysis model [J]. International Transactions in Operational Research, 2021.

[678] 任之光，高鹏斌. 双向开放式创新及其协同、商业模式和企业创新绩效的关系研究 [J]. 管理评论，2020 (8): 116 -130.

[679] Laukkanen, M., & Tura, N. The potential of sharing economy business models for sustainable value creation [J]. Journal of Cleaner Production, 2020, 253: 120004.

[680] 李巍，Wang Qing，杨雪程. 新创企业市场双元驱动创业绩效的机制研究：商业模式创新的中介效应 [J]. 管理评论，2021 (3): 118 -128.

[681] 杨玄酯，罗巍，唐震，等. 商业模式设计对可持续导向创新绩效的影响研究——环境宽容性的调节效应 [J]. 软科学，2021 (2): 32 -37.

[682] Ma, Y., Rong, K., Mangalagiu, D., Thornton, T. F., & Zhu, D. Co -evolution between urban sustainability and business ecosystem innovation: Evidence from the sharing mobility sector in Shanghai [J]. Journal of Cleaner Production, 2018, 188: 942 -953.

[683] Diaz, C., Seys, S., Claessens, J., & Preneel, B. Towards measuring anonymity. In International Workshop on Privacy Enhancing Technologies (pp. 54 -68). Springer, Berlin, Heidelberg, 2002, April.

[684] Cooper, R. G. New product strategies: What distinguishes the top performers? [J]. Journal of Product Innovation Management, 1984, 1 (3): 151 -164.

[685] Aguirre -Urreta, M. I., & Hu, J. Detecting common method bias: Performance of the Harman's single -factor test [J]. ACM SIGMIS Database: the DATABASE for Advances in Information Systems, 2019, 50 (2): 45 -70.

[686] Gatignon, H., & Xuereb, J. M. Strategic orientation of the firm and new product performance [J]. Journal of Marketing Research, 1997, 34 (1): 77 -90.

[687] Kumar, K., Subramanian, R., & Yauger, C. Examining the

market orientation – performance relationship: A context – specific study [J]. Journal of Management, 1998, 24 (2): 201 –233.

[688] Gul, R. F., Liu, D., Jamil, K., Baig, S. A., Awan, F. H., & Liu, M. Linkages between market orientation and brand performance with positioning strategies of significant fashion apparels in Pakistan [J]. Fashion and Textiles, 2021, 8 (1): 1 –19.

[689] Rana, S. Consumer Awareness And Perception Towards Green Marketing: An Empirical Study In Bangalore City [J]. Journal of Positive School Psychology, 2022, 6 (5): 4240 –4245.

[690] Spanjol, J., Qualls, W. J., & Rosa, J. A. How many and what kind? The role of strategic orientation in new product ideation [J]. Journal of Product Innovation Management, 2011, 28 (2): 236 –250.

[691] Tian, X. Entrepreneurial marketing and technology orientation: A case – based study of the U. K. energy service industry (Doctoral dissertation, University of Birmingham), 2018.

[692] Al – Henzab, J., Tarhini, A., & Obeidat, B. Y. The associations among market orientation, technology orientation, entrepreneurial orientation and organizational performance [J]. Benchmarking: An International Journal, 2018.

[693] Laouti, H. N., & Bensefiane, Z. The Role of Technology Orientation in Enhancing Environmental Performance: 3M case study [J]. el – Bahith Review, 2021, 21 (1): 85 –96.

[694] 李明超．政府导向的楼宇经济社区化发展模式与提升策略——基于政府经济学视角 [J]. 湖北社会科学, 2017 (11): 68 –75.

[695] 李晓冬, 王龙伟．市场导向、政府导向对中国企业创新驱动的比较研究 [J]. 管理科学, 2015 (6): 1 –11.

[696] Zott, C., & Amit, R. Business model design and the performance of entrepreneurial firms [J]. Organization Science, 2007, 18 (2): 181 –199.

[697] 严国莉，王保林．基于商业生态系统的融合型商业模式创新研究——以欧冶云商为例 [J]．科技管理研究，2018 (7)：215 - 224.

[698] 张桂莲，张秀娥，金佩华．双元组织能力对企业创业导向与企业绩效提升的作用 [J]．企业研究，2014 (11)：66 - 69.

[699] 张玉利，李乾文．公司创业导向、双元能力与组织绩效 [J]．管理科学学报，2009 (1)：137 - 152.

[700] Yin, S., & Yu, Y. An adoption - implementation framework of digital green knowledge to improve the performance of digital green innovation practices for industry 5.0 [J]. Journal of Cleaner Production, 2022, 132608.

[701] Yang, H., Li, L., & Liu, Y. The effect of manufacturing intelligence on green innovation performance in China [J]. Technological Forecasting and Social Change, 2022, 178: 121569.

[702] Peterson, R. A. A meta - analysis of Cronbach's coefficient alpha [J]. Journal of Consumer Research, 1994, 21 (2): 381 - 391.

[703] Bagozzi, R. P., & Yi, Y. On the evaluation of structural equation models [J]. Journal of the Academy of Marketing Science, 1988, 16 (1): 74 - 94.

[704] Anderson, J. C., & Gerbing, D. W. Structural equation modeling in practice: A review and recommended two - step approach [J]. Psychological Bulletin, 1988, 103 (3): 411.

[705] Buabeng - Andoh, C. Predicting students' intention to adopt mobile learning: A combination of theory of reasoned action and technology acceptance model [J]. Journal of Research in Innovative Teaching & Learning, 2018.

[706] Oczkowski, E., & Farrell, M. A. Discriminating between measurement scales using non - nested tests and two - stage least squares estimators: the case of market orientation [J]. International Journal of Research in Marketing, 1998, 15 (4): 349 - 366.

[707] Markides, C., & Sosa, L. Pioneering and first mover advantages: The importance of business models [J]. Long Range Planning, 2013,

46 (4 -5): 325 -334.

[708] Baron, R. M. , & Kenny, D. A. The moderator - mediator variable distinction in social psychological research: Conceptual, strategic, and statistical considerations [J]. Journal of Personality and Social Psychology, 1986, 51 (6): 1173.

[709] Nambisan, S. , Lyytinen, K. , Majchrzak, A. , & Song, M. Digital Innovation Management: Reinventing innovation management research in a digital world [J]. MIS Quarterly, 2017, 41 (1).

[710] 任立改. 战略导向、绿色管理与企业财务绩效 [J]. 财会通讯, 2021 (6): 61 -65.

[711] 高曦舍, 王锐. 品效之争: 疫情后企业营销战略导向选择对绩效的影响 [J]. 管理科学, 2021 (5): 16 -28.

[712] Adams, P. , Freitas, I. M. B. , & Fontana, R. Strategic orientation, innovation performance and the moderating influence of marketing management [J]. Journal of Business Research, 2019, 97: 129 -140.

[713] 周飞, 沙振权, 孙锐. 市场导向、资源拼凑与商业模式创新的关系研究 [J]. 科研管理, 2019 (1): 113 -120.

[714] Shi, X. , Li, G. , Dong, C. , & Yang, Y. Value co - creation behavior in green supply chains: An empirical study [J]. Energies, 2020, 13 (15): 3902.

[715] Yin, S. , & Yu, Y. An adoption - implementation framework of digital green knowledge to improve the performance of digital green innovation practices for industry 5.0. [J]. Journal of Cleaner Production, 2022, 363: 132608.

[716] Pidun, U. , Reeves, M. , & Schüssler, M. Do you need a business ecosystem [J] . Boston Consulting Group. Sept, 2019, 27.

[717] Payne, A. , Frow, P. , & Eggert, A. The customer value proposition: Evolution, development, and application in marketing [J]. Journal of the Academy of Marketing Science, 2017, 45 (4): 467 -489.

[718] Kaur, P., Dhir, A., Talwar, S., & Ghuman, K. The value proposition of food delivery apps from the perspective of theory of consumption value [J]. International Journal of Contemporary Hospitality Management, 2021, 33 (4): 1129 - 1159.

[719] Shi, X., Li, G., Dong, C., & Yang, Y. Value co - creation behavior in green supply chains: An empirical study [J]. Energies, 2020, 13 (15): 3902.

[720] Grönroos, C., & Voima, P. Critical service logic: Making sense of value creation and co - creation [J]. Journal of the Academy of Marketing Science, 2013, 41 (2): 133 - 150.

[721] Ranjan, K. R., & Read, S. Value co - creation: Concept and measurement [J]. Journal of the Academy of Marketing Science, 2016, 44 (3): 290 - 315.

[722] Yin, S., Zhang, N., Ullah, K., & Gao, S. Enhancing digital innovation for the sustainable transformation of manufacturing industry: A pressure - state - response system framework to perceptions of digital green innovation and its performance for green and intelligent manufacturing [J]. Systems, 2022, 10 (3): 72.

[723] Goetz, F., Türkmen, I., Buck, C., & Meckl, R. Investigating social factors and their impact on value co - creation in supply chain ecosystems [J]. Journal of Global Operations and Strategic Sourcing, 2022.

[724] Dong, T., Yin, S., & Zhang, N. The interaction mechanism and dynamic evolution of digital green innovation in the integrated green building supply chain [J]. Systems, 2023, 11 (3): 122.

[725] Barile, S., Bassano, C., Piciocchi, P., Saviano, M., & Spohrer, J. C. Empowering value co - creation in the digital age [J]. Journal of Business & Industrial Marketing, (ahead - of - print), 2021.

[726] 郐雨航，刘雯雯. 企业网络嵌入如何影响价值共创？——荔枝的单案例研究 [J]. 管理案例研究与评论，2022 (3): 303 - 317.

[727] Dong, T., Yin, S., & Zhang, N. New Energy - Driven Construction Industry: Digital Green Innovation Investment Project Selection of Photovoltaic Building Materials Enterprises Using an Integrated Fuzzy Decision Approach [J]. Systems, 2023, 11 (1): 11.

[728] Valaei, N., Rezaei, S., Bressolles, G., & Dent, M. M. Indispensable components of creativity, innovation, and FMCG companies' competitive performance: A resource - based view (RBV) of the firm [J]. Asia - Pacific Journal of Business Administration, 2022, 14 (1): 1 - 26.

[729] Ardito, L., Raby, S., Albino, V., & Bertoldi, B. The duality of digital and environmental orientations in the context of SMEs: Implications for innovation performance [J]. Journal of Business Research, 2021, 123: 44 - 56.

[730] Rong, K., Lin, Y., Shi, Y., & Yu, J. Linking business ecosystem lifecycle with platform strategy: A triple view of technology, application and organisation [J]. International Journal of Technology Management, 2013, 62 (1): 75 - 94.

[731] Ma, Y., Rong, K., Luo, Y., Wang, Y., Mangalagiu, D., & Thornton, T. F. Value Co - creation for sustainable consumption and production in the sharing economy in China [J]. Journal of Cleaner Production, 2019, 208: 1148 - 1158.

[732] Adner, R. Ecosystem as structure: An actionable construct for strategy [J]. Journal of Management, 2017, 43 (1): 39 - 58.

[733] Qiu, L., Jie, X., Wang, Y., & Zhao, M. Green product innovation, green dynamic capability, and competitive advantage: Evidence from Chinese manufacturing enterprises [J]. Corporate Social Responsibility and Environmental Management, 2020, 27 (1): 146 - 165.

[734] Freudenreich, B., Lüdeke - Freund, F., & Schaltegger, S. A stakeholder theory perspective on business models: Value creation for sustainability [J]. Journal of Business Ethics, 2020, 166: 3 - 18.

[735] Liu, L., Ding, T., & Wang, H. Digital Economy, Technological Innovation and Green High - Quality Development of Industry: A Study Case of China [J]. Sustainability, 2022, 14 (17): 11078.

[736] Piller, F. T., Ihl, C., & Vossen, A. A typology of customer co - creation in the innovation process. Available at SSRN, 2010, 1732127.

[737] Balzer, R., Užík, M., & Glova, J. Managing growth opportunities in the digital era - an empiric perspective of value creation [J]. Polish Journal of Management Studies, 2020, 21.

[738] Salvador, F., Piller, F. T., & Aggarwal, S. Surviving on the long tail: An empirical investigation of business model elements for mass customization [J]. Long Range Planning, 2020, 53 (4): 101886.

[739] Morgan - Thomas, A., Dessart, L., & Veloutsou, C. Digital ecosystem and consumer engagement: A socio - technical perspective [J]. Journal of Business Research, 2020, 121: 713 - 723.

[740] Kang, S., & Na, Y. K. Effects of strategy characteristics for sustainable competitive advantage in sharing economy businesses on creating shared value and performance [J]. Sustainability, 2020, 12 (4): 1397.

[741] Heikka, E. L., Frandsen, T., & Hsuan, J. Matching value propositions with varied customer needs: The role of service modularity [J]. Knowledge and Process Management, 2018, 25 (1): 64 - 73.

[742] Pidun, U., Reeves, M., & Schüssler, M. How do you "design" a business ecosystem? [J]. Boston Consulting Group. Feb, 2020, 20.

[743] Chekfoung, T., Sunil, D., & Binita, G. Conceptualising capabilities and value co - creation in a digital business ecosystem (DBE): A systematic literature review [J]. Journal of Information Systems Engineering and Management, 2020, 5 (1).

[744] Karimi, J., & Walter, Z. The role of dynamic capabilities in responding to digital disruption: A factor - based study of the newspaper industry [J]. Journal of Management Information Systems, 2015, 32 (1): 39 - 81.

[745] Sashi, C. M. Digital communication, value co – creation and customer engagement in business networks: A conceptual matrix and propositions [J]. European Journal of Marketing, 2021, 55 (6): 1643 – 1663.

[746] Chang, L., Zhang, Q., & Liu, H. Digital finance innovation in green manufacturing: A bibliometric approach [J]. Environmental Science and Pollution Research, 2022: 1 – 29.

[747] Shen, W., Nie, Y., Long, C., Song, Z., Zhang, Q., & Tang, D. Research on the Mechanism of Collaborative Value Co – Creation of Enterprise – Science Community: A Case Study Based on the Green Brand Maoduoli [J]. Sustainability, 2022, 14 (22): 15439.

[748] Anshu, K., Shankar, A., Behl, A., Pereira, V., & Laker, B. Impact of barriers of value co – creation on consumers' innovation resistance behavior: Investigating the moderation role of the DART model [J]. Technological Forecasting and Social Change, 2022, 184: 122033.

[749] Chandna, V., & Salimath, M. S. Co – creation of value in platform – dependent entrepreneurial ventures [J]. Electronic Commerce Research, 2022: 1 – 30.

[750] Wang, Y., & Pan, J. Building ecological security patterns based on ecosystem services value reconstruction in an arid inland basin: A case study in Ganzhou District, NW China [J]. Journal of Cleaner Production, 2019, 241: 118337.

[751] Yin, S., Dong, T., Li, B., & Gao, S. Developing a conceptual partner selection framework: Digital green innovation management of prefabricated construction enterprises for sustainable urban development [J]. Buildings, 2022, 12 (6): 721.

[752] Zahra, S. A., Liu, W., & Si, S. How digital technology promotes entrepreneurship in ecosystems [J]. Technovation, 2023, 119: 102457.

[753] Bleier, A., De Keyser, A., & Verleye, K. Customer engagement through personalization and customization [J]. Customer Engagement

Marketing, 2018: 75 – 94.

[754] Ritala, P., Agouridas, V., Assimakopoulos, D., & Gies, O. Value creation and capture mechanisms in innovation ecosystems: A comparative case study [J]. International Journal of Technology Management, 2013, 63 (3 – 4): 244 – 267.

[755] Gardner, T. A., Benzie, M., Börner, J., Dawkins, E., Fick, S., Garrett, R., & Wolvekamp, P. Transparency and sustainability in global commodity supply chains [J]. World Development, 2019, 121: 163 – 177.

[756] Ritter, T., & Pedersen, C. L. Digitization capability and the digitalization of business models in business – to – business firms: Past, present, and future [J]. Industrial Marketing Management, 2020, 86: 180 – 190.

[757] Lyu, T., Zhang, Y., & Zhang, Y. (November). Enhancing the network embedding quality with structural similarity. In Proceedings of the 2017 ACM on Conference on Information and Knowledge Management, 2017, (pp. 147 – 156).

[758] Wang, D., Cui, P., & Zhu, W. (August). Structural deep network embedding. In Proceedings of the 22nd ACM SIGKDD international conference on Knowledge discovery and data mining, 2016, (pp. 1225 – 1234).

[759] Han, Y. The Effect of Network Embedding on Innovation Performance: Based on the Moderating Effect of Knowledge Distance [J]. Frontiers in Business, Economics and Management, 2022, 3 (2): 64 – 68.

[760] Shi, X., Lu, L., Zhang, W., & Zhang, Q. Managing open innovation from a knowledge flow perspective: The roles of embeddedness and network inertia in collaboration networks [J]. European Journal of Innovation Management, 2020, 24 (3): 1011 – 1034.

[761] Pan, X., Song, M. L., Zhang, J., & Zhou, G. Innovation network, technological learning and innovation performance of high – tech cluster enterprises [J]. Journal of Knowledge Management, 2019, 23 (9):

1729 – 1746.

[762] Aquilani, B., Piccarozzi, M., Abbate, T., & Codini, A. The role of open innovation and value co – creation in the challenging transition from industry 4.0 to society 5.0: Toward a theoretical framework [J]. Sustainability, 2020, 12 (21): 8943.

[763] Chang, L., Zhang, Q., & Liu, H. Digital finance innovation in green manufacturing: A bibliometric approach [J]. Environmental Science and Pollution Research, 2022: 1 – 29.

[764] Pomegbe, W. W. K., Li, W., Dogbe, C. S. K., & Otoo, C. O. A. Enhancing the innovation performance of small and medium – sized enterprises through network embeddedness [J]. Journal of Competitiveness, 2020, 12 (3): 156.

[765] Li, J., Chen, L., Chen, Y., & He, J. Digital economy, technological innovation, and green economic efficiency—Empirical evidence from 277 cities in China [J]. Managerial and Decision Economics, 2022, 43 (3): 616 – 629.

[766] Grönroos, C., & Voima, P. Critical service logic: Making sense of value creation and co – creation [J]. Journal of the Academy of Marketing Science, 2013, 41 (2): 133 – 150.

[767] Li, G., Wu, J., & Li, N. Identifying the Value Co – Creation Model and Upgrading Path of Manufacturing Enterprises from the Value Network Perspective [J]. Sustainability, 2022, 14 (23): 16008.

[768] Tajvidi, M., Wang, Y., Hajli, N., & Love, P. E. Brand value Co – creation in social commerce: The role of interactivity, social support, and relationship quality [J]. Computers in Human Behavior, 2021, 115: 105238.

[769] Yuan, J., Pan, Y., & Jiang, Q. Mechanism of High – Tech Enterprises' Technological Practices Affected by the Split Fault of Knowledge Innovation Network [J]. Computational Intelligence and Neuroscience, 2022.

[770] Lan, J., Ma, Y., Zhu, D., Mangalagiu, D., & Thornton, T. F. Enabling value co - creation in the sharing economy: The case of mobike [J]. Sustainability, 2017, 9 (9): 1504.

[771] Aquilani, B., Piccarozzi, M., Abbate, T., & Codini, A. The role of open innovation and value co - creation in the challenging transition from industry 4.0 to society 5.0: Toward a theoretical framework [J]. Sustainability, 2020, 12 (21): 8943.

[772] Charterina, J., Landeta, J., & Basterretxea, I. Mediation effects of trust and contracts on knowledge - sharing and product innovation: Evidence from the European machine tool industry [J]. European Journal of Innovation Management, 2018, 21 (2): 274 - 293.

[773] Yang, Y., Dang, X., & Cheng, L. (September). Research on splitting and alienation of split fault in technological innovation network. In Proceedings of the 2018 International Conference on Information Hiding and Image Processing, 2018, (pp. 88 - 93).

[774] Fan, X., & Luo, Y. Value co - creation: A literature review [J]. Open Journal of Social Sciences, 2020, 8 (2): 89.

[775] Moran, P. Structural vs. relational embeddedness: Social capital and managerial performance [J]. Strategic Management Journal, 2005, 26 (12): 1129 - 1151.

[776] Aquilani, B., Piccarozzi, M., Abbate, T., & Codini, A. The role of open innovation and value co - creation in the challenging transition from industry 4.0 to society 5.0: Toward a theoretical framework. Sustainability, 2020, 12 (21): 8943.

[777] Calik, E., & Bardudeen, F. A measurement scale to evaluate sustainable innovation performance in manufacturing organizations [J]. Procedia Cirp, 2016, 40: 449 - 454.

[778] 李小青，何玮萱，李子彪，等．制造企业数字化创新能力影响因素识别及评价 [J]. 科技管理研究，2022，42 (16)：1 - 10.

[779] 梁小甜，文宗瑜．数字经济对制造业高质量发展的影响 [J]．统计与决策，2022，38 (11)：109 - 113.

[780] 金泽虎，蒋婷婷．数字贸易助力制造业高质量发展的机理与实证研究——基于长三角样本的分析 [J]．工业技术经济，2022，41 (6)：44 - 51.

[781] 张林刚，戴国庆，熊焰，等．中国制造业数字化转型评价及影响因素——基于模糊集定性比较分析 [J]．科技管理研究，2022，42 (7)：68 - 78.

[782] 孔伟杰．制造企业转型升级影响因素研究——基于浙江省制造企业大样本问卷调查的实证研究 [J]．管理世界，2012 (9)：120 - 131.

[783] 尹士．基于互惠理论的制造企业合作数字绿色创新：研究现状、分析框架与研究方法 [J]．河北农业大学学报（社会科学版），2022，24 (3)：21 - 31.

[784] 肖静，曾萍．数字化能否实现企业绿色创新的"提质增量"？——基于资源视角 [J/OL]．科学学研究：1 - 19 [2022 - 09 - 22].

[785] 苗效东，吕明元，张旭东．工业大数据对我国制造业绿色发展的影响——基于省级面板数据的空间效应检验 [J/OL]．软科学：1 - 17

[786] 李金克，张荣，李伯钧．环境动态性视角下大数据能力对制造业绿色竞争力的影响机制研究——基于 SBM - GML 指数模型 [J]．科技进步与对策，2021，38 (23)：67 - 75.

[787] 张爱琴，张海超．数字化转型背景下制造业高质量发展水平测度分析 [J]．科技管理研究，2021，41 (19)：68 - 75.

[788] Liu J，Yang W，Liu W. Adaptive capacity configurations for the digital transformation：A fuzzy - set analysis of Chinese manufacturing firms [J]. Journal of Organizational Change Management，2021，34 (6)：1222 - 1241.

[789] 曲立，王璐，季桓永．中国区域制造业高质量发展测度分析 [J]．数量经济技术经济研究，2021 (9)：45 - 61.

[790] 张文宇，于琦，杨风霞，樊海燕．创新驱动战略下区域制造

业绿色创新能力评价——基于30个地区数据的复杂网络建模分析 [J]. 工业技术经济, 2018, 37 (8): 86-94.

[791] 李柏洲, 尹士. 数字化转型背景下ICT企业生态伙伴选择研究——基于前景理论和场理论 [J]. 管理评论, 2020, 32 (5): 165-179.

[792] 王军, 朱杰, 罗茜. 中国数字经济发展水平及演变测度 [J]. 数量经济技术经济研究, 2021 (7): 26-42.

[793] 王硕, 王海荣. 近十五年国内全球气候治理研究的知识图谱——基于CiteSpace的信息可视化分析 [J]. 科技管理研究, 2022, 42 (15): 204-211.

[794] 王孝松, 田思远, 李玏. 贸易开放、环境规制与污染——来自中国制造业的经验证据 [J]. 统计研究, 2022, 39 (5): 79-92.

[795] 张三峰, 魏下海. 信息与通信技术是否降低了企业能源消耗——来自中国制造企业调查数据的证据 [J]. 中国工业经济, 2019 (2): 155-173.

[796] 陈钰. 中国制造业创新能力的行业特征与绩效——基于中美比较视角 [J]. 科技管理研究, 2021, 41 (7): 9-14.

[797] 解学梅, 韩宇航. 本土制造企业如何在绿色创新中实现"华丽转型"?——基于注意力基础观的多案例研究 [J]. 管理世界, 2022, 38 (3): 76-106.

[798] 周勇, 李君, 张旭, 刘欣. 工业互联网平台应用实施关键方法研究与发展对策建议 [J]. 科技管理研究, 2022, 42 (9): 174-182.

[799] 钞小静, 廉园梅, 罗鎏锴. 新型数字基础设施对制造业高质量发展的影响 [J]. 财贸研究, 2021, 32 (10): 1-13.

[800] 吴友群, 卢怀鑫, 王立勇. 数字化对制造业全球价值链竞争力的影响——来自中国制造业行业的经验证据 [J]. 科技进步与对策, 2022, 39 (7): 53-63.

[801] 郭然, 原毅军, 张涌鑫. 互联网发展、技术创新与制造业国际竞争力——基于跨国数据的经验分析 [J]. 经济问题探索, 2021 (1): 171-180.

[802] 王玉梅，张晓炜．智能经济下我国制造业智能制造能力成熟度指标体系研究［J］．科学决策，2021（11）：118－132.

[803] 张彦．全球价值链调整与中国制造业的攀升风险：总体国家安全观的视角［J］．情报杂志，2020，39（12）：40－49.

[804] 张鹏杨，唐宜红．新冠疫情、国内供应链冲击与省域经济发展［J］．财经论丛，2022（9）：14－24.

[805] 匡海波，杜浩，丰昊月．供应链金融下中小企业信用风险指标体系构建［J］．科研管理，2020，41（4）：209－219.

[806] Zhu K, Zhao Y, Xu X, et al. Measuring the natural gas supply security performance of China's natural gas suppliers: A comprehensive framework using FAHP - Entropy - PROOTHEE method [J]. Journal of Cleaner Production, 2022, 345 (4): 131093.

[807] Zhong C, Yang Q, Liang J, et al. Fuzzy comprehensive evaluation with AHP and entropy methods and health risk assessment of groundwater in Yinchuan Basin, northwest China [J]. Environmental Research, 2022, 204 (3): 111956.

[808] Ren, W., & Ji, J. How do environmental regulation and technological innovation affect the sustainable development of marine economy: New evidence from China's coastal provinces and cities [J]. Marine Policy, 2021, 128: 104468.

[809] Wang, W., Hao, S., He, W., & Mohamed, M. A. Carbon emission reduction decisions in construction supply chain based on differential game with government subsidies [J]. Building and Environment, 2022, 109149.

[810] Badi, S., & Murtagh, N. Green supply chain management in construction: A systematic literature review and future research agenda [J]. Journal of cleaner production, 2019, 223: 312 - 322.

[811] Stoyanova, M. Good practices and recommendations for success in construction digitalization [J]. TEM Journal, 2020, 9 (1): 42.

[812] Marichova, A. The Green and Digital Transformation – the New Challenges of the Construction Market. "Ovidius" University Annals Constantza [J]. Series Civil Engineering, 2021, 23 (23): 25–34.

[813] Lennartsson, M., André, S., & Elgh, F. PLM support for design platforms in industrialized house – building [J]. Construction Innovation, 2021.

[814] Awan, U., Sroufe, R., & Shahbaz, M. Industry 4.0 and the circular economy: A literature review and recommendations for future research [J]. Business Strategy and the Environment, 2021, 30 (4): 2038–2060.

[815] Awan, U. Effects of buyer – supplier relationship on social performance improvement and innovation performance improvement [J]. International Journal of Applied Management Science, 2019, 11 (1): 21–35.

[816] Awan, U., Kraslawski, A., & Huiskonen, J. The impact of relational governance on performance improvement in export manufacturing firms [J]. Journal of Industrial Engineering and Management, 2018, 11 (3): 349–370.

[817] Awan, U., & Sroufe, R. Interorganisational collaboration for innovation improvement in manufacturing firms's: The mediating role of social performance [J]. International Journal of Innovation Management, 2020, 24 (5): 2050049.

[818] Begum, S., Ashfaq, M., Xia, E., & Awan, U. Does green transformational leadership lead to green innovation? The role of green thinking and creative process engagement [J]. Business Strategy and the Environment, 2022, 31 (1): 580–597.

[819] 龙君, 张翔. 数字建造促进建筑业绿色发展——浅议基于BIM的全过程绿色咨询. 建设科技, 2019 (16): 31–36.

[820] Wei, G. Key Issues of Green Construction Management and Project Cost Control in the New Era. Forest Chemicals Review, 2021, 01–07.

[821] Pu, L., & Wang, Y. The combination of BIM technology with

the whole life cycle of green building [J]. World Journal of Engineering and Technology, 2021, 9 (3): 604 - 613.

[822] Debrah, C., Chan, A. P., & Darko, A. Artificial intelligence in green building [J]. Automation in Construction, 2022, 137: 104192.

[823] 孟祥尧. 协同创新网络视角的建筑企业创新能力评价研究 [D]. 邯郸: 河北工程大学, 2021.

[824] Zhang, J., Ouyang, Y., Philbin, S. P., Zhao, X., Ballesteros - Pérez, P., & Li, H. Green dynamic capability of construction enterprises: Role of the business model and green production [J]. Corporate Social Responsibility and Environmental Management, 2020, 27 (6): 2920 - 2940.

[825] 王挺. 建筑施工企业技术创新能力评价研究 [D]. 杭州: 浙江大学, 2021.

[826] Wang, Q., & Shi, Q. The incentive mechanism of knowledge sharing in the industrial construction supply chain based on a supervisory mechanism [J]. Engineering, Construction and Architectural Management, 2019.

[827] Yin, S., Dong, T., Li, B., & Gao, S. Developing a Conceptual Partner Selection Framework: Digital Green Innovation Management of Prefabricated Construction Enterprises for Sustainable Urban Development [J]. Buildings, 2022, 12 (6): 721.

[828] Khouja, A., Lehoux, N., Cimon, Y., & Cloutier, C. Collaborative Interorganizational Relationships in a Project - Based Industry [J]. Buildings, 2021, 11 (11): 502.

[829] Yin, S., Zhang, N., Ullah, K., & Gao, S. Enhancing digital innovation for the sustainable transformation of manufacturing industry: A pressure - state - response system framework to perceptions of digital green innovation and its performance for green and intelligent manufacturing [J]. Systems, 2022, 10 (3): 72.

[830] Wang, Q. E., Zhao, L., Chang - Richards, A., Zhang, Y., & Li, H. Understanding the impact of social capital on the innovation perform-

ance of construction enterprises: Based on the mediating effect of knowledge transfer [J]. Sustainability, 2021, 13 (9): 5099.

[831] Ewuga, D., & Adesi, M. Integrating sustainability practices into the Irish construction supply chain: Main contractors' perspective [J]. Built Environment Project and Asset Management, (ahead - of - print), 2022.

[832] Sutrisna, M., Tjia, D., & Wu, P. Developing a predictive model of construction industry - university research collaboration [J]. Construction Innovation, 2021.

[833] Le, P. L., & Nguyen, N. T. D. Prospect of lean practices towards construction supply chain management trends [J]. International Journal of Lean Six Sigma, 2021.

[834] Behera, P., Mohanty, R. P., & Prakash, A. Understanding construction supply chain management [J]. Production Planning & Control, 2015, 26 (16): 1332 - 1350.

[835] Meng, X. Lean management in the context of construction supply chains [J]. International Journal of Production Research, 2019, 57 (11): 3784 - 3798.

[836] Shi, Q., Wang, Q., & Guo, Z. Knowledge sharing in the construction supply chain: Collaborative innovatio activities and BIM application on innovation performance [J]. Engineering, Construction and Architectural Management, 2021.

[837] Li, Y., Song, Y., Wang, J., & Li, C. Intellectual capital, knowledge sharing, and innovation performance: Evidence from the Chinese construction industry [J]. Sustainability, 2019, 11 (9): 2713.

[838] Afraz, M. F., Bhatti, S. H., Ferraris, A., & Couturier, J. The impact of supply chain innovation on competitive advantage in the construction industry: Evidence from a moderated multi - mediation model [J]. Technological Forecasting and Social Change, 2021, 162: 120370.

[839] 李晶晶. 供应链协同管理研究 [J]. Management Science and

Engineering, 2020, 9: 14.

[840] Bäckstrand, J., & Fredriksson, A. The role of supplier information availability for construction supply chain performance [J]. Production Planning & Control, 2022, 33 (9-10): 863-874.

[841] Yin, S., & Yu, Y. An adoption - implementation framework of digital green knowledge to improve the performance of digital green innovation practices for industry 5.0 [J]. Journal of Cleaner Production, 2022, 132608.

[842] 李建平, 吴登生, 郝俊. 技术驱动的管理科学与工程研究 [J]. 中国管理科学, 2022, 30 (5): 9-14.

[843] Yang, R., Wakefield, R., Lyu, S., Jayasuriya, S., Han, F., Yi, X., & Chen, S. Public and private blockchain in construction business process and information integration [J]. Automation in Construction, 2020, 118: 103276.

[844] Yevu, S. K., Ann, T. W., & Darko, A. Digitalization of construction supply chain and procurement in the built environment: Emerging technologies and opportunities for sustainable processes [J]. Journal of Cleaner Production, 2021, 322: 129093.

[845] 汪传雷, 胡春辉, 章瑜, 等. 供应链控制塔赋能企业数字化转型 [J]. 情报理论与实践, 2019, 42 (9): 28.

[846] Qian, X. A., & Papadonikolaki, E. Shifting trust in construction supply chains through blockchain technology [J]. Engineering, Construction and Architectural Management, 2020.

[847] Mahrinasari, M. S., Hussain, S., Yapanto, L. M., Esquivel - Infantes, S. M., Untari, D. T., Yusriadi, Y., & Diah, A. The impact of decision - making models and knowledge management practices on performance [J]. Academy of Strategic Management Journal, 20, 1-13: 2021.

[848] Albort - Morant, G., Leal - Rodríguez, A. L., & De Marchi, V. Absorptive capacity and relationship learning mechanisms as complementary drivers of green innovation performance [J]. Journal of Knowledge Manage-

ment, 2018.

[849] Mojumder, A., & Singh, A. An exploratory study of the adaptation of green supply chain management in construction industry: The case of Indian Construction Companies [J]. Journal of Cleaner Production, 2021, 295, 126400.

[850] Sun, G., Zhou, R., Di, B., & Hu, Y. A physicochemically inspired approach to flocking control of multiagent system [J]. Nonlinear Dynamics, 2020, 102 (4): 2627 – 2648.

[851] 戚聿东，杜博，温馨．国有企业数字化战略变革：使命嵌入与模式选择——基于3家中央企业数字化典型实践的案例研究［J］．管理世界，2021（11）：137 – 158，10.

[852] 吴冬生．H公司供应链数字化转型研究［D］．长春：吉林大学，2021.

[853] Osunsanmi, T. O., Aigbavboa, C. O., Thwala, W. D. D., & Molusiwa, R. Modelling construction 4.0 as a vaccine for ensuring construction supply chain resilience amid COVID – 19 pandemic. Journal of Engineering [J]. Design and Technology, 2021.

[854] 李琦，刘力钢，邵剑兵．数字化转型，供应链集成与企业绩效——企业家精神的调节效应［J］．经济管理，2021，10：5 – 23.

[855] 许志华，吴江生，陈剑，等．烟草企业优化供应链管理的方法研究［J］．企业改革与管理，2021（5）：56 – 57.

[856] Song, M., Yang, M. X., Zeng, K. J., & Feng, W. Green knowledge sharing, stakeholder pressure, absorptive capacity, and green innovation: Evidence from Chinese manufacturing firms [J]. Business Strategy and the Environment, 2020, 29 (3): 1517 – 1531.

[857] Agyabeng – Mensah, Y., Afum, E., Acquah, I. S. K., & Baah, C. How does supply chain knowledge enhance green innovation? The mediation mechanisms of corporate reputation and non – supply chain learning [J]. Journal of Business & Industrial Marketing, (ahead – of – print), 2022.

[858] Qu, K., & Liu, Z. Green innovations, supply chain integration

and green information system: A model of moderation [J]. Journal of Cleaner Production, 2022, 339: 130557.

[859] Wehrle, M., Birkel, H., Heiko, A., & Hartmann, E. The impact of digitalization on the future of the PSM function managing purchasing and innovation in new product development - Evidence from a Delphi study [J]. Journal of Purchasing and Supply Management, 2022, 28 (2): 100732.

[860] Khan, S. A., Naim, I., Kusi - Sarpong, S., Gupta, H., & Idrisi, A. R. A knowledge - based experts' system for evaluation of digital supply chain readiness [J]. Knowledge - Based Systems, 2021, 228: 107262.

[861] Oliveira - Dias, D., Maqueira, J. M., & Moyano - Fuentes, J. The link between information and digital technologies of industry 4. 0 and agile supply chain: Mapping current research and establishing new research avenues [J]. Computers & Industrial Engineering, 2022: 108000.

[862] Khuntia, J., Kathuria, A., Andrade - Rojas, M. G., Saldanha, T., & Celly, N. How foreign and domestic firms differ in leveraging IT - enabled supply chain information integration in BOP markets: The role of supplier and client business collaboration [J]. Journal of the Association for Information Systems, 2021, 22 (3): 6.

[863] 张铁男，韩兵，张亚娟. 基于BZ反应的企业系统协同演化模型 [J]. 管理科学学报，2011，14 (2): 42-52.